les origines de la France contemporaine

Hippolyte Taine

北京汉阅传播
Beijing Han-read Culture

吉林出版集团股份有限公司

les origines de la France contemporaine

Hippolyte Taine

吉林出版集团有限责任公司

现代法国的起源：旧制度

[法]伊波利特·泰纳 著

黄艳红 译

图书在版编目（CIP）数据

现代法国的起源：旧制度 / (法) 泰纳著；黄艳红
译.—长春：吉林出版集团有限责任公司, 2014.4
书名原文: The origins of contemporary France
ISBN 978-7-5534-4201-3

Ⅰ.①现… Ⅱ.①泰… ②黄… Ⅲ.①法国大革命—
研究 Ⅳ.①K565.41

中国版本图书馆CIP数据核字(2014)第046058号

现代法国的起源：旧制度

著　　者	[法]伊波利特·泰纳	
译　　者	黄艳红	
出 品 人	刘丛星	
创　　意	吉林出版集团·北京汉阅传播	
总 策 划	崔文辉	
责任编辑	崔文辉　张春峰	
装帧设计	未　氓	
开　　本	650mm×960mm　1/16	
印　　张	27.5	
版　　次	2014年4月第1版	
印　　次	2019年3月第2次印刷	

出　　版	吉林出版集团有限责任公司
发　　行	北京吉版图书有限责任公司
地　　址	北京市西城区椿树园15-18号底商A222
	邮编：100052
电　　话	总编办：010-63109269
	发行部：010-63104979
网　　址	http://www.beijinghanyue.com/
邮　　箱	jlpg-bj@vip.sina.com
印　　刷	河北省三河市天功达印刷有限公司

ISBN 978-7-5534-4201-3　　　　　定价：58.80元

目 录

作者序

　　1849年，21岁的我成为选民，为此我深感困惑，因为我必须选择15～20名议员，而且，按照法国人的习惯，我需要选择的不仅是人，还有理论。按照别人的建议，我可以成为君主派或共和派、民主派或保守派、社会主义者或波拿巴主义者；但所有这类派别我都不是，甚至我本人也什么都不是，有时候我真羡慕那些深信自己已然成为某种角色的人。在对各种学说略加了解之后，我觉得自己的思想中可能有某种空白。在别人看来很有根据的理由，对我却不是这样；我不能理解，为何人们能在政治中依据自己的偏好来作决定。我所了解的那些信念坚定的人，他们构想一部宪法就好像造一所房子，凭借的是最美好、最新颖、最简单的图纸，不过这种设计图有好几种：侯爵的公馆、市民的寓所、工人的住宅、部队的兵营、共产主义者的法兰斯泰尔①，甚至还有野蛮人的营帐。每个设计者都这样谈论自己的图纸："这就是人类真正的居所，也是每个有意识的人唯一的居住地。"在我看来，这样的见解很不可靠：我认为，个人的喜好不具有权威性。我觉得，一所房子不能为建筑师

---

① 法兰斯泰尔是空想社会主义者傅里叶设计的共产主义社会的基层组织的名称。——译者

而建，也不是为了建房子而建，而是为即将栖身其中的主人而建。然而，征询主人的意见，将法国人民未来的住房图纸呈交给他们，这是显而易见的表面文章和蒙蔽手法：在这种情形下，答案始终是由问题决定的，另外，即使答案是非强制的，法国也不会比我更有能力给出答案，因为1000万个无知者依然形成不了一种认识。迫不得已之时，人民在要求给出意见时能说出他们喜欢哪种政府形式，但不是他们需要的政府形式；只有在实践之后才知道：需要时间去检验政治寓所是否舒适、坚实、足以抵御恶劣天气，是否适应民风、不同的工作、人民的性格、他们的各种特点以及唐突行径。然而，事实已经证明，我们从未对我们的政治寓所满意过，80年的时间里，我们已经13次拆毁和重建它，但所有重建都是徒劳，我们依然没有找到合适的寓所。如果说别的人民更为幸运，如果说某些别国的政治寓所更为坚实并且维系已久，那是因为它们是以独特的方式构建起来的，它们以最初的厚实坝基为核心，以某个古老的中心建筑为基础，这个古老的建筑历经数次修补，但一直保存着，其扩建也是根据居民的需要，通过反复摸索而逐步展开的。所有这些政治寓所中，没有一个是根据某种新图纸，参照单一的考量尺度而在瞬息间建成的。也许应该承认，要建立牢靠的政治寓所，没有别的办法；须臾之间发明一部合适且持久的新宪法，这个任务非人类思想能力所及。

总而言之，我所得出的结论是：如果有朝一日我们能发现我们需要的那所房子，那绝不会是按照时髦的方法发现的。我强调的是"发现"它——如果它存在的话——而不是从口头上宣扬它。从这一点来说，我们的偏好毫无作用，自然和历史事先已经为我们作出了选择。一个民族所能进入并能"逗留"的社会和政治形态，并非民族的仲裁者所能摆布，而是由民族的性格和历史决定的。即使在最些微的细节上，这种形态也应该以活生生的特性为依据来塑造——它正是要运用到这些特性之上，否则它就会破裂瓦解。因此，如果我们能够找到我们的社会政治形态，那只能是在我们进行自我反省之时，而且，我们对自己的认识越准确，便越是能厘清哪些东西对我们是合适的。所以，对于通行的方式，我们应该反其道而行之，应该在制定宪法之前审视一下这个民族。当然，这种审视工作比制定宪法的过程要长得多，也困难得多。这个伟大的民族历尽沧桑而生存至今，为了全面准确地认识它，人们付出了多少时间，进行过多少研究，发表过多少不断修正的见解，在思想和行动的各个领域内又有多少探索、付出了多少经年累月的辛劳！但是，若要避免凭空推理之后的虚妄建构，舍此别无他途，至少对我自己而言，我决心只在对法国进行研究之后，再着手寻找某种政治见解。

何谓现代法国[①]？要回答这个问题就应了解这个法国是如何形成的，最好是作为一个旁观者目睹其形成过程。18世纪末，法国经历了一个变体过程，如昆虫蜕皮一般。它昔日的构造解体了，它自己扯碎了最珍贵的组织，堕入致命的痉挛中。接着，在几番抽搐和一阵难以忍受的麻木之后，它开始恢复。但它的构造已经不一样了：经过一次无声的内部改造，新法国取代了旧法国。到1808年，所有重要特征都已最终确立下来：省、区、县、市镇；而其外部的分裂和缝合此后也丝毫未变：教务专约、民法典、法庭、大学、学院、省长、行政法院、税收、税务官、审计法院、整齐划一的中央集权式的行政机构及其主要机关，所有这些都是一样的；贵族、资产阶级、工人、农民，每个阶级从此都有了今日我们看到的境遇、趣味、情感和传统。因此，新的创建既稳定又彻底，它的结构、本能和特性事先就已划定其思想和行动的领域。在这个新创建物的周围，其他的民族，无论早晚，都实现了这种从封建国家向现代国家

---

① 按法国史学界一般的做法，这里把France contemporaine译为现代法国，即法国大革命之后的法国；习惯上把近代法国（France moderne）理解为从百年战争结束到大革命之间的法国。——译者

的转变，但它们都比法国要谨慎，而且有些民族取得了更好的效果；这种缓慢孵化的进程是普遍的，甚至是自发的。但是，无论是新形态还是旧形态，弱者始终受强者践踏。有的民族转化得太慢，它们的邻人却能羽翼丰满地率先从蛹中破茧而出，这样它们就只好受邻人支配了。但转变过于猛烈和迅速的民族同样很不幸，因为它难以达到内部的平衡与和谐，而且，由于其领导机构行为过度，其深层器官发生变异，其维系生命的养料逐步枯竭，因而注定会失去理智，陷入虚弱无力的境地，而它的邻人却更为平衡、更为健康！在法国于19世纪初形成的结构中，它的现代史的一些主要标志线已经勾勒出来了：政治革命，社会乌托邦，阶级分裂，教会的角色，贵族、资产阶级和人民的行为方式，哲学、文学、艺术的发展、定向和偏移。这就是为什么我们要理解当前的局面时，总会把目光投向旧制度酝酿大革命的那场可怕的分娩危机，以及孕育出新制度的那场大革命。

旧制度、大革命、新制度：我将尝试准确地描绘这三种状态。在此我斗胆声明，我没有其他的任何目的，请允许一个历史学家像自然主义者（naturaliste）一样工作。我面对自己的课题就像面对一个昆虫的蜕变一样。另外，蜕变这一事件本身就是非常有趣的，应该对它本身进行考察，不必费力去排斥我们内心的想法。摆脱了各种成见的好奇心才是科学的好奇心，它会全力关注那些导致这一令人震骇的事件的各种隐秘力量。这些力量是各个群体的境遇、激情、思想和意志，我们能够认清它们，甚至能测量它们。它们就在我们眼底下，可资我们利用的不止是含糊的猜测、臆想和朦胧的征象。由于某一特别的幸运，我们可以窥测人本身，以及他们的外表和内在。旧制度的法国人离我们的视野还非常切近。我们每一个人年轻的时候都能与那个已然消逝的世界的幸存者往来。他们的一些寓所保存至今，里面的房间和家具还保持原样。借助房间里的布置和版画，我们可以重温当时的家庭生活，我们能看到当时人的装束、仪态和举止。通过他们的文学、哲学、科学、日记和通信，我们能够重现他们的全部思想，乃至他们的亲密交谈。30年来从公共和私人档案中面世的大量回忆录引领我们从一个沙龙走向另一个沙龙，我们将能身临其境。外国旅行者的信件和日记，则以其中立的描述，修正和补全这个社会的自画像。这个社会会谈论它所关心的一切事务，除了那些它认为当时人觉得乏味和熟悉的东西，除了在它看来太技术化的、平庸乏味的东西，以及那些涉及外省、市民、农民、工人、行政和家务的事情。我打算填补这些疏漏，我想认识法国，而不止是那个有教养有文化的法国人的小圈子。承蒙毛里（Maury）先生襄助及布塔里克（Boutaric）先生的宝贵指点，我得以详查旧制度最后30年中众多督办、商品税税务官（directeurs des aides）、总包税人、法官、各个级别和各种类型的职员和个人的手稿文献及通信，有关宫廷各部门的报告和记录，176卷三级会议的会议记录和文稿，1789~1790年军官们的通信，宗教事务委员会数百箱文件中的信件、报告和详尽的统计资料，1790~1799年各省行政机构和市政机构与部长们的94札通信，1801年底在任的国务参事的报告，执政府、帝国和1823年之前复辟时期省长们的通信，以及其他很有意义但不为人知、实际上大革命史学尚未见过的文献。这些文献至少能向我们展现活生生的人物形象：外省小贵族、教区神父、男女修士、城市中的律师、市政官员和市民、乡间诉讼代理人和村庄的管事、农夫和工匠、军官和士兵。这些文献让我们更为切近地详尽观察普通人的生存状况，如教区神父住宅内部的陈设，修道院和市政会议的内部运转，工人的工资，田野的物产，农民的税负，征税员的工作，领主或高级教士的花销，宫廷的收支、排场和礼仪。正是由于这些文献，我们能给出准确的数字，能知晓一天中每小时的工作，甚至能说出一次盛宴上的菜单、复原一个华丽的梳妆台。我们还知道玛丽·安托瓦内特（Marie Antoinette）穿过的裙子的款式，它们按日期标示在纸上；此外，我们还能想象一位农民的衣着，仔细描绘他的面包，说出制作面包所用的各种面粉的名字，并知道一斤面包他需要花几毛几分钱。借助这些材料，我们几乎能够成为那些历史创造者的同代人；通过追踪档案馆中那些发黄的纸张上面的陈旧字迹，我将尝试让这些创造者再度高声陈词。

Menthon-Saint-Bernard, 1875年8月。

第 一 卷

社 会 结 构

第一章 特权的起源

I . 教士的服务和酬劳。II 贵族的服务和酬劳。III.国王的服务和酬劳。

1789年，三类人，教士、贵族和国王，占据国家的显赫位置，这种位置带给他们各种好处：权威、财产、荣誉，至少是特权、豁免、恩泽、赏赐、优待，等等。如果说他们很久以来就处在这一位置上，那是因为他们很长时间里配得上享受这些好处。实际上，他们以长期艰巨的努力，相继奠定了近代社会的三大基础。

I

三个层层叠加的基础中，最古老最深厚的是教士的作品：在1200多年的时间里，教士一直为此劳作着，他既是建筑师又是泥瓦匠；一开始他独自劳动，随后几乎仍是在独自劳动。在最初的4个世纪里，他创造了宗教和教会：请掂量掂量这两个词的分量以感受其全部的影响力。一方面，在一个以征服为基础、坚硬冷漠有如青铜机器的世界上，人虽然注定会因为这个世界的结构而丧失行动勇气和生活意愿，但教士仍在宣扬"善的音信"，在许诺"神的王国"，在劝诫人们驯服地依从天国之父的指引，在召唤耐心、温和、谦卑、克己、仁爱，他为栖身于罗马地牢中的窒息之人打开了唯一尚能呼吸和瞥见日光的出口：这就是宗教。另一方面，在一个人口日渐稀少并逐步解体、注定要受尽蹂躏的国度，教士建立起一个有生命力的社会，它受纪律和法规的指引，团结在同一个目标和同一个信念周围，它的基础在于首领的虔诚和信徒的服从，破败的罗马帝国曾致使蛮族从它的各个缺口蜂拥而入，如今唯有这个社会能历经这一洪流的洗礼而延续下来：这就是教会。在这两个最初的基础之上，教士继续着建设工作；从蛮族入侵开始之后，在500多年的时间里，他拯救了尚能拯救的人类文化。他迎合了蛮族人，或者说在蛮人到来之后就立刻争取了他们；这是一个伟大的功绩，只需一个事实就可以作出这样的判断：大不列颠像高卢一样拉丁化了，但它的征服者在一个半世纪的时间里都是异教徒，艺术、产业、社会、语言，统统被摧毁了；整个部族被屠杀或逃亡，剩下来的只有奴隶，即使他们留下了痕迹也要去猜测，他们堕入了牲畜般的状态，从历史中消失了。欧洲也会是这样的命运，如果不是教士迅速减轻欧洲到处盛行的粗野暴行的话。

在身披镀金斗篷的主教面前，在"形销骨立、苍白羸弱"、"比蜥蜴还要肮脏、麻点还要多[①]"的修士面前，皈依基督的日耳曼人就像站在巫师面前一样害怕。在狩猎和酗酒之后的平静时刻，对神秘而崇高的彼岸的朦胧猜测，对未知的正义的模糊认知，在莱茵河那边的森林中就已然具有的粗浅意识，此刻都因为骤然的惕厉而苏醒了，那种惕厉带有恐吓性的半异象的特征。在侵犯圣殿的时

[①] Comte de Montalembert, *Les Moines d'Occident*, I,277.圣卢比辛（Saint Lupicin）面对勃艮第王希尔佩里克（Chilpéric），II, 416. 圣卡里莱夫（Saint Karileff）面对国王希尔德贝尔（Childebert）。另见都尔的格里高里（Grégoire de Tours）和圣徒传记续编会的文集（collection des Bollandistes）。

候，他们会想自己是否会跌倒在门槛上，会不会天旋地转、脖子拧断[①]。当他们深信自己会有麻烦时，就会收手，放过那个受教士庇护的地区、村庄和城市。原始的怒火和贪婪产生的兽性冲动曾驱使他们去杀人和抢劫，但是，在得到满足之后的厄运与病痛的日子里，他们会听从姘妇或妻子的劝告，会痛悔前非，会双倍、十倍、百倍地补救，会大施捐赠和豁免[②]。因此，在所有地方，教士都在守护和扩大着失败者和被压迫者的避难所。另外，在身披裘皮的国王身边，头戴冠冕的主教、前额剃度过的僧侣与长发披肩的武士首脑一起出席会议，唯有他们通文墨、谙辩论。他们担任秘书、顾问、神学家，参与法令制定工作，因而能涉足政治，他们通过斡旋调停，而在混乱无序的汪洋大海中，建立起些微的秩序，让法律变得更为合理和人道，恢复并维持着信仰、正义、财产，特别是婚姻制度。这种断断续续的、很不完善的秩序，使得欧洲没有陷入蒙古式的大混乱中，而这种秩序肯定应归功于教士。直到12世纪末，如果说教士还对君主们有很大的影响，那主要是为了抑制君主及其下属的粗野脾性、血腥的叛乱以及无法遏制的野蛮行径的发作与反复：这类情形会导致社会的解体。然而，在教堂和修道院里，教士们保存着人类过去的成就，如拉丁语、基督教文学和神学，部分异教的文学和科学、建筑、雕刻、绘画、用于宗教崇拜的手工业技艺，以及更为珍贵的东西：这就是给人提供面包、衣着和住房的工艺，尤其是所有人类成就中最为宝贵、最能抗拒野蛮人的掠夺、懒惰和流浪天性的东西，即定居和劳动的习性。罗马的苛捐杂税、巴高达的叛乱、日耳曼人的入侵、盗匪的恣意横行，致使乡间人烟稀少，正是本笃会的僧侣们在荆棘和刺藤之中用树枝搭起了窝棚[③]，而窝棚四周曾经畦垄整齐的土地，如今已是灌木丛生。僧侣与伙伴

---

① 这个传说最为常见，12世纪时还能见到。

② 如希尔佩里克在自己的孩子全都死去之后就曾听从弗雷德贡德（Frédégonde）的劝告。

③ Montalembert, *ib*, t. II, liv. 8, 特别是 Alfred Maury, *Les Forêts de la France dans l'antiquité et au moyen âge*. Spinoe et vepres（荆棘和刺藤），这是圣徒传记中反复出现的词语。

们一起披荆斩棘、营建修造，他们驯化了半野蛮的牲畜，建起了农庄、磨坊、冶炉、烤炉、制造鞋和衣服的作坊。根据教规，他们每天读书两小时，体力劳动七小时，只有在绝对必须之时方可饮水进食。这种劳动是合理的、自愿的、自觉的，并着眼未来，因而比俗人的劳动更有成效。因为那一套克制、统一、节俭的体制，他们比俗人消费得少。这就是为什么在俗人破败衰微的地方[1]，他们却能维持下来甚至能兴旺发达。他们收容不幸者，养育这些人，给他们活儿干，让他们结婚；乞丐、流浪汉、逃亡的农民都会聚到避难所的周围。他们的营地逐步变成了村庄，接着成为小集镇：当收成有指望时，人们就会劳作，当他们觉得能够养育孩子时，他们就会成为一家之主。于是新的农业和工业中心形成了，它们也成为新的聚居中心[2]。

除了身体所需的面包，还有灵魂的面包，它同样必不可少；因为在提供食物的同时，还应赋予人生活的意志，至少是赋予能让他忍受生活的逆来顺受的心境，以及能给他带去虚幻的幸福感的动人与诗意的梦想。直到13世纪中叶，教士几乎是唯一能提供这类东西的人。靠着无数的圣徒传记，靠着大教堂和大教堂的结构，靠着宗教雕塑和它们的表情，靠着祭礼和其中尚能明了的意思，教士将"神的王国"变得具体可感，并在现实世界的尽头树立起一个理想世界，就像糊满烂泥的围墙的尽头耸立着一座华丽的黄金楼阁[3]。

---

[1] 今日阿尔及利亚特拉皮斯特（Trappistes）人的殖民地也是如此。

[2] *Polyptique d'Irminon par Guérard*; 书中可以看到8世纪末圣日耳曼－德－普雷修道院产业的繁荣。根据盖拉尔（Guérard）先生的数据，查理曼时期帕莱索（Palaiseau）的农民简直像今天一样富足。

[3] 圣徒传记续编会搜集到的6—10世纪的圣徒传记有2.5万种之多。后来真正有启发意义的圣徒传记，是14世纪初关于阿西西的圣方济各（François d'Assise）及其同伴的传记。这种热情一直延续到15世纪末别托·安杰里科（Beato Angelico）和汉斯·梅姆林（Hans Memling）的绘画中。巴黎的圣夏培尔教堂、阿西西的修道院教堂、但丁的乐园和《小花》（*Fioretti*）能为这类意象提供一个概念。实际上，在现代文学作品中，亨利希·海涅（Heinrich Heine）的《凯弗拉尔朝圣记》（*Pèlerinage à Kevlaar*）和屠格涅夫（Tourguenef）的《活着的圣骨》（*Reliques vivantes*）出色地描绘了中世纪灵魂信仰的状态。

正是这个甜蜜而神圣的世界收留着那些渴望宽容和温情的悲伤灵魂。也正是在这里，迫害者在逞强时会受到无形的打击：野兽变成家畜，林中野鹿每天上午都会前来，自己挽上圣徒的犁具；这时原野为它们绽放了鲜花，仿如新的天堂，它们只在想死的时候才死去。这些生灵会给人以慰藉，它们唇齿之间有着无法言表的温情，流淌出善意、虔诚和宽恕；它们抬眼向天国望去，看见了神，并且毫不费力地升入光明之中，坐到神的右侧，这一切就像梦境一般。在一个暴力支配一切的世界中，这种天国传说具有不可估量的价值，因为如要忍受生活，就应该设想另一种生活，并使其在灵魂之眼中显得清晰可见，就像肉眼见到的第一种生活一样。在12个世纪多的时间里，教士就以这种设想出来的生活哺育人们，根据他所得到的回报的分量，我们就能判断出人们对他的感激之深。教宗在200年中曾是欧洲的独裁者。他发动了十字军行动，罢黜国王，处置列国。某地的主教和修道院院长成为拥有主权的君主，另一地他们又是王朝的庇护者和真正的奠基人。欧洲1/3的土地、1/2的收入、2/3的资本都掌握在教会手中。但不要认为人会盲目地感激，会在没有合理动机的情形下捐赠，因为人太自私，嫉妒心太强。任何机构，不管是教会的还是世俗的，任何教士，不管是佛教的还是基督教的，与其相随40代的人们对它们的判断不会错；人们只会根据它们提供的服务来奉献自己的意愿和财产，无限的忠诚可能意味着无法估量的善功。

II

直到此刻，面对法兰克的战斧和利刃，人们还只能在信念和耐心中寻求救助。列国曾争相模仿昔日的帝国，以图建立紧凑的结构，构筑抵挡连绵不断的入侵浪潮的堤坝，但在这片疏松的土地上，它们无法立足；查理曼（Charlemagne）之后，一切都瓦解

现代法国的起源：旧制度

了。冯塔奈战役之后，已不再有战士；半个世纪的时间里，若干个四五百人的盗匪团伙往来厮杀，兵火蹂躏着整个国家。然而，就在此刻,国家的解体催生了一代武士。每个小头目都在其占领或控制的领地上牢牢站稳了脚跟；他们占有领地，并非只是借用或使用之，而是成为世袭的所有者。这是他的庄园、他的市镇、他的伯爵领地，而不是国王的；他们将为保卫自己的领地而战斗。到了此时，恩主和救星是那些懂得战斗和保卫别人的人，这便是这个新兴阶级的本质所在。很长的时期内，战斗者、军人（miles）就是贵族，他们是构成近代社会的第二个根基。

10世纪的时候，贵族的出身尚不重要。他通常是某个加洛林的伯爵，某个领取国王俸禄之人，某块残留的自由土地上的鲁莽主人。在某些地方，他可以是武装的主教，是英勇的修道院院长，而在别的地方，他也可以是皈依基督的异教徒，是安稳下来的强盗，是侥幸发迹的冒险者，是长期靠狩猎和野果为生的粗野猎户①。大力者罗贝尔（Robert le Fort）的祖先不为人知，后人记述说，卡佩家族的祖先是巴黎的一个屠户②。但不管怎样，那时的贵族勇武强悍，长于战斗，领军作战时绝不会临阵脱逃，也不会支付赎金，而是挺起胸膛，拔剑捍卫一方土地。若要履行这一职责，并不需要煊赫的祖先，只需有胆识和勇气，他自己就是某个世家的奠基人；人们看重的是当下的礼赞，不屑于装腔作势地为名头去辩解。于是，若干世纪之后，在每个有武士驻守的角落，出现了一支能够抵御游牧人入侵的驻军；人们不再受外来入侵之苦；在一个世纪之后，曾遭受双帆小艇舰队洗劫的欧洲，竟能向亚洲派出20万士兵，此后，无论是在北方还是在南方，无论是面对穆斯林还是其他异教徒，欧洲人不再是被征服者，他们成了征服者。理想中的人物形象终于第

---

① 金雀花家族的先祖特尔图勒（Tertulle）、诺曼底公爵罗隆（Rollon）、都尔的圣马丁修道院院长和圣德尼修道院院长就是如此。

② 大力者罗贝尔，约生于815～830年之间，死于866年，法兰克武士，卡佩王朝的祖先。——译者

二次呈现出来[1]：这就是圣徒形象之后的英雄形象；还有一种像古老的情感一样强烈的新情感，这种情感也将人们团结成一个稳定的社会。这是一个稳定的骑兵武士群体，在这个群体中，武士身份父子相承。出身于其中的每个人，都有自己的世袭级别，地方职位，地产形式的军饷，都确信自己不会被首领抛弃，但都承担着必要时为首脑而赴死的义务。在战乱连绵的时代，唯一优良的体制就是面对敌人的战斗连队的体制，这就是封建制度。单从这一点就可以判断出这个制度需要抵挡的危险，以及它必须提供的服务。西班牙大纪年说："在那个时候，国王、伯爵、贵族和所有骑士，为了能时刻作好战斗准备，即使在与妻子同寝的房子里都牵着战马。"在塔楼里守卫河谷入口或渡河处的子爵，少年时就在前线冒死拼杀的侯爵，他们都枕戈而眠，就像北美苏人的头领驻守远西部的碉堡一样。他们的房子只是个兵营或避难所；宽大厅房的地面上铺上麦草和树叶；他们与自己的骑士睡在那里，有机会打个盹时他们才会取下马刺；塔楼的箭孔不可须臾无人守卫，首先是不能受敌人弓箭的攻击。所有的趣味、所有的情感都须服从于军事需要；在欧洲的某些边境地带，14岁的孩子就要行军打仗，60岁之前的寡妇被强迫再婚。部队要人填补空缺，哨所需要人去守卫：那时所有的制度所呼唤的就是这个，仿佛上苍的召唤。好在有这些勇士，农民[2]才有安身之所；人们不再杀戮农民，不再把叉子架在他们脖子上，让他们拖家带口地受俘虏之辱。农民敢于耕地播种，能够憧憬收获了；若遇危险，他们知道能为自己的粮食、牲畜找到一个避难所，那就是城堡脚下的围栏中。渐渐地，塔楼的军事首领与敌地上的资深农人之间，有必要确立一种默认的契约，这种契约后来成为受人尊重的习惯法。农人为首领劳动，耕种他的土地，为他制造车辆，向他支付贡赋：或是根据房屋，或是依据牲畜数量，或是因为继承和出

---

[1] 反映在10世纪的"叙事抒情诗"（Cantilènes）中，后者是武功歌的草创。

[2] Villanus.

售事宜；之所以要支付贡赋，是因为首领需要养活自己的军队。不过，这些义务一旦结清，如果首领出于高傲或贪婪而额外征收，那就是妄行无度。在普遍的混乱和凋敝之下，众多流浪汉和苦命人前来寻求他的保护，这些人境况更艰难了：土地是属于他的，因为没有他，土地便无法居住；他是否同意给这些人一小块地，乃至是否仅仅让他们在那里居住、准许他们耕地播种，都取决于他给这些人规定的身份。他们会是他的农奴，他的永久管业对象；不管他们走到哪里，他都有权将他们抓回来，他们生来就是他的仆役，这一身份父子相袭；他们的劳动也须迎合这位首领的意愿，听任他的榨取和剥削，而且不能将任何东西传给自己的孩子，除非那个"吃爹娘饭"的孩子在爹娘死后还能继续为首领服务。司汤达（Stendhal）说，"对很多生活在10世纪的人来说，不被杀死、冬天里能有一件像样的遮体衣物，乃是至上的幸福"；我们还可以补充说，一个女人不被整个团伙强奸也是至上的幸福。如果我们能稍微真切地想象一下当时人的生存状态，就会知道，再恶劣的封建法权他们也会衷心接受，乃至被人打上烙印；当时人每日都在忍受着更糟糕的生活[1]。人民进入封建主的围墙内——如果围墙建起来了的话——这便是明证；比如，在诺曼底，自从罗隆（Rollon）[2]规整地划分土地、处决盗贼之后，临近各省的居民纷纷前来定居；些微的安全就足以聚集某地的居民。

因此，人们生活，毋宁说重新生活在粗鲁的铁腕之下，虽然免不了受虐待，但也受到了保护。领主既是统治者也是所有者，这双重的身份使得荒地、河流、森林及各种猎物都归于他；由此造成的麻烦并不算大，因为整个地区处于半蛮荒的状态，领主利用所

---

① 参阅《加约旅行记》（*Voyages de Caillaud*）中关于帕夏的军队在努比亚和阿比西尼亚抢夺奴隶的描述；800～900年之间的欧洲大致便是这种景象。

② 罗隆是第一任诺曼底公爵，约死于930年。——译者

有闲暇去猎杀大型猛兽。他是唯一有投资能力的人，唯有他能建起
磨坊、烤炉和榨酒器，也唯有他能建造渡船、桥梁和道路，筑堤拦
水，蓄养或捕获公牛；而他则为此课税或强制要求使用这些东西，
以作为回报。如果他为人精明，善待自己的手下人，就能指望从自
己的土地上获取更好的利润，他会逐步放松或允许放松控制网，因
为受其控制的农民和农奴由于束缚太紧而不能更好地工作。习惯、
形势的需要、自愿或被迫的调整，都会产生效果；最后，领主、农
民、农奴和市民虽然身份各异，但都因共同的利益而联系在一起，
构成一个社会，一个真正的团体。领主领地、伯爵领地、公爵领地
成了人们以朦胧的本能所热爱的，并为之献身的"祖国"。祖国与
领主及其家族混在一起，正因为如此，人们以领主而自豪，讲述着
他的武功；当他的骑兵队从街上经过时，人们向他欢呼；他的慷慨
大度让人们倍感欣慰[①]。当他鳏居无嗣时，人们会与他商量续弦，
以便他死后国家不致受邻人的垂涎，陷入觊觎者之间的战争。于
是，在公元千年之后，维持人类社会的那种最强烈的情感和最强大
的人物重新出现了。当那种情感能够不断放大时，就更形珍贵了：
封建小祖国要成为民族大祖国，现在只需所有的领地联合在一个领
主手中，只需要作为贵族首领的国王在贵族的业绩之上奠定法国的
第三重根基。

III

国王一砖一瓦地奠定起整个根基。于格·卡佩（Hugues
Capet）安放下第一块基石；在他之前，王权还没有将哪个省带给
国王，即使是拉昂；国王自己给自己的头衔配上了领地。800年的

[①] 从中世纪史家的作品中可以看出他们对领主的热忱：如傅华萨（Froissart）对富瓦
伯爵加斯东·佛比斯（Gaston Phoebus）、佛兰德尔伯爵居伊（Guy）；如图卢兹纪年中对雷
蒙·德·贝奇埃（Raymond de Béziers）和雷蒙·德·图卢兹（Raymond de Toulouse）。这种对地方小
祖国的强烈情感出现在各省的历次会议上，如在诺曼底、布列塔尼和弗兰什—孔泰等省就是如此。

时间里，他添置领地的事业通过联姻、征服、狡计、继承而继续着；甚至在路易十五时代，法国还新增了洛林和科西嘉。虽然这位国王死去时一无是处，但他使得这个拥有2600万居民的国家更加紧凑，并成为欧洲最强大的国家。在添置领地的全部征程中，国王是公共防御的首领，面对外敌，面对14世纪的教宗、15世纪的英国人和16世纪的西班牙人，他是国家的解放者。在国内，从12世纪开始，他头戴帽盔，鞍马不离；他是大仲裁者，他拆毁封建盗匪的塔楼，压制强者的暴行，保护受压迫者[1]，他废止私人战争，建立秩序与和平：这是个了不起的功业，从胖子路易到圣路易，从美男子菲力到查理七世再到路易十一，从亨利四世到路易十三和路易十四，这个功业一直在持续，直到17世纪中叶针对决斗的敕令和"大日子"（les GrandsJours）[2]。在他的命令下完成、在他的保护下发展起来的有益的事业，如道路、港口、运河、收容所、大学、科学院、慈善、救济、教育、科学、工商业等制度，都打上了国王的烙印，它们宣告国王是公共福利的创造者——这样的功绩也要求相应的回报：人们承认，国王父子与法国有婚约，法国的行动取决于国王，而国王的行动只能为了法国，所有古老的回忆、所有现实的利益，都来认可这一联合。在兰斯，教会以某种带有传奇和神迹色彩的第八种圣礼为这种联合祝圣；国王是由上帝涂过圣油的[3]。贵族出于古老的军事忠诚的本能，一直自认为国王的卫士，直到8月10日为了国王而死在他的楼梯上；国王生来就是他们的将军。直到1789年，人民仍然认为国王是错误的矫正者，是正义的守护士，是弱者的保护人，是伟大的施恩神父，是普世的避难所。路易十四即位之初，"国王万岁的呼声从凌晨6点就响起，一直持续到

---

① Suger, *Vie de Louis VI.*

② *Les Grands Jours d'Auvergne* par Fléchier, éd. Chéruel. 最后一个封建盗匪团伙首领是普瓦图的普勒马丹（Pleumartin）侯爵，他于1756年被判斩首。

③ 甚至在路易十五时期，人们还在寄送有关治愈瘰疬病的记录。

日落之后，几乎不曾有片刻的中辍"[1]。太子出生时，整个法国的欣喜就像家庭添丁一样，"街道上的行人驻足攀谈，虽然彼此并不相识，但所有人都像老相识一样相互拥抱"[2]。由于模糊的传统和久远的敬畏的作用，所有人都认为，法国是一艘由国王和他的祖先们亲手打造的航船，他是国家的建造师，他对国家的权益就像每个乘客有权携带行李一样，他唯一的职责就是保持警觉，成为行家里手，以便驾驶这艘辉煌的航船在大海上乘风破浪，因为全体公众的命运都在他的旗帜的指引下航行。在这种观念的支配下，国王可以做任何事；不管是出于自愿还是强迫，那些古老的权威都被他大为缩减，只剩下些许残骸，成为一种装饰，一种回忆。贵族只是他的官员或他的廷臣。教务专约之后，他开始任命教会显要。三级会议175年没有召开过；各省三级会议的职能仅限于分摊税款；高等法院如果胆敢呈交诤谏书就会被流放。他通过自己的议政会、自己的督办、自己的助理督办介入最细微的地方事务。他拥有4.77亿的收入[3]。他支配着教士一半的收入。最后，他还是绝对的主人，并宣称自己是绝对的主人[4]。于是，留给他那些古老的竞争对手的，只剩下某些产业、某些税收豁免权、某些虚荣的装饰、某些地方机构和司法权的残留；作为交换，这些竞争者获得了优惠和恩典。这就是特权者的简短历史，这些特权者包括教士、贵族和国王；要想理解特权者垮台前夕的地位，就应该回顾一下这段历史；他们在创造

---

① *Mémoires* de Mme Campand, I, 89; II, 215.

② 1785年，一个来到法国的英国人曾夸耀自己国家的政治自由。相反，法国人则指责英国人处死查理一世，并"以始终对他们自己的国王抱有不可侵犯的眷恋和忠诚，以及国王任何的乖张与严厉都不能动摇的敬重之情而自诩"（*A comparative view of the French and of English nation,* by John Andrews, 257）。

③ *Mémoires* d' Augeard, 作者是王后的传令秘书和前包税人。

④ 1766年3月3日，路易十五在给巴黎高等法院的答复中这样说："最高主权在于朕个人……立法权只属于朕一个人，这一权力不依赖于任何其他东西，也不容分享。公共秩序完全源自朕个人；朕是公共秩序的至上维护者。朕的人民只能是与朕紧密相连的统一的人民；有人妄想使民族成为与君主分离的团体，但民族的权益和利益，都必定要与朕的权益和利益合二为一，必定只能掌握在朕的手中。"

法国的同时，也在享用法国。让我们仔细考察一下特权者在18世纪末变成了什么样子，他们在多大程度上保留着自己所得的好处，他们还提供了哪些服务，以及没有提供哪些服务。

第二章 特 权

Ⅰ

特权者大约有27万：贵族14万，教士13万[①]，包括2.5万～3万个贵族家庭，2500所男修道院中的2.3万名修士，1500所修女院中的3.7万名修女，6万所教堂和礼拜堂中的6万名教区神父及代理神父。如果要表述得稍微明确一点，可以这样设想：每平方法里[②]的土地上、每1000个居民中，就有一个贵族家庭和它那带着风向标的宅邸，每个村庄里都有一个教区神父和教堂，每6法里～7法里就有一所男修道院或修女院。这就是法国昔日的首领和奠基者们：正是由于这一头衔，他们依然享有大量财产和大量权益。

---

① 见书末注释1。
② 一古法里大约等于4公里。——译者

II

如果要理解特权者眼前的处境，我们始终要回忆他们的过去。不管他们享有的好处有多大，这些好处都只是以往更大的好处的一点残留。从前的某位主教或修道院院长、某位伯爵或公爵，可能是与加洛林诸王和早期的卡佩诸王平起平坐的，尽管这些显贵的后人也可能在凡尔赛备受礼遇。蒙莱里的一个领主曾经让国王菲利普一世遭受失败[①]。圣日耳曼－德－普雷修道院院长拥有43万顷土地，面积几乎与整整一个省（département）[②]相当。如果他们势力强大，特别是殷实富有，那其实没有什么可奇怪的；没有什么比某种社会形式更稳定的东西了。800年之后，虽然有王权大刀阔斧的改造和社会文化的巨大变革，古老的封建根基还是维持了下来，并一直生长着。首先可以从财产的分配看到这一点[③]。1/5的土地属于国王和公社，1/5属于第三等级，1/5属于乡村百姓，1/5属于贵族，1/5属于教士。因此，如果减去公共土地，特权者占有王国土地的一半。最大份的土地同时也是最富有的产业，因为它几乎包括所有宏大和漂亮的建筑，如宫殿、城堡、修女院、大教堂，还有许多世纪以来累积的几乎全部珍贵动产，如家具、器皿和艺术杰作。可以通过对教士财产的估算作一管窥。教士产业价值近40亿[④]，产出为8000万～1亿，此外还要加上每年1.23亿的什一税，总共为2亿，若

---

① Suger, *Vie de Louis* Ⅵ, chap. Ⅷ.后来，菲利普一世的儿子与这个领地的女继承人结婚，这样国王才成为蒙莱里的堡主。他对自己的继承人说："孩子，切记要守好这座城堡，我为它操劳衰老，那城堡的劣行和背叛使我未得片刻歇息和安宁。"

② 这里的省指的是大革命之后划分的省，与旧制度时代的省（province）不是一回事。一般来说，后者要比前者更大，但界限并不十分清晰。——译者

③ Léonce de Lavergne, *Les Assemblées provinciales*, 19. Cf. 各省议会出版的会议记录，尤其是关于二十分之一税的部分。

④ 特雷拉尔（Treilhard）以宗教委员会的名义所作的报告（*Moniteur*, 1789年12月19日）。仅在巴黎，可供出售的宗教房产估计价值1.5亿。稍后（1791年2月13日的会议），阿梅罗（Amelot）估计已售和待售的教会产业（不包括森林），价值37亿。布叶（M. Bouillé）估计教士的收入总计为1.8亿（*Mémoires*, 44）。

按今日价格计算则须翻倍；除了这些，还有袈裟费（casuel）和慈善捐（quêtes）[1]。为更好地认识这条黄金之河如何宽大，我们且看它的几条支流。399个普赖蒙特莱修会修士估计，他们的收入超过100万，资产超过4500万。图卢兹多明我会会长披露，他的236个修士有"超过20万利弗尔的净租金收入，还不包括他们的修道院和院落，在殖民地还有地产、黑奴和其他资产，估计价值数百万"。克吕尼有298名本笃会修士，收入180万利弗尔。1672年，圣-摩尔的本笃会修士，其教堂和房屋中的动产价值估计为2400万，净收入为800万，"还不包括修道院院长和享有教产的院长的收入"，这种收入一样多，也许更多。明谷修道院的院长罗古尔修士（Dom Rocourt）有租金30万~40万；斯特拉斯堡主教、枢机主教罗昂（Rohan）的收入超过100万[2]。在弗兰什-孔泰、阿尔萨斯和鲁西永，教士占有一半的土地；在埃诺和阿图瓦，这个比例为3∶4；在康布雷西，1700犁[3]的土地中1400属于教士[4]。勒维莱地区几乎全部属于皮伊主教、拉歇兹迪约修道院院长、布留德的贵族教务会及波林雅克的领主。在汝拉地区，圣-克劳德的议事司铎有1.2万名农奴或永久管业对象[5]。通过第一等级的财富，我们可以想象一下第二等级的财富。第二等级中除了贵族，还有新封的贵族，法官们

---

① 参阅1790年4月夏塞（Chasset）关于什一税的报告。1.23亿什一税收入中，2300万为税款征收费用；但是，如果要计算个人的收入，不应扣除个人支付给督办、税局职员和出纳员的财物。1789年10月10日，塔列朗（Talleyrand）估计地产收入为7000万，地产价值为21亿；但进一步地考察可以发现，资产和收入都比乍看起来的明显要大（特雷拉尔和夏塞的报告）。另外，塔列朗在计算中没有包含房产和居住聚落，以及1/4的森林资源。还应该将1789年之前教会享有的领主收益算入其收入中。最后，根据阿瑟·扬的看法，法国地产主征收的地租，不是今天的2.5%，而是3.75%。若要换算成今日币值，需要将原有数字翻番，大量的证据都证明有这一必要，比如劳动日价格，当时为19苏（阿瑟·扬）。

② *Archivesnationales*，教会委员会文献，cartons 10, 11,13, 25. Beugnot, *Mémoires*, I, 49, 79. Delbos, *L'Eglise de France*, I, 399. Duc de Lévis, *Souvenirs et portraits*, 156.

③ 犁（charrue），法国旧时耕地单位，一犁在40公顷~50公顷之间。——译者

④ Léonce de Lavergne, *Economie rurale en France*, 24. Périn, *la Jeunesse de Robespierre*（doléances des cahiers de l'Artois），317.

⑤ Boiteau, *Etat de la France en 1789*, 47. Voltaire, *Politique et législation*,圣-克劳德农奴的请愿书。

在两个世纪前、财政家在一个世纪前，便能获取或购得贵族身份；法国几乎所有的豪富都在第二等级之中，无论这些财富是古老的还是新生的，是通过继承得来的、靠宫廷的恩典获取的，还是靠生意赚来的。当某个阶级处于最高层时，它会招募所有上升或攀登的事物，这其中也包括巨额的财富。有人曾计算，阿图瓦（Artois）伯爵、普罗旺斯（Provence）伯爵、奥尔良（Orléans）公爵和彭铁弗尔（Penthièvre）公爵等诸位王室亲王的采邑，占据着当时1/7的国土[1]。诸位血亲亲王（prince du sang）收入总计为2400万～2500万；奥尔良公爵一人就有1150万利弗尔的租金[2]。这是封建体制的遗迹；今天我们可以在英国、奥地利、普鲁士、俄罗斯看到类似的遗迹；实际上，产权比产权赖以出现的环境延续的时间要长得多。主权（souveraineté）创造了产权（propriété），产权在与主权分离之后，仍然被过去的主权者掌握。对于主教、修道院院长和伯爵，国王尊重他们的产业主身份，但作为竞争对手他要打倒这些人，而在这类产业主身上，有上百种特征表明着被摧毁或被缩小了的主权者身份。

III

全部或部分的税收豁免权就是如此。税款征收员（collecteurs）

---

[1] Necker, *De l'administration des finances*, II, 272.

[2] Marquis de Bouillé, *Mémoires*, 41.读者请始终注意，要换算成今天的价值至少应翻倍。1776年1万利弗尔的租金相当于1825年的2万（Mme. de Genlis, *Mémoires*, chap. IX）。

阿瑟·扬在访问塞纳－马恩的一个城堡时写道："我问过戈尔希（Guerchy）夫人；从这段谈话中可以看出，要想住在这样一个城堡里，带着6个男仆、5个女仆、8匹马，还要照料花园等，大宴宾客，高谈阔论，但从不去巴黎，这需要1000路易的收入，在英国则需要2000。"在今天的法国，则需要5万法郎，甚至更多，而不是2.4万法郎。阿瑟·扬补充道："这里的贵族有6000～8000利弗尔的收入，可以有两个男仆、两个女仆、三匹马和一辆轻便马车。"今天这种排场需要2万到2.5万。尤其是在外省，由于铁路的影响，生活成本变得昂贵多了。阿瑟·扬还说："按我在鲁埃尔哥的一些朋友的看法，我和家人若生活在密罗，100路易就可以过得很阔绰；那地方有些贵族家庭只靠50路易甚至25路易过日子。"今日的密罗，这个数字增长了2～3倍。在巴黎，圣奥诺雷街的一所房子1789年时租金为6000法郎，今天的租金为1.6万法郎。

在这类人面前却步，因为国王深知，封建产权跟他自己权益的起源是一样的；如果说王权是一种特权，领地则是另一种特权；国王自己只是特权者中最有特权的。路易十四的权力最绝对，最迷恋自己的权威，不过，当深陷困境中的他被迫向所有人开征十分之一税时，他还是顾虑重重①。条约、先例、悠久的习惯法、对古老法权的回忆，所有这些都束缚了国家税务机构的手脚。产业主越像过去独立的主权者，他的豁免权就越大。有的时候，庇护产业主的是某个新签订的条约，是某种外国身份，甚或是几乎具有王权性质的出身。"在阿尔萨斯，占有外来地产的亲王，马耳他骑士团和条顿骑士团，享有所有个人和实物捐税的豁免权。""在洛林，雷米尔蒙的教务会对所有国家税收享有自行征收的特权②。"有的时候，省三级会议的维系、贵族与土地的结合，也是对产业主的保护：在朗格多克和布列塔尼，只有平民的财产才缴纳军役税（taille）。另外，更为普遍的情形是，产业主的身份对他本人、他的城堡及城堡的属地构成保护；军役税只涉及他的租户。还有一种更优越的待遇：只要他自己或他的管家经营地产，他最初的独立身份就能传递给他的土地；只要他自己或由代理人下地干活，就能为4犁或300阿尔旁③土地提供保护，这些土地若是别人掌握，则要缴纳2000法郎④的税收，此外他还能保护"森林、草场、葡萄园、水塘及城堡围墙内的土地，不管土地有多大"。因此在利穆赞等以畜牧和葡萄

---

① *Rapport de l'agence du clergé de 1780 à 1785.* 至于彭塞夫（Boncerf）曾著书要求废除的封建权益，代理检查总长塞吉尔（Séguier）在1775年这样说道："我们的国王曾亲自宣告，他们有幸不能损害这一所有权。"

② Léonce de Lavergne, *Les Assemblées provinciales*, 296. Rapport de M. Schwendt sur l'Alsace en 1787. – Waroquier, *Etat de la France en 1789*, I, 54. – Necker, *De l'administration des finances*, I, 19, 102. – Turgot（collection des économistes），*Réponse aux observations du garde des sceaux sur la suppression des corvées*, I, 559.

③ 阿尔旁（arpent），法国旧时土地面积单位，1阿尔旁相当于35公亩～50公亩。——译者

④ 在旧制度时代，广为人知的货币单位是利弗尔（livre），这是一种记账货币，等于20苏；根据著名旧制度史专家Marcel Marion的介绍，法郎（franc）是1575年以来铸造的一种银币，等于20苏，后来成为利弗尔的同义词。泰纳在该书中对这两个术语的用法正是这样。——译者

种植为主业的地区，享有特权的产业主亲自或指派代理人经营其领地的一大部分，因而这部分土地免于征税①。还有，在阿尔萨斯，根据一项明文约定，特权产业主不支付一个苏的军役税。因此，在经过国家税务机器450年的进攻之后，这台机器上的首要引擎军役税，几乎完全没有触动封建地产②。一个世纪以来，两台新引擎，即人头税（capitation）和二十分之一税（vingtième），看起来效率更高，但实际上好不了多少。首先，由于教会出色的手腕，教士回避、减缓了这两种新税的打击。由于教士构成一个团体并召集大会，他们可以和国王谈判，可以进行赎买，避免由别人对自己课税而自行课税，可以知照世人，他们的付款不是强制性的税收，而是"自愿捐赠"（don gratuit），并可以借此换取众多的让步，如减轻捐赠，有时甚至不捐赠，最后降为每5年1600万，即每年略微超过300万；1788年，这个数字仅为180万，1789年的捐赠则被教士拒绝③。另外，由于教会为支付自愿捐赠而贷款，也由于教会对其地产征收的教士所得税不足以偿还债务本金和利息，于是教会通过高超手腕让国王每年从其金库中向它拨款250万利弗尔，所以教会不但没有交税，而且还接收了钱款；1787年，它收到了150万利弗尔。至于贵族，由于他们不能聚会，没有代表，没有公开的行动渠道，他们只能以私人渠道采取行动，跟大臣、督办、助理督办、总包税人和各种有权威的人打交道；由于贵族的身份，人们会对他另眼相看，会迎合他们，对他们宽大处理。首先，这种身份能使他们自己、他们的人和他们的人的人免除抽签服兵役、为士兵提供住

① Comte de Tocqueville, *L'Ancien Régime et la Révolution*, 406. "蒙巴宗的居民曾让罗昂（Rohan）亲王公爵领的管家们负担军役税。这位亲王制止了这个错误做法，并让人归还了非法向他征收的5344利弗尔资金。"

② Necker, *De l'administration des finances*, 军役税收入9100万，二十分之一税7650万，人头税4150万。

③ Raudot, *La France avant la Révolution*, 51. – Marquis de Bouillé, *Mémoires*, 44. – Necker, *De L'administration des finances*, II, 181. 这里谈的是法国教会（116个教区）。被称为"外国"的教会包括三个主教区和路易十四以来被征服地区的教会；外国教会有另一套体制，支付的税款大约与贵族相似。法国教会对其产业征收的教士所得税（décimes）共计1050万利弗尔。

宿、承担道路劳役等义务。由于人头税是根据军役税来确定，贵族缴纳得很少，因为贵族的军役税无足轻重。此外，每个贵族都能以其全部的影响力对他的税额提出质疑，一个贵族写信给督办说："您敏感的心灵绝不会答应，一位来自我这个等级的父亲竟像一个平民的父亲那样被严格课征二十分之一税。[①]"另外，他是在他的实际居住地支付人头税的，但这往往远离他的土地，除非了解他的动产收入，否则他乐意交多少钱就交多少钱。如果他是贵族，他不会遭到任何调查；杜尔哥（Turgot）说，在外省，"对待有身份的人总是极端的谨慎"，"特权者的人头税被不断削减，以致到了不值一提的地步，而军役税缴纳者（taillables）的人头税负担几乎和军役税基额（principal des tailles）相等"。最后，"征收员认为应该对贵族网开一面"，即便贵族应该交税；内克说，"这使得特权者的人头税和二十分之一税中依然存在那些十分明显的古老残留物。"因此，贵族虽然不能正面抗拒税务机器的进攻，但他们能回避和削弱这种进攻，以致后者几乎到了隔靴搔痒的地步。在香槟，"人头税总计上缴150万利弗尔，但贵族仅支付了1.4万利弗尔"，这意味着，"贵族每利弗尔上缴2苏2德尼埃[②]，军役税缴纳者每利弗尔则上缴12苏"。根据卡隆（Calonne）的说法，"如果特许和特权能被取消，二十分之一税的收益将翻番。"从这方面看，最富有的人就是最善于自我保护的人。奥尔良公爵说："我与督办们谈得来，我差不多是想交多少就交多少。"他估计，如果外省官员对他严格课税，他将损失30万利弗尔的收入。可以证实的一点是，血亲亲王们须缴纳的两个二十分之一税[③]总计240万，但实际仅支

---

① Tocqueville, *ib*, 104, 381, 407. – Necker, *ib*., I, 102. – Boiteau, *ib*., 362. – Bouillé, *ib*. 26, 41及以下. Turgot, ib. passim. – Cf. t. II, livre V, ch. 2, 关于军役税缴纳者的税收问题。

② 按当时的币制，1利弗尔（livre）等于20苏（sou），1苏等于12德尼埃（denier）。——译者

③ 二十分之一税是最初设立该税时的名称，后来政府在此基础上开征第2个、第3个二十分之一税，该税若包括附加在内，名义税率最高能占到净收入的16%。——译者

付了18.8万。归根结底，在这种体制下，免税权是昔日主权的最后一块碎片，至少是独立地位的最后一点残留。特权者之所以规避或拒绝税收，不仅仅因为税收损害其财产，还因为纳税会削弱他们的地位；税收是平民身份的标记，也就是古老的奴役地位的象征，因此，他们之所以抗拒国家税收，既是因为利益，也是因为骄傲。

IV

我们随他前往位于其领地上的府邸。主教、修道院院长、教务会议和女修道院院长也有自己的居所，就像世俗领主一样；因为在从前，修道院和教堂也有自己的小国家，就像伯爵领一样。这种封建建筑在莱茵河另一边保存完好，但在法国几乎被完全毁坏，但它留下的架构随处可见。在某些地方，这种建筑保存较好，破坏较少，因而保留着各种古老的外观。在卡奥尔，该城的主教兼伯爵在庄严布道时，"命人将头盔、护胸甲、护手和剑放在祭坛上[①]"。在贝藏松，大主教－诸侯有6个显赫的官员须因采邑而向他行效忠礼、出席他的就职仪式和葬礼。在芒德[②]，主教从11世纪以来就是热沃丹的封君，他可以挑选自己的议政会、常任法官和上诉法官、特派员和该地的理事，支配着所有"市政与司法"职位；而且，在受邀参加本省的三级会议时，他"回答说，他的职务、他的财产、他的地位，使他高于自己主教区的所有人，他不能居于任何人之下，作为所有土地的封君，特别是各男爵领地的封君，他不能对自己的封臣及封臣的封臣让步"，总而言之，他在自己的省区就是国王，或者跟国王差不多。在雷米尔蒙，修女们的贵族教务会享有"52个领地的低、中、高司法权"，举荐75个教区神父，授予10个

---

① 关于各种细节，参阅*La France ecclésiastique de 1788*。
② 1789年三级会议记录及陈情书手稿。*Archives nationales*, t. LXXXVII, 23, 85, 121, 122, 152. 1789年1月12日的会议记录。

男司铎职位，提名该市的市政官员，此外还有初审法庭和上诉法庭的职位，以及各地森林法庭的官员。就这样，32位主教（不包括教务会议）成为其主教城市，有时还是临近地区，有时还是整个地区（如圣－克劳德主教）的世俗领主，或者是完全意义上的，或者是部分意义上的。这里还保留着封建塔楼。在别的地方，塔楼又重新抹上了灰泥，特别是在亲王们的封地上。这些封地相当于今天的十几个省，血亲亲王们可以任命那里的司法官员和宗教圣职。作为国王的代理人，他们拥有国王的用益权和荣誉权。他们几乎是终身代理国王，因为他们不仅可以像国王一样以领主身份染指一切好处，而且可以染指国王以君主身份享有的部分利益[1]。例如，奥尔良家族能够征收商品税（aides），即对各种饮料、金银制品、铁器、钢制品、纸牌、纸张、淀粉征收的税金，从其税额而言，它是最沉重的间接税之一。他们的地位与君主十分接近，因而顺理成章地像君主一样拥有议政会、掌玺官、金库、宫廷[2]、礼仪规范，封建大厦中最豪华的装饰物，过去掌握在国王手中，如今都在他们手里了。

我们现在来看看较低微的角色，地位一般的领主：他的领地约一平方法里，居民一千来人，这些人从前是他的农民或农奴，他也可以影响一个修道院、一个教务会议（chapitre）或一位主教，后者的权益跟他的权益交织在一起。不管人们怎么打压他，他的地位始终还是很高。督办们说，这些领主仍然是"第一居民"。督办们一点一滴地剥夺了某位地方头领的公共职责，削弱他的荣誉权和

---

[1] Necker, *De l'administration des finances,* II, 271, 272. 作者说，"奥尔良家族占有商品税的收益。"他估计整个王国的商品税收益为5100万。

[2] Beugnot, *Mémoires,* I, 77. 可以看一下彭铁弗尔公爵家的礼仪，chap. I, III. 奥尔良公爵设立了一个教务会议和几个修女勋位。奥尔良公爵家的掌玺官职位每年有10万利弗尔的收入（*Gustave III et la cour de France,* par Geoffroy, I, 410）。

用益权，但头领还是头领①。教堂中有他的座席，祭台上有他的墓室，门帘上绣着他的徽章，还有人给他奉香："一种象征着荣誉的圣水"。由于他通常是教堂的建立者，因而也是它的庇护者，他可以挑选教区神父，并试图指导后者；在乡村，举行教区弥撒的钟点可凭他一时的兴致提前或推后。如果他有了贵族头衔，他便掌握了高级司法权，有时整个省区的封地都有这种司法权，曼恩和安茹就是如此。还有，他们任命法官（bailli）、书记员及其他法律人员，如诉讼代理人、公证人、领地执达吏、持杖传达员和骑马传达员，这些人都以他的名义起草文书，在初审中裁决民事和刑事案件。此外，他还设立森林法庭（gruyer），或曰审理森林违法案件的法官，并征收这种官吏课征的罚款。对于各类违法者，他设立了监狱，有时还设有绞刑架。另外，为了补充他在司法事务上的花费，被判死刑或没收财产的罪犯，其财物由他收取；他是私生子的继承人，在他的领地上，既没有遗嘱也没有合法子嗣的死者，其继承权也归他；如果合法子嗣死在家中而没有遗嘱及推定继承人，他同样是死者的继承人；走失的动产物品，不管有无生命，如果不知其所有者是谁，也归他所有；对捡来的财宝，他要收取1/3或一半，他还占有海岸边失事船只的残留物；最后，在民不聊生的岁月，领主有一项更为丰厚的权益：地产抛荒10年之后即归他所有。另外一些好处更清楚地见证着他从前对某地的统治。如在奥弗涅、佛兰德尔、埃诺、阿图瓦、皮卡迪、阿尔萨斯和洛林，人们要为领主提供的普遍保护支付钱款，这种捐税称为照顾费（poursoin）或安全费（sauvement）；为他的军事保护支付的捐税称守备捐；以批发或零售形式出售啤酒、葡萄酒或其他饮料，需要向他缴纳售酒捐；

---

① Tocqueville, *ib*, 40. – Renauldon, avocat au baillage d'Issoudun, *Traité historique et pratique des droits seigneuriales*, 1765, 8, 10, 81 et passim. – *Cahier d'un magistrat du Châtelet*, 关于领主司法权, 1789. – Duvergier, *Collection des lois*. Décrets du 15-28 mars 1790, 关于废除封建制度, Merlin de Douai, rapporteur, t. I, 114; Décrets du 19-23 juillet 1790（I, 293）; Décrets du 13-20 avril 1791（I, 295）。

有好几种习惯法规定，领主可以向每户或每个家庭征收金钱或谷物形式的灶税；经过的绵羊群也需要缴税（pulvérage），这种捐税在多菲内和普罗旺斯相当沉重；财产交易捐（lods et ventes）几乎遍及各地，它对所有出售的土地和超过9年的租约征收，其比例为售价和租约价格的1/6，有时为1/5，甚至是1/4；赎买捐（rachat或relief），由领主向旁系，有时也向直系继承人征收的继承捐税，数额相当于所继承地产一年的收入；还有一种较为少见的捐税，但它最为沉重，这就是赎恩税，即领主或年贡缴纳者死去时，年贡须翻倍，或支付一年的收成。这些都是名副其实的捐税：地产税、动产税、人头税、专营税、流通税、转手税、继承税，从前设立这些捐税是以公共服务为条件的，但今天，领主已经不再承担这些服务了。

另一些捐税同样古老，它们也是为服务而支付的，不过领主仍然在提供这种服务。的确，国王取缔了很多路桥费，1724年取缔了1200项之多，而且取缔工作仍在进行中；但路桥费对领主而言仍是一笔很大的收益：桥梁、道路、顺流或逆流的驳船、渡口的领主，需要路桥费来维护桥梁、道路、渡口、纤道，有些路桥费收入很可观，竟可以达到9000利弗尔[1]。同样，只要领主维护市场，免费提供度量衡设备，他就会对在其市场和集镇上交易的粮食和商品征税：在昂古莱姆，税率为所售谷物的1/48；在圣马洛附近的孔堡，这种税按牲畜的头数征收；其他地方或对葡萄酒、或对食品、或对鱼类征收[2]。由于过去曾建造烤炉、榨酒器、磨坊、屠宰场，领主

[1] Archives nationales, G, 300（1787）. "蒙特罗的领主布隆涅（Boulongne）先生征收的路桥费包括：每头公牛、母牛、牛犊和猪2德尼埃；每头绵羊1德尼埃；每头驮畜2德尼埃；每辆四轮车1个苏8德尼埃；每辆二轮车5德尼埃，每辆套有3、4、5匹马的车辆10德尼埃；此外，每艘溯河而上的马拉船只、驳船或小船缴纳10德尼埃；每个溯河而上的木桶1德尼埃。"瓦楞地方的领主夏特莱（Châtelet）公爵在当地也享有类似的权益。

[2] Archives nationales, K, 1453, n. 1448: 默朗（Meulan）先生1789年6月12日的信件；对谷物征收的捐税当时属于阿图瓦伯爵。Chateaubriand, Mémoires, I, 73.

要求居民使用这些设施，并摧毁那些跟他竞争的设施[1]。显然，这些垄断权和入市税仍然可以追溯到领主拥有公共权威的时代。

领主当初不仅拥有公共权力，还占有土地和人民。他仍然是别人的主人，至少在某些省、在某些方面是这样。"在香槟、桑斯、拉马尔什、波旁、尼韦尔内、勃艮第、弗兰什－孔泰，没有昔日奴役痕迹的土地完全没有或十分稀少……这些地方甚至还有一些有人身依附的农奴和法定农奴，其根据来源于他们自己或他们的确认"。[2]在这些地方，成为农奴或是因为出身，或是因为土地的原因。世袭农奴、永久管业对象、财产转让者：带有此类名称的15万人脖子上都套上了封建项圈；其实这毫不奇怪，因为莱茵河另一边几乎所有的农民都还戴着枷锁。领主过去曾是他们所有财物和全部劳动的主人和所有者，此时他仍然能强迫他们每年负担10～12天的劳役和一定量的军役税。在香槟地区肖蒙附近的舒瓦瑟尔男爵领，"居民必须为男爵犁田、播种、收割，还要将谷物搬入仓；每块土地、每所房屋、每头牲畜都要向男爵支付税金；孩子只有与父母住在一起时才有继承权；如果死者没有子嗣，继承权归男爵"。按当时的说法，这样的土地就叫作"权益丰厚"的地产。在另一些地方，若死者的旁系亲属（如兄弟和侄子）在死者临终时不守候在他身边，或守候未经领主认证，那么领主便取代这些亲属而成为继

---

① Renauldon, *ib*. 249，258. "几乎没有哪个领主城市没有享有专营权的屠宰场。屠夫必须获得领主的明确许可。"对于研磨出的面粉，税率平均为1/16。在某些省，还有加工呢绒和树皮的专营磨坊。

② Renauldon, *ib*. 181，200，203；请注意写作时间是在1765年。路易十五于1778年取缔了其领地上的农奴制；另一些领主也学习国王的榜样，特别是在弗兰什－孔泰。

Beugnot, *Mémoires*，Ⅰ，142. —Voltaire, *Mémoire au roi sur les serfs du Jura*. - *Mémoires de Bailly*，Ⅱ，214，见1789年8月7日国民议会的会议记录。我参考了这份会议记录和克莱热（Clerget）先生的著作，他是弗兰什－孔泰奥尔南地方的教区神父，那份会议记录中提到了他。克莱热说，那时（1789年）还有150万国王的臣民受到奴役，但他没有提供任何证据去支持这个数字。不过，在1788年的弗兰什－孔泰，农奴和永久管业对象的数目肯定很大；Ⅱ，200，1785阿梅罗先生关于勃艮第的报告。"在夏罗尔助理督办辖区，居民好像隔了一个世纪，他们负担着封建捐税，如死手捐，他们的精神和肉体不能有任何的发展，国王已率先作出表率，允许赎买永久管业捐，但世俗人士开出的赎买价格高得无法承受，这些不幸的永久管业对象现在不能、将来也不能赎买之。"

承人。在汝拉和尼韦尔内，领主可以追回逃亡的农奴，并可在农奴死后索要死者留在家中的财物，以及死者在别处取得的积蓄。在圣-克劳德，领主对任何居住在其领地上的房屋中达一年零一天的人都享有此种权利。至于他的土地所有权，我们甚至能比从前更清晰地认识其完整性。在他的裁判区域内，公共就是他的私人土地；道路、街道和公共场所也是他私人的；他有权在这些地方植树，并对已有的树木拥有所有权。在某些地方，领主享有征收牧场金（blairie）的权利，居民若想在庄稼收割之后的田里、在"公共牧场"放牧牲畜，须向领主缴纳许可金。不能通航的河流归他所有，河中的小岛、沙洲、鱼类同样如此。他在自己的整个裁判区域享有狩猎权，而平民必须为他打开自己带围墙的园地。

　　要使画卷更为完整还需补充一点。这位国家的首领、人民和土地的主人，他从前也是个农民，他的份地就坐落在其他奴役性份地中间，所以他具有经营方面的优势，其中一些优势还保留着。例如仍然广泛存在葡萄酒专卖权（banvin）：在葡萄收获后的30～40天内，领主为出售自己的酒而排除所有其他人。在都兰，领主享有优先放牧权（préage），即领主可以将自己的牛马送往"自己臣属的草场上放牧，而且须有人看护"。最后还有对大型立地鸽子棚的垄断权，上千只鸽子可以随时从棚子里飞出，跑到田野里觅食，任何人不得杀死和捕捉它们。同样的领主身份还有另一个推论：他能对所有以前永久出租的财产征收捐税，这种征收有各种各样的名称（cens、censives、carpot、champart、agrier、terrage、parcière），或采取货币形式，或是实物形式，其形态因各地实际情况、偶然因素和当地交易习惯而各有不同。在波旁，领主占有1/4的收成；在贝里，每百捆庄稼中领主收取12捆。有的时候，领主的承租人是某个村社：国民议会一位代表的一份采邑是对3000份个人产业征收200份葡萄酒[1]。在另一些地方，根据年贡提取权（retrait censuel），领主可以"负责保管全部所售财产并将其交给买主，但他要收取财产交易捐"。最后应该指出的是，对领主而言，财产权的所有奴役条件对土地产品和土地价格构成一种特别的债权，对年贡缴纳者来说，这种债务不受时效约束、不可分割、不能赎买。这些就是封建权益：我们若要对这些权益有个总体的见解，始终要把自己想象成10世纪的一位伯爵、主教或修道院院长，他们是一方的最高主宰和所有者。人类社会当时聚合而成的形态，是在切近而持续的危险的压力下，为了地方防御而构建起来的，其中的一个构成要素是所有利益都应服从于生存的需要，土地连片是为了保卫它；另一个构成要素是所有权和享用权，以及勇敢的首领指挥下的一群勇士。危险日渐退去，这座建筑也破旧了。在金钱的作用下，领主允许节俭而坚韧的农民拔除了建筑上的许多基石。与此相应的是，领主也不得不容忍国王占据了建筑中的公共部分。剩下来的是最初的地基，即古老的所有权结构，或曰为维护一个业已瓦解的社会模式而被束缚、被榨取的土地，简言之，一种特权和奴役制度，但这个制度的根源和目标已经消失[2]。

V

这还不足以说这种制度是有害的，甚至不足以说它是无益的。实际上，不再履行古老职责的地方首领，有可能转而担任新的职务。地方首领是在当初的战乱年代为战争而设立的，但在承平岁月他也能提供服务，对于这个完成了由乱转治的国家来说，这种服务有很大的有利之处。因为，国家如果能看住这些首领，就能排除那些不稳定的可怕行为，更何况这种行为还能衍生出更多类似的派

---

[1] Boiteau, *ib*, 25（avril 1790）. —Beugnot, *Mémoires*, I, 142.
[2] 见书末注释2。

生物。没有什么比建立政府更难的了，当然我说的是稳定的政府：它需要将指挥权统合在少数人手中，需要所有人的服从，而这是违反人的本性的。设想一下：一个政府人物（有时还是个羸弱的老人），支配着2000万或3000万人的财产和生命，而他的大部分人民从来都没见过他；他要人民把他们1/10或1/5的收入交给他；他命令他们去杀人或去送死，他们的确去了；人民就这样过了10年、20年，历尽各种艰辛：失败、困苦、入侵，但没有内部的叛乱和骚动，路易十四时代的法国人、庇特（Pitt）治下的英国人、腓特烈二世（Frédéric Ⅱ）时期的普鲁士人就是如此；这实在是个奇迹，因为一个民族若要保持独立，就必须时刻准备经受这种考验。这种忠诚和团结并不是推理的结果，理智太优柔寡断、太虚弱，不能产生如此普遍、如此坚韧有力的效果。人类在陡然被拉回自然状态、一切都需要自己承担时，除了行动和相互冲撞之外什么都不会，直到纯粹的暴力像在野蛮时代一样压倒一切，直到某个军事首领在狼烟和嘶喊中崛起：这样的首领通常是个屠夫。对历史而言，延续好于重新开始。因此，事先根据人们会大致遵循的悠久习惯去指定、或通过专门的教育去培养首领，便是有益的做法，在大多数人仍不开化的时候尤其如此。这时公众就不需要去寻找首领了。他们已经有了，每个地方都能看到，而且事先就被接受了；人们通过他们的名字、头衔、财富、生活方式就能辨认他们，对他们权威的尊重无时不在。他们通常是配得上这种权威的；他们的出生和成长就是为了施行权威，无论是在传统、先例还是在家族的骄傲中，他们都能发现真诚而强大的力量以培育自己的公共精神；他们也有机会去理解特权赋予他们的义务。封建制度就是这样循环更新的。过去的首领仍然可以通过他的服务确认自己的优先地位，他的特权地位也仍然能为人接受。他过去是某地的军事首领和终身治安官员，如今他成了为善一方的地产主，积极推动各种有益的事业，热心保护穷人，还是当地无偿的管理者和法官，面对国王时他是不领薪的地方代表，就是说，他还是像以前那样，借助与新环境调适的新庇护权，而成为地方的领导人和保护者。地方官员、中央的代表，这是他的两项主要职责，如果把目光投向法国以外的地方，人们可以发现他在履行其中的某一项职责，或者同时担任这两种职责。

第三章 特权者应负的地方职责

Ⅰ.德国和英国的范例—法国的特权者不承担这些职责。Ⅱ.乡居领主—正统封建精神的残留—对佃农根本不严厉，但已经没有地方治理权—隔绝状态—生活的平庸寒酸—花费—无力应付债务—农民对他们的处境的看法。Ⅲ.非乡居领主—巨额财富和广泛的权益—优遇越多，责任也应该更大—离乡的原因—离开的后果—外省的麻木—土地状况—不行施舍—债务负担—司法权状况—狩猎权的后果—农民对其地位的看法。

I

我们首先讨论的是地方治理问题。在法国的周边，有些地方的封建奴役比法国更为沉重，但看起来却更轻微，因为在天平的另一端，善行平衡了负担。在1809年的闵斯特，博尼奥（Beugnot）见到一位主教诸侯，一座布满修道院和大型领主宅邸的城市，城里的几个商人贩卖一些生活必需品，市民寥寥无几，城市四周全是农奴。农奴所有的产品，从粮食到牲畜，领主都要征收一部分，农奴死时，领主有部分继承权；如果农奴逃走，其财产归领主。他的仆人受到的惩罚就像俄国的奴隶一样，每到此时，人们就会使用一具行刑架，这"并非严厉的刑罚"，棒打等做法大概是更严厉的。但

"受刑者从来没有想到抗辩和上诉"。因为，如果说领主是作为一家之主惩罚他们，那么领主也"作为一家之主"保护他们，"他会赶来挽救不幸，会照料病患中的他们"，会在他们年迈时给他们提供一个庇护所；他还会供养他们的寡妻，如果他们孩子很多，领主也会很高兴；他与他们一起生活在相互关照的共同体中；他们既不感到悲惨，也不会有不安；他们知道，在陷入绝境或遭遇意外之时，领主会是他们的庇护者[1]。在普鲁士各地，根据腓特烈二世的法典，更为恶劣的奴役能以同等的责任为补偿。没有领主的许可，农民不能出让和抵押自己的土地，也不能采取别的耕种方式，不能改变职业，不能结婚。如果农民离开领地，领主可以到任何地方追拿他们，并可将他们强行带回。领主有权监督农民的私生活，如果他们酗酒或怠惰，他有权惩罚。青少年农民应在领主庄园上担任数年的家仆；成为农夫的农民对领主负有劳役义务，某些地方是每周三天。不过，根据习惯和法律，领主应该"注意让农民接受教育，于困苦之际救助他们，尽可能地为他们谋生计"。因此他承担着政府的职责，当然他也从这一职责中获利；在那只既压制农民又保护农民的沉重的大手之下，看不到他的臣属有反抗行为。在英国，上层阶级以其他渠道取得了同样的效果。英国的土地也负担教会什一税，而且是严格意义上的十分之一，这个比例比法国要高[2]；乡绅贵族占有的土地份额比它们的法国同侪还要高，而且他们在地方的权威也更大。但他们的佃农、租户已不再是农奴，也不是附庸，农民是自由的。如果说贵族乡绅行使治理权，那也是依靠影响，而不是依靠命令。作为地产主和保护人，他颇受人尊重；作为地方首领、民兵长官、管理者、司法人员，他的有益作用显而易见。更重要的是，他们祖祖辈辈都住在乡间，是土生土长的当地人，世世代

---

① Beugnot, *Mémoires*, I, 292. —Tocqueville, *L'Ancien Régime et la Révolution*, 34, 60.

② Arthur Young, *Voyages en France*, II, 456. 他说，在法国，什一税税率为1/11到1/32之间。"但人们根本不知道在英国上缴的数额有多大，税率真的就是1/10"。

代都同当地公众保持着持久的联系，他们的生意、消遣、狩猎、济贫站就是联系渠道，他还跟自己的租户一起进餐，跟邻居一起出席委员会或教区会（vestry），这些事务同样是联系的中介。这就是古老的等级得以维持的原因：只需将等级制的军事外壳替换成民事外壳，为封建首领找一份现代职务就足够了。

II

如果我们稍微向前追溯一下我们的历史，就会发现我们也曾有这样的贵族[1]。作家圣西蒙（Saint-Simon）的父亲圣西蒙公爵就是如此，在他的布莱地方政府中，他是真正的主人，连国王都敬重他。米拉波（Mirabeau）的祖父也是这样的贵族，在他位于普罗旺斯的米拉波城堡中，他是最高贵、最不容置疑、最执拗的人，"他为自己的军团挑选的军官，国王大臣也必须赞成"，他只在形式上接受巡查官员，但他为人英雄，慷慨，热忱，对在自己麾下负伤的6个上尉发放津贴，调停山区的贫苦诉讼人，赶跑来他的地界找碴儿的游动讼师，他是"当地人的天然保护者"，为此甚至不惜与大臣和国王反目。有一次，烟草税巡逻员突然搜查他的教区神父，他骑马驱逐这些人，气势极其凶猛，巡逻员们落荒而逃，费了老大劲才渡过杜朗斯河，随后"他写信要求撤走所有巡逻员，而且保证说，如果做不到这一点，所有商品税职员都要滚到罗讷河或大海中；结果巡逻员真被调走，官员也来向他赔罪"。见该地土地贫瘠，农民懒惰，他便将他们组成编队，无论男女小孩；虽然他身上

---

[1] Saint-Simon, *Mémoires*, éd. Chéruel, t. I. —Lucas de Montigny, *Mémoires de Mirabeau*, t. I, de 53 à 182.—Le maréchal Marmont, *Mémoires*, I, 9, 11. —Chateaubriand, *Mémoires*, I, 17. —Comte de Montlosier, *Mémoires*, 2 vol. passim. —Mme de la Rochejaquelein, *Souvenirs*, passim. 在这些文字中会发现有关古代英武贵族的典型形象的各种细节。巴尔扎克的两部小说以准确有力的笔触描绘了这些细节：《贝阿特丽丝》【葛尼克（Guénic）男爵】和《古物陈列室》【埃斯格里农（Esgrignon）侯爵】。

有27块伤疤，脖子靠一块银币撑着，但每逢天气最恶劣时，他亲自带领他们，付钱让他们干活，给他们的租约期限长达百年，好让他们去垦荒耕种，还让他们建起大围墙，在岩石横生的山坡上栽种橄榄树。"任何人都不得以任何借口不事劳作，除非他生病了（这种情形下他应受救助），或者他忙于耕种自己的土地；我父亲不曾让人违反这一规定，也没有人敢违反"。这是一株古老树墩最后的躯干，虽然它布满疙瘩，粗野扎眼，但它能提供庇护。我们在某些偏僻地方还能发现这样的树墩，如在布列塔尼和奥弗涅这些还存在真正的指挥权的地方，我敢肯定，农民必要时之所以会服从，既是因为恐惧，也是因为尊重。心灵和身体力量所产生的影响便是树墩存在的合理性所在，它那丰盛的汁液最初产生于暴力之中，后来则来自恩德。

在别的地方，家长式的统治虽然独立性较小，也不那么严厉，但它仍然存在，即使不是反映在法律上，至少也体现在民风之中。根据米拉波司法区法官的说法，在布列塔尼的特雷吉尔和拉尼昂附近，"海岸卫队的所有参谋都是有身份的人，其家族的历史延续千年。我还没有看到他们中间的哪个人对农民士兵大发雷霆，而且我看到，农民士兵对他们有一种子女对父母般的尊敬……就质朴的民风和真实的家族威严而言，这里真是地上天堂：农民在自己的领主面前，就像温顺的儿子对待自己的父亲，领主只会在善意和玩笑的气氛中，才对农民言辞粗暴；可以看到，主人和仆人之间存在一种互爱"。在稍微往南的西部矮林地区（bocage），全都是连片的农田而没有道路，女士们出行要靠马，或者乘坐牛车，那里的领主没有租户，只有25～30个小分成农，他与农民分享收成，但大人物的优势地位丝毫不损害小民。他们一起共同生活，从生到死都生活在一起，亲密熟识；他们有共同的利益，共同的职业，甚至连娱乐都是一样的；乡间的士兵和军官同样如此，他们住在同一顶帐篷下。不过，虽然彼此是同伴，但服从关系依然存在，熟识并不损害尊重。"领主经常造访他们的分成地，跟他们聊农活，关照他们的牲畜，承担意外和不幸，因为这同样会对他造成损害。领主会参加农民孩子的婚礼，跟宾客喝上一杯。周日里人们在城堡的院子里跳舞，女士们也来参加[1]"。当他要猎杀狼和野猪时，教区神父会为此布道；农民会带着枪支兴高采烈地前来会合，领主会调度他们，而他们也会严格遵守领主的指令：这时士兵和指挥官都已经齐备了。不久以后，他们将会选举领主担任国民卫队的指挥官、乡镇的市长和叛乱的领袖，1792年，教区枪手将在领主的带领下对抗共和派的蓝军，就像当初猎杀野狼一样。这就是正统封建精神的最后残留物，它们就像沉入大海的陆地上星星点点地突出水面的山峰。路易十四之前，整个法国都能见到类似的画面。米拉波侯爵说："从前的乡村贵族长期饮酒，睡在古旧的扶手椅或陋床上，一大早就起来骑马打猎，他要到圣于贝尔聚会，直到圣马丁八日庆之后才离开……这种贵族心甘情愿地过着一种粗野而快乐的生活，对国家几乎没有负担，他留居乡间，他的厩肥产生的价值，比今天我们以考究的品位和腹泻气晕[2]所衡量出的价值更大……人们知道过去的习惯，也就是说，过去居民总是热情地给领主送礼。在我生活的时代，我发现这种习惯在各地都已废止，而且废止的理由很充分……在人们眼里，领主简直一无是处；说得简单一点，他们被人忘记了，就像他们忘记了别人……领主的土地上已经没有人认识他了，所有人都在盗窃他的财物，这是千真万确的事实[3]"。除了某些偏远的角落，两个阶级之间的关爱和团结已经消失；牧人离开了自己的羊群，人民的牧者到头来被视为人民的寄生虫。

我们首先去外省看看。那里可以看到小贵族和一部分中等贵

---

[1] Mme de la Rochejacquelein, *ib.* I, 84. "由于马里尼（Marigny）先生略通兽医，当地农民在牲畜得病时都来找他"。

[2] 腹泻气晕指的可能是当时上流社会流行的矫情病状。——译者

[3] Marquis de Mirabeau, *Traité de la population*, 57.

族，其余的中等贵族在巴黎①。甚至教会也有这种分裂：享有教产
的修道院院长、主教和大主教很少住在当地；副主教和议事司铎
大多住在大城市里；留在乡间的只有一些修士和教区神父；通常
的情形下，教俗两界的整个领导班子都已人去楼空；留在当地的都
只有次要和低级的头衔。这些人与农民相处得如何？可以肯定的一
点是，他们对农民一般并不严厉，甚至也不冷漠。由于级别不同，
他们不会跟农民有太远的距离；然而，人与人之间唯一的联系纽带
是相邻关系。我曾想寻找大革命的演说家们描述的那种乡村暴君，
但我翻遍了文献，根本找不到这样的人。这类乡居首领对市民很高
傲，但对乡民通常很和善。当时的一位律师曾说："如果有人行走
外省，遍访有领主居住的土地，一百个领主之中他大概能发现一到
两位对自己的属下举止暴虐的；其他的领主都耐心地与自己的裁判
对象一起分担生活的艰辛……他们期待着债权人能宽大期限，好让
他们再去设法还钱。他们也会减缓和放松对租户、代理人和生意人
有时过于苛刻的要求。"②大革命刚结束时，一位生活在普罗旺斯
的英国女士说，乡村贵族虽然在埃克斯受人憎恨，但在自己的领地
上受人爱戴。"他们在上层市民面前经过时，高视阔步，满脸不
屑，但跟农民打招呼却极尽谦恭和蔼"。在天气恶劣的季节，其中
一个贵族还向自己领地上的妇女、孩子和老人分发羊毛和大麻，让
他们纺线织布，到了年底，他给两件最佳布料发放100利弗尔的奖
金。在很多案例中，农民买主自愿以买入价将地产归还给他们的领
主。1788年，在巴黎附近的罗曼维尔，暴风雨过后有人大施赈济；
"一个很富有的人立刻给周围的不幸者分发了4万法郎"；在冬天
的阿尔萨斯和巴黎，人们都在施予；"每个知名家族的公馆门口都

---

① Tocqueville, *ib.* 180.这些看法有人头税记录为证，而人头税是按实际居住地缴纳的。
② Renauldon, *ib.* préface, 5.– Anne Plumptree, *A Narrative of three year's residence in France from 1802 to 1805*, II, 357. – Baronned' Oberkirch,*Mémoires*, II, 389. – *De l'étatreligieux*, par les abbés de Bonefoiet Bernard（1784），295. – MmeVigée-Lebrun, *Souvenirs*, 171.

点燃起一座大柴堆，日夜都有穷人来取暖"。说到慈善，留在乡间的修士亲眼目睹群众的悲苦，他们仍忠实于自己机构最初的精神。在普瓦图，蒙莫里永的奥古斯丁会修士在太子出生之际，自己掏钱为19个贫苦家庭支付了军役税和道路劳役捐。1781年，在普罗旺斯的圣马克西姆，当暴风雨毁坏葡萄和橄榄树后，多明我会修士供养当地居民。"巴黎的查尔特勒会修士每周向穷人发放1800斤①面包。1784年冬天，所有宗教机构的赈济都有所增加：它们的承租者向乡间贫苦居民发放救济品，为了应对极端严峻的需求，有几家修会还要求修士严格斋戒"。1789年底，当人们要取缔这些修会时，我看到很多市政官员、贵族、居民（包括工匠和农民）纷纷具文为它们求情，那一栏栏朴拙的签名远胜滔滔雄辩。卡托－康布雷齐②有700个家庭请求保留圣－安德烈修道院中可敬的院长和修士们，他们曾在冰雹来袭时供养乡民，是他们共同的父亲和施恩者。在比利牛斯的圣萨文，本笃会修道院是这个贫困地方唯一的慈善机构，一想到它即将被取缔，人们"以痛苦的眼泪诉说自己的惊愕"。在蒂永维尔附近的希尔克，贵族曾这样说："在我们眼里，无论从哪方面看，查尔特勒会的修女都是上帝的方舟；她们是1200～1500人的主要生计来源，这些人一周七天都会来这里。今年，修女们将自己的口粮以低于市价16利弗尔的价格给了他们。"在洛林，多梅伏尔的修道院司铎每周为60个穷人提供两次食物；请愿书说，必须保留这些司铎，"因为他们对穷苦人深怀慈悲和同情，而人民的悲苦已非想象所及；在没有修道院和附属的司铎的地方，穷人都处境悲苦"。③在勃艮第地区塞缪尔附近的穆提埃－圣让，圣摩尔的本笃

① 斤（livre）为法国旧时的重量单位，在巴黎，每斤合489克，其他地方每斤合350克～550克不等。——译者

② *Archives nationales*, D, XIX, cartons 14, 15, 25. 每个案卷都装满这类请愿书。

③ *Ibid*. D, XIX, carton 11. 其中有多梅伏尔修道院院长、乡居的圣父修士司铎总长约瑟夫·德·桑迪农（Joseph de Saintignon）的一封非常有意思的信件。他的收入2.3万利弗尔，其中6066利弗尔是政府给他的津贴，相当于给他的酬劳。他的个人花费只有5000利弗尔，"因此在11年的时间里，他给予穷人和工人的钱超过25万"。

会修士养活了整个村庄，并在当年的饥荒时节供给食物。在巴鲁瓦的摩尔莱附近，西多会的奥维修道院"对所有邻近的村庄来说一直是个慈善所"。在普瓦图的埃尔沃，当地市政官员、国民卫队的上校、众多"乡巴佬和村民"要求保留圣奥古斯丁修道院的司铎们。请愿书说："无论是对我们的城市，还是对我们的乡村，他们的存在都是绝对必须的，取缔他们将是我们无法弥补的损失。"苏瓦松市政府和常设会议具文说，圣让－德魏涅的宗教机构"总是被热情地吁请承担公共义务。在灾荒之际，是它接纳无家可归的居民，供给他们饮食。在选举国民议会的代表时，它单独负担了司法区大会的开支。目前也是它为阿尔马尼亚克团的一个连提供住宿。当需要有人作出奉献时，总会看到它的身影"。20个地方的人称修士是"穷人的父亲"。在1789年夏的欧塞尔主教区，雷尼的圣贝尔纳修士"为了邻近的村民而放弃所有：面包、谷物、钱财和救济品，将它们全部分给1200位居民，这些人在6周多的时间里每天都来到他们门前求助……贷款、对租户的预支、向修道院供货商赊账，所有这类做法都是为了能有助于减轻人民的苦难。我省略了很多同样有说服力的事实；可以看到，如果教俗领主留居乡间，他们根本不是彻头彻尾的利己主义者；要想削弱这一强烈印象，应该从离开乡间的领主身上寻找依据；目有所见，心有所感。另外，亲密熟识会酝酿出好感；一个穷人，如果20年来你总是在路上跟他打招呼，你了解他的生活，对你而言他并非抽象的想象物和统计数据，而是一个备尝艰辛的灵魂、一个经受劳苦的躯体，那么，你在面对他的焦虑时，几乎不可能冷淡漠然。更何况，自卢梭（Rousseau）和经济学家们的著作问世以来，人道之风日益强劲，日益深入人心，它传遍四方，唤起了人们心中的柔情。从此人们开始为穷人着想，并以为他们着想为荣。看看三级会议的陈情书①就能发现，巴黎的仁爱精

---

① 关于教俗领主的行为和情感，参阅Léonce de Lavergne, *Les Assemblées provincials*, 1 vol。– Legrand, *L'Intendance du Hainault*, 1 vol. – Hippeau, *Le Gouvernement de Normandie*, 9 vol.

神传到了外省的城堡和修道院中。我深信，除了偏远地方的某些落魄不堪、终日狩猎酗酒、完全受肉体需求左右、困守于动物般的粗野生活的小贵族，大部分的乡居领主，都在意识上或事实上类似于马尔蒙泰尔（Marmontel）在其教化小说中描绘的贵族；因为风尚推动他们转变，而在法国，人们总是追随风尚。他们根本没有封建主义的特征，而是些"感觉敏锐"的人士，性情温和、礼数周全、颇具文采、热衷于空泛笼统的词句；他们很容易、很乐意让自己激动不已，就像从前的轻骑兵、索米尔的国民议会代表、热爱推理的费列尔（Ferrières）侯爵一样，这位和蔼的侯爵写过一篇论"有神论"的论文，一部教化小说，还有一些亲切可人但无甚影响的回忆录；没有什么比这些东西更加远离旧日生硬专断的气质的了。这些老爷们真是想减轻人民的痛苦，他们在自己的领地上尽力对人民宽大为怀[①]。人们认为他们有害，并非因为他们为人邪恶；罪恶源自他们的地位，而不是他们的品性。的确，正是这种地位给了他们权益而不必提供服务，他们无法担任公职，不能发挥有效的影响力，不能通过有效的庇护去证明其特殊利益的合理性并团结自己的农民。

在这个领域，中央政府取代了他们的位置。很早以前，他们就在督办面前气势软弱，无力保护自己的教区。没有国王的明文许可，贵族不得举行20人以上的聚会商讨事务[②]。虽然弗兰什－孔泰的贵族每年可以聚餐一次并一起做弥撒，但这是因为得到了容忍，而且这种再无害不过的聚会也只有在督办在场时才能举行。与同伴隔绝的领主，又与自己的下属隔绝了。乡村的管理跟他无关，他甚至没有监督权：税收和军事义务的摊派，教堂的修复，教区大会的召集和主持，道路的修建，济贫所的设立，所有这些都是督办或督

---

① "最强烈的同情充满了人们的心灵：有钱人最担心的，就是被人认为铁石心肠。"（Lacretelle, *Histoire de France au XVIIIe siècle*, v, 2.）

② Floquet, *Histoire du Parlement de Normandie*, VI, 696. 1722年，25名贵族因为签名抗议法院的命令而被监禁或流放。

办提名与领导的社区官员的事务^①。除了被大为削弱的司法权，领
主在公共事务中已经无所事事了^②。即使他偶尔也想以半官方的名
义介入并为村社的利益声辩，行政部门立刻就会让他闭嘴。自路易
十四以来，一切都服从于他的特派员；所有立法和整个行政实践都
是针对地方领主，以剥夺其实际职权，只给他留个光秃秃的头衔。
随着职权与头衔的分离，领主因为自己的无益而更形骄傲。他的自
尊心因为不再有广阔的滋养空间而变得斤斤计较；从此他追寻礼遇
而不是影响力，想着自己的优先权而不是去治理地方^③。实际上，
地方政府已经落入受刀笔吏虐待的乡巴佬之手，从而成为粗俗的文
牍琐事，对领主而言简直污秽不堪。"邀请他参与此事会伤害他的
骄傲。摊派税收、征召民兵、处理劳役，此乃卑贱之事，是乡村理
事的工作。"因此，他在自己的庄园里与世隔绝，对于自己已被排
除在外，而他也瞧不起的事务，他任由别人去处置。他已经远不能
保护农民，自保尚且不易：他费尽力气地维护自己的豁免权，削减
自己的人头税和二十分之一税，让自己的家仆豁免兵役，保护他个
人、他的家产、他的手下、他的渔猎权免受无处不在的侵夺，稍有
闪失，一切都会落到"督办大人"手中。领主通常也很穷，因而上
述努力就更甚了。布叶（Bouillé）估计，几乎所有古老家族都已
破产，幸免者百分之二三^④。在鲁埃尔格，好几个人靠一笔50个路
易，甚至25个路易的收入过日子。一位督办说，在18世纪初的利
穆赞，在数以千计的领主中，只有十几个人收入达到2万利弗尔。
在1754年左右的贝里，"3/4的人几乎不名一文"。在弗兰什－孔

① Tocqueville, ib. 19, 39, 56, 75, 184.托克维尔对这个问题做了深入且十分深刻的阐述。
② Tocqueville, ib. 376.上基耶内省议会的抱怨。"人们总是抱怨乡村毫无治理。何以至此？贵族不参与任何事务，除了某些利用其对附庸的影响力以防止粗暴行为的公正而善意的领主。"
③ 1789年三级会议的陈情书。很多贵族陈情书要求贵族男女应有荣誉性的区分标志，如让人易于辨认他们的十字架或饰带。
④ Bouillé, *Mémoires*, 50. – Tocqueville, *ibid.* 118, 119. –Loménie, *Les Mirabeau*, 132.（米拉波的司法区法官的信件，1760）Chateaubriand, *Mémoires*, I, 14, 15, 29, 76, 80, 125. – Lucas de Montigny, *Mémoires de Mirabeau*, I, 160。贝里协会的报告：*Bourges en 1753 et 1754*，据手稿日记（*Archives nationales*），作者为一位流放的高等法院法官，273。

泰，我们刚才谈到那种聚会总是成为一场闹剧：“弥撒过后，他们各自回到自己家中，有些人步行，其他人则骑着好似堂·吉诃德胯下的驽马”。在布列塔尼，“一大堆贵族活得像地窖中的老鼠，无论是在自己的庄园，还是在担任最低贱的职务”。某位摩朗戴（Morandais）先生当了某块地产的管事。这样的家庭有一份分成地产就欢天喜地了，虽然这份地产“只有一个鸽子棚证明他的贵族身份；这个家庭过着农民一样的生活，吃着黑麸皮面包”。另一位鳏居的贵族“每日喝酒度日，跟女仆过着混乱不堪的日子，把自己家族那些最光辉的名字涂满了黄油罐”。老夏多布里昂说：“夏多布里昂地方的所有骑士都是醉鬼和打兔子的。”而他自己的日子也过得凄惨寒酸：带着5个仆人，1条猎犬，2匹老牝马，“住在一个本来能容纳上百个领主及随从的城堡中”。在各种回忆录中，到处都能看到某些怪诞的老派人物的身影，比如在勃艮第，“这些狩猎贵族打着绑腿，穿着包铁皮的鞋子，怀里抱着生锈的旧佩剑，虽然穷得叮当响，但他们拒绝劳动[1]”；在另一地方，“佩里尼昂（Pérignan）先生身披礼服，头戴假发，面色棕红，让人在自己领地的干石头墙上瞎捣饬，还跟当地的马蹄铁匠人喝得烂醉如泥”；作为枢机主教弗勒里（Fleury）的亲戚，人们可以从他身上看出第一位弗勒里公爵的风范。所有情形都在加速这种衰落：法律、风俗，首先是长子继承权。这项权利是为了贵族的统治权和庇护权不致分割而设立的，但它后来导致贵族的破产，因为统治权和庇护权的本质内容已不再存在。夏多布里昂说：“在布列塔尼[2]，贵族长子占有的财产，幼子们只能分割父辈遗产的1/3。”因此，“幼子的幼子只能分到1只鸽子，1只兔子，1个鸭子笼，1条猎狗。我祖先的全部财产都不超过5000利弗尔，其中长子拿走2/3，3300利弗尔；其余的1666利弗尔归3个幼子，就算这笔财富，长子还享有遗产先

---

① *La vie de mon père*, par Rétif de la Bretonne, I, 146.
② 其他习惯法中也有类似的规则，特别是在巴黎的习惯法中（Renauldon, *ib*, 134）。

取权"。既然这笔财富被弄成碎屑，消失殆尽，幼子们不能也不愿意靠生意、产业或从政去恢复财产：这种事会让"拥有鸽子笼、水洼地和禁猎区的高贵而强大的领主"自跌身价；身份的实质越是匮乏，领主们就越眷恋名分。除此之外，冬天他们还住到城里，社交中的虚荣和需求意味着排场和花费，还需造访督军和督办：在自己的城堡和庄园里度过阴雨绵绵的凄惨的三个月，这是德国人和英国人才会干的事，要知道，一个人守着庄稼汉有可能变得像后者一样怪诞别扭[①]。所以法国的领主欠债了，他们不堪重负，开始出售自己的小块土地，接着又出售大块的：很多领主的土地完全转让了出去，除了自己的小庄园以及封建权益，如年贡、财产转移捐，以及在从前他所有的土地上的狩猎权和司法权[②]。既然他们靠这些封建捐税过日子，就要好好使用它们，虽然这种捐税很沉重，虽然它的承担者很贫穷。对这些领主而言，这些捐税就是当年的面包和葡萄酒，他们怎么舍得赦免以酒和粮食缴纳的捐税呢？如果征收得来的这点货币捐是他们的全部钱财，他们怎么会免除其中的五分之一呢？如果他们生计竭蹶，又怎能不挑剔苛责呢？于是，在农民的面前，他们仅仅是个债权人；这就是被君主制改造后的封建制度的结局。在城堡的四周，我看到的是同情与好感在减弱，嫉妒在上升，愤恨在增长。领主被排除出公共事务，免除了税收，在他的附庸中间，他成了与人隔绝的局外人；消失了的权威和依然保留着的特权，让他过着一种另类的生活。如果他走出自己的家门，肯定是来增加公众的不幸。在被税务机构蹂躏过的土地上，他又拿走部分产品，要么是一捆小麦，要么是一桶葡萄酒。他的鸽子和野味会糟蹋

---

① Mmdd' Oberkirch, *Mémoires*, I, 395.

② Bouillé, *Mémoires*, 50. 根据作者的看法，所有古老的家族"都已破产，幸免者百之二三。大部分贵族土地成为财政家、大商人和他们的后代的产业。大部分采邑都已落入城市市民之手"。—Léonce de Lavergne, *Economie rurale en France*, 26. "大部分领主困守着乡间的小采邑，收入一般不超过两三千，生活很贫困。"——在1825年发放补偿金时，好几个人收到的不到1000法郎。大部分补偿不超过5万法郎。米拉波说："王座的四周全是些破产的贵族。"

庄稼。农民要去他的磨坊加工并留下1/6的面粉。一块售价600利弗尔的田产要交100利弗尔给他。农民兄弟的遗产，只有在给他缴纳该产业一年的收入后，才能转给另一个兄弟。此外还有20种其他捐税，从前它们是有公共用途的，如今只用于养活一个无用的废人。那时的农民就像我们今天看到的那样，挣点收入特别艰难，他们愿意并习惯于忍受一切，为了省下或赚到一个埃居可以什么都干，但是到头来，他们只能将愤怒的目光投向城堡的塔楼，那里面保存着档案、地籍册、可憎的羊皮卷，按这些东西的规定，一个与他们迥然不同的人，靠损害所有人为自己牟利，他是所有人的债主，但他收钱却无所事事，只顾在土地和产品上搜刮。一把火烧毁这些贪婪的化身的机会终于来了：地籍册将随着塔楼、塔楼将随着城堡一起葬身火海。

III

当我们把目光从乡居领主的土地，转向非乡居领主的土地时，景象更为凄惨。不管是老贵族还是新封贵族，教会的还是世俗的，这些领主都是特权者中的特权者，构成贵族中的贵族。几乎所有有权力和声望的家族都是领主[1]，不管他们的出身和家史如何。由于他们常住或经常造访的宅邸总是位于中心城市，由于他们相互结盟或彼此造访，由于他们的品行和奢华，由于他们拥有的影响力和造成的反感，他们构成了一个特殊的群体，但他们拥有最广阔的土地、首要的封君权，以及最广泛、最完整的司法权。宫廷贵族和高级教士，每个等级大概有1000人，但这个小数目只能

---

[1] Bouillé, *Mémoires*, 50. —Chérin, *Abrégé chronologique des édits*〔1788〕. "在这个特权者等级的众多成员中，几乎只有1/20可以确凿地说他们家世古老。" 4070个财政、行政和司法职位都可以带来贵族身份。—Turgot, *Collection des Economistes*, II, 276. "由于可以通过出钱方便地购得贵族身份，没有哪个有钱人不会立刻变成贵族。" —Marquis d'Argenson, *Mémoires*, III, 402.

更加凸显其特权的庞大。我们已经看到，血亲亲王的领地占了全国土地的1/7；内克[①]估计，国王的两个兄弟的土地收入高达200万。布永（Bouillon）、艾吉永（Aiguillon）等几位公爵的领地纵横数法里，规模之庞大和连绵，让人想起今日英国的萨瑟兰（Sutherland）和贝德福德（Bedford）公爵。奥尔良公爵在跟他一样富有的妻子结婚之前，光是森林和运河就能带来近百万的收入。某些领主领地，如孔代（Condé）亲王的克莱蒙领地，有居民4000人；这相当于一个德意志诸侯国的规模；"此外，所有在克莱蒙征收的税款均归殿下所有，国王绝不会在这里征用分文"。[②]权威和财富自然结伴而行，土地产出越多，它的所有者就越像个君主。康布雷大主教，同时也是康布雷公爵、康布雷斯伯爵，是这个拥有7.5万人口的地方的所有采邑的封君；他可以选任康布雷一半的市政官和卡托的整个行政机构；他可以任命两个大修道院的院长，主持省三级会议和三级会议后的常设办事处；总之，除了在督办之下或与他平起平坐，他都享有优先权，更重要的是，他拥有类似于今天已并入新德意志帝国的某个德国大公今日仍具有的影响力。在他的附近，埃诺的圣－阿芒修道院院长拥有这个司法区7/8的土地，并在剩下的1/8的土地上征收领主捐税、劳役和什一税；另外，他还任命司法官和市政官，因此陈情书中说，"他构成整个地方，或者说，整个地方就是他个人[③]。"如果逐一列举所有这些大地产，恐怕没个完。我们只看看高级教士的情况，而且仅仅考察一个方面，即金钱。在1788年的《王家年历》和《法国教会》中，我们看到了他们公开的收入数字；但真实的收入数字，主教区须加上一半，修道院

---

① Necker, *De l'administration des finances*, II, 271. Legrand, *L'Intendance du Hainaut*, 104, 118, 152, 412.

② 即使在1784年的交易过后，这位亲王仍然保留着"所有属人捐税，以及对居民征收的补助金"，除了一笔6000利弗尔的道路经费。*Archives nationales*, G. 192, 1781年4月14日关于克莱蒙状况的报告。—*Procès-verbaux de l'assemblée provinciale des Trois-Evêchés*（1787），380.

③ 仅圣－阿芒市今日就有10210个居民。

须增加1倍或2倍，换算成今天的货币则须将这些真实的数字增加1倍①。131位主教和大主教总共有主教区收入560万利弗尔，修道院收入120万利弗尔，每个人账面平均收入5万，实际数字为10万：在了解真实状况的当时人眼中，主教就是"一个拥有10万利弗尔定期收入的大领主②"。某些重要的主教职位的收入更为丰厚。桑斯主教年收入7万利弗尔，凡尔登7.4万，都尔8.2万，博韦、图卢兹和巴约9万，鲁昂10万，奥什、梅茨和阿尔比12万，纳尔榜16万，巴黎和康布雷20万，这些都是官方数字，很可能还需在这些数字之上增加一半。另一些主教职位收益较少，但就比例而言待遇会更好。读者不妨想象一下一个外省小城（其大小经常还不到我们今天的某个小专区），如孔塞朗、米尔普瓦、拉沃尔、里约、隆贝兹、圣-帕普尔、科明、吕松、萨尔拉、芒德、弗雷吕斯、莱斯卡尔、贝莱、圣马洛、特雷吉尔、昂布伦、圣-克劳德，它们周围的教区不到200，有的甚至不到50，然而，为了履行这种小范围内的宗教监督权，一位高级教士的正式收入达到2.5万~7万利弗尔，实际数字则为3.7万~10.5万，换算成今日币值是7.4万~21万。至于修道院，我知道有33家的院长收入在2万~10万利弗尔；比照一下年历上的数字，实际收入应增加1倍以上，而换算成今日的收入则要翻两番以上。很显然，有了这些收入，以及与之相伴的治安、司法和管理等封建权益，教俗大领主在自己的辖区实际上就是个君主，他太像从前的最高统治者，以致不能像普通人一样生活，他的私人特权赋予他一种公共属性，他高贵的称号和巨大的利益要求他提供相应的服务，即便是在督办的支配之下，他仍然有义务为自己的附庸、租户和年贡缴纳者提供救助、庇护和福利。

若要履行此等责任，他必须留居乡间，但非常普遍的情况是，

---

① 见书末注释3。

② Marquis de Ferrières, *Mémoires*, II, 57："所有人都有10万利弗尔的收入，某些人有20万、30万乃至80万。"

他并不住在乡下。150年来，一种无比强大的吸引力把贵族从外省推向首都，这一运动势不可挡，因为它是两种影响人类行为的最强大、最普遍的力量的结果，一种力量是社会状况，另一种是民族性格。但是，斩断树根不可能不遭报应。贵族本是为了治理地方而设立的，当他不再治理、不再履行治理责任时，他便离开了；由于一场持续且日益强化的蚕食运动的作用，几乎所有的司法，所有的行政，所有的治安，地方或全国性治理的所有细节，所有主动性创举，税收、选举、道路、工程和慈善等事务上的协作与监控，全都转移到督办或助理督办手中，他们的上级领导是总监和国王的议政会（Conseil du roi）[1]。特派官员（commis），即"穿袍的刀笔吏"、毫无品行的平民在操办事务，而且没有任何渠道去质疑他们。即便是作为国王代理人的外省督军，即便督军如勃艮第的孔代家族一样世代为血亲亲王，在督办面前也是相形见绌；督军并非有实权的职务，他的公共职责在于摆设和露脸。此外，领主大人也很难担任其他角色：黎塞留（Richelieu）和路易十四创造出的这台行政机器有数以千计的齿轮，但这些齿轮已然僵化、肮脏不堪、嘎吱作响，只有借助那些可被任意解雇、无所顾忌，且能迅速彻底地服从国家理性的工人之手，这台机器才能运作；大领主是不可能与此等小人为伍的。他退避三舍，将这些事务交给他们。失去了权威之后，他无所事事；待在这块不再由他治理，而且让他厌烦的领地上，他们还能做什么呢？于是他们来到城市，特别是来到宫廷。而且，这是他们唯一的发迹之路：若想闻达，必为廷臣。这也甚合国王的心意，你要想得到他的恩典，先得进入他的沙龙；否则，国

---

① Tocqueville, *ib.* liv.2, chap. 2, 182. —1770年8月25日米拉波司法区法官的信件。"这种封建秩序纯粹是暴力，人们称之为野蛮人的秩序，因为法国过去受暴力之苦，今天也只剩下弱者和羊群，他们以前被狼吞噬，如今受虱子折磨……对一个穷苦人和他的家庭来说，踹上三四脚、抡上几棍造成的伤害，也比不上六张税册造成的损失。"圣西蒙已经说过，"贵族成了另一种人，他们要么在死气沉沉、坐吃山空的懒散中溃烂下去，让自己成为累赘，受人鄙视，要么在反抗特派员、国王秘书和督办秘书等人的凌辱中死去。"这是封建精神的控诉。以下所有细节均来自圣西蒙、当若（Dangeau）、吕伊内（Luynes）、达尔让松和其他宫廷史家的著作。

王在乍听到领主的要求时会这样回答："这是谁？我没见过这个人。"在国王看来，缺席是不能原谅的，即使是因为皈依宗教，或是修行忏悔，因为如果把上帝置于他之前，于他是一种背弃。大臣在给督办的信中，询问当地贵族是否"喜欢留在当地"、是否"拒绝前来为国王尽义务"。设想一下这种吸引力有多大吧：治理权、指挥权、主教职位、圣职俸禄、宫廷职位、职位的死后指定继承权、年金津贴、威望影响、自己和家人的各色各级好处，总而言之，一个2000万或2500万人口的国家，能用来满足人的欲望和野心、虚荣和利益的一切东西，都集中在这个有如蓄水池一般的宫廷之中。人们趋之若鹜，争相到那里分一杯羹。更何况，那地方舒适惬意，其意愿和情志都特别适合于法国特色的社交禀赋。宫廷是个经久不衰的沙龙，"臣民能自由且方便地接近君主"，人们在那里与君主一起过着"惬意而彬彬有礼的社交生活，虽然人们在等级和权力方面相距霄壤"，而且君主也以作为完美的一家之主而扬扬自得[①]。实际上，从没有哪个沙龙举办得如此得体，它以各式各样的娱乐和美感，以装点之体面与惬意，以社交伙伴之精挑细选，以表演之趣味而让客人流连，在这一点上它远超同侪。只有在凡尔赛他才能展现自己，抛头露面，出风头搞娱乐，在这个创意、行动和生意的中心，他与王国的精英们，与趣味、风度和风雅的裁决者们攀谈议论。瓦尔德（Vardes）曾对路易十四说："陛下，当人们远离您时，不仅不幸，而且可笑。"留在乡间的只有贫困粗野的贵族；乡下的日子闭塞乏味，简直像流放。国王若把某位领主送回他的领地，那是最可怕的失宠；除了被冷落的屈辱，还有难以忍受的无聊的折磨。最舒适的地方的最漂亮的城堡，也不过是一片可怕的"荒漠"；乡下见不到什么人，除了小城镇中的滑稽鬼和村子里的笨

---

① *Oeuvres de Louis XIV*；这是他亲口说的。—MmeVignée-Lebrun, *Souvenirs*, I, 71："我看到了王后【玛丽·安托瓦内特（Marie Antoinette）】，她在喂公主吃饭，公主当时6岁；此刻王后注意到一个农家小姑娘，她想让这个小姑娘先吃饭，于是对自己的女儿说：'你应该尊重她。'"

汉[1]。阿瑟·扬（Arthur Young）说："孤身流放迫使法国贵族去做英国人喜欢做的那些事：留在自己的领地并美化它。"圣西蒙（Saint-Simon）和其他宫廷史家在谈论某个仪式时，曾不下10次地提到"整个法国尽收眼底"；实际上，法国所有重要的东西都摆在眼前，这里是大人们相互承认的舞台。于是，巴黎和宫廷成为整个上流社会必到的地方。在这种情形下，一批领主离开乡间必定诱使更多的领主离开；外省越是被遗弃，人们也就越希望遗弃它。米拉波（Mirabeau）侯爵说："在这个王国，没有哪块稍微显赫一点的地产的所有者不住在巴黎的，因此他的房屋和城堡没有不荒废的。"[2]世俗大领主在首都有公馆，在凡尔赛有个隔层间，在首都20法里范围内有别业；如果说他们不辞路途遥远造访自己的领地，那也只是为了去那里打猎。1500位修道院院长的圣俸远在天边。2700位副主教和大教堂议事司铎在城市里相互走访聚餐。131位主教中，除了几个使徒般的人物，其他人留居自己辖区的时间少到不能再少了。所有这些贵族和上流人士几乎都是如此，如果蛰居外省小城、远离社交，他们又能干什么呢？倘若有位大领主，他从前是富有才智、为人殷勤的修道院院长，如今已是年收入10万利弗尔的主教，你能设想他心甘情愿、成年累月地埋身芒德、康东或科明的陋室之中吗？首都的生活优雅多姿，文采焕然，外省的日子单调麻木，讲求实际，二者的差距实在太大了。所以从第一种生活走出的大领主无法适应第二种生活；他依然要逃离乡间，至少内心是逃离的。

这个国家的心脏已经不能向血管里输血，这是个悲惨的景象。在1787—1789年走遍法国的阿瑟·扬，曾诧异于法国的心脏如此生机勃勃，而边缘地带又如此死气沉沉。在巴黎和凡尔赛之间，往

---

① Molière, *Misanthrope*：塞里默（Célimène）拒绝和阿尔塞斯特（Alceste）一起葬身这个"荒漠"之中。另见《答丢夫》（*Tartufe*）中多里那（Dorine）对一个小城镇的描述。——Arthur Young, *Voyages en France*, I, 78.

② *Traité de la population*, 108（1756）.

来的双向车流绵延5法里，从早到晚未有间断①。但其他的道路面目
迥然。阿瑟·扬说："出巴黎，踏上前往奥尔良的道路，10英里的
路上也碰不到一个驿站，除了少量的托运快车，而车辆的数目还不
及伦敦附近一小时之内的1/10。"他说，在纳尔榜附近的大道上，
"36英里的路上我只碰到一辆轻便马车，六七辆两轮车和几个牵着
驴子的淳朴妇女"。另外，在圣基隆附近，他注意到，250英里路
上他总共碰到"两辆轻便马车，三辆类似于英国旧式驿站马车的凄
惨物事，没有碰到一个贵族"。在整个这片地区，旅馆糟糕透顶；
租不到车子，而在英国，即使只有一两千居民的最偏僻的城市，也
能找到舒适的旅馆和各种交通工具；这些都证明，在法国，"交通
是句空话"。只有大城市才有文明和舒适的生活。"在南特，气派
的表演大厅有德鲁里巷（Drury-Lane）大厅②的2倍大，豪华胜过
后者的5倍。我心里想，老天爷，我300英里旅途中遇到的那些禁猎
区、荒野和废地，难道最终是为了眼前的场景——一下子就从贫苦
走到了富足。乡村清冷荒芜，如果说还有贵族在那里居住，那也是
栖身于凄凉的破屋中，以便省下一笔钱好去首都挥霍。"蒙罗齐埃
（Montlosier）说："外省的主要城市每周都有一辆大马车发往巴
黎，但并不总是满载：这是为了生意往来。唯一的报纸是每周出版
2次的《法兰西公报》，这是精神上的往来。"③1753—1754年，
一批流放到布尔日的法官作了如下描绘："在这个城市，找不到一
个可以自如地谈论任何有思想性的话题的人；贵族穷得叮当响者四
有其三，尽管如此，他们还迷恋自己的出身，对穿袍者和财政人员
摆起身段，要是军役税监管员的女儿嫁给了巴黎高等法院的推事，
他们会觉得很奇怪，摆出一副有思想重品味的架势；市民无知到了
极点，虽然大部分居民的精神都陷入麻木中，但市民还是这类人的

---

① 我从见识过1789年之前的生活的老人那里也得知这一细节。
② 德鲁里巷是伦敦的一条街道，王家剧院就坐落在那里。——译者
③ *Mémoires* de M. de Montlosier, I, 161.

唯一依靠。妇女极端虔诚但自以为是，热衷于游戏和风月"①；在这个呆滞停顿的世界中，在如推事蒂博迭（Tibaudier）和军役税监管员阿尔班（Harpin）、索滕维尔（Sotenville）子爵和艾斯卡巴尼亚（Escarbagnas）伯爵夫人之流中间，枢机大主教、国王的布道神父拉罗什福柯（La Rochefoucault）显得卓然不群，他有4个大修道院，年收入15万利弗尔，是个上流社会的人，但他经常不在老家住，即使回来住也只是以装点花园和宅邸自娱自乐；总之，他是家禽场鹅群中的一只镀金的雄鸡②。自然，政治思想是完全没有的。这份手稿说："无法想象还有谁对各种公共事务更加漠不关心的了。"稍后那些最严重的、某些地方影响至为明显的事件，在这里遭遇的是同样的冷漠。在1789年7月4日的梯叶里堡③，没有一家咖啡馆能找到报纸；在第戎只有一家这样的咖啡馆；8月7日，穆兰"城中最好的一家咖啡馆里，至少有20张桌子，但我要想得到一张报纸，可能比要一头大象都来得慢"。在斯特拉斯堡和贝藏松之间，找不到一份报纸："在贝藏松，只有《法兰西公报》，但任何有常识的人现在都不会为它付一分钱的，而《军事通信》还是两周之前的；穿着得体的人士谈论的是两三周之前发生的事情，他们的言谈表明，他们对当前发生的事一无所知"。在克莱蒙，"我与二三十个商人、小贩、官员等人一起在旅店中吃饭喝汤达五次之多，但在这个所有人的心脏都在为轰动性的政治而跳动的时刻，竟然难以听到有关政治的只言片语；这些人的愚昧无知令人难以置信。要是在英国，法国发生的众多大事④，即使是木匠和锁匠也会

---

① 贝里省学会的报告，*Bourges en 1753 et 1754*, 273。
② *Ib.* 271.一天，枢机主教大人向客人展示他刚完工的宅邸，他将客人引到走廊深处，那里安装了一个英式卫生间，这在当时是个新鲜事物。总收税官的儿子布坦·得拉·古罗米埃尔（Boutin de la Coulommière）先生一看到这个奇妙的装置就叫了起来，还劲头十足地玩起了里面的弹簧，接着他对卡尼亚克（Canillac）修道院院长说："这东西真是令人赞叹；不过我觉得更令人赞叹的是，枢机主教大人虽然超越了人类的弱点，还是愿意俯就一下。"这番故作风雅的话足以表明一位高级教士和大领主在外省享有的地位。
③ Arthur Young, Ⅱ, 230及以下。
④ 废除什一税、封建捐税、允许猎杀野味，等等。

议论分析一番，但在这里，事情发生一周之后仍然是风平浪静"。这种麻木迟钝的原因显而易见；当被问及他们的看法时，所有人都回答说："我们是外省，要知道巴黎发生的事情，我们需要等待。"他们从来不会行动，他们也不知道如何行动；但是，正是因为迟钝，他们才会受人驱使。外省是一片一望无际的呆滞的沼泽，但是，一场可怕的洪水可能会使它陡然从某个方向倾泻而出；这是那些既不给它筑堤也不为它导流的工程师们犯下的过错。

当地方首领剥夺了生活中的存在感、行动及关怀意识，地方生活自然会堕入这种迟钝麻木，乃至完全隔绝的境地。我只看到三四个热心公益、以英国贵族为榜样的大领主参与地方生活，如协调农民诉讼的阿尔库尔（Harcourt）公爵，如在自己领地上设立模范农场、为贫苦军人子弟开办工艺学校的拉罗什福柯－利昂库尔（La Rochefoucault-Liancourt）公爵，如领地内30个村子向国民公会要求自由的布里安（Brienne）伯爵[①]。其他人中，大部分的自由派满足于对公共福利和政治经济学的思辨。事实上，风尚的差异、利益的隔阂、观念的距离是如此之大，即使最不傲慢的领主与他们的直接租户之间，接触也是稀少和冷淡的。在拉罗什福柯－利昂库尔公爵家里，当阿瑟·扬想了解情况时，人们给他找来管家。"在我国贵族的家中，人们会邀请三四个农夫跟头等贵妇同桌进餐。我这样说并没有夸大，在联合王国的显赫家族中，这样的情形我碰到过上百次。但是，从加莱到巴约纳，整个法国都见不到这类事，除非偶尔碰到某个经常前往英国的大领主，而且条件是有人请求他这样做。法国贵族没有心思投身农业，也不去谈论农事，除了探讨理论问题（人们谈论某种手艺或航海装置也是如此），仿佛所

---

① Lémonie, *Les Mirabeau*, 134（司法区法官1760年9月25日的信件）："在阿尔库尔，我很赞赏主人的慷慨善意。你无法想象，我在节日里看到人民全都来到城堡时是何等喜悦，淳朴的乡下小民，无论男女，全都跑来亲眼看看这位善良的主人，为了看看他手上的小饰物，手表都快要被扯下来了，一派手足情深但又不造次的情景。善意的公爵总是为自己的附庸辩护，他倾听他们诉说，裁决时总是以可敬的耐心去调解。"—Lacretell, *Dix ans d'épreuve*, 58.

有其他事务都与他们的习性和日常活动相悖。"从传统、风尚和定见而言，领主大人只能也只愿成为上流社会的风雅之士；他们唯一的事务就是交谈和狩猎。从来没有哪些人类的领导者如此荒废领导技艺，而这技艺仅仅是带着别人走同样的路，通过参加劳动来引领他们。我们这位富有洞察力的英国目击证人继续写道："一个大领主纵使有数以百万计的收入，你也肯定能发现他有抛荒地。苏比兹（Soubize）亲王和布永（Bouillon）公爵拥有法国最为辽阔的领地，但我所看到的其伟大的标志是些欧石楠灌木、荒地、蕨草。如若拜访他们的寓所，无论它坐落在什么地方，你都会发现它周围全是森林，林中到处是鹿、野猪和狼。"当时另一个人[1]也说："大地产主被我们城市的奢华享乐吸引和羁留，根本不了解自己土地的状况。"除了"被他们压榨以供他们坐吃山空的农夫，他们甚至不愿意进行必不可少的维护和修补，怎能指望这样的人去做改进呢"？有个可靠的证据可以说明离开乡间是不幸的原因，这就是离乡的修道院院长出租的领地与乡居修士监管的领地之间的明显差距。"明智的旅行者"凭耕种状态一眼"就能认出"。他说，"如果碰到四周沟渠齐备、种植细心、庄稼茂盛的田地，那么这些田地就是修士们的。在这些肥沃平原的近旁，几乎总是有一块料理得很糟糕、地力几乎枯竭的土地作为难堪的陪衬；但这些土地本质上是一样的，是同一产业的两个部分；你会发现后一块土地是享有圣俸的修道院院长的。"勒弗朗·德·蓬皮尼昂（Lefranc de Pompignan）说，"修道院的庄园看起来经常像个败家子的家业；僧侣们经营的庄园像是一块从不放弃任何改良机会的产业。"所以，修道院院长拥有的2/3的土地，产量还不足留给他手下的僧侣们的1/3的土地。因此，农业的荒废，也是领主离乡造成的后果之一；在法国，可能有1/3的土地像爱尔兰一样被遗弃，它们也像英国贵

---

[1] *De l'état religieux*, par les abbés de Bonnefoi et Bernard（1784），287, 291.

族、主教和长老之类的"不在地主"（absentees）手中的爱尔兰土地一样，经营恶劣，产量稀少。

既然这些人对土地无所用心，又怎么可能造福一方居民呢？当然，管家会间或提及租户的悲惨境遇，尤其是在地租不能进账之时。当然，领主们也想有人道之举，尤其是最近30年来；他们彼此之间为人权而高谈阔论；若能看到饥肠辘辘的农夫那苍白的面孔，他们也许会于心不忍。但他们看不到，他们怎能从管事那些蹩脚的恭维话语中，猜想到农夫的面孔呢？另外，他们真正知道饥饿是什么吗？他们中间谁有在乡间生活的经历呢？他们怎能想象穷苦人的悲惨呢？这些景象对他们来说太遥远了，对他们的生活来说太陌生了。他们关于乡间生活的图景是想象出来的；从没有人如此荒谬地臆想农民的形象；梦醒之后必定是惊恐。农民善良、温和、谦卑、充满感激、心地淳朴、头脑正直，这是从卢梭（Rousseau）那里、从当时所有社交剧场中上演的田园剧里构想出来的[①]。他们遗忘了农民，因为他们不了解；他们阅读管家寄来的信件，但随即又卷入社交界的奇妙旋涡中，在对穷人的悲惨一声叹息之后，他们又想着今年的租金不要受损——这可不是施舍赈济的好心境。因此，抱怨声针对的是离乡领主，而不是乡居领主[②]。一份陈情书说："教会的财产都是用来满足挂名所有者的欲望。"另一份陈情书说："根据教会法，所有圣俸享有者应将1/4的收入赠予穷人；然而，在我们教区，教士的收入虽然超过1.2万利弗尔，但一分钱也不给穷人，只有郊区神父大人给过少许东西。""孔什的修道院院长占有教区一半的什一税，但从没有为救济教区的不幸出过分文。"另外，"埃古依的教务会占有什一税收入，但对穷人未有任何善举，一门心思增加自己的收入"。临近的拉克鲁瓦－勒弗瓦修道院是个"什一税

---

① 关于这个问题，见 *La partie de chasse de Henri IV*, par Collé. Cf. Berquin, Florian, Marmontel, etc. 以及当时的木版画。

② Boivin-Champeaux, *Notice historiquesur la Révolutiondans le department de l'Eure*, 61, 63.

征收大户，贝尔奈（Bernay）院长的圣俸收入为5.7万利弗尔，虽然不住在当地，但他保有一切，只给属下的教区神父一点钱聊以为生"。贝里的一位教区神父说[1]："我所在的教区有6份圣俸，它们的挂名所有者总不住在当地，但9000利弗尔的收入全归他们；上年灾荒，我曾写信以最恳切的口吻请求他们，但只收到一个人寄来的两个路易，大部分人连信都不回。"我们更有理由认为，这些人在平常岁月根本就是一毛不拔。另外，这些捐税、年贡、财产转移捐、什一税等，是由管家征收的，而一个好管家就是能带来很多进账的管家。他无权拿主人的钱去慷慨行善，而且还会为了自己的利益而设法盘剥主人的属下。因此领主的手绵软无力，他想做个温和的慈父也是徒劳，但他的代理人手腕强硬，全部的重担都压在农民肩上，于是，主人的体恤让位给代理人的苛严。如果领地上没有管家之类的代理人，而只有一位租户、一个以每年固定金额从领主那里购得捐税征收权的掮客，情况又会如何呢？在马耶内税区[2]，主要的领地都以这种方式出租，很多其他地方肯定也是如此。在有些地方，很多捐税，如路桥通行费、市场税、牲畜捐、烤炉和磨坊专营税，很少采用别的征收办法，领主必须找一位承包人，这样他就可以省却征税带来的争吵和麻烦[3]。因此这样的情形非常普遍。但一心要挣钱，至少不能赔本的承包人，将所有的苛刻和贪婪全都倾注到农民身上，罗诺东（Renauldon）说："这是头立着走的狼，一旦放进田园，最后一个苏都要被他叼走，人民不堪其苦，被压榨到行乞，种田的只好抛弃田地，主人的面目则显得十分可憎，因为他为了享乐而只得容忍这头狼去敲诈勒索。"您不妨设想一下，一个高利贷者，手执武器防范那些负担着如此沉重的捐税的农民，这

① *Archives nationales*, 1789年三级会议记录, t. XXXIX, 111: 1789年3月6日贝里Saint-Pierre de Ponsigny教区神父的信件。—Marquis d'Argenson, 6 juillet 1756. "已故枢机主教苏比兹有300万，但他没有给穷人一分钱。"

② Tocqueville, *ib.* 405. —Renauldon, *ib.* 628.

③ 国王就是例子，他以每年一定的金额将主要间接税的征收权卖给了总包税人。

样的人会干出怎样的恶事！这是阿巴贡（Harpagon），毋宁说是葛朗台（Grandet）^①手中的封建领地。实际上，从地方陈情书中可以看出，当一种捐税变得难以忍受时，征收这一捐税的几乎总是个承租人^②：这里的例子是一个议事司铎们的承租人，要求雅娜·麦尔梅（Jeanne Mermet）的父系继承权，借口是后者在新婚之夜把它转给了自己的丈夫。人们很难在1830年的爱尔兰找到类似的敲诈：在那些大承租人转租给小承租人、小承租人转租给更小的承租人的领地上，小农处于最低端，独自负担着整个承租体系的重压，他上面的租主自己也承担压力，于是想方设法将这种压力转嫁给小农，于是后者的困苦更加沉重了。

我们设想一下：领主看到这些以他的名义出现的弊端，可能想剥夺这些唯利是图之人的领地管理权；但一般的情况下，他们不能这样做：他们负债太多，他们把某些土地、某些收入转给了债权人。很多世纪以来，上层贵族就因为生活奢侈、大手大脚、漫不经心而负债累累，负债的另一个原因是那种虚妄的荣誉感，即把算账看作会计的事。上层贵族以粗枝大叶为荣，称之为高贵的生活方式^③。路易十六曾对狄永（Dillon）说："大主教大人，有人说您负了债，而且是很多债。"这位高级教士以一位大领主常有的自嘲口吻回答说："陛下，我要是问过我的管事，我会很荣幸向陛下汇报该事。"苏比兹元帅收入达15万利弗尔，但还是入不敷出。人们知道枢机主教罗昂和阿图瓦（Artois）伯爵的债务；他们数以百万计的收入根本填不满无底洞。而盖梅内（Guéméné）亲王刚刚因为

---

① 阿巴贡和葛朗台是法国文学中两个著名的守财奴形象，分别出自莫里哀和巴尔扎克的手笔。——译者

② Voltaire, *Politique et Législation, La voix du curé*（关于圣－克劳德的农奴）。1789年8月4日艾吉永（Aiguillon）公爵在国民议会的演讲："采邑、领地的所有者，很少人对他们附庸抱怨的过分行为负责；但他们的代理人通常铁石心肠。"

③ Beugnot, *Mémoires*, I, 136. —Duc de Lévis, *Souvenirs et portraits*, 156. —*Moniteur*, 1872年11月22日会议上Bocher先生的演讲："根据国民公会的命令编制的清单，奥尔良公爵的财产含有7400万债务和1.14亿资产。" 1792年1月8日，公爵向债权人转让3800万资产来还债。

3500万的债务而破产。奥尔良公爵，这个王国最富有的地主，去世时负债7400万。当流亡者的地产被用来偿还债务时，人们才发现，这些巨型产业大部分都被抵押殆尽[1]。看过这些报告的人都会了解，200年来，为了填补亏空，大领主们只能与金钱联姻，只能靠国王的接济。这就是为什么他们纷纷效仿国王到处敛财，尤其是靠他们的地位来弄钱，他们为了利益而放弃权威，把残留的最后一点治理权也让渡了出去。于是他们到处都被剥夺了受人尊敬的首领气质，换来的是人见人厌的掮客品性。当时有人就说[2]："他们不仅不给自己的司法官员付薪水，或者克扣下来留给自己，更糟糕的是，大部分领主还变卖这些司法职位。"虽然有1693年的法令，但这样任命的法官不会被纳入王家司法系统，也不必宣誓。"那会出现什么状况呢？司法太过频繁地被无赖耍弄，沦落为无法无天的敲诈勒索。"当职位转手时，出售职位的领主通常收取职位价格的1/100、1/50或1/10的捐税；要不他就出售职位的死后继承权。职位和死后继承权，都是为了变卖而创设的。有陈情书说："所有领主司法权都受成群结队的、形形色色的执达吏、庭丁和骑马执达员、持杖执达员、铸币裁判所警卫、司马处警卫的困扰。如果这些人在潜心自己的职责，一个辖区内安排两个人都很勉强，但两个人的事情由十个人来干都不在少数。"因此"他们当中既有法官、诉讼代理人、税收代理人，还有书记员、公证人"，每个人都有各自的领域，都以各种头衔在几个领地行使职权，所有人都是流动的，所有人在集市的酒馆里起草文书、争讼裁决时，都像是个骗子。有的时候，领主为了省钱而将这种头衔赋予承租者中的某个人，"在埃诺的奥特蒙地方，担任税收代理人的是个家仆"。更经常的情况是，

---

① 1785年，舒瓦瑟尔（Choiseul）公爵在遗嘱中估计自己的财产价值1400万，债务为1000万（Comte de Tilly, *Mémoires*, II, 215）。

② Renauldon, *ib.* 45, 52, 628. —Duvergier, *Collection des lois*, t. II, 391. 1792年8月31日到10月18日的法律。—*Cahier d'un magistrat du Châtelet*, 关于领主司法权（1789），29. —Legrand, *L'Intendance du Hainaut*, 110.

他委任临近小镇上的某个食不果腹的人做律师，给他的薪水"还不够过一个星期"。后者只能从农民那里搞补偿。讲歪理钻空子的职业，诉讼必然衍生出的拖沓和纠缠，律师的诉讼费一小时3利弗尔，司法区法官每小时6利弗尔：由于司法界的这种黑蚂蝗为数众多，他们的吸血就越残忍，越想兑现吸血的特权，他们的牺牲品就越贫弱[1]。可以认为，专断、腐败和疏忽都是一个体制上结出来的果子。罗诺东说："没有哪个地方像领主司法一样胡作非为还逍遥法外……最残暴的罪行也没有任何追究。"因为领主害怕为刑事诉讼支付费用，他的法官和代理人担心打官司却拿不到薪水。此外，他的监狱通常就是城堡的地下室；"100个司法裁判区中，没有一个监狱符合标准"；"监狱的看守睁一只眼闭一只眼或干脆不闻不问。所以领主领地成了当地各种恶棍的庇护所"。领主的粗枝大叶导致的可怕后果甚至将波及他本人：在不久的将来，他不断增设的诉讼代理人将在俱乐部中索要他的头颅，而他曾容忍的盗匪将把他的头颅挑在枪尖上。

还有一点，那就是狩猎权，领主在这个领域的裁判权更为严厉和活跃，也正是在这一点上，领主司法权为祸最烈。从前，当地一半为森林和荆棘覆盖，野兽则肆虐另一半土地，因此领主保留猎逐野兽的权利是对的；这是他作为地方长官的一项职责。他是世袭性的高级警察，总是跨马执枪，既猎杀野猪和狼，也打击流窜犯和盗匪。虽然现在他没有警察的头衔和肩章，他还凭传统拥有特权，于是从前的服务成了欺压。狩猎是他的分内之事，也唯有他能打猎；狩猎对他是一种身体需求，也是身份的一种标志。虽然罗昂和狄永是教会人士，但他们不顾法令和教会法规猎逐野鹿。路易十五曾对

---

[1] Archives nationales, H, 614【高等法院律师勒内·德·奥特维尔（René de Hauteville）的报告，圣－布里厄，1776年10月5日】。在布列塔尼，领主司法权不计其数，诉讼人在向高等法院上诉前必须经过四五次裁决。"司法权在哪里执行？在小酒馆、小旅店里，醉醺醺的法官在荒淫放荡中向那些出钱更多的人出卖司法。"

狄永说①："主教大人，您打猎很多，我对此也略知一二。如果您率先垂范的话，您怎能禁止您的教区神父不去打猎呢？""陛下，对我的教区神父而言，打猎是他们的过错；对于我，打猎是我祖先的过错。"当这种等级的尊严感上升为某种权益的看守者时，这看守便带有一种执拗的警惕意识。所以，他的狩猎队长、猎犬队长、森林警卫、森林法官，全都像保护人一样保护那些野兽，像驱逐野兽一样驱逐人。在1789年的主教桥司法区，人们提到了四个"最近发生的刺杀"案例："A.夫人、N.夫人、一位高级教士和一位法国元帅的猎场看守，杀死了犯下偷猎罪或携带武器的平民。但这四个人全都公然逍遥法外。"阿图瓦的一个教区宣称，"在领主的土地上，猎物吞噬了所有青苗，农民只得放弃耕种。"在附近的鲁曼库尔和贝罗内，"野兔、山鹑把青苗都吃光了，因为瓦希（Oisy）伯爵既不猎杀也不让别人猎杀"。伯爵在瓦希四周的20个村庄打猎，骑马在庄稼地里驰骋。"他的看守总拿着武器，杀死了好几个人，借口是要维护他们主人的权益……猎物数量比王家狩猎总管辖区内的还多很多，它们每年都把收成的希望吃光，共计2万斗（razieres）的小麦和同样多的其他谷物。"在埃弗勒司法区，"猎物野味摧毁一切，甚至包括房屋的墙角……为了照顾猎物，农民夏天甚至不能拔除窒息庄稼、败坏种子的稗草……为了这倒霉的兔子，多少妇女失去丈夫，多少孩子失去父亲"。在诺曼底的古费恩森林，守卫们"凶悍至极，他们虐打、侮辱甚至杀害居民……我认识一些佃农，他们曾因为小麦受损而状告某位贵妇并要求赔偿，但到头来他们不仅失去了收成，还浪费了时间，诉讼费也白花了……牡鹿和牝鹿甚至大白天也在我们房子旁边游荡"。在东弗隆司法区，"十几个教区的居民为了守住庄稼，一年里有6个月需要整夜

---

① Beugnot, *Mémoires*, I, 35.

看守"①。这就是外省狩猎权带来的后果。法兰西岛的狩猎地到处都是而且继续扩展，这里的景象才是最可悲的。一份记录揭示，在莫朗附近的沃克斯教区，四周禁猎区的兔子蹂躏了800阿尔旁的庄稼地，毁坏了2400塞提埃②的收成，相当于800人一年的口粮。在附近的罗歇特，成群的牡鹿和牝鹿在白天啮食庄稼地，夜里几乎跑到村民的小菜地里吃蔬菜，踩断小树。带有狩猎权的土地无法收获蔬菜，除非菜园周围筑上高墙。在法尔希，葡萄园里种植的500棵桃树在被野鹿肆意啃噬，三年之后剩下的还不到20棵。在枫丹白露地区，各村社（除了赞同狩猎权的）为了挽救它们的葡萄园，只得留人看守庄稼，他们带着特许的狗，熬夜监守，制造噪杂声，从日落到日出，从5月1日到10月中。在夏特莱特，猛兽横穿塞纳河，毁坏了拉罗什福柯伯爵夫人的所有杨树园。一块原租金为2000利弗尔的地产，自凡尔赛的狩猎区设立之后，租金不超过400利弗尔。总而言之，驻扎在首都附近11个狩猎区的11支骑兵，每天早上都要去寻找草料，没有比这更严重的破坏了。越是靠近这些狩猎区，人们就越不想耕种，这一点丝毫也不奇怪③。在枫丹白露、默伦和布瓦－勒鲁瓦附近，3/4的土地荒芜；布罗尔几乎所有的房屋都已

---

① Boivin-Champeaux, ib. 48. —Renauldon, 26, 416. 三级会议手稿记录（Archives nationales），t. CXXXII, 896 et 901. —Hippeau, Le Gouvernement de Normandie, VII, 61, 74. —Paris, La Jeunesse de Robespierre, 314 à 324. —Essai sur les capitaineries royales et autres（1789），passim. —L. de Loménie, *Beaumarchais et son temps*, I, 125. 博马舍（Beaumarchais）购买了卢浮禁猎区各司法区的狩猎总管的职位（辖区半径为12～15法里），因此他有权裁决轻罪。1766年7月15日，他判处佃户拉贡代（Ragondet）缴纳罚款100利弗尔并拆除其篱笆墙和库房，这些东西是未经许可新建的，但它们可能妨碍国王行乐。

② 塞提埃（setier）有两个含义：一是指法国旧时谷物容量单位（相当于今天156升），二是指旧时农田面积单位，相当于1塞提埃小麦种子的播种面积。——译者

③ Marquis d' Argenson, *Mémoires*, éd. Rathery, 1757年1月21日："枫丹白露的狩猎区总管蒙莫兰（Montmorin）大人因他的地位而获得大笔钱，但他的做派十足像个土匪。附近100多个村子的居民不敢播种，因为果子和谷物会被野鹿和其他猎物吃光。他们只有几个葡萄园，不过一年里有6个月他们要日夜为葡萄园站岗放哨，击打锣鼓吓跑那些毁灭性的野兽。" 1753年1月23日："孔蒂亲王在亚当岛周围圈了一块11法里见方的狩猎地，所有人都很恼怒。" 1753年9月25日："奥尔良公爵享有维莱尔－科特莱之后，恢复了那里的狩猎地，由于亲王们带来的麻烦，有60多块土地被抛售。"

破败，那里只剩下半已坍塌的山墙；在库迪埃和夏培尔－拉布莱，
5个农庄被废弃；在阿尔本，大量田园被抛荒；在凡尔赛和达姆马
里，有4个农庄和一些个人田地，但800阿尔旁的土地无人耕种。一
个奇特的情形是，18世纪的风尚变得日益温和，但狩猎制度却越来
越恶劣；狩猎区的法官充满热情，因为他们是在主人的眼皮底下，
为了主人"找乐子"而工作。1789年，仅枫丹白露狩猎区一地就
种植了8处供猎物栖息的矮林，尽管当地业主有异议。根据1762年
的一项条规，未经特别的许可，任何住在狩猎区的个人，不得以围
墙、篱笆和沟渠，来圈围其产业或任何土地[1]。如经批准，他必须
在其围墙之内留出一大块连续的空间，以便猎物自如通过。他不得
豢养白鼬，不得拥有火器和任何狩猎装置，甚至不适于狩猎的狗也
不能带，除非用绳子牵着狗，或者狗脖子下悬挂木棒。更有甚者，
他不能在圣约翰日之前收割牧草和苜蓿，5月1日到6月24日不得进
入自己的田地，不得前往塞纳河的岛屿，不得割草或柳条，即使草
和柳条归他所有；因为此时正是山鹬孵化的季节，立法者保护的是
山鹬；他对产妇的关照大概都没这么多；过去的一些纪年作者，如
纪尧姆·卢夫斯（Guillaume Rufus），说立法者打内心里只对野
兽充满慈父的温情。然而，法国有400平方法里的土地存在狩猎区
制度[2]，对整个法国而言，大大小小的野味猎物就是农民的暴君。
我们与其作一番总结，不如来听听人民的结论。1789年，蒙罗齐
埃先生说[3]："每当我在路上碰到成群的野鹿和斑鹿时，我的向导
就立刻叫了起来：这就是贵族！他用这些畜生来影射对土地的蹂
躏。"于是，在自己属下的眼中，贵族成了野兽。特权与职责分离

① 我从前曾与一些乡下老农交谈过，他们对这些恼人的破坏行径记忆犹新。在克莱蒙地区有这样的说法：孔代亲王的猎场守卫，春天里会捉拿一些狼的幼崽，放在城堡的壕沟里喂养。一到冬天就把它们放出去，于是群狼编队成了狩猎对象。但狼要吃绵羊，有时还吃孩子。
② 国王的领地包括100万阿尔旁的林地，还不包括坐落在亲王采邑，或拨给工场和盐场的林地（Necker, Compterendu, II, 56）。
③ Montlosier, *Mémoires*, 175.

之后便走到了这一步；保护的责任堕落为毁坏的权利，过去那些通情达理的人不知不觉成了冷酷蛮横的家伙。与人民分离之后，他们虐待人民；虽然是名义上的主人，但他们荒废了实际的领导事务；虽然失去了公共特征，但他们对自己的私利寸步不让。无论对地方还是对他们自己，这都糟糕至极。今天他们可以从自己的土地上驱逐三四十个偷猎者，明天这些偷猎者就会带头暴动，攻击他们的城堡。领主的离乡，外省的麻木，农业的恶劣状况，承租人的敲诈，司法的腐败，狩猎地制度的欺压，领主的懒散、负债和苛严，农民附庸的荒废、困苦、粗野和敌意，所有这一切都有着同样的起因，都导致同样的后果。当统治权变成尸位素餐的招牌时，它会因为没有用处而更形沉重，当它因无用而显得沉重时，就会被掀翻在地。

第四章　特权以普遍的服务为条件

Ⅰ.英国的例子—法国的特权者不提供这种服务—他们保留的影响和权益—他们只为自己运用这种影响和权益。Ⅱ.教士大会—它只服务于教会的利益—教士免税—教士代理人的手腕—狂热的反新教情绪。Ⅲ.贵族的影响—有利于他们的法规—他们在教会受到的优待—主教区和修道院的分布—他们在国家受到的优待—治理, 官职, 闲差、津贴、奖金—贵族非但无益, 反而成为负担。Ⅳ.首领的隔绝状态—下属的情感—外省贵族—教区神父。Ⅴ.国王—他的特权最为广泛—他窃取所有权力, 因而也承担所有职责—这种职责的沉重—他逃避职责, 或不堪其任—他内心坦然—法国是他的产业—他在糟蹋这份产业—王权的集中弊端丛生。Ⅵ. 法国潜在的解体风险。

Ⅰ

特权者即使于地方无益, 他们还能在中央有所作为, 即使不能参与地方治理, 他们还能服务于普遍的治理工作。领主、男爵、乡绅本应这样, 哪怕他在郡里没有司法权、不是教区委员会的成员。他们可以当选为下院议员, 可以成为上院的世袭议员, 公家钱袋上的绳子握在他们手里, 他们可以防止君主的过分支取。某些国家实行的就是这样的制度, 那里的封建领主没有让国王与他们的村社结盟来反对自己, 而是与村社结盟对抗国王。为了更好地保卫自己的利益，他们保卫别人的利益，在被同侪选为代表以后，他们又成为民族的代表——法国完全不是这样。三级会议已经废弃，国王能言之凿凿地说，他是国家的唯一代表。其他的权威因为国王权威的扩张而消失，就像一株参天橡树的树荫窒息了其他树木一样；但残留物至今仍到处充塞，并在大橡树四周构成一圈攀缘的灌木或枯死的树干。其中的一棵死树就是高等法院，虽然它只是大橡树发出的一条根蘖，但它一度自认为有自己的树根；然而，它显然从别处借用了太多的汁液，不能自我维系并为人民提供一处独立的庇护所。另一些发育不良的残留，如教士大会和外省三级会议，还保护着一个等级和四五个省份；但这种保护只涉及某个等级或某个省，而如果只保护局部利益的话，那么这种保护通常就与普遍利益对立。

II

先看看这些特权团体中最活跃、最根深蒂固的一个：法国教士大会。大会每5年举行一次，休会期间，两位由会议指定的专员负责照管本等级的利益。大会虽由政府召集并受它指导，必要时还可由政府操控，而随时举行或中断，以服务于政府的政策目标，但大会仍然是它所代表的教士等级的庇护所。但它仅仅是这个等级的庇护所，通过一系列的交易，它抵制国家税务机器，当它把担子从自己肩上卸下时，只是把更沉重的负担压在别人肩上。人们都知道，它如何运用手腕保护教士的豁免权，如何赎买人头税和二十分之一税，如何将它的税负转换成"自愿捐献"，如何每年用这笔捐献，去偿付因赎买税收而欠下的债务本金，它又通过何种高明的手法，做到不但不向国库缴纳分文，而且每年还从国库骗取约150万利弗尔的钱；这些做法对教会有多少好处，对人民就有多少不幸。现在请您翻阅一下教会专员五年一度、堆积如山的报告集，您会发现，这些精明的专员，后来都因此当上了教会的最高职务：布瓦日兰

（Boisgelin）、佩里戈尔（Périgord）、巴拉尔（Barral）和蒙特斯丘（Montesquiou）修士；无论在何种情形下，由于他们向法官和议政会的申诉，由于这个强有力的等级的不满情绪——这一点可以感觉得到——所赋予他们的申诉的威力，教会事务总是根据教会的意思去处理；封建权力总是为了教务会或主教而保留着；而公众的任何请求都被驳回[①]。1781年，虽然有雷恩高等法院的法令，圣马洛的议事司铎仍然保有烤炉的专营权，那些想在家里烤面包的面包房主、那些本可以在面包房买到便宜面包的居民的利益因此受损。1773年，教士盖南（Guénin）被朗格尔主教褫夺教职，他虽有居民的支持也是枉然：盖南不得不把教职留给主教指认的继任者。1770年，新教徒拉斯泰尔（Rastel）在圣阿弗里克开办了一所公共学校，但根据主教和教会专员的要求，此人受到追究，他的学校也关闭，改成了监狱。当一个团体掌握着钱袋子时，它很容易被人奉承讨好；讨好的程度与它掏的钱成正比例。国王的责令口吻、教士卑躬屈节的姿态，丝毫也不能改变事情的本质；他们之间有场交易[②]：给予和回报；反新教徒的法令就是这样，它换来了一两百万的自愿捐献附加。17世纪南特敕令的逐步撤销同样如此：撤销是逐条进行的，好像一轮又一轮的吊杆刑，每次新的迫害都换来新的慷慨之举，所以，要想让教会支持国家，条件是国家去充当刽子手。在整个18世纪，教会惕厉着国家继续这种职责[③]。1717年，安杜兹地方一个74人的新教聚会被发觉，结果男子被判服海上苦役，女子被收监。1724年的一项敕令宣布，任何参与新教聚会、任何与新教牧师保持直接或间接联系之人，均将被没收财产，妇女削发并终生

---

① Rapport de l' agence du clergé de 1775 à 1780, 31 et 34. —Id. de 1780 à 1783, 257.

② Lanfrey, L' Egliseet les philosophes, passim.

③ Boiteau,Etat de la France en 1789, 205, 207. —Marquis d' Argenson,*Mémoires*, 5 mai 1752, 3, 22, 25 septembre 1753, 17 octobre 1755. —Prudhomme, Résumé général des cahiers des Etatsgénéraux, 1789（Cahier du clergé）. —Histoire des églises du desert, par Charles Coquerel, I, 151 etsuivantes.

幽闭，男子终生服海上苦役。1745年和1746年，多菲内的277名新教徒被判服海上苦役，很多妇女受鞭刑。从1744年到1752年，东部和南方有600名新教徒遭监禁，800人被判各种刑罚。1774年，尼姆的加尔文宗信徒卢（Roux）的两个孩子遭绑架。直到大革命前夕，朗格多克仍在捉拿新教牧师，龙骑兵依然在迫害在旷野里举行祈祷聚会的新教徒，枪弹曾击中基佐（Guizot）母亲的外衣[1]；而正是在朗格多克，由于省三级会议的存在，"主教比任何地方都更像俗界的主人，他们的意识始终是龙骑兵迫害、用子弹强迫改变信仰"。1775年国王加冕时，众所周知的不信神者、大主教罗梅尼·德·布里安（Loménie de Brienne）向年轻的国王说："您应谴责这种对罪恶的宽容……请完成大路易开创的功业[2]。他把在您的国家给加尔文主义以最后一击的任务留给了您。" 1780年，教士大会宣告，"如若容许异端砸碎他的锁链，祭坛和王座将同在危险之中"。甚至在1789年，教士在陈情书中虽然同意宽容非天主教徒，但仍认为1788年的敕令太宽大了[3]；他们希望禁止新教徒担任法官，禁止后者举行公开的宗教活动，禁止跨信仰婚姻；还有，他们要求预先审查所有书店的作品，并为此成立一个教士委员会，并对反宗教书籍的作者判处侮辱性刑罚；最后，他们还要求主持各公共学校，监督各私立学校——这种不宽容和自私自利毫不奇怪。一个团体就像一个人一样，首先并主要想到的是它自己。如果说它有时也会牺牲自己的一点特权，那是为了确保与其他团体的团结。英国就存在这种情况：所有特权相互妥协，相互维持，通过联合来构建公共自由。但在法国，一个团体仅代表它自己，它的代表既不为他人分担责任，也不尝试对别人做任何让步；团体利益是其唯一的导向；他们把普遍利益置于团体利益之下，不惜一切代价为后者服务，甚至为此侵害公共利益。

---

[1] 基佐出生于尼姆的新教家庭。——译者
[2] 大路易指路易十四，他于1685年取缔1598年的宗教宽容法令《南特敕令》，大力迫害新教徒。——译者
[3] 1788年的法令恢复了新教徒的民事权利。——译者

III

因此，当这些团体不再彼此联系时，它们就各自为自己忙活。我们看到的种姓和小集团就是这种状况；它们的隔绝造成了它们的自私。从阶梯的最低层到最上层，那些本应代表民族的法律和精神权威，都只代表它们自己，每一种权威的运用都只是为自己，但它损害了民族。贵族虽然没有聚会和表决的权利，但他们拥有影响力，要想了解他们如何运用这种影响力，只要看看年历上的敕令就够了。一项强加给塞居尔（Ségur）元帅的规定，抬高了排斥平民军职晋升的古老壁垒，此后，要想当上上尉，需要出示四代为贵族的证据。同样，在旧制度最后的日子里，要想被接纳为诉状审理法官，也须有贵族身份，此外还有个秘密的规定：今后"所有教会地产，从最不起眼的隐修院到最富庶的修道院，只能留给贵族"。事实上，所有的高级职位，无论是教会的还是世俗的，都是贵族的；所有的闲差，无论是教会的还是世俗的，也都是他们的，或是他们的亲戚、同党、被保护人和仆役的。法国像个巨大的马厩，纯种马享有双倍或三倍的饲料而无所事事，或半天出力半天闲空，而役马整日忙碌，但饲料只有一半，而且还经常被克扣。还须指出的是，这些纯种马之中，有一群更特别的，它们生下来就在饲料槽旁边，而且跟其他的马分隔开，它们大口进食，膘肥肉满，毛色光亮，褥草厚得要到它们肚子那里，除了自顾自地享用，它们不用操心别的。这就是宫廷贵族，他们可以蒙受圣恩，从童年起就训练如何要求、获取、再要求，他们只在乎国王的宠幸和冷落，对他们来说，凡尔赛的国王寝宫的前厅就是整个世界，"对国家事务漠不关心，对自己的事情同样如此，他们把治理工作交给外省督办，正如将自家事务交给代理人去料理一样"。

我们从财务状况来看看贵族的影响力。大家都知道教会的钱财何等庞大；我估计贵族至少占有其中一半的收入。19个贵族男子教务会、25个贵族女子教务会、马耳他骑士团的260处产业，从制度上说都已属于他们。贵族还因为圣恩而占据了所有大主教和几乎所有的主教职位，只有5个主教除外①。4个享有教宗授予的圣俸的修道院院长和副主教中，贵族占了3个。在国王任命院长的修女院中，收入达到或超过2万利弗尔的，其院长全都是贵族妇女。一个细节足以表明圣恩的广博：据我所知，由国王、王后、亲王和亲王夫人的布道神父、礼拜堂神父、教师和辅助教师占有的男修道院共有83个，其中的一位维尔蒙（Vermond）院长，圣俸收入为8万利弗尔。总而言之，由国王任命的1500个大大小小的教会闲差，全都是大人物手中的钱币，他们或者向这枚钱币注入大量的金银，用以酬谢那些为他们殷勤效劳的熟人和属下，或者将它保管起来，当作维系其等级身份的大储金库。此外，根据拥有者越多获赠越多的惯例，富有的高级教士除了他们主教区的收入，还据有最富庶的修道院。根据年历记载，塞耶兹主教阿尔让特雷（Argentré）大人②就这样增加了3.4万利弗尔的收入；希斯特隆主教苏弗朗（Suffren）大人增加了3.6万；雷恩主教吉拉克（Girac）增加了4万；苏瓦松主教布尔德耶（Bourdeille）增加了4.2万；帕米埃主教阿贡·德·博内瓦尔（Agont de Bonneval）增加了4.5万；奥顿主教马尔贝夫（Marbeuf）增加了5万；斯特拉斯堡主教罗昂增加了6万；波尔多大主教西塞（Cicé）增加了6.3万；桑斯大主教吕伊内（Luynes）增加了8.2万；阿尔比大主教贝尔尼（Bernis）增加了10万；图卢兹大主教布里安增加了10.6万；纳尔榜大主教狄永增加了12万；鲁昂大主教拉罗什福柯增加了13万。就是说，他们征收的钱款可以增加1倍，有时甚至是2倍，其数额相当于今日价值的4倍或6倍。因此罗昂大人从他的修道院获得的收入不是6万利弗尔，而是40万，布里安大人是继罗昂之后最有钱的教士，1788年8月24日，在他离开内

---

① La France ecclésiastique, 1788.
② Granier de Cassagnac, Des causes de la Révolution française, Ⅲ, 58.

阁的时候①，派人"从国库支取了当月的2万利弗尔薪水，虽然8月还没有完；其实，不算他任职期间的工资和他作为圣灵骑士团骑士的6000利弗尔的津贴，他的圣俸收入达67.8万，这样一来，从国库支取钱财的做法就更显得锱铢必较了，更何况，最近他的一个修道院伐木就给他带来了上百万收入"。

再来看看世俗贵族的账单吧。世俗界同样到处是尸位素餐，所有闲差几乎都是贵族的。其中外省有37个大督军，7个小督军，66个副督军，407个特别督军，13个王室总管，还有其他各式各样空洞炫耀的闲差，他们全都由贵族担任，全都是肥差，因为他们不仅有国库的拨款，还有地方的收益。担任这些职务的贵族，同样任由别人剥夺其权威、行动能力和职责行为，但条件是保留他们的头衔、排场和收入②。治理地方的是督办；"没有特别的委托文书，带有头衔的督军便什么职权也没有"；他的存在只是为了宴请他人；即使是宴请他也要获得许可，"准许别人前往他的督军府"。但督军职务收入丰厚：贝里的督军有3.5万利弗尔的固定收入，基耶内的有12万，朗格多克的为16万；较小的特别督军，如勒阿弗尔督军，收入为3.5万，外加其他补贴；较低级的副督军，如鲁西永的，收入1.3万~1.4万利弗尔；请注意，副督军仅在法兰西岛一地就有34个，分布在维尔万、桑里斯、默伦、枫丹白露、杜尔当、桑斯、里穆尔、埃唐普、德勒、乌当和其他寒酸而平静的小城中；这些督军本是瓦鲁瓦国王们的军官，但自黎塞留之后他们就不再服务了，

① Marmontel, *Mémoires*, Ⅱ, liv. Ⅺ Ⅱ, 221.

② Boiteau, Etat de la Frane en 1789, 55, 248. —Marquis d'Argenson, Considérations sur le gouvernement de la France, 177. —Duc de Luynes, Journal, XIII, 226; XIV, 287; XIII, 33, 158, 162, 218, 233, 237; XV, 268; XVI, 304. ——阿姆督军收入1.125万利弗尔，欧塞尔的1.2万，布良松的1.2万，圣-玛格丽特岛的1.6万，谢尔斯塔特的1.5万，布里萨赫的1.5万~1.6万，格拉维林的1.8万。1776年的法令削减了某些职位的收入（Waroquier, II, 467）：18个督军的收入为6万，另外21个为3万，11个特别督军中，25个的收入为1.2万利弗尔，25个为1万，另64个为8000，176个副官和城防司令职务中，35个的收入为6000~1.6万，另外141个为2000到6000。1788年的法令还规定，17个司令官的固定收入为2万到3万，每月驻守补贴4000到6000，并给他们配备副官。

然而国库一直在给他们钱。看看朗格多克这个三级会议省有多少闲职吧，在这个省，纳税人的钱袋似乎应该捂得更严。这里有3个副司令，分布在图尔农、阿莱和蒙彼利埃，"每人领取1.6万，尽管他们毫无职权，因为他们只是在宗教战争的动乱时期设立的，为的是遏制新教徒"。12个国王副官同样毫无用处，仅仅是摆设。3个副司令也是这样：他们每个人"每三年轮流领取一笔3万利弗尔的津贴，算作他们为该省服务的报偿，然而这些服务徒有虚名，人们说不出到底是什么服务"；有两个人不住在当地，如果给他们钱，那也只是因为他们在宫廷中的人脉。"作为朗格多克运河的所有者，卡拉芒（Caraman）伯爵的固定收入超过60万利弗尔，但他每3年还领取3万利弗尔并无正当理由的收入，这笔钱跟该省为维修运河而给他的大量而经常的赠予也毫无关系"。该省还给司令官佩里戈尔伯爵1.2万利弗尔的津贴，不包括在他的薪水之内，当伯爵夫人首次莅临省三级会议时，同样获得津贴1.2万。另外，该省还给司令官的40个卫兵付钱，"其中24个人只在三级会议期间短暂服役"，他们与其上尉一起每年要领取1.5万利弗尔。该省督军的80～100名卫兵"每人领取300或400利弗尔，他们还有很多豁免权，而且从来不执勤，因为督军从不住在当地"；这些下级闲散人员需花费2.4万利弗尔，他们的上尉需要5000～6000利弗尔，另加督军的诸位秘书的7500利弗尔，督军本人的薪水和数不清的好处共计6万利弗尔。我到处都能看到，游手好闲的首领的身后总有一大帮游手好闲的下属，他们从作为公共资源的金库中抽取生计。所有这类摆设货色都把酒池肉林当作一种仪式：这是他们的主要工作，他们也很投入这个工作。三级会议就是六周的酒席宴，督办为吃喝招待需要花费2.5万利弗尔[①]。

[①] Archives nationales, H, 944, 25 avril et 20 septembre 1780, 图卢兹律师富高尔（Furgole）的信件和回忆录。

　　同样有利可图但也同样一无用处的是宫廷职位[1]、内廷闲差，这些差事的各种好处和津贴远远超过它们的正常薪水。我在一份印制的报告中找到了295个宫廷膳食官员，还不包括国王及其随从的用餐侍者，而且"首席总管每年的现金收入和饮食物品价值8.4万"，且不计其薪水和现金形式的"制服钱"。王后的内廷侍女在年历上的薪水为150利弗尔，实付1.2万法郎，再加上倒卖用于白天照明的蜡烛，实际收入总计5万法郎；司令官秘书奥热尔（Augeard）的薪水按规定是每年900利弗尔，但他承认，实际收入是20万。枫丹白露的狩猎队长每年卖兔子有2万法郎的入账。"每次前往国王的乡间行宫，梳妆侍女们在每100利弗尔的路费中要赚取80利弗尔；据说，这些侍女们每人每年的牛奶咖啡加面包要花费2000法郎，如此等等"。"塔拉尔（Tallard）夫人是公主王子们的教师，这个职务的固定收入是11.5万利弗尔，因为每生一个孩子，她的薪水就上涨3.5万利弗尔"。海军上将彭铁弗尔公爵对每条"进入法国港口及河口的"船只都要征收下锚捐，每年因此收入91484利弗尔。总管朗巴尔（Lamballe）夫人账面薪水为6000法郎，实际为15万[2]。热斯维尔（Gesvres）公爵仅烟花一项就有5万埃居的进账，因为他有权出售烟花带来的残余品和各种材料[3]。在国王、王后、国王的大弟[4]及其夫人、阿图瓦伯爵及其夫人、亲王夫人、普罗旺斯伯爵夫人、伊丽莎白（Elisabeth）夫人以及每个亲王的府邸中，都有

---

　　[1]　Archives nationales, o, 738（1780年3月王室开支总局的报告，par M. Mesnard de Chouzy）。—Augeard, *Mémoires*, 97. —Mme Campan, *Mémoires*, I, 291. —Marquis d'Argenson, *Mémoires*, 10 février, 9 décembre 1751.—Essaisur les capitaineriesroyales et autres（1789），80.—Waroquier, Etat de la France en 1789, I, 266.

　　[2]　Marie-Antoinette, par ArnethetGeffroy, II, 377.

　　[3]　MmeCampan, *Mémoires*, I, 296, 298, 300, 301; III, 78. —Hippeau, Le Gouvernement de Normandie, IV, 171（Lettre de Paris, du 13 décembre 1780）. —Marquis d'Argenson, *Mémoires*, 5 septembre 1755.—Bachaumont, 16 janvier 1758. —*Mémoires*url'imposition territorial, par M. de Calonne（1787），54.

　　[4]　国王的大弟（Monsieur）在路易十六时期是普罗旺斯伯爵，故文中亦译为普罗旺斯伯爵。——译者

各类宫廷官员，如王家宫廷总管、狩猎队队长、侍从长、司马官、侍从贵族、青年侍从、教师、布道神父、礼拜堂神父、司礼女官、梳妆侍女、陪护女宾等，带薪和享有补贴官职数以百计，但这些官职并无实际职权，或者仅仅只是为了点缀。"拉博德（La Borde）夫人刚刚被任命为王后的寝宫侍女长，年金1.2万法郎，由国王支付；不知道这个职务究竟干些什么，而且自奥地利的安娜（Anne d'Autriche）以来并没有这一职务"。马肖（Machault）先生的长子被任命为新兵监理，这是所谓的好处型职务中的一个："每年签字两次，入款1.8万利弗尔"。瑞士人秘书长也是此等职务，它每年收入3万利弗尔，归巴特罗密（Barthélemy）修道院院长所有；龙骑兵秘书长同样如此，每年收入2万利弗尔，由两位蹩脚的流行诗人让迪尔·贝尔纳（Gentil Bernard）和罗荣（Laujon）轮流担任。没有职务就给钱，可能更为简便，而且这种做法并非没有。如果我们逐日阅读那些回忆录，就会发现国库像是一个任人攫取的猎物。殷勤地陪伴着国王左右的廷臣们，都想方设法让国王对他们的困境心生怜悯。他们是国王的知交，是他沙龙中的宾客，像他一样出身高贵，是他天然的臣属，是他唯一的交谈对象，也是他唯一需要去满足的人们；国王无法不救助他们。他们的孩子结婚，国王应该赠予嫁妆，因为在婚约上有他的签名；国王也需要让他们致富，因为他们的奢华是用来点缀宫廷的。贵族成为王座的点缀之后，王座的所有者就该经常在必要时修缮一下这个点缀物[1]。上面那些数字和传闻，是从数以千计的例子中撷取的，其说服力不可小视[2]。"彭斯（Pons）亲王蒙国王好意，有2.5万利弗尔的年金，陛下想

---

① Marquis d'Argenson, *Mémoires*, 9 décembre 1751. "宫廷中每个人要有两套华丽的新装，两天的节庆中每天穿一套，这是国王的命令；但造成的开支让人们难以忍受。"

② Duc de Luynes, Journal, XIV, 147, 295；XV, 36, 119.Marquis d'Argenson, *Mémoires*, 8 avril 1752, 30 mars et 28 juillet 1753, 23 juin 1755. —Hippeau, ib. IV, 153（Lettre du 15 mai 1780）.—Necker, De l'administration des finances, II, 265, 269, 270, 271, 282. —Augeard, *Mémoires*, 249.

把其中的6000利弗尔赠予亲王的女儿、雷米尔蒙的女议事司铎玛尔桑（Marsan）小姐。这个家族曾向国王进言，力陈彭斯亲王的悲惨处境，亲王死后，陛下欲赠予其子卡米尔（Camille）亲王1.5万利弗尔的抚恤金，并将玛尔桑的年金提高5000利弗尔"。贡弗朗（Conflans）与波尔泰伊（Portail）小姐结婚时，"为资助这桩婚事，国王决定，波尔泰伊庭长夫人去世之后，她享有的1万利弗尔的年金中，6000归贡弗朗"。退休的大臣塞舍尔（Séchelles）"有昔日国王给他保留的1.2万利弗尔的年金，还有2万利弗尔的大臣津贴，国王另外追加津贴4万利弗尔"。这种恩典的理由有时值得赞赏。鲁耶（Rouillé）先生没有从维也纳条约中得到好处，所以要宽慰一下他，因此"人们给他的侄女卡斯特兰（Castellane）夫人6000利弗尔的年金，他的女儿、非常有钱的贝弗隆（Beuvron）夫人则得到1万利弗尔"。"皮休（Puisieux）先生从国王那里得到了7.6万～7.7万利弗尔的年金；虽然他的家产颇为可观，但收入不稳定，因为大部分是葡萄园"。"莱德（Lède）侯爵夫人刚刚得到一笔1万利弗尔的年金，因为她得罪了西班牙公主，被迫退休"。伸手要钱的是些最有钱的人。"上个星期有人计算了一下，宫中贵妇们所得的年金为12.8万利弗尔，但两年以来，军官们那点微不足道的津贴一直没有给。而谢弗鲁兹（Chevreuse）公爵夫人得到8000利弗尔，虽然她的丈夫有40万～50万的固定收入，吕伊内夫人领到1.2万利弗尔，以平息她的嫉妒，布朗卡公爵夫人得到1万利弗尔，她的母亲、富有的寡妇、老布朗卡公爵夫人也得到1万利弗尔，等等"。在这些吸血虫当中，领头的就是血亲亲王们。"国王刚刚给了孔蒂亲王15万利弗尔，好让他去还债，其中10万的由头是要补偿出售奥兰治给他造成的损失，另外5万纯粹是恩典"。"奥尔良公爵从前没钱的时候有5万埃居的年金，他等着继承父亲的产业。这一大笔遗产到手之后，他年收入超过300万，于是他放弃了年金。但当他说自己收不抵支时，国王又恢复了那5000利弗尔的年金"。20年后，路易十六想要减轻自己金库的负担，于是在1780年签署了"膳食大改革"方案，"需要为亲王夫人们的餐桌支付60万利弗尔"；这就是三位退隐的年老贵妇在饭桌上挥霍的公共资金。至于国王的两个弟弟，除了200万的领地收入，还有830万利弗尔津贴；太子、太子夫人、伊丽莎白公主和诸位亲王夫人，津贴350万；王后，400万；这是内克在1784年给出的数字。除了这些，还有公开或隐蔽的直接赠予：为了帮助萨尔丁（Sartine）而给他20万法郎，赠予掌玺官拉穆瓦尼翁（Lamoignon）20万，米罗梅尼尔（Miromesnil）得到60万法郎的安家费，摩尔帕（Maurepas）的寡妻得到16.6万，萨尔姆（Salm）亲王得到50万，波林雅克公爵因为抵押费内斯特朗治伯爵领而获赠120万，诸位亲王夫人为了购买丽景城而获赠754 337利弗尔[1]。出色的见证人奥热尔曾说[2]："卡隆（Calonne）先生刚一上任就借款上亿，其中1/4没有纳入国王的财政收入，余下的则被廷臣们瓜分；有人估计他给阿图瓦伯爵的钱有5600万，给普罗旺斯伯爵2500万；为了换取孔代亲王30万利弗尔的年金，他一次性向亲王支付1200万，另加60万利弗尔的终身年金公债；卡隆给国家带来的这点小利代价沉重，其比例超过5∶1。"不要忘记，这些赠予、年金和薪俸按当前价格计需要翻倍。这就是权力中枢周围的那些达官显贵：他们并不充任公众的代表，而是一心要当君主的宠臣，他们剪光了本应去照管的羊群身上的羊毛。

---

① Nicolardot, Journal de Louis XVI, 228. 1774～1789年红册子（Livre Rouge）上开列的数额：227 985 716利弗尔，其中8000万为所获款项及对国王家族的赠予。其中，普罗旺斯伯爵获赠1445万利弗尔，阿图瓦伯爵获赠146万利弗尔。7 726 253利弗尔用于王后在圣克鲁的花销。870万为购买亚当岛。

② Cf. Compte general des revenus et dépenses fixes au 1er mai 1789.（Imprimerie royale, 1789, in-4.）"1783年从默特马尔（Mortemart）公爵处购得的神岛土地，花费100万。1784年从苏比兹亲王处购得的维维耶土地，花费150万。1787年从吉尔贝·德·瓦赞（Gilbert des Voisins）先生处回购圣－普鲁斯特和圣－艾蒂安，花费1 335 935利弗尔。1785年从利昂库尔（Liancourt）公爵处收购卡莫尔和弗洛朗日的森林，花费120万。1785年从克莱蒙·德·巴维尔（Clément de Barville）购买蒙哥马利伯爵领，花费3 306 604利弗尔。"

IV

终于，被剥夺殆尽的羊群发现它们的羊毛用在了哪里。1764年，高等法院就说[1]："人民迟早都会知道，我们破烂的国库中的钱财还在被不断挥霍：或被用来赏赐，而领赏的经常配不上赏赐；或被用来支付日益增多的巨额年金，而受益者还是那些人；或被用于嫁妆和保障鳏寡，以及给那些无用的职位付薪。"人民迟早会拒绝"那些一直张开着的、从不知餍足的贪婪之手，拒绝那些似乎生来就是要攫取一切、毫无怜悯和廉耻之心的不知饱足之人"。等到那一天来到时，敲骨吸髓之人将孑然孤立。因为，如果贵族的本质仅在于为自己着想，那它就会蜕变成一个小集团。它不仅忘记了公众，还忽视了自己的下属；在与这个民族分离之后，它又与自己的随从隔绝了。贵族成了告假的军官团，吃喝玩乐，罔顾属下；有朝一日他们重返战场时，已经无人追随了，人们已到别处寻找首领。众多小贵族和低级教士之上的宫廷贵族和高级教士，正是处于这种孤立的境地；这些高高在上的人过于自肥，对不属于自己世界的人们，他们一毛不拔，几乎不予分文。一个世纪以来，对他们的抱怨声日益激烈，终至要升温发酵，届时无论新思想还是旧观念，抑或是启蒙理念，都将聚合成一曲怨怒的控诉。米拉波司法区的法官说[2]："我觉得贵族在自甘堕落、自我毁灭。贵族向所有吸血虫的子弟、向财税界的各类混混开放，这类人是蓬巴杜（Pompadour）夫人引进来的，她自己就出自那个肮脏的渊薮。一部分贵族在卑躬

---

[1] Le président de Brosses, par Foisset.（1764年1月19日第戎高等法院的诤谏书。）

[2] Lucas de Montigny, *Mémoires* de Mirabeau, Lettre du bailli du 26 mai 1781. —Marquis d'Argenson, *Mémoires*, IV, 156, 157, 160, 176; VI, 320. MaréchalMarmont,*Mémoires*, I, 9. —Marquis de Ferrières, *Mémoires*, préface.——关于发迹的困难，见*Mémoires* de Dumouriez。老夏多布里昂也是这样一个心怀不满的人，"政治上的反对派和宫廷的死敌"。（I, 206）.—Cahiers des Etatsgénéraux de 1789, résumé general par Prudhomme, t, II, passim.

屈节的宫廷生活中堕落，另一部分跟舞文弄墨的无赖们同流合污，后者把国王臣民的鲜血替换成几滴墨水；还有一些人被卑劣的穿袍文官窒息而死，后者是肮脏尘埃中的渣滓，是某个职位将他们从污垢之处领入办公处的"；所有这类暴发户，无论家世远近，如今构成了一个团伙，这就是宫廷。达尔让松斥责道："宫廷！这个词包藏着所有的邪恶。宫廷如今是民族的元老院；凡尔赛最卑微的仆役也是元老；侍女也参与国务，如果不是下达命令，至少也能妨碍法规之实施；由于这种阻碍，法律、秩序、组织者全无……亨利四世时期，廷臣个人还住在自己家里，根本不会因为出入宫廷而靡费巨万；因此圣恩对他们来说不像今天这样非有不可……宫廷是民族的坟墓。"众多贵族军官，眼见高级军职都留给了廷臣，只得退出行伍，心怀怨气地回到自己的领地上。另一些人虽然没有离开自己的领地，但他们在闲散和愁苦愤懑中积聚着因无能为力而愈发乖戾的抱负。费列尔（Ferrières）侯爵说，在1789年，大部分贵族"十分厌烦宫廷和大臣们，以致都快成了民主派"。至少"他们想把政府从内阁寡头的手中夺过来，交到他们信任的人手中"。没有人选举大领主，大家都疏远这些人，"绝对排除他们，并说他们出卖了贵族的利益"；这些底层贵族在自己的陈情书中坚持要求不应该存在宫廷贵族。

底层教士的意识同样如此，甚至更为强烈；因为他们被排除在高级职务之外，不仅因为地位低下，而且因为他们是平民[1]。1766年，米拉波侯爵写道："要说我们的教士都拥有某个教区，对他们大多数人而言是不公正的。收入和荣耀都归于修道院院长，归于在教的[2]圣俸享有者，归于众多的教务会议。"相反，"真正的灵魂牧者和履行圣职之人，却生计维艰"。教士上层"来自贵族和富

---

[1] Ephémérides du citoyen, II, 200, 203. Voltaire, Dictionnaire philosophique, article Curé de campagne. L'abbé Guettée, Histoire de l'Eglise de France, XII, 130.

[2] 教会的在教神职人员多指修道院系统的，教区神父和主教等人一般被称为在俗神职人员。——译者

裕的资产阶级，他们只有野心和奢望，从不真正履行圣职。而另一个阶层，只有要履行的职责，但毫无希望可言，而且几乎没有收入……他们来自世俗社会的最底层，而剥夺劳动者的寄生虫们又要控制他们，不断奴役他们"。伏尔泰有言："我为乡村教区神父的命运悲叹，他们不得不为了一捆小麦而和自己不幸的教民争吵，不得不和后者打官司，不得不征收豌豆和扁豆的什一税，不得不在没完没了的争吵中耗尽自己悲惨的生命……我更为领取卑微的固定薪水（portion congrue）的教区神父悲叹，那些被称作大什一税所有者的修道士，竟然每年才给他40杜卡特的工资，要他整年不分昼夜、不避风霜雨雪和酷暑严冬，前往离住处两三英里远的地方去完成那些最繁重、最令人厌恶的工作。"30年来，人们试图保障并稍微提高一点他们的工资；若遇生计之虞，教区的教产所有者、什一税征收者，就应将教区神父的工资增加到500利弗尔（1768年）、700利弗尔（1785年），助理神父的工资增加至200利弗尔（1768年）、250利弗尔（1778年），最后增加到350利弗尔（1785年）。迫不得已时可以维持在更高的水平上，具体根据物价的水平[1]。但底层教士生活在贫困人中间，他还要施舍这些人，因此他的心中对游手好闲的财主有种难言的怨恨，这类财主口袋里满当当的，来做慈善时钱袋里却空空如也。在图卢兹附近巴茹维尔的圣皮埃尔地方，图卢兹大主教拿走了一半的什一税，每年的施舍只有8利弗尔；在布莱特克斯，茹尔当岛教务会议收取某些什一税收入的一半，另一些什一税收取3/4，但每年它只捐10利弗尔；在克鲁瓦－法尔加德，一半的什一税归本笃会修士所有，但他们每年也只出10利弗尔[2]。在诺曼底，贝尔奈的圣克鲁瓦有个不住在当地的修道院院长，他收入5.7万利弗尔，给教区神父1050利弗尔，但后者没有住宅，而他的教区教民达4000之众。在盖永的圣欧班，修道院院

---

[1] 今天一个教区神父的薪水至少900法郎，外加住宿和额外收入。

[2] Théron de Montaugé, L'Agriculture et les classes rurales dans le pays Toulousain, 86.

长是大什一税所有者，他给助理神父350利弗尔，后者只得到村子里寻觅小麦和土豆。在普莱西－艾贝尔，"四处奔走的教堂住持生计无着，只能到临近的教区神父那里蹭饭"。在阿图瓦，什一税的税率通常是土地产量的7.5%或8%，但很多教区神父领着微薄的薪水，而且没有住处；他们的教堂破烂不堪，而教产所有者对穷人分文不予。"在诺曼底的圣劳伦^①，教区神父职务价值不超过400利弗尔，这笔钱他还要与祭礼登记人分享，那里有500名居民，3/4需要救济"。神父住宅和教堂的修缮通常是由某位领主或通常离得较远的教产所有者来承担，但这些人也是债台高筑，对这种事漠不关心，所以神父有时不知道在哪里栖身，也不知道到何处做弥撒。都兰的一位教区神父说："1788年6月……我的住宅就像是个恐怖的地道，只是它四面漏风，什么坏天气都挡不住"：房子的底部是两间没有门窗、铺着方砖的房子，高四尺半，第三间房高六尺，也铺有方砖，用作客厅、厨房、洗衣房、面包房，还用作庭院和菜园的排水沟；房子的上部是三间类似的房间，"墙上布满了裂缝，破得都要坍塌了，也没有门窗支撑"，直到1790年，修缮工作还没有完成。看看享有50万固定收入的高级教士的奢华生活，反差何等强烈！看看他们府第的排场，看看埃弗勒主教狄永大人的狩猎队，还有特鲁瓦主教巴拉尔大人那披挂着绸缎的忏悔室、斯特拉斯堡主教罗昂那无数的巨型银质餐具。而薪水微薄的教区神父的命运是那样悲惨，而且他们中间很多人连这点钱都拿不到，一些心地邪恶的高级教士会扣留这笔钱，于是他们只能靠额外收入（袈裟费）来补贴，每年收入不过四五百利弗尔；按照新的法令，他们也有权到修道院里就食，但这种要求徒劳无果。一个教区神父说："这样的要

① Périn, La Jeunesse de Robespierre, 阿图瓦农村教区的陈情书，320。—Boivin-Champeaux, ib, 65, 68. —Hippeau, ib, VI, 79, et VII, 177. —Lettre de M. Sergent, curé de Villers, du 27 janvier 1790. （Archives nationales, DXIX, carton 24.）Lettre de M. Briscard, curé de Beaumont-le-Roger, diocèse d'Evreux, du 19 décembre 1789. （Ib., DXIX, carton 6.）—Tableau moral du clergé de France （1789）, 2.

求难道不应该得到高级教士大人的善意许可吗？他们的修道士每人有五六千利弗尔的收入，教区神父至少跟这类人一样重要，但其收入少得可怜，无论是神父本人还是教区都是如此，他们忍心吗？"然而，即使是这微不足道的饭钱也要被克扣，用以支付自愿捐赠。这件事像其他事情一样，都是穷人挑担子以减轻富人的压力。在克莱蒙主教区，"即使是仅仅领取薪水的教区神父也要课税60、80、100、120利弗尔或更多；神父助理只能靠自己的劳动所得为生，但也要课税22利弗尔"。相反，高级教士很少付出，"人们习惯上甚至将结清税款的收据赠予主教，当作新年的见面礼"[①]。教区神父毫无出路。除了三四个不起眼的"跟班"任主教职位，教会所有的显赫头衔都留给了贵族；他们中间的一个人说："今天要想做主教就该是贵族。"我看到他们手下的那些随从，完全丧失了当上军官的希望，就像军队中的下层士兵，所以他们怒不可遏。"我们，是薪水微薄的悲苦教区神父；我们，总是负责繁重的教区的事务，就像我自己的教区，它延伸到两法里之外的森林中，那里的小村庄构成另一个世界；我们命运之悲惨，甚至我们房子上的砖石和梁木也为之呼号"，我们还得忍受高级教士，"如果一个穷苦的教区神父，因为路途漫长而到高级教士的森林中，砍一根手杖聊做支撑，后者有时会让自己的看守去起诉穷苦的教区神父"。每当高级教士经过，这个可怜的人儿都"只能忙不迭地一路躲避，以防备飞奔的马蹄和溅起的污泥，还有车轮，也许还有无礼车夫的鞭子"；然后，他"满身泥浆，一手拿着细弱的手杖，一手拿着帽子，谦恭地行礼，透过那镀金马车的门帘，装模作样的教会显要掠走了羊群身上的羊毛，可怜的牧者，教区神父，留给他的只有羊粪和粗脂"。整个信件就像一阵拉长的怒吼声；正是这种怨怒孕育出了约瑟夫·勒蓬（Joseph Lebon）和富歇（Fouché）。在这种情境下、

---

① Doléances sur les surcharges que supportent les gens du Tiers-Etat, par Gaultier de Biauzat（1788），237.

这样的意识中，底层教士看待他的头领，显然就像外省贵族对待他们的首领一样①。他不会选举"那些富得流油却对苦难熟视无睹的人做代表"。所有地方的教区神父都相约"三级会议的代表只能是教区神父"，要排除的"不仅有议事司铎、修道院院长和各种其他的圣俸所有者，还有教阶制中的最上层，他们的头领"，也就是主教。实际上，300名教会代表中，教区神父占208名；而且，像外省贵族一样，他们带来的是长期以来酝酿出的对其首领的不信任和恶意。这一点很快就会被坐实。头两个等级之所以和平民合厅议事，那是因为教区神父在关键时刻改变了立场。设立上院的提议之所以被否决，那是因为无名贵族不愿忍受世家望族滥用其特权。

V

还有最后一种特权，所有特权中最大的特权，即国王的特权；因为在这个世袭性的贵族参谋部中，国王是世袭的将军。说实在的，他的职务可不是像贵族那样的闲差，它包含着极大的麻烦和最可怕的诱惑。有两件事对人是有害的：没有事做和没有约束；既不懒散无为，也不要大权独揽，这其实是不合人的天性的；然而，可以做任何事情的绝对君主，也像游手好闲、无事可做的贵族一样，最后都成了无用和有害的东西。不知不觉地，国王揽到了所有权力，也承担了各种各样的职责；浩繁的事务非人力所及。行政集权制在法国不是大革命的成果，而是君主制完成的②。在国王议政会的领导下，有三种层层叠加的公务人员，处于核心的是总监，每个财政区有个督办，每个税区有个助理督办，他们领导所有事务，

---

① Hippeau, ib, VI, 164.（Lettre du cure de Marolles et de treizeautres. Lettre de l'évêqued'Evreux du 20 mars 1789. Lettre de l'abbéd'Osmond du 2 avril 1789.）— Archives nationales, Procès-verbaux manuscrits des Etatsgénéraux, t. 148, 245 et 257, *Mémoires des cures de Toulouse*; t. 150, 282, representations par le chapitre de Dijon.

② Tocqueville, liv. II。托克维尔以出色的洞见澄清了这个重要事实。

核定、摊派和征收税款，处理民防事务，规划和建设道路，调用骑警，分发救济，规范农事，征收教区监护费，像打发仆役一样跟市政官员磋商。杜尔哥（Turgot）说[①]："一个村庄只是一堆房屋、窝棚以及像这些东西一样毫无生气的居民的组合物……陛下只能独自或通过其代理人决定一切……为了缴纳捐税，尊重他人的权益，有时甚至为了运用自己的权益，人人都在等着您专门的指令。"所以内克说："治理法国的是办公室深处的人……急于扩展影响力的外派官员，不放弃任何机会劝说大臣，每个细节都应由他发号施令。"中央的官僚机构行事专断，特例和优惠随处可见，这便是对这个制度的简单结论。"助理督办、税区官员、二十分之一税的管理员、征收员和监理员，军役税的特派员和征收员，盐税官员，道路邮政官员，执达员，道路劳役监督员，商品税、登记税、特别税的管理员：所有这类税收人员，都会根据自己的工作特点，用自己的那点小权威、那点税务知识，来蒙蔽和诓骗无知的也不会知道自己被欺骗的纳税人"[②]。粗糙的、不受监控的、没有公开性、没有统一性的中央集权，在所有地方都安插了一支小独裁者组成的军队，这些人像法官一样裁决他们涉足其中的争端，通过委托制来实行统治，为了使他们那些小偷小摸或鲁莽无礼的行径显得光明正大，他们总是把国王的名字挂在嘴边，国王也只能听之任之。实际上，这台无规则的庞大机器因为其杂乱而让人无法掌控。腓特烈二世4点钟就起床，拿破仑晚上洗澡时还口授命令，每天工作18小时，这样的超人勉强能应付如此繁重的工作。这种体制的运转无时不需要紧张的专注、不知疲倦的精力、永无差谬的洞察力、军事上

---

① 马勒泽尔布的诤谏书，杜尔哥的报告，内克致国王的报告（Laboulaye, De l'administration française sous Louis XVI.Revue des courslittéraires, IV, 423, 759, 814）。

② "有人曾听到一个财税人员对公民这样说：包税所应该回馈你们，你们应该来要。——交钱的人永远无法知道他究竟该交多少。在牵涉他个人利益的事务上，包税人成了最高立法者。某项调查也许会确定一个省或全国的利益，但是，如果这种调查只有一个人签字，那它就被视为一种应受惩罚的鲁莽行径，如果有几个人签字，那就是一种非法的联合行动。"（Malesherbes, ibid.）

的严厉手段，还有出众的天赋；只有满足这些条件，2500万人民才能成为木偶，才能以君主永远明确、永远一致、永远及时的意志，去取代臣民们已被摧毁的意志。路易十五任由"这台优良的机器"独自运转，让它陷入迟钝麻木的境地。所以他才有这样的说法："当大臣们的行动不能奏效时"，那是因为"他们想这样，他们觉得这样更好"①。他还说："如果我是警察总监，我会为手铐辩护。"虽然他觉得机器在解体，但他无能无力，毫无行动。情况不妙时，他有自己的私人专有财产，有自己单独的金库。蓬巴杜夫人说："100万的账单国王签字时想都不会想，要从他自己的小钱袋子里掏100个路易，他都觉得为难。"路易十六一度想取缔这台机器的某些齿轮，引入更好的轮系，减轻其余轮系的摩擦；但零件锈蚀得太厉害，运转起来太笨重；他无法调配它们、组合它们、使它们各得其所；他的手终于无力而疲乏地垂了下来；他只满足于为自己省点钱；他的日记里写下的是如何修理钟表，而将公共车辆交给了卡隆（Calonne），这台车子载上新过错之后又回到老路上，等那条路被堵死时，车子才算走到头。

当然，他们自己造成的，或别人以他们的名义造成的不幸，会让他们不悦，让他们心烦；但说到底，他们良心没有什么不安的。他们可能很同情人民，但他们对人民没有负罪感。因为他们是人民的最高主人，而不是受人民所托。法国是他们的，就像某块领地属于某个领主一样。领主不会因为大手大脚、疏忽大意而丧失荣誉。他挥霍的是他的财产，没有人要求他来负责。王权奠基于封建领主制之上，是一份世袭的家产，他从祖辈那里完好地接收这笔产业，也要完好无损地交给自己的孩子，如若有部分产业落入他臣属的手中，那就是不忠，对君主而言简直是叛逆，无论如何是虚弱和可耻的。按中世纪的传统，他是法国人和法国的指挥者及主人，根

① Mme Campan, *Mémoires*, I, 13. —Mme du Hausset, *Mémoires*, 114.

据法学家们的理论，他还像恺撒一样，是民族永恒和唯一的代表；而根据神学家的学说，他又像大卫一样，是神特别选定的神圣的代理人。既然有了这些名头，如果他不把公共钱款当作自己的私人收入，如果他偶尔按这种想法去行事，那真就是奇迹了。在这个问题上，我们的看法是如此不同，以致很难理解他的想法；但在当时，他的想法就是所有人的想法。那个时候的人们觉得，干涉国王的事务，就像干涉某个私人的事务一样离奇。只有到了1788年年底①，在罗亚尔宫著名的沙龙里，人们"以无法想见的鲁莽和疯狂声称，在真正的君主制中，国家的收入不应该由君主支配，只能给他拨付相当数量的钱款，以供宫廷开支、赠予其仆役，以及其娱乐所费，其余款项应归王家金库，只能用于民族大会批准的事项"。竟然要将君主视作公民，竟然要染指他九成的收入，竟然不准他支取钱款，这是何等的冒犯！今天，如果建议每个百万富翁将收入分为两部分，小到不能再小的那一部分留给他本人维持生活，最大的那一部分交给储金会并全部用于公共事务，这位富翁的惊诧之情也不会大过上面的情形。一位前总包税人、没有偏见的才智之士，在论证国王购买圣克鲁时很严肃地写道："这是王后的一枚戒指。"实际上，这个戒指价值770万法郎。但"国王当时有4.77亿的收入。假设一个有4.77亿利弗尔收入的人，一生中有一次给他妻子买了个七八千利弗尔的钻石，人们会怎么说呢"②？会说这笔财礼并不起眼，而且丈夫很理智。要想很好地理解我们国王的历史，始终要记住这样一个根本要点：法国是他们的土地，是他们父子相袭的庄园，这个庄园一开始很小，随后一点点地扩大，最后大得令人炫目，这是因为它的主人总是警惕地窥伺着，寻找各种办法打击邻人扩充自己；800年之后，这个庄园面积达到2.7万平方法里。当

---

① Gustave III et la cour de France, par Geffroy, II, 474（德累斯顿档案馆，法国通信，1788年11月20日）。

② Agear, du *Mémoires*, 135.

然，在某些地方，国王的利益和虚荣跟公共利益是协调的；而且他不是个坏的管理者，因为他总在扩张，所以比很多其他人都更善于经营。另外，在他周围，还有很多专家，他们是皇家的老顾问，处事精明，对国王的事业一片赤诚，当国王花费太多时，这些头脑清晰的白胡子老头会虔诚地提出诤谏；他们经常让国王涉足实际工作，如道路、运河、残老院、军事学校、科学机构、慈善设施，还限制永久管业权，容忍宗教异端，将修士的宣誓年龄延后至21岁，参与各省议会和其他机构，以及各种改革行动，以此将封建领地改造成现代领地。但是，不管是封建的还是现代的，领地总归是国王的财产，他既可以利用也可以滥用；然而，完全自由的利用最后都会蜕变成毫无节制的滥用。在日常的行为中，如果个人的动机不压倒公共理由，那这个人就是路易九世这样的圣徒，或是马可-奥里略（Marc-Aurèle）之类的斯多噶主义者；然而，国王是个领主，是像他的廷臣一样的普通人，他的成长环境甚至更糟糕，他周围的人甚至更恶劣，更容易受恣恩和诱惑，也更为盲目。最起码，国王也像这些人一样，有虚荣心、偏好、亲友、情妇、妻子和熟人，各种亲密且富有影响力的求情者都应该优先去满足；随后才是民族。实际上，从1672年到1774年的100多年间，每次战争的发起都是因为虚荣心的诱惑、家族利益、一己私利的算计，或者因为垂青于某个女人。路易十五在领导战争中的表现，甚至比他发起战争的表现更为糟糕[①]；路易十六的整个外交政策都陷入了联姻的陷阱中。在国内，国王像其他领主一样生活，但过得更为阔绰，因为他是法国最大的领主；我马上就来描绘他的排场，随后我们会看到这种排场带来的代价。眼下我们且注意两三个细节。根据可靠的报道，路

---

① "蓬巴杜夫人曾致信军中的埃斯特雷元帅，就战役行动提出了一项计划：她在纸上标出了各个靶心位置，建议元帅在这些地方发起进攻或进行防御。"（Mme de Genlis, 329, *Souvenirs de Félice*, 据埃斯特雷元帅的岳母皮休夫人讲述。）

易十五为蓬巴杜夫人花费了3600万，至少相当于今天的7200万[1]。根据达尔让松的说法[2]，1751年，国王的马厩里有4000匹马，可以肯定，仅他一家或他个人"当年耗费6800万"，接近公共收入的1/4。在一个人们以为君主如同享有世袭家产的城堡主一样的时代，这又有什么可奇怪的呢？他营建，他招待，他宴请，他狩猎，他按他的身份来花费。另外，作为自己钱财的主人，他赏赐取悦他的人，他所有的挑选都是一种恩惠。维尔蒙（Vermond）修士致信玛丽娅－特丽莎（Marie-Thérèse）女皇说[3]："陛下比我更清楚，按古老的习惯，3/4的职位、荣誉和年金不是用来奖赏功勋，而是用以表达恩宠和信任。从起源上说，这种恩宠的依据在于出身、关系和财富；它真正的基础几乎始终只在于保护和阴谋关系。这种做法如此根深蒂固，以致那些受害最深的人也视之为一种正义而尊重它；一个出色的贵族，若不能以宫廷结党或一掷千金来为自己撑门面，是不敢要求指挥一支部队的，不管他的服务多么出色，他的出身多么古老。20年前，公爵、大臣和与宫廷有关系之人的子弟，情妇们的亲戚和受保护人，16岁就可以当上上校；为了平息抗议声，当时舒瓦瑟尔（Choiseul）先生把这个年龄提高到23岁；不过，为了对恩宠和专断做法进行补救，他将一些军官的任命权交给国王或者大臣们，作为他们有待分发的恩典，这些军官包括中校、少校（此前还可凭资历晋升至该衔）、外省及各城市的督军和司令。您知道，大使先生，这些职务急剧增加，被当作恩宠、出于亲信而大肆分发，部队中各团的情况也是如此。各骑士团的蓝绶带和红绶带同样如此，甚至圣路易骑士团的十字架也任意发放。主教和修道院院长的职务，受这种任人唯亲的体制的影响甚至更为持久。财税部门的

---

① 根据蓬巴杜夫人开支手稿记录，她花了36 327 268利弗尔，见Archives de la préfecture de Versailles（Garnier de Cassagnac, I, 91）。

② Marquis d'Argenson, *Mémoires*, VI, 398（24 avril 1751）。迪巴丽（Du Barry）夫人曾大声承认，她拿了国家1800万（*Correspondance* par Métra, I, 27.）。

③ *Marie-Antoinette*, par ArnethetGeffroy, II, 168（5 juin 1774）。

职位，我不敢乱说。司法职务与工作表现的关系最为密切，然而，监察、庭长的任命能多大程度上免于亲信和举荐的影响？"其他的司法人员难道不也是如此吗？内克刚接手国务时，国王的金库支出的年金为2800万，他刚一下台，数以百万计的钱财又流向廷臣们，一场大溃败。就算他在台上，国王也听任他和他妻子的朋友们大发横财：波林雅克伯爵夫人为还债搞到了40万法郎，为嫁女儿又搞来了80万法郎，而她自己则得到许诺，可以得到一块年收入3万利弗尔的土地，她的情人沃德勒伊（Vaudreuil）伯爵有一笔3万利弗尔的年金；朗巴尔公主每年收入10万埃居，这既是因为专门为她恢复设立的总管职务，也因为她兄弟的年金[1]。铺张挥霍在卡隆时代走向疯狂。为国王精打细算简直是对他的侮辱，为何要这么替他省钱呢？偏离了正轨的卡隆到处赠予、购买、建造、交换，对周围的人大施援手，虽然这些人都是大领主，但他依然大把扔钱。几个简单的例子可以为证：为了救助破产的盖梅内家族，卡隆以1250万的价格购买了这个家族的3块土地，而后者刚刚以400万的价格买入；另外，为了换取布列塔尼两块年收入33758利弗尔的领地，他将年收益近7万利弗尔的东布公国让渡了出去[2]。看看稍后的《红册子》就能发现，波林雅克家族的年金为70万利弗尔，而且大部分年金可以从家族的某个成员转归另一成员，诺阿伊（Noailles）每年所得的好处将近200万。国王已经忘记，所有这类恩赐都是致命的，因为"一个年金为6000利弗尔的廷臣，其收入相当于6个村庄的军役税[3]"。从税收的角度考虑，君主的每次慷慨大方都是以农民的节衣缩食为代价，国王为了赠给富人豪华马车而让他的代理人夺走穷人的面包。总之，政府的心脏就是不幸的源泉；所有不公、所有困苦都来自那里，它就像个壅塞的苦难策源地；公共生活的脓肿在这

---

① *Marie-Antoinette, ib*, II, 377; III, 391.

② *Archives nationales*, II, 1456.Mémoires pour M. Bouret de Vézelay, sydic des créanciers.

③ Marquis de Mirabeau, *Traité de la population*, 81.

里发展到极端，也将在这里破裂。

VI

特权的使用如果只是为自己而不是为他人，其致命的结局实属公正。被称为老爷或领主的，意思是"养育者和保护者，引领他人的长者①"；在这个头衔、这个职责之外，人们不能赋予它太多的东西，因为没有比这更艰巨更崇高的任务。但领主应该完成这个职责；否则，危险来临时，人们会抛弃他。而且早在危险来临之前，他的部队已经不归他领导了；如果说部队还在往前走，那是出于习惯；但部队本身只是个人简单的聚合，不再是有组织的整体。在德国和英国，保存和改造过的封建体制仍能组成一个有活力的社会，但在法国，封建制度的外在框架容纳的只是一堆由个人聚合在一起的碎屑。外在秩序依然存在，精神秩序却找不到了。一场缓慢而深刻的革命，摧毁了由被认可的优先权和自发的敬畏构成的内在等级秩序。这就好比一支军队，塑造首领的意识与塑造下属的意识都已经消失，军阶等级虽然标在衣服上，但已经不在人的意识中；它失去了成为一支坚强军队的要素：军官的合法权威，士兵合理的信任，相互之间日常的真挚交流，每个人都有益于所有人，首领是所有人中最有益的人的信念。如果一支军队的指挥官的全部工作就是在城里吃喝、炫耀他们的肩章、领着双份的军饷，人们又怎能发现这样的信念呢？法国在最终崩溃之前就已经解体了，之所以解体是因为特权者忘记了他们的"公共人"的性质。

---

① 在撒克逊古语中，老爷（Lord）的意思是"供养者"。Seigneur（领主）在中世纪拉丁语中指"长者"、一群人的首领。

第 二 卷

II

风尚与性格特征

第一章　旧制度风尚的本质特点

宫廷及其表象生活。Ⅰ. 凡尔赛的外表和精神特质。Ⅱ. 国王的宫廷一人员和开支一军事机构，马厩，犬猎队，礼拜堂，随从人员，饮食，起居，服饰，房屋，家具，旅行。Ⅲ.国王的交游一宫廷官员一沙龙宾客。Ⅳ. 国王的活动一起床，弥撒，用餐，散步，狩猎，夜宵，游戏，夜生活一他的生活始终像场演出和社交。Ⅴ. 宫廷和王室成员的娱乐一路易十五一路易十六Ⅵ. 其他类似的生活一亲王和郡主一宫廷贵族一财政家和暴发户一大使，大臣，督军，高级军官。Ⅶ.高级教士，外省的领主和小贵族一封建贵族变成沙龙社会。

在一个多世纪的时间里，这个度假的军事指挥部聚集在其首领的周围，后者举办沙龙招待他们：这就是对旧制度时代风尚的根本性概括。因此，如果人们要去理解旧制度的风尚，首先要关注其核心和源头：我指的是宫廷。像整个旧制度一样，宫廷也是个空洞的形式，一个军事制度残留下来的点缀物；当这个制度的依据消失时，它的后果还存在着，习惯比实际用途保留的时间要长。在封建早期的兵营和城堡中，贵族凭着简朴的手足情谊，以他们的双手为国王服务，这一位提供住处，另一位端来饭菜，一位贵族夜里为国王宽衣，另一位贵族则看守国王的鹰隼和马匹。不久之前，在黎塞留和投石党运动期间①，在干戈纷扰之际和持续而危险的紧迫压力之下，贵族是王宫的卫士，手执武器护卫国王，组成了一支随时待命的佩剑随从。现在他们依然像从前一样陪伴国王左右，腰悬佩剑听候吩咐，一个手势就会让他们殷勤忙碌，而他们中间最有身份的人纷纷到国王身边当个类似于仆人的角色。但华丽和排场已经取代了有效的工作；他们在到处亮相的国王周围亮相，来给国王增光添彩。

I

应该说这种点缀是成功的，自从意大利文艺复兴时期的节庆以来，我们还没有看到比这更具光彩的。跟随巴黎和凡尔赛之间川流不息的车流看看吧。那些以特别方法②喂养的马匹被称为"疯狗"，它们3小时打个来回。乍一看，人们会觉得置身于一个独一无二的城市之中，仿佛是瞬间按一个模子盖起来的，就像刻意效仿某个样板打造的一套铸币；至于其形态、缘由和用途，则可以放到一边。凡尔赛有8万人口③，是王国最大的城市之一，它的功能、居民和劳作都是为了一个人的生活；它仅仅是国王的居所，一切的安排都是为了国王的需要：他的娱乐、他的交游、他的亮相，并服务他、保卫他。城市各处的角落和外廊中，到处是旅馆、摊点、小酒店和陋室，那里是工人、穷苦人、下级士兵和此等仆役的去处；陋室是必须有的，因为再精彩的演出也离不开粗工。剩下的就是公馆和各种豪华建筑，它们的正墙上雕刻繁复，挑檐、栏杆和悬梯气势宏伟，这些贵族建筑宽敞而规则，像整齐的队列一样簇拥着那座

---

① *Mémoires de Laporte*（1632）."埃培尔农（Epernon）先生来波尔多，发现枢机主教大人病得很重。他发现每天上午都有200个卫士陪伴后者直到房门口。"—*Mémoires de Retz*。"博福尔（Beaufort）和我前去觐见，随行的有一支300名贵族的队伍；诸位亲王则带着近千名的贵族。"——当时所有的回忆录每时每刻都表明，这些随从在发动或反击某个行动时都是必须的。

② Mercier, *Tableau de Paris*, IX, 3.

③ Leroi, *Histoire de Versailles*, II, 21（根据市政府的登记册，固定人口7万，流动人口1万）。

光辉伟岸的宫殿，一切都汇流到那座宫殿中。头等家族在这里都有固定的住所：在凡尔赛宫的右侧，有波旁（Bourbon）、埃克维里（Ecquevilly）、拉特雷穆瓦耶（La Trémoille）、孔代、摩尔帕、布永、厄（Eu）、诺阿伊、彭铁弗尔、利弗里（Livry）、拉马尔什伯爵、布罗格里（Broglie）、坦格里（Tingry）亲王、奥尔良家族、夏蒂永（Châtillon）、维勒鲁瓦（Villeroy）、阿尔库尔（Harcourt）、摩纳哥（Monaco）等公馆；左边是奥尔良宫，国王的大弟的府邸，谢弗鲁兹、巴尔贝尔（Balbelle）、罗皮达尔（l'Hospital）、昂坦（Antin）、当若（Dangeau）、蓬沙特兰（Pontchartrain）的公馆：这里的列举不可能完整。此外还要加上巴黎的建筑，以及半径10法里内的所有建筑，它们分布在索城、热内维利埃、布吕努瓦、亚当岛、兰希、圣乌昂、科隆贝、圣日耳曼、马利、贝尔维尤等上百个地方，这些建筑群构成一个花冠；每天早上，成群的镀金胡蜂从这些建筑中飞出，前往凡尔赛显摆和掠取，因为那地方是一切财富和荣耀的中心。每年能"觐见"的男男女女只有上百左右[1]，但为此前来的人以两三千计：因为这是进入国王圈子的仪式，贵妇们像他致敬，大人们以登上他的马车为荣；他们的公馆就在附近，近到能随时挤进国王的候见厅或沙龙中。

这样的一个沙龙包含着与之相称的附属品；为了照料国王及其家人的私人生活，凡尔赛有数以百计的公馆和建筑为此忙碌着。自罗马皇帝以来，还没有哪个人的生活占据过如此显赫的地位。水池街上是凡尔赛督军的新老公馆、阿图瓦伯爵孩子们的家庭教师的公馆、王室的家具储藏库、宫廷演职人员的住所，以及国王大弟的马厩。在良童街，有服饰总管的公馆、供水管理员的住所、普罗旺斯伯爵夫人侍卫官的公馆。在彭浦街，有宪兵司令的公馆、奥尔良公爵的马厩、阿图瓦伯爵卫队的公馆、王后的马厩、苏尔斯宫。在萨

---

[1] Waroquier, *Etat de la France*（1789）. 在1779年到1789年的觐见名单中，男性453名，女性414名，t. II, 515。

托利街，有阿图瓦伯爵夫人的马厩、国王大弟的英式花园、国王的冰窖、国王近卫骑兵的驯马场、工程财务官公馆的花园。看看这四条街就能对别的街道有个初步的判断。在这座城市里，不出百步就能碰到宫廷的附属品：国王卫队指挥部，近卫骑兵指挥部，巨大的国王卫队府，卫队宪兵府，捕狼官、鹰隼官、犬猎官、大教官、运河总管、总监、建筑总管等人的府邸，掌玺官公馆，猎鹰队和猛禽处，野猪犬猎队，猎狗棚，太子猎狗棚（所谓的绿狗棚），宫廷马车处，建筑及娱乐用具仓库，娱乐用具工场及货栈，大马场，小马场，里摩日街、罗亚尔街和圣-克鲁大道上的其他马场，包括29块园地和4个台地的国王菜园，拥有2000人的皇家膳食处，供国王分派永久或临时住处、被称作"路易"的房子和宅邸：但纸上的这些名称，无法让人对实际的巨大规模有任何实体感。昔日的凡尔赛如今已经严重受损并被用作他途，残留下来的只有部分片段；但还是可以去看一看。不妨打量一下通往大广场的那3条大道，它们宽约40尺[①]，长为400尺，对于众多的人群、铺张的场面、沉浸于奢华中的酩酊大醉的随从，和奔向"敞开的坟墓"[②]的马车来说，它们根本不算宽阔；看城堡对面的那两座马厩，它们的栅栏高32尺，1682年时它们就花费了300万，相当于今天的1500万；它们十分宽敞，十分漂亮，甚至在路易十四时期就时常被用作亲王们的跑马场，或被用作剧院和舞厅；再看看那个巨型半圆形广场的延伸部分，次第排开的窗户和庭院向上攀升又相互聚拢，首先看到的是大臣们的公馆，随后是两个巨大的侧翼，最后是大理石庭院那华丽的外框，那里的壁柱、雕塑、三角楣、层层堆积的繁复点缀物，一直将庄严陡峭的线条和不堪装饰之重的露台托在空中。根据一篇与芒萨尔（Mansart）部队相关的手稿，宫廷花费1.53亿，相当于今天

---

① 尺（toise），法国旧时长度单位，约合1.949米。——译者

② 在当时的巴黎，几乎每天都有行人被时髦的马车轧死，大贵族们有风驰电掣地驰骋的习惯。

的7.5亿左右[①]；当国王想要在别人眼前表演亮相时，这是他安身于此的条件。现在把目光投向另一边的花园，国王在那里的表演就会更醒目一些。花坛和花园仍然像是露天的沙龙；那里的自然没有任何自然之处；自然完全按照社会的眼光去布置和修改；那里断不是独处和放松的去处，而是一个结伴散步和招呼致敬的地方。笔直的绿篱就是墙壁和挂毯。修剪过的紫杉如同花瓶和百合。花坛宛若拉幅地毯。在笔直划一的小径上，手执拐杖的国王周围是前呼后拥的随从。在那些周长80步的圆形花坛周围，60名身着蓬松镶金长袍的贵妇，一边踩着台阶的步点前行，一边还能不费力地保持彼此的距离。那些绿色的小亭可以供君主分发点心[②]。圆形的柱廊下，其房间入口能通往此处的所有贵族，能够聚集在一起观看每一次的喷水表演。甚至在伫立于花径与水池边的大理石和青铜雕塑身上，他们也能见到自己的同类，在尊贵如阿波罗、夸张如朱庇特、恬静自若悠闲自得如狄安娜和维纳斯的神情中，他们仿佛看见了自我。他们就是自己世界中的神。在整个社会经过一个世纪的努力打磨之后，宫廷的烙印已经十分深刻，它镌刻在整个生活的每个细节上，渗透到所有物质和精神事物中。

II

这还只是个框架，在1789年之前，框架之内十分充实。夏多布里昂说："如果没有看到凡尔赛的排场——即便国王的老宫廷解散之后——那你就什么都没看见；路易十四始终都在。[③]"这可是各

---

① 153 282 827利弗尔10苏3德尼埃（*Souvenirs d'un page de la cour de Louis XVI*, par le comte d'Hézecques, 142）。1690年，在建造礼拜堂和剧场之前，花费已经达到1亿（Saint-Simon, XII, 514。国王的建设官员马里尼埃的报告）。

② Cabinet des Estampes, *Histoire de France par estampes*, passim, 尤其是埃韦林（Aveline）的凡尔赛图画，"君主在尚蒂伊迷宫中发点心图，1687年8月29日"。

③ Mémoires, I, 221. 他是1787年2月19日被准觐见的。

色号衣、制服、戏装和行头的大聚会，如同画卷一样耀眼多姿；我曾想在这个世界里生活八天；这入画的场景是特地为愉悦眼目而设定的，就像剧院的布景。但今天我们如何想象那些把生活视为一场戏剧的人呢？那个时候，一个大人物需要有座阔绰的府邸；府中的随从和装饰是他个人的一部分；如果在这方面他不能尽可能做到阔绰和华丽，那他会心有不甘，会觉得自己的府邸空荡荡的，那感觉就像我们发现自己衣服上有个窟窿。如果退缩不前，他的声望就会受损；当路易十六进行改革时，廷臣们说他的做法像个小市民。一位亲王或君主到了一定年龄，就得给他组建一座府邸；某位亲王结婚，还得给他妻子建一个府邸；您可要记住，府邸意味着15～20种不同的服务：马厩、犬猎队、礼拜堂、随从、起居、服饰、司库、膳食、面包房、厨房、司酒处、果蔬处、毛皮处、书房、议事会[1]；如果没有这些，她就觉得自己不是个郡主。奥尔良公爵的府中有274个各种职位，亲王夫人府中有210个，伊丽莎白郡主府中有68个，阿图瓦伯爵夫人那里有239个，普罗旺斯伯爵夫人那里有256个，王后那里有496个。当人们要为刚满月的小公主建一个府邸时，奥地利大使写道："王后想根除服务人员那种有害的懒散和无益的冗员，还有会产生各种傲慢情绪的做法。虽然有上述的削减措施，小公主的府邸中仅为她个人服务的人员还是上升到80个。"[2]国王大弟府邸中的民事人员有420个，军事人员有179个；阿图瓦伯爵府中的军事人员为237个，民事人员为456个。3/4的人员是为了摆设；他们身披刺绣和饰带，表情怡然，彬彬有礼，神情谨慎而专注，招呼、步态、微笑都那么得体，在候见厅或长廊中成群地排

---

[1] 以下所有细节，cf. Waroquier, t. I, passim. —Archives nationales, O1, 710 bis. 国王的府邸1771年的开支。—Marquis d'Argenson, 25 février 1752. ——1771年，为安顿阿图瓦伯爵夫人花费了300万利弗尔。仅阿德莱德（Adélaïde）夫人的一套房就花费80万利弗尔。

[2] Marie-Antoinette, Correspondance secrète, par Arneth et Geffroy, Ⅲ, 292. Lettre de Mercy, du 25 janvier 1779. ——1789年，瓦罗齐埃（Waroquier）只提到了15个公主府邸的职位。除了其他很多的证据，这里也足以表明这些官方数字并不充分。

列，而且保持着距离；我甚至想看看马厩和厨房中的人群；正是这些配角为这幅画卷涂上了底色。通过这些次等星座的光芒，我们可以设想国王太阳般的光辉。国王要有卫队，要有步兵、骑兵、近卫兵、法兰西卫队、瑞士卫队、瑞士近卫兵、近卫骑兵、卫队宪兵、宫门卫队，共计9050人[1]，每年要花7 681 000利弗尔。法兰西卫队的四个连和瑞士卫队的两个连，每天都在大臣庭院的两排栅栏之间检阅，当国王乘车前往巴黎或枫丹白露时，检阅场面甚为壮观。队列前方四个喇叭齐鸣，后方还有四个。瑞士卫队站在一边，法兰西卫队站在另一边[2]，组成一个可随意拉长的篱笆墙。在战马前方，迈步向前的瑞士近卫兵身穿15世纪的服装，手执长槊，戴着褶颈圈，帽子上插着羽毛，宽大的上衣染有各种对称色；他们旁边是宪兵府的卫兵，他们戴着肋形金胸饰和猩红色袖饰，笔挺的衬甲衣上镶有金银条纹。在所有部队中，军官、喇叭、乐手，全都佩戴华丽而俗气的金银绦丝，看起来灼人眼目；挂在马鞍架下面的定音鼓刺绣华丽，镀金的绘画装饰不胜其繁，这可是家具储藏库中的宝贝；法兰西卫队的黑人击钹手看起来就像仙境中的苏丹。近卫军在马车后面及两侧奔走，腰悬佩剑，手执短枪，身着红裤，脚蹬大黑靴，蓝上衣上有白色镶边，所有这些人的贵族身份都已核实过；他们共计1200人，都是按贵族身份和身材挑选出来的；他们中间还有更接近国王的贴身卫兵，在教堂中、在仪式上，这些人身着饰有金银光片的白色衬甲衣，手擎镶嵌着花纹的长槊，自始至终站得笔直，面向国王，"以便所有方向上的目光都集中在他身上"。这是为了他的安全着想。作为贵族，国王也是骑士，他需要与其身份相称的马

---

[1]　这是1775年和1776年削减之后的数字，1787年再次削减。见Waroquier, t. Ⅰ。 —— Necker, *Administration des finances*, II, 119.

[2]　Cabinet des Estampes, *La maison du roi en 1786*（estampes coloriées）.

厩[1]：1857匹马，217辆车，1458名由国王提供制服、其费用每年达54万法郎的专业人员；此外还有38名骑术教官、御马官和侍从官；除此之外还有20名管理员、副管理员、神父、宣教者、厨师、为年轻骑手提供指导和服务的仆役；此外还有30多名医生、药剂师、护理员、监察、司库、工人，以及因零碎服务工作而领薪的特约商人，马厩的人员总计超过1500人。每年为购马花费25万法郎，利穆赞和诺曼底还有种马场。两个骑术训练场每天有287匹马在训练；小马厩中有骑用马443匹，大马厩有437匹，但还是不足以满足"旺盛的需求"。全部开支1775年为460万利弗尔，1787年上升到620万利弗尔[2]。还有一个应该关注的景象：学习骑术的贵族青年[3]、驯马师、士官生、执银棒的学生、身穿丝绸小号衣的侍童、乐器演奏员、马厩后勤人员。对马匹的使用是封建式的；对一个有身份的人来说，没有比这更自然的奢侈做派了；不妨想象一下像宫殿一样的尚蒂伊马厩。在当时，要说一个人有身份有教养，就会称他为"完美的骑士"；的确，只有跨在像他一样出身高贵的马上，他才显得气度不凡。贵族的另一个爱好由上一个爱好发展而来，这就是狩猎。除了两个马厩的开支，国王每年还需花费110万~120万利弗尔[4]，并占用280匹马。很难设想还有比他的狩猎队更完整更多样的：野猪猎犬群、狼猎犬群、狍猎犬群、乌鸦狩猎队、猎鸦猛禽、

---

① *Archives nationales*, O1, 738. Rapport de M. Teissier（1780）sur la grande et la petite écurie. —王后的马厩有75辆马车，330匹马。这里的数字很确切，它们来自秘密报告和手稿；它们也表明，官方出示的数字偏低。例如，根据1775年的凡尔赛年历，各马厩中的人员仅为335名，而实际上，这个数字应该高出3~4倍。一个见证人说："在各种改革实施之前，我认为国王的马匹可能达到3000匹。"（Comte d'Hézecques, *Souvenirs d'un page de Louis XVI*, 121.）

② *La maison du roi justifiée par un soldat citoyen*（1786），根据政府发表的报告。—*La future maison du roi*（1790）。"两个马厩1786年的花费：大马厩为4207606利弗尔，小马厩为3509402利弗尔，总计7707008利弗尔，其中486546利弗尔用于购马。"

③ "当我到凡尔赛（1786年）时，学习骑术的青年贵族有150人，不包括住在巴黎的血亲亲王手下的青年贵族。光是这种侍从青年贵族的一件衣服就价值1500利弗尔【各种尺寸的金刺绣深红天鹅绒，插有羽毛和一个很大的西班牙帽饰（point d'Espagne）的帽子】"（Comte d'Hézecques, *ib.*, 112）。

④ *Archives nationales*, O1, 778. 关于1760—1792年犬猎队的报告，尤其是1786年的报告。

猎鹊猛禽、猎隼猛禽、猎兔猛禽、田野猛禽。1783年，马匹的喂养
经费为179 194利弗尔，猎犬的喂养经费为53 412利弗尔。巴黎周
边10法里的全部土地，都是保护性狩猎场；"就算你在所有田野里
都看到有山鹑，你也不敢开枪①，因此山鹑跟人很熟络，它们安静
地啄食着庄稼，即使有人经过也丝毫不能打扰它们"。还要加上诸
位亲王的狩猎地，这些地方一直延伸到科特莱–科特莱和奥尔良；
这就在巴黎周围形成一个几乎完整的圆圈：在半径为30法里的范围
内，受到保护且不能受打扰的猎物繁殖激增，以供国王娱乐。仅凡
尔赛狩猎园的围墙就超过10法里。朗布伊埃森林面积为2.5万阿尔
旁。枫丹白露周围还能碰到七八十只鹿的鹿群。看看狩猎手册就会
发现，没有哪个真正的猎手不心怀嫉妒。猎狼队每周都出动，每年
能捕获40只狼。从1743年到1774年，路易十五捉拿到6400只鹿。路
易十六在1781年8月31日写道："今天猎杀460个。" 1780年，他
的猎物有20534只，1781年为20291只，14年中总计189 251只，此
外还有 1254只鹿；野猪和狍子的数量大体与之相当；必须注意，
这些猎物都是他自己捕获的，因为猎场紧邻他的住所。这是一个马
上家族的特征，这样的家族拥有领地，配有各种随从；一切都近在
手边：这是一个自给自足的世界。一种阔绰的生活就围绕这个家族
组织起来，这种生活有全面的预见性，对细节的关注无微不至，所
有它需要使用或可能要用的附属物都汇聚在家族周围。因此每个亲
王、每个亲王夫人都有他们的随从和礼拜堂②，给他们做弥撒的布
道神父、照料他们的医生，是不能借用的。国王更有理由拥有自己
的人：他的礼拜堂有75个布道神父、忏悔神父、演说术教师、职

---

① Mercier, *Tableau de Paris*, I, 11; V, 62. —Comte d' Hézecques, *ib*, 253. —*Journal de Louis XVI*, publié par Nicolardot, passim.

② Waroquier, t. I, passim. 王后的府邸中，礼拜堂人员22名，护理人员6名。国王大弟的府邸中，礼拜堂人员22名，护理人员21名；其夫人的府中，礼拜堂人员为20名，护理队伍9名。阿图瓦伯爵府中，礼拜堂人员20名，护理人员28名，伯爵夫人府中，礼拜堂人员19名，护理人员17名。奥尔良公爵府中，这两个数字分别为6和19。

员、报信者、礼拜堂护理、唱诗人、记录员、圣乐作者；他的护理
队伍中有48位医生、外科医生、药剂师、眼科医生、手术师、烧酒
酿造师、修脚师和疗养师。还需注意世俗音乐队伍：128名歌者、
舞者、乐器师、教师和监管；他的藏书室有43名管理员、导读员、
解释者、雕版工、纪念章学者、地理学者、精装工、印刷工；为他
的礼仪服务的人员，有62名传令官、持剑者、引导员和乐师；负责
其居室的有68名住宿管理员、引导员和先行官。我略去了其他服务
项目，因为我急着介绍中心内容：膳食。人们正是从餐桌上认识一
个伟大家族的。

膳食分为三个部分[①]：第一部分是国王及其年幼的孩子们的；
第二部分称小膳食，其对象者是家庭教师、侍从长，以及住在国王
府中的亲王及亲王夫人；第三部分称大膳食，供应府邸总管、布道
神父、贵族侍从和室内仆从，并是家庭教师的次要膳食：膳食处共
有官员383名，男听差103人，开支2 177 771利弗尔；除此之外，
伊丽莎白公主的膳食开销为389173利弗尔，诸位亲王夫人开销为
1 093 547利弗尔，总计饮食花费为3 660 491利弗尔。每年葡萄酒
商人提供的酒价值30万法郎，其他供货商提供的野味、肉类和鱼类
价值100万。仅仅为了到维尔-达夫莱取水，为了用车接送膳食官
员、听差和食材，就要租用50匹马，每年花费为70 591法郎。血亲
亲王和亲王夫人有权"在斋日派人去取菜单上的鱼，如果他们不经
常住在宫中的话"，仅此一项，1778年就花费175 116利弗尔。看
看年历上的官员头衔，一幅高康大（Gargantua）[②]的饕餮盛宴就呈
现在你眼前：后厨有繁复的等级，如高级膳食官员，府内总管，监
管员，见习监管员，下层职员，面包侍从，司酒官和司肉官，厨房
听差和传达员，厨师长和厨师助理，厨房学徒和差役，领酒员和烤

---

① *Archives nationales*, O1, 738. Rapports par M. Mesnard de Chouzy（mars 1780）.—
此事后来有过改革（17 août 1780）.—*La maison du roi justifiée*（1789），24. 1788年，膳食花
费削减到287万利弗尔，其中60万拨付给诸位亲王夫人。

② 拉伯雷小说中的人物，以贪吃著称。——译者

肉师，菜园管理员，蔬菜员，洗衣总管，糕点师，残食管理员，餐桌员，餐具员，烤肉扞员，首席家庭教师公馆总管，整排肩宽背厚的侍者佩戴饰带，挺着威严丰满的肚腹，一脸严肃地在平底锅前、在餐具柜周围，根据命令信心满满地履行仪式。再进一步，我们就进入了圣殿：国王的家中。那里的主持者是两位显要，他们每个人的手下都有上百位下属：一位是侍从长，手下有头等室内侍从，室内听差及其教师，候见厅传达员，4位普通室内差役，16位分管室内差役，普通和分管衣帽侍从，理发师，挂毯师，钟表师，听差和脚夫；另一位是服饰总管，手下有服饰管理员，普通衣帽差役和分管衣帽差役，箱包员，裁缝，洗衣总管，衣服上浆员和普通听差，普通侍从官，传达员和书房秘书，内廷服务人员总计198人，还有供所有人员所需的器皿、点缀房间用的豪华家具。要有人为国王寻找木槌和木球，为他拿外套和手杖，为他梳头，擦浴缸，驱使运床的骡子，训导寝宫里的猎兔狗，给他折叠、熨烫和系领带，还有给他搬便桶的[1]。需要特别指出的是，有些人的全部工作就是待在那里，仅仅是为了填补某个角落，不能让它空着。当然，从穿戴和富足来说，他们是上等人；他们跟主子靠得很近，所以必须有这样的派头；由于靠得太近，他们的行为举止必须协调一致——这就是国王的府邸，而且我只是描写了他的一处府邸；他的府邸有十来个，除了凡尔赛，大大小小的府邸还有：马利、特里亚农的两处、拉米艾特、默顿、舒瓦西、圣于贝尔、圣日耳曼、枫丹白露、贡比涅、圣－克鲁、朗布伊埃[2]，还不包括卢浮宫、杜伊勒里宫、尚博尔堡；这些地方都附带有花园和猎场，有管家、巡查、教师、门房、水池维护员、园丁、保洁员、地板打蜡员、捕鼹鼠者、森林法官、

① Comte d' Hézecques, *ib.*, 253. 路易十六时期，国王有两个搬椅子的，他们每天早上都身穿天鹅绒，腰悬佩剑，前来检查并清空便桶，如果那里面有东西的话；这个职务每人每年挣2万利弗尔。

② 1787年，路易十六拆毁或下令出售马德里行宫、拉米艾特和舒瓦西；但他购买圣－克鲁、亚当岛、朗布伊埃大大超过了这些改革省下的钱。

骑兵警卫和步兵警卫，总数超过1000。自然，这需要维护、种植和营建，为此每年花费三四百万[1]。自然，这也需要维修和翻新家具和陈设；在1778年这个很平淡的年份里，此项开支为1 936 853利弗尔。自然，这还需要招引宾客，花钱款待他们和他们的随从：在1780年的舒瓦西，除了各种分发，计有16张餐桌和345套餐具；在1785年的圣-克鲁，有26张餐桌；"21天的马利之行就要花费12万的巨资"，枫丹白露之行开支高达40万～50万。平均下来，每年因为国王的挪动要花费50万或更多的钱[2]。要想完整地再现这幅奢华画卷的全貌，那就设想一下，在宫廷出行时，"所有行会的工商业者根据其特权都应跟随宫廷"，以便及时提供所需物品："药剂师、军械师、火枪制造商、丝袜羊毛袜制造商、屠户、面包师、绣花工、小酒馆店主、修鞋匠、皮带商、蜡烛商、制帽商、熟肉制品商、外科医生、鞋匠、肩带修理工、厨师、切割-磨痕工、镀金工和雕刻匠、马具商、香料-果酱商、抛光工、旧衣商、手套和香水商、钟表匠、书商、内衣商、葡萄酒批发商和零售商、细木工、缝纫用品-珠宝-银器商、金银匠、羊皮纸商、绦带商、家禽-烤肉商和鱼商、干草麦草燕麦供应商、五金商、鞍具商、裁缝、香料和淀粉面包商、果蔬商、玻璃商和小提琴手[3]"。这就像个东方的宫廷，挪动时简直要牵动整个世界。"当宫廷要移动时，如果你想出行，必须赶紧走在头里"。国王宫中的民事人员有4000人，军事人员有9000～1万人，他的近臣的随从至少有2000，总计近1.5万人，开支4000万～4500万，以今天的价格算要翻番，相当于当时公共收

---

[1] Necker, *Compte rendu*, II, 452. —*Archives nationales*, o1, 738, p. 62 et 64; o1, 2805; o1, 736.—La maison du roi justifiée（1789）. 1775年的建造费用为3 924 400利弗尔；1786年为4 000 000利弗尔；1788年为3 077 000利弗尔。——家具方面，1788年开支170万利弗尔。

[2] 还有些临时开支（Archives nationales, o1, 2805）。1751年勃艮第公爵出生花费604 477利弗尔。1770年太子婚礼开支1 267 770利弗尔。1773年阿图瓦伯爵婚礼花费2 016 221利弗尔。1775年加冕礼开支835 862利弗尔。1778年，喜剧、舞会和音乐会开支481 744利弗尔；1779年此项开支382 986利弗尔。

[3] Waroquier, I, ib, —*Marie-Antoinette*, par Arneth et Geffroy. 迈尔西（Mercy）1773年9月16日的信件。"国王出行时需要的服务之繁复就像一支军队行军。"

入的1/10[1]。这就是君主制点缀物的核心部分。虽然规模庞大，开支浩繁，但只是堪堪够其所用，因为宫廷是个公共机构，而无所事事的贵族只是用来填满国王的沙龙。

III

这种前呼后拥的架势之所以能维持下去，有两个原因，一是封建做派依然留存着，另一个是新出现的中央集权；前者把为国王服务的职责交给贵族，后者则将贵族变成央求者。上层贵族通过宫廷职务永久地生活在国王身边：大布道神父、梅茨主教蒙莫朗西－拉法尔（Montmorency-Laval）大人；首席布道神父、桑里斯主教贝休朱尔·德·罗克劳尔（Bessuéjouls de Rocquelaure）；法兰西大教官孔代亲王；首席家内总管卡尔斯（Cars）伯爵；日常家内总管蒙德拉贡（Montdragon）侯爵；首席面包官布里萨克（Brissac）公爵；大司酒官维尔内伊（Verneuil）侯爵；首席切肉侍臣切斯奈（Chesnaye）侯爵；首席内廷侍从官黎塞留公爵、杜尔福尔（Durfort）公爵、维尔捷（Villequier）公爵、弗勒里（Fleury）公爵；服饰大总管拉罗什福柯－利昂库尔（La Rochefoucauld-Liancourt）公爵；服饰总管布瓦日兰（Boisgelin）伯爵和肖维兰（Chauvelin）侯爵；猎鹰队队长佛尔热（Forget）骑士；猎犬队队长埃克维里侯爵；建筑总管安吉维莱（Angiviller）伯爵；

---

[1]　国王、王后、伊丽莎白公主、诸位亲王夫人、公主府中的民事人员开支25 700 000利弗尔。——国王兄弟和弟媳的相关开支8 040 000利弗尔。——国王府中的军事人员开支7 681 000利弗尔。（Necker, *Compte rendu*, II, 119）.——从1774年到1788年，国王及其家庭的开支在3200万到3600万之间浮动，不包括军事人员的开支（*La maison du roi justifiée*）。1789年，国王、王后、太子、国王的子女、亲王夫人共开支2500万。——普罗旺斯伯爵及伯爵夫人开支3 656 000利弗尔；阿图瓦伯爵及夫人开支3 656 000利弗尔；贝里公爵和昂古莱姆公爵开支70万利弗尔；为亲王服务的人员支出的薪水为228 000利弗尔。以上总计33 240 000利弗尔。除此之外，还需加上国王府中的军事人员开支，以及各亲王采邑的200万开支。（*Compte général des revenus et dépenses fixes au 1er mai 1789, remis par M. le premier ministre des finances à MM. du comité des finances de d'Assemblée nationale.*）

大司马官兰贝斯克（Lambesc）亲王；大犬猎官彭铁弗尔公爵；大司仪布雷泽（Brézé）侯爵；行军总管拉苏兹（La Suze）；卫队长埃扬（Ayen）公爵、维勒鲁瓦（Villeroy）公爵、布里萨克（Brissac）公爵、艾吉永（Aiguillon）公爵、比隆（Biron）公爵、普瓦（Poix）亲王、卢森堡（Luxembourg）亲王、苏比兹（Soubize）亲王；官邸管事图泽尔（Tourzel）侯爵；住宅总管和狩猎队长诺阿伊公爵、香普塞内兹（Champcenetz）侯爵；此外还有尚普罗（Champlost）男爵，科瓦尼（Coigny）公爵，摩戴尼（Modène）伯爵，蒙莫兰（Montmorin）伯爵，拉法尔公爵，布里安（Brienne）伯爵，奥尔良公爵，热弗尔（Gesfvres）公爵[1]。对于国王，所有这些人都是受恩感激的亲信，是永久的，并经常是世袭性的宾客，他们住在国王身边，跟他亲密交往，朝夕相伴，因为他们是"他的人[2]"，为他的家内生活服务。除此之外，还应加上一些跟他们类似的人，这类人也是贵族，人数几乎同样多，他们生活在王后、亲王夫人和伊丽莎白公主身边，或者伺候普罗旺斯伯爵夫妇和阿图瓦伯爵夫妇。但这些还只是长官，他们之下的职务中，我发现带有贵族头衔的官员有：68位布道神父或礼拜堂神父，170位内廷侍卫官或侍从，马厩和犬猎队有贵族117名，青年侍从官148名，有头衔的陪护贵妇114名，此外还有各种名头至为低微的各类军事侍从，以及1400名普通卫兵，但这些卫兵，都是都经过家谱学者验证身份后，才有机会到宫中听差[3]。这就是国王身边人员的固定来源；这种体制的突出特征是：仆役是宾客，候见厅成了沙龙。

沙龙并非为了人声鼎沸而需要他们。它是各种晋升和恩宠的源泉，挤爆了是很自然的事；在我们这样的平等社会，无论是在不起眼的议员，还是在平庸的记者和时髦的女士的沙龙中，人们是以拜

---

① Waroquier, *ibid.*（1789），t. I, passim.

② 这是阿图瓦伯爵向他妻子介绍其府内官员时说的话。

③ 1775—1776年，近卫骑兵和宪兵数量削减；1787年这两支部队被取消。

访者和朋友的名义来捧场的。但在这里，露脸是必须的，可以说这是过去封建效忠礼的一种延续；贵族大本营必须陪伴在它天生的将军的左右。在当时的言语中，这叫"履行对国王的义务"。在君主眼里，缺席意味着某种独立和冷漠，而他需要的是服从和殷勤在这个问题上，应该了解一下这个制度的起源。路易十四外出巡视时，每时每刻都有人关照："起床、就寝、用餐、进房间、花园里逗留……他无时无刻不受人关注，即使是在他不希望被看到的时候；对某些人，特别是有身份的人而言，如果不能长期住在宫廷，那是一种不成功的表现，对于其他人，很少去宫廷便是一种失败，而对那些从来没有去过或好像从没去过的人，那肯定就是失宠了[1]。"此后，对于王国的所有头等人物，无论男女，无论教俗，他们的一桩大事，他们人生的主要工作、真正的工作，就是随时随地出现在国王的眼皮底下，耳闻国王的言语，人在他的视线之内。拉布吕耶尔（La Bruyère）说："谁要是懂得，廷臣全部的幸福都取决于国王的脸色，谁就会理解一点，为何看见上帝就是圣徒们全部的荣耀和幸福。"那是一种没完没了的殷勤和心甘情愿的屈从。无论冬夏，每天早上7点钟，弗隆萨克（Fronsac）都根据父亲的指示，来到通往礼拜堂的小悬梯下方，仅仅是为了伺候前往圣西尔的曼特农（Maintenon）夫人[2]。黎塞留公爵写信给她说："原谅我，夫人，我极为冒昧地将写给国王的信寄给您，信中我跪请陛下允许我稍微给吕埃尔（Ruel）美言几句；因为如果我两个月见不到他，我宁愿死去。"真正的廷臣应该像身体的影子一样跟着君主；路易十四的大狩猎官拉罗什福柯（La Rochefoucauld）公爵就是这样做的："国王每天的起床、就寝、每天换两套衣服、打猎和散步，他都会守候在国王身边，甚至连续10年没有离开国王到其他地方过夜，就

---

① Saint-Simon, *Mémoires*, XVI, 456. ——前呼后拥必须持续到底；1791年，王后在谈到贵族时伤心地说："如果要从我这里得到某种伤害贵族的方式，我就赌气；没人来陪我游戏；国王一人就寝，人们以我们的不幸来惩罚我们"。（Mme Campan, II, 177.）

② Duc de Lévis, *Souvenirs et portraits*, 29. —Mme de Maintenon, *Correspondance*.

算他要告假，理由也不是到其他地方就寝（因为40多年里，他在巴黎之外的地方过夜绝不超过20次），而是为了到宫廷之外赴宴，并且不能借机散步游玩"。后来的主子不再那么苛刻，18世纪总的来说较为懈怠，从前的那种纪律松弛了，但这种制度继续存在着[①]，虽然缺少服从，但传统、利益和虚荣足以让宫廷人满为患。接近国王，成为他的家仆、传达员、持衣侍从、内廷仆役是一种特权，甚至在1789年，这样的特权要花上3万、4万、10万利弗尔去购买；成为他的交际圈子中的一员，那更是一种最尊贵、最有益、最让所有人向往的特权。这首先是家族身份的一种证明。一个男子若要跟随国王打猎，一个女子若要觐见王后，事先应该向家谱学者提交可靠的文件，以证明他们的贵族身份可上溯到1400年。接着就要抓住时机；只有在沙龙里才有可能博得恩宠；因此，直到1789年，各大家族都不离开凡尔赛，而且日夜都在窥伺机会。有天晚上，诺阿伊元帅的内廷仆役在拉窗帘时对公爵说："大人要我明天几点钟叫醒您？""10点，如果今晚没有人死的话。"[②]还有一些老廷臣，"年纪80上下，但45年的时间就是在国王、亲王和大臣们的候见厅里踱步"。其中一个老廷臣对新入门的廷臣说："您只有三件事要做：说所有人的好话，要求一切出缺的职位，能坐的时候再坐下。"

这就是为什么君主周围总有大堆的人。1773年8月1日，迪巴里伯爵夫人在引见她的侄女时，"随从如此众多，每当进行此类觐见

---

① V. 先生曾被许诺说，要当个国王的副官或司令，但他把这个差事让给蓬巴杜夫人的某个被保护人，作为交换，他被赦免扮演《答丢夫》中的一个角色，这种角色是宫中老爷们在小书房里、在国王面前扮演的。（Mme de Hauset, 168）"V. 先生非常感谢夫人，仿佛她把他提升为公爵一样。"

② *Paris, Versailles et les provinces au dix-huitième siècle*, II, 160, 168. —Mercier, *Tableau de Paris*, IV, 150. —Comte de Ségur, *Mémoires*, I, 16.

时，都很难穿过候见厅①"。1774年12月，王后每夜都在枫丹白露举办游乐，"房间虽然宽敞，但根本没有空隙……房里这样拥挤，以致人们只能和跟他一起游玩的两三个人交谈"。在大使招待会上，14个房间全都挤满了贵族老爷和珠光宝气的贵妇们。1775年1月1日，王后"发现前来觐见和给她献殷勤的妇人超过200"。1780年，国王每天在舒瓦西都有一桌30多人的宴席，另外30多人的宴席是给贵族预备的，卫兵骑士们的餐饭要准备40多套餐具，内廷侍从则需要50多套。我估计，国王无论是起床、就寝、散步、狩猎还是游乐时，身边除了伺候他的人，至少总有40个贵族围着他，这个数字经常会超过百人，此外还有同等数目的贵妇；在1756年的枫丹白露，虽然"本年没有节庆和芭蕾舞会，那里的贵妇也有106人"。当国王走入"大房间"，当他吩咐在镜厅中游乐或跳舞时，受邀宾客四五百人，贵族精英和时髦人士会在软垫凳上次第排开，或者竞相围拢到桌台（cavagnole et de tri）四周②。这种场景应该亲眼看看；不是通过不完整的文字和头脑中的意象去想象，而是要在现场亲眼目睹，这样才能理解君主制文化的精神实质、它的效应和它的气势；在一所有品位的宅邸中，沙龙是主要的组成部分，没有哪个房间比它更具光辉。雕刻穹顶上点缀着众多淘气的小爱神，穹顶下以花饰和叶饰悬挂着枝形吊灯，吊灯上方的玻璃熠熠生辉；充沛的光线投射在镀金装饰、钻石、快活而机敏的头脑、精美的上衣、绣着闪闪发光的花饰的宽大袍子上。排成一圈或列在软垫凳上的贵妇们，似"一排覆盖着珍珠、黄金、白银、宝石、链环、花朵、带花

① *Marie-Antoinette*, par Arneth et Geffroy. II, 27, 255, 281. —*Gustave III*. Par Geffroy, novembre 1786. Bulletin de Mme de Staël. —Comte d'Hézecques, *ibid*., 251. —*Archives nationales*, o1, 736. 阿梅罗1780年11月23日的信件。—Duc de Luynes, XV, 260, 367; XVI, 268. 163名妇人（其中42人为侍从）前来给国王致敬。160名男子和100余位女子来给太子和太子妃尽义务。

② Cochin. Estampes, *bal masqué, bal paré, jeu du roi et de la reine, sale de spectacle*（1745）.—Costumes de Moreau（1777）.—Mme de Genlis, *Dictionnaire des Etiquettes*, article *Parure*.

的果子、醋栗、樱桃、人工草莓饰的妖娆的贴墙树"；这场盛宴的光彩简直让人目不暇接。与今天不同的是，那时根本没有人穿黑衣服制造不协调。男子的装扮像女子一样繁复：戴头饰、扑香粉，扣带挂结，系领带和花边袖口，穿着落叶色、玫瑰色、天蓝色的丝绸套装或上装，并饰以刺绣或镶嵌金丝。无论男女都是逐个被挑选出来的；他们都是社交场上的完美人士，享有的各种恩惠可以赋予他们身份、教养、财富、悠闲和处世之道；他们是同类人中的完美者。这里没有哪种装扮、哪种表情、哪种声调、哪种措辞，不是上流社会培养出的出色作品，不是凝结着社交艺术所能精心拟制的全部精华。巴黎的社交场虽然很考究，但还是存在距离[1]；跟宫廷比起来，巴黎像是外省。传说波斯王使用的香精独一无二，10万枝玫瑰才能提取一盎司；沙龙也是如此，这细长的黄金和水晶小瓶装着人类的植物精华。要想装满它，首先得有一大批被移植到温室里的贵族，他们只绽放花朵而不结果，随后，贵族的所有汁液都在国王的蒸馏釜中提纯，凝结成几滴香料。它的代价极其昂贵，但只有付出这个代价才能制作出至为精美的香水。

IV

这样一番操作后，制作者和为此而牺牲的人一样负担沉重。把有用途的贵族改造成作为点缀物的贵族，并非没有丝毫的代价[2]，

---

[1] "宫廷和巴黎在强调和言语上的差异，几乎像巴黎与外省的差异一样明显。"（Comte de Tilly, *Mémoires*, I, 153.）

[2] 关于贵族被动的游手好闲，其例子可以举王后玛丽·莱琴斯卡（Marie Leczinska）在枫丹白露的宴会。"我来到一个漂亮的大厅里，我看到那里有十来个廷臣在漫步，一张桌子上至少有十几套餐具，但这只是给一个人准备的……王后坐下来后，十来个廷臣立刻在离餐桌十步远的地方排成半圆形；我站在他们旁边，像他们一样保持着敬畏和沉默。王后陛下很快就开吃了，但她不看任何人，双目下垂，盯着餐盘。品尝过美味的菜肴后，她回过神来，扫视着面前的那圈人……说道：罗文达尔（Lowendal）先生？听到这个名字，我看见一个高大的男子低着头向前走，口中说道：夫人？——我觉得这盘菜是烩鸡块。——我也觉得是，夫人。这句答词声音至为严肃，然后这位元帅后退着回到原地；王后随后一声不吭地用餐完毕，回到她原来的房间里去了。"（Casanova, *Mémoires*.）

改造者自己也迷失在炫耀和摆设中，而这些东西也是用来取代行动的。国王有个宫廷，他必须维系它。宫廷越是占用他的时间、精神和心力，就越是浪费他最出色的活动能力和国家的力量。一家之主可不是件轻松的差事，尤其是这个家庭经常要接待500位宾客的时候；这个主人必须在众目睽睽之下生活。准确地说，这是一个成天都得待在舞台上的演员的职业。要想撑起这副担子和其他的工作，必须有路易十四的脾性、体力、超凡的精神毅力、出色的饮食消化力、严格的习惯；在他之后，职责一如既往地沉重，但他的继承人却感到倦怠或者虚弱无力。然而，他们无法逃避这份职责；每日不断地露脸亮相跟他们的职责密不可分，沉重的镀金仪式像件衣服一样强加在他们身上。国王有义务让所有贵族有事做，因此他必须亲自露面，亲手赠予，即使是在最私密的时刻，即使是刚起床，即使是躺在床上。早上，内廷侍从长按他事先指定的钟点叫醒他①；然后五队人马轮流进来向他致敬，"候见厅虽然十分宽敞，但有时还是很难容纳下众多的廷臣"。首先是"家人觐见"：国王的孩子、血亲亲王和血亲郡主，此外还有首席医生、首席外科医生和其他服务人员②。随后是"大型觐见"，包括大侍从长，大衣帽官和衣帽官，内廷侍从长，奥尔良公爵和彭铁弗尔公爵，其他几个颇受恩宠的贵族，王后身边的贵妇，亲王夫人和其他郡主，还不包括理发师、裁缝和好几种侍从。国王的手放入镀金的银盘中，这时有人将酒精洒在他手上，接着递给他圣水盆，国王于是画十字，做祷告。随后，国王当着所有人的面离床，穿上拖鞋。大侍从长和首席侍从官将室内便袍呈给他，国王披上后坐在扶手椅上，他应该在椅子上穿衣。这时门又开了，第三批人拥了进来，此谓"特许觐见"；这批觐见的贵族还有伺候国王小憩的珍贵特权，同时到来的另有一批

---

① "路易十六早上7点或8点离床，当时的起床仪式是11点半，除非狩猎或其他礼仪将其提前。"就寝的仪式是在晚上11点半，此外还有脱靴仪式。（Comte d'Hézecques, 161.）

② Waroquier, I, 194. 请比较路易十四时代相应的细节，见Saint-Simon, XIII, 88。

服务人员，普通医生和外科医生，游乐总管，伴读员等，其中还有一位照料办公桌的：国王的生活公开到了这样的程度，以致没有哪项职责不是在旁人的目睹下完成的。当衣帽官走近国王好为他穿衣服时，首席侍从官在经传达员通报后，向国王报告守候在门前的贵族老爷们的名字：这些人是第四批觐见者，即"宫内"觐见者，他们比前几批人都要多；因为，除了持衣侍从、持枪侍从、挂毯师等人，还有大部分的高级官员，如大布道神父，分管布道神父，小礼拜堂管事，演说教师，近卫军上尉和少校，法兰西卫队的上校和少校，国王军团上校，瑞士近卫兵上尉，大犬猎官，大猎狼官，宪兵司令，大司仪和司仪官，府内总管，面包总管，外国使节，国务大臣和秘书，法国元帅，大部分显赫的贵族和高级教士。传达员让人群排列成行，必要时还要求他们保持安静。此时国王开始洗手并褪去衣服。两个侍从脱去他的拖鞋，大衣帽官拉住右边的袖子、首席衣帽侍从拉住左边的袖子脱去他的晚间外套，然后两人把衣服交给另一位衣帽官，与此同时，一位衣帽侍从托着一个白塔夫绸大氅，给国王送来衬衫。接着仪式进入庄严时刻，达到顶点：第五批觐见者来了，几分钟后，当国王穿好衬衫后，所有等候在走廊里的知名人士和府邸官员组成了最后一批人流。这件衬衫有着整整一套规矩。呈送衬衫的荣誉是留给国王的子孙的，如果他们不在，留给血亲或合法婚生亲王，若后者不在，则是大侍从长或首席侍从的荣誉；要知道，最后一种情形很少出现，因为亲王有义务伺候国王起床，郡主们需要伺候王后起床[1]。衬衫终于呈上来了，衣帽侍从把旧衬衣拿走；首席衣帽侍从和首席内廷侍从，一个拿着晨衣的左袖，一个拿着右袖[2]，另两个内廷侍从在国王面前将它摊开，当作屏风用。衬衫穿上后，最后的盥洗开始了。一个内廷侍从拿着镜子站在国王面前，必要时还有另两个侍从站在两旁，拿着蜡烛照亮。

---

① *Marie-Antoinette*, par Arneth et Geffroy, II, 217.
② 每当国王换衣服时，都将左边交给衣帽官，右边交给侍从官。

另一些衣帽侍从拿来其他衣物；大衣帽官将上衣和齐膝紧身衣呈给国王，给他系上圣灵骑士团勋带，挂上佩剑；随后，一个领带侍从拿来一个篮子，里面装着几条领带，衣帽主管给国王系上他选中的那条。再后，一位手绢侍从用茶碟拿来三条手绢供国王挑选。最后，衣帽主管将帽子、手套和手杖呈给国王。于是国王来到床边的通道，跪在方砖上祈祷，这时一位布道神父低声念诵祷告词"万能的神，出来了"。这一切完毕后，国王规定当天的日程，然后跟几个宫廷显要走进书房，有时他在那里听取汇报。此时所有其他人都等候在走廊上，以便在他出来后跟着他去做弥撒。

这就是起床，一出五幕剧的第一幕。要让这么多贵族徒劳地瞎忙活起来，可能人们也想不出更好的办法了：上百个体面的贵族大人，要花两个钟头前往、等待、进门、列队、鱼贯前行、列队、立定，脸上保持着高级人物应该有的怡然而恭敬的神态，而片刻之后这些高贵的老爷还要在王后那里再演一遍[①]。不过这种做法导致的副作用是，国王必须忍受由此导致的麻烦和懒散。他也要扮演某种角色；每一步、每一个姿态都是事先设定好的；他的表情和语调都要思量再三，必须始终神情端庄，和颜悦色，目光所至、点头所示均需含蓄，不可随意言说，如若交谈亦只能谈及狩猎，而且不应表达自己的任何想法。身处舞台便不可能遐想、沉思、走神，而只能专注于自己的角色。另外，沙龙里的言谈只能是切合沙龙的话题，而作为主人，他需要注意的不是汇聚某种有益的思潮，而是散播宫廷的恩典之水。然而，国王一天中的所有时候都是这样，除了上午三四个钟头在开会或办公；还需注意，狩猎的次日，当他于凌

---

① 王后在床上用早餐，"第一拨觐见的有十来个人……"梳妆时，她接受"大型觐见"者的殷勤。"这次觐见包括血亲亲王，卫队上尉，大部分的高级官员。"所有三级觐见都于上午在王后处进行。还有与国王同样的衬衫礼仪。冬季的一天，康蓬（Campan）夫人将衬衣呈给王后；此时陪护贵妇过来，脱去手套，拿起衬衣。有人轻叩房门，是奥尔良公爵夫人；她脱去手套，接过衬衣。又有人叩门，是阿图瓦伯爵夫人，她有取衬衣的特权。此时王后双手交叉在胸前，哆嗦着嘟囔道："真讨厌！烦死人了！"（Mme Campan, II, 217; III, 309-316.）

晨3点回到朗布伊埃时，他会利用这几个很悠闲的钟点睡个觉。对
于迈尔西（Mercy）大使这样勤勉的人来说，这点工作时间似乎足
够了[1]，至少他觉得路易十六"发布了很多命令，没有把时间浪费
在无用的事情上"；但事实上，路易十六的前任的工作时间要少
得多，每天勉强能有1个小时。因此国王3/4的时间都用在露脸显摆
上。当他换新衣上马时，当他进屋换晚服时，当他回卧室就寝时，
身边总围着一批人给他穿靴子、脱靴子。有个侍从说道[2]："六年
之中，每天晚上，我或我的同事都要看着路易十六当众就寝。"按
照我们刚才描述过的仪式就寝。"这种仪式的中断我见过不到十
次，而且每次都是因为偶然事件或身体不适。"国王用餐和夜宵之
时，陪同的人更多；因为椅子上除了男人，还有女子和公爵夫人，
其他人则站在桌子周围。我不必谈论夜生活，不必述及国王的游
乐、舞会、音乐会是如何人头攒动、拥挤不堪。国王狩猎时，除了
马上和四轮马车上的贵妇，除了犬猎队的军官、司马官、持衣侍
从、持枪侍从、外科医生、联络官、司酒官之外，还有很多我不知
道的人，他们都是国王的永久宾客、觐见贵族。不要认为这个随从
队伍人丁不旺[3]：夏多布里昂觐见的当天，有4个新人，而且"非
常确信"各大家族的年轻子弟每周有两三次机会加入国王的随从队
伍。国王每天的戏剧不仅仅由8个或10个场景构成，而且每个场景
之间的短间隙也被排满和占用了。在国王的书房和礼拜堂之间，在
礼拜堂到书房的路上，在卧室和马车之间，在从马车回房间的途
中，在书房和卧室之间，总有人在守候他，陪伴他，跟他边走边
谈。更有甚者，他的幕后生活也是属于公众。当他身体不适，有人
给他端来汤水；当他生病，有人给他送来药品，"内廷侍从都会招
来一大批的觐见者"。说真的，国王就像一株被无数藤蔓缠绕着的

---

[1] *Marie-Antoinette*, par Arneth et Geffroy, II, 223（15 août 1774）.

[2] Comte d' Hézecques, *ibid.*, 7.

[3] Duc de Lauzun, *Mémoires*, 51. —Mme de Genlis, *Mémoires*, ch. XII："我们所有人的丈夫那天（周六）都会准时去凡尔赛就寝，以便第二天跟国王去打猎。"

橡树，从头到脚都被它们黏上了。在这样一种体制下，当然缺少生气；必须找机会逃避：路易十五的逃避方法是夜宵和狩猎，路易十六是狩猎和制锁。我没有描绘盛大宴会中的繁复仪式和礼节中的无尽细节，总之有15、20或30个人站在国王的酒杯或餐盘周围忙碌着，还有就餐时的圣事言辞，有随从的奔走，有"圣器"的迎取，有"菜肴的品尝"；简直就像拜占庭或中国的宫廷①。星期天，全体公众，乃至普通百姓，都可前来，此之谓"大会客"，如同大弥撒一样隆重复杂。因此，对于路易十四的子孙们来说，这样的吃喝、起床、就寝就是在行礼②。腓特烈二世在听旁人对这种礼仪解释了一番后说道，如果他是法国国王，他的第一道敕令，就是任命另一位国王，代替他在宫廷中的地位；的确，为了对付这些向国王致敬的游手好闲之徒，就必须有一个供别人来致敬的游手好闲之人。可能只有一个办法让国王抽身，这就是重塑法国贵族，以普鲁士为榜样，将他们改造成一个成天操劳的有益的职员群体。但是，只要宫廷的面貌不发生改变（我指的是华丽的随从队伍和沙龙中的夸饰显摆），国王就必须成为一个虽然耀眼，但没有多少用处或毫无用处的点缀。

V

那么，一位懂得生活的一家之主都忙些什么呢？他在娱乐自己并娱乐他的宾客；在他的宅邸中，每天都有娱乐新花样。来看看一个星期的娱乐节目吧。吕伊内公爵说："昨天星期日，我在路上碰到国王，他正要去圣德尼田野射击，头天他睡在拉米艾特，当时他

---

① 大会客每个周日都举行。圣器是一件放在桌子中间的金银器具，里面的芳香垫板之间放着供国王使用的餐巾。"品尝"指的是侍从官和膳食官在国王进食之前检查菜肴。饮料也有这道程序。给国王斟酒倒水需要四个人。

② 当宫廷贵妇，特别是亲王夫人们来到国王床前时，她们必须向国王行礼。当宫廷官员在圣器前经过时，须致敬。如同教士或圣器保管员走过祭坛一样。

计划当天和次日继续射击，周二或周三上午回来，并打算在星期三当天去猎鹿。"[1]两个月后，吕伊内先生继续写道："上周和这周，除了今天和周日，国王每天都在打猎，从小山鹬开始的各种猎物，共猎杀3500件。"他总是在路上奔波，在打猎，从一个驻地到另一个驻地，从凡尔赛到枫丹白露、舒瓦西、马利、拉米艾特、贡比涅、特里亚农、圣于贝尔、贝尔维尤、朗布伊埃，而且经常是与宫廷同行[2]。特别是在舒瓦西和枫丹白露，所有人都欢天喜地。在枫丹白露，"周日和周五，游乐；周一和周三，王后那里的音乐会；周二和周四，法兰西喜剧院；周六，意大利剧院"；一周之中每天都有活动。太子夫人写道[3]：在舒瓦西，"下午1点用餐之后，直到凌晨1点人们还不回去……午餐之后，游戏直到6点钟，然后看演出到9点半，接下来是夜宵；夜宵之后又是游戏，直到1点，有时到1点半"。凡尔赛比较有节制，每周只有两场演出和一场舞会；但是，除了狩猎和每周三次短途出行之外，每天夜里都有一间房子在举行游乐活动，或在国王处，或在他的女儿那里，或在其情妇处，或是在儿媳妇家中。有人计算，路易十五一年之中只有52个夜晚睡在凡尔赛，奥地利大使更是说得明白，"他的生活方式使得他白天没有一个钟头能专注于严肃的事情"。至于路易十六，我们已经看到，他每天上午还能抽出几个小时，但这台机器已经装配好了，机器带着他走。他如何才能摆脱自己的宾客，如何不在自己家中让人行礼呢？习惯和风俗也是暴君；还有第三个更不可抗拒的暴君，这就是一位年轻王后任性的嬉闹劲头，这位王后连看一个小时的书都忍受不了。在凡尔赛，每周有三场演出、两场舞会，两场大

---

① Duc de Luynes, IX, 75, 79, 105（août 1748, octobre 1748）。

② 国王到达马利后，在前往贡比涅之前写下了如下的计划（duc de Luynes, XIV, 163, mai 1755）："6月1日，周日去舒瓦西，待到周一晚。3日，周二，去特里亚农，待到周三。5日，周四，回特里亚农，待到周六夜宵之后。9日，周一，去克雷西，直到13日周五。16日返回克雷西，待到21日。7月1日到拉米艾特；2日到贡比涅。"

③ *Marie-Antoinette*, par Arneth et Geffroy, I, 19（12 juillet 1770）；I, 265（janvier 1772）；I, 111（18 octobre 1770）。

型夜宵会安排在周二和周四；有时巴黎的歌剧院还有活动①。在枫丹白露，每周有三场演出，没有演出的日子有游乐和夜宵。冬天到来时，王后每周都要举办假面舞会，"服饰的组合安排，四组芭蕾舞的装扮：日复一日的重复颇能打发时间，整整一个星期就这样过去了"。1777年的狂欢节期间，除了自己的节庆活动，王后还安排了罗亚尔宫的舞会和歌剧院的假面舞会；稍后，在狄安娜·德·波林雅克（Diane de Polignac）伯爵夫人处，我还发现另一场舞会，王后带着全体王室成员（亲王夫人们除外）参加，舞会从晚上十一点半持续到翌日上午十一点。不过，就是在平常的日子里，这位女法老也是兴致不减；在她的沙龙里，"游戏娱乐毫无节制"；有天夜里，沙特尔公爵输掉了8 000路易。这真像是意大利的嘉年华，什么都不缺，无论是面具还是社交喜剧：人们赌钱、嬉笑、跳舞、用餐、听音乐、化妆，这边在演田园剧，那边有人献殷勤或说坏话。一位严肃而有教养的内廷女士说②："新的歌曲，流行的美妙措辞，轰动性的小道消息：这些就是王后私密圈子中谈论的全部话题。"对于有点发福、需要锻炼身体的国王来说，狩猎可是一桩大事。他自己曾总结说③，从1775年到1789年，他参加了"1400次猎野猪、134次猎鹿、266次猎狍、33次猎犬狩猎，射击1025次"，总计1562天在打猎，就是说，至少每3天有1次；此外还有149次非狩猎的出行，223次骑马或乘车散步。"一年之中的4个月④，他每周来朗布伊埃2次，每次吃完夜宵才回去，就是说，凌晨3点钟才返回"。这种经年累月的习惯最后变成了某种怪癖，甚至某种更糟糕的东西。1789年6月26日，阿瑟·扬写道："宫廷的那种懒散和愚蠢无可比拟；在需要作出最重要的决策之时（比如昨天，当人们在

---

① *Ib.*, II, 270（18 octobre 1774）；II, 395（15 novembre 1775）；II, 295（20 février 1775）；III, 25（11 février 1777）；III, 119（17 octobre 1777）；III, 409（18 mars 1780）.

② Mme Campan, I, 147.

③ Nicolardot, *Journal de Louis XVI*, 129.

④ Comte d'Hézecques, *ib.*, 253, et Arthur Young, I, 215.

辩论国王应该像威尼斯总督那样还是继续作为法国国王时），国王
还在打猎。"他的日记简直就是驯马师的日记。看看那些最重要的
日子，你会对他记录的内容目瞪口呆。如果没有出去打猎，那天他
就会写上"无事"，就是说，这些日子对他而言就是空白。"1789
年7月11日，无事，内克先生离职。7月12日，晚祷和敬礼仪式，蒙
莫兰、圣普里斯特（Saint-Priest）和拉卢采恩（La Luzerne）先生
离职。7月13日，无事。7月14日，无事。7月29日，无事，内克先
生复职……8月4日，马利森林猎鹿，猎获一只，来回皆乘马……8
月13日，长形大厅听取三级会议，小弥撒中间唱感恩赞美诗；狩猎
队在马利捕获一只鹿……8月26日，听取三级会议的贺词，与圣路
易骑士团一起做大弥撒，巴伊（Bailly）宣誓，晚祷和敬礼仪式，
大会客宴会……10月5日，在夏狄永门射击，杀猎物81件，狩猎被
其他事情中断；来回皆乘马。10月6日，12点半回巴黎，访问市政
厅，在杜伊勒里宫夜宵和就寝。10月7日，无事，婶婶们来吃饭。
8日，无事……12日，无事，波尔罗亚尔猎鹿。"即使被幽禁在巴
黎、成为群众的囚徒，他的内心还一直随着自己的猎犬群在原野上
驰骋。在他1790年的日记上，我们可以看到他有20次提及某天在某
地猎鹿，但他因不能前往而难受。没有哪种剥夺比这更让他不能忍
受的了；我们甚至在他出逃瓦楞之前撰写的抗议书中还能看到他忧
郁的心迹：迁回巴黎，困居杜伊勒里宫，"那里很难找到他所习惯
的称心之事，他甚至没有宽裕之人能获得的惬意之感"，他觉得自
己的王冠已经失去了其最美丽的花饰。

VI

有什么样的将军就有什么样的指挥部；大贵族们效仿君主。国
王的典范就像矗立在法兰西中央的一尊巨型的珍贵大理石雕塑，其
缩小版的复制品数以千计，散布在各个角落，于是，国王的生活方

式便在较小的规模上被复制，直至最偏僻的乡村贵族的府邸之中。人们注意露脸摆谱，迎来送往；人们讲究做派，在交游之中打发时光。我首先看到的是宫廷周围的十来个亲王宫廷；每个血亲亲王或亲王夫人，都像国王一样有个装备齐全的府邸，其费用全部或部分由国库支付，府中有各种显赫的侍从，作陪的贵族、随从和贵妇少则50、100、200，多则500。王后有一个这样的府邸，维多利亚（Victoire）夫人、阿德莱德夫人、伊丽莎白夫人也分别有一个，普罗旺斯伯爵及其夫人、阿图瓦伯爵及其夫人也分别有一个；后来国王的孩子（公主、太子和诺曼底公爵）也分别有一个；阿图瓦伯爵的两个孩子，即昂古莱姆公爵和贝里公爵，都分别有一个：从六七岁开始，这些孩子就得摆谱亮相，待人接物。如果我定一个准确日子，比如1771年，还会发现奥尔良公爵有一个，波旁公爵有一个，波旁公爵夫人有一个，孔代亲王有一个，克莱蒙伯爵有一个，老孔蒂亲王的遗孀有一个，孔蒂亲王自己有一个，拉马尔什伯爵有一个，彭铁弗尔公爵有一个。所有这些人物，除了自己在国王处有房间之外，每个人在自己的圈子里还有自己的城堡和宫殿，王后的城堡和宫殿在特里亚农和圣－克鲁，列位亲王夫人的在贝尔维尤，普罗旺斯伯爵的在卢森堡和布吕诺瓦，阿图瓦伯爵的在默顿和巴加泰尔，奥尔良公爵的在罗亚尔宫、蒙索、兰希、科特莱－科特莱，孔蒂亲王的在坦普尔和亚当岛，孔代家族的在波旁宫和尚蒂伊，彭铁弗尔公爵的在索、阿涅和夏托维兰：我省略了一半的府邸名字。在罗亚尔宫，所有觐见的男女都可以在上演戏剧的日子里前来共进晚餐。在夏托维兰，所有前来献殷勤的人都被邀请赴宴，贵族与公爵同桌，其他人跟他的首席侍从长同桌。在坦普尔，周一的夜宵会聚了150名宾客。曼恩公爵夫人说，拥有四五十个宾客是"一位亲王夫人的独特之处[1]"。亲王们的排场与他们的个人身份

---

[1]　Beugnot, I, 77. —Mme de Genlis, *Mémoires*, ch. Xvii. —E. et J. de Goncourt, *la Femme au dix-huitième siècle*, 52. —Chamfort, *Caractères et anecdotes*.

密不可分，以致他们在兵营中也要讲派头。吕伊内先生说："孔代亲王明天要前往军中，随行队伍庞大：225匹马，拉马尔什伯爵还有100匹。奥尔良公爵周一出发，他和他的随从共有350匹马[①]。"所有在宫中亮相的大贵族也到国王的这些亲戚处亮相，如在他们位于巴黎或凡尔赛的公馆中、他们离巴黎几法里之外的城堡中。在有关的回忆录中，我们可以从各方面瞥见领主生活的减缩版。如内廷侍从长热弗尔公爵的生活，这个人还兼任巴黎和法兰西岛的督军，还是拉昂、苏瓦松、努瓦永、瓦鲁瓦的克雷皮的特别督军、穆索的狩猎总管，年金2万利弗尔，名副其实的廷臣，堪称他这个阶层的鲜明典范；此人以他的官职、他所得的恩宠、他的奢华、他的债务、他的名望、他的趣味、他的活动和他的思想为我们展现了一幅上流社会的缩微画卷[②]。他的回忆录以其家族关系和谱系而令人惊叹；作者对礼仪拥有精确且深入的认识；由于具有这两个优势，他成了神谕般的权威，请教的人纷至沓来。"他大大美化了自己的府邸和在圣乌昂的花园。"吕伊内先生说，"他在临终前还得到25阿尔旁土地，他刚刚把这块地圈入铺有路面的台地之中……他的府中有各种侍从、听差和家仆，开支巨大……他每天都要大吃一顿……几乎每天都有特别的接见；无论在宫中还是在城里，无人不向他致敬。甚至大臣和血亲亲王也来行礼。还在床上时他就开始接待访客。他在众多的陪客中间写信、口授……在他位于巴黎的府邸、在他凡尔赛的套房中，从他睁眼到他上床，访客总是络绎不绝。"巴黎和凡尔赛及其周围的两三百个宅邸全都是这番景象。决不能有孤独：霍拉斯·沃波尔（Horace Walpole）说，法国的风俗是"当众将自己的蜡烛烧尽"。格拉蒙（Gramont）公爵夫人的公馆，一大早就被最大的贵族和最高贵的妇人包围着。在舒瓦瑟尔公

---

① Duc de Luynes, XVI, 57（mai 1757）.——在威斯特法利亚的驻军中，总司令埃斯特雷伯爵有27名秘书，格林（Grimm）后来成了第28名。——黎塞留公爵前往基耶内督军府时，沿路上需要配备上百匹驿马。

② Duc de Luynes, XVI, 186（octobre 1757）.

爵的府中，主人每周有5天都在晚上10点钟到沙龙里、到满当当的大长厅中看一眼，然后根据情况命人摆上50、60或80套餐具[①]；很快，所有富有家族都纷起效仿，以敞开招待所有来客为荣。自然，购买封地名头或自行封授这种头衔的财政家、暴发户，自约翰·劳（Law）以来与贵族往来的所有包税人及其子弟，都在复制这种排场。这里我还没有提到布莱（Bouret）家族、博荣（Beaujon）家族、圣詹姆斯（Saint-James）家族和其他一掷千金的家族，他们的摆设甚至让亲王们也相形见绌。看看包税所的一个普通合伙人埃皮奈（Epinay），他的妻子朴素而精明，拒绝了很多卖弄炫耀的做派[②]。埃皮奈先生刚刚"完善了自己的家仆队伍"，他本来希望妻子雇用第二个侍女，但她觉得已经很好了；不过，在这个人员缩减的府邸中，"官员、侍女和听差总数达16个……埃皮奈先生起床时，他的听差负责给他梳洗。另两名听差站着等候他的吩咐。这时首席秘书来汇报他负责接收和拆封的信件；但在此期间，他会被各色可以想见的人等打断200次。此刻来的是专卖马匹的马贩子……随后是个来唱歌的顽童，他要给孩子提供保护以便送他进歌剧院，为此需要给孩子上几节关于品味的课程，让他知道法国歌曲典雅在何处。还有位妇人在等候，她想知道我还在不在……我起床，准备离开。两个听差打开门闩，好让我出去，我本想从门缝里挤出去，但这时两个保镖在候见厅里喊道：'夫人，先生们，夫人来了！'所有人都排列成行，男士中间有布料商、乐器商、首饰匠、叫卖商、跟班、擦鞋工、债主，最后还有各种你能想到的最滑稽、糟糕透顶的货色。在12点或1点钟，盥洗应该完毕，秘书此刻把一本清单交到主人手里，以便让他了解该向包税人会议说些什么，因为秘书凭经验得知，要详细汇报各项事务是不可能的。"懒散、无序、债务、仪式、保护人的口吻和做派，所有这些看起来都像是真正的

---

① E. et J. de Goncourt, *ibid.*, 73, 75.

② Mme d'Epinay, *Mémoires*, éd. Boiteau, I, 306（1751）.

社交界的拙劣模仿品，而这就是我们在底层贵族那里看到的场面。不过，埃皮奈先生的公馆还真有点像国王的宫廷。

从国王那里获得地位，以某种华丽方式代表国王的大臣、大使、将军们就更不在话下了。没有任何场面能让旧制度如此光彩夺目又如此不堪重负；这件事也像所有其他事情一样，路易十四是善与恶的主要造作者。创造宫廷的政治本身就意味着奢侈气派。"正是为了取悦他，人们热衷于装扮、宴饮、建造、娱乐，还设法配备行头和随从；因为国王是在这种场合下和人讲话[①]。宫廷的作风已经传到外省和军队，那里的人地位如何，完全以其宾客规模和奢华程度来衡量。"贝尔－伊斯尔（Belle-Isle）元帅当年前往法兰克福选举皇帝查理六世时，他在旅途、交通、庆典、宴会、建造饭厅和厨房上共花费75万利弗尔，此外，用于匣子、手表等物品上的花费达15万利弗尔；根据弗勒里（Fleury）枢机主教的指令，他的厨房中有101名官员，这已经很节俭了[②]。1772年，驻维也纳大使罗昂亲王有2辆价值4万利弗尔的马车，另有40匹马，7个贵族随从，6个侍从，5个秘书，10个乐师，12个徒步听差，4个传令兵（每个人的金绦套装价值4000利弗尔，其他人的服饰也有相应的标准[③]）。人们都知道，在罗马的贝尔尼（Bernis）枢机主教摆阔气、讲品味、爱美食、重仪表。"人们称他是罗马王，他的气派和威望确实可以让他享有这个头衔……他的餐桌让人领教了什么叫叹为观止。无论是庆典、仪式还是在灯火之下，他的风采总是超拔不凡。"他自己曾戏谑地说："我在欧洲的十字路口开了家法国旅店。"[④]

---

① Saint-Simon, XII, 457, et Dangeau, VI, 408. 布弗雷（Boufflers）元帅驻扎在贡比涅时（1698年9月），他家里每三晚、每个上午都有两桌客人，每桌20～25人，此外还有临时的宴席，他家里共有厨师72名，佣人340人，餐巾近4000块，银餐盘近千只，镀金银餐盘约60只。14匹驿马每天都从巴黎运来酒和水果；每天都有快车从根特、布鲁塞尔、敦刻尔克、迪耶普和加莱送来鱼、家禽和野味。平常的日子里要喝掉500瓶酒，国王或亲王们来访时，要喝掉800瓶。

② Duc de Luynes, XIV, 149.

③ L'abbé Georgel, *Mémoires*, 216.

④ Saint-Beuve, *Causeries du lundi*, VIII, 63, 两个目击者冉里斯夫人和罗兰夫人的文字。

这些人的津贴待遇也比今天高出一两倍。"国王给重要的大使5万埃居。驻马德里大师杜拉斯（Duras）元帅高达20万，另外还有10万埃居的奖金，5万埃居的秘密事务津贴，他还获赠四五十万的家具和用品，其中他可以自留一半。"①大臣们的开支和待遇大抵相当。1789年，司法大臣（Chancelier）的薪水为12万利弗尔，掌玺官的为13.5万利弗尔；"国务秘书维尔戴伊（Villedeuil）先生应拿的钱是180 670利弗尔，但他说这笔钱不能满足他的开支，然而他的待遇加在一起已经上升到22.6万利弗尔"②。另有规定：当他们退休时，国王应配给他们2万利弗尔的年金，给他们的女儿20万法郎的陪嫁。对他们生活的排场而言，这点钱并不算多。"他们必须维持这样一个气派的家庭，所以他们很难在任上发财；在巴黎，他们至少每周有3次公开的宴会，而在凡尔赛和枫丹白露，公开的宴请每日都有"③。拉穆瓦尼翁（Lamoignon）先生被任命为司法大臣时，薪水为10万利弗尔，当时人们觉得他很快就会破产的④；"因为他接收了阿戈索（Aguesseau）先生所有的后厨人员，光是他们的饮食就得花费8万利弗尔。他在凡尔赛的首次会议后举办的宴会花掉了6000利弗尔，而且他总是得在凡尔赛和巴黎宴请，宾客有20多个"。在尚博尔⑤，萨克森（Saxe）元帅每天都有两场宴会，一场得配备60套餐具，另一场得有80套，他的马厩中有400匹马，自己年俸达10万埃居，有一个枪骑兵警卫团，一个价值超过60万利弗尔的剧场，他的生活派头和他周围人的排场，就好像鲁本斯（Rubens）画中的酒神狂欢。至于外省督军和特别督军，我们已经

---

① Duc de Luynes, XV, 455 et XVI, 219〔1757〕. "贝尔－伊斯尔元帅有120万利弗尔的债务，1/4是因为建造娱乐设施，其他的是因为服侍国王。国王为了补偿他，授予他40万利弗尔的盐场收入，以及享有提炼贵重金属之特权的公司的8万利弗尔的固定收入。"

② 根据1789年5月1日确定的收支总表（*Compte général*）——请注意：在换算成现在的数字时应翻番。

③ Mme de Genlis, *Dictionnaire des Etiquettes*, I, 349.

④ Barbier, *Journalf*, III, 211〔déc. 1750〕.

⑤ Aubertin, *L'Esprit public au dix-huitième siècle*, 255.

看到，当他们在当地定居时，他们唯一的工作就是迎来送往；在他们身边，唯一管事的就是督办，但督办也要隆重款待别人，特别是在三级会议地区。司令、指挥官、各种从中央派来的人员，都以同样的作风、礼节和特有的懒散维持着沙龙，他们带来了凡尔赛的优雅好客。如果他们的夫人跟随，后者会感到烦闷，"待坐在50个人中间，说的尽是些陈词滥调的套话，编织纽结或玩罗多（loto）游戏，还得在桌子边待上三小时"。但"附近所有的军人和贵族，城里所有的贵妇，都跑来参加他的舞会，争相歌颂他的恩典、他的礼数、他的公平"[①]。在下级军官中甚至也有类似的奢侈作风。根据成例，上校甚至上尉需要款待他们的军官，其开支"远超他们的薪水[②]"。这也是为什么要把各团留给家境良好的家族之子弟，将各连留给有钱的贵族的一个原因。国王这棵凡尔赛的大树枝繁叶茂，从它身上生出的数以千计的枝丫覆盖着整个法国，它们也像在凡尔赛一样，焕发出一簇簇的盛会和豪宅。

VII

有了这个楷模，或者说，由于同样的气候的作用，我们可以看到，即使在最遥远的外省，所有贵族的根蘖都会产生追名逐利的繁花。由于没有其他工作，贵族们只能相互拜访，对一个高贵的领主来说，主要的职责就是得体地高扬其家族的荣誉；这里我指的既有教会领主，也有世俗领主。131位主教和大主教，700位享有教产用益权的修道院院长，全都是社交界的名流；他们举止优雅，钱财充足，生活并不朴素，对他们而言，之所以修缮和美化乡间的主教府和修道院，是为了在那里逗留或招待自己的随从。明谷的罗古尔

---

① Mme de Genlis, *Adèle et Thédore*, III, 54.

② Duc Lévis, 68. 英国的各级军官在最近的改革之前也是如此。—Cf. Voltaire, *Entretiens entre A, B, C*, 15 Entretien. "一个团的价格根本不是兵役服务的开支所致，而是父母给年轻人每年三个月在外省某城宴请宾客的费用。"

修士待人接物礼数周到[1]，对妇女甚至也殷勤有加；他出行时从来都只乘坐四匹马的马车，前面还有个驯马师开道；他还通过自己手下的僧侣博取太子的赠予，维持着一个名副其实的宫廷。圣皮埃尔谷的查尔特勒修道院是一个坐落在辽阔领地上的豪华宫殿，总管神父埃芬热（Effinger）修士成天都在招待宾客[2]。在圣康坦附近的奥里尼修女院[3]，"院长有女仆、车辆、马匹，在自己房间里接待来访男子并请他们吃饭"。雷米尔蒙的修女院院长克里斯蒂娜（Christine）郡主和她的女议事司铎们几乎每天都外出；"她们在修道院里娱乐"，在"郡主个人的房间或陌生人的房间里"接待众多的社交人士[4]。25个贵族妇女教务会和19个贵族男子教务会中，永久性的沙龙和与名流们的往来是如此众多，以致这些人与他们所出身的那个大的阶层难以区分开。在里昂附近的艾利克斯教务会，女议事司铎们穿着裙环撑开的衬裙唱圣诗，"打扮得像红尘中的女子"，只是衣料是黑丝绸的，外套上加上了白鼬皮[5]。在阿尔萨斯的奥特马斯海姆教务会，一位女造访者说，"八天之中，我们都是在漫步、在探访古罗马道路的遗迹、在欢笑和舞蹈中度过（因为来修道院的很多是世俗中人），而且谈论衣着打扮之类的事情特别多。"在萨尔路易附近，鲁特尔的女议事司铎与军官一起进餐，没有一丁点的规矩[6]。对于寡居的贵妇，对于丈夫从军的年轻女子，对于有地位人家的姑娘，众多的修女院是一个安逸而体面的庇护所，而院长通常也是位贵族人家的小姐，她可以优雅从容地拿起世俗妇女的快乐权杖。不过，若论奢华、好客与热闹，无处能及主教府邸。我已经描述过主教们的状况：他们十分富有，占有各种封建

① Beugnot, I, 79.

② Merlin de Thionville, *Vie et correspondence*. ——关于访问迪亚拉什的圣皮埃尔谷的查尔特勒修道院的记述。

③ Mme de Gelis, *Mémoires*, ch. 7.

④ Mme d'Oberkirch, I, 15.

⑤ Mme de Genlis, ch, 1. —Mme d'Oberkirch, I, 62.

⑥ Duc de Lauzun, *Mémoires*, 257.

权益，是当地以前的统治者的继承人，此外他们还是时尚人士，穿着就像凡尔赛，这样的人物怎能没有宫廷呢？波尔多大主教西塞，纳尔榜大主教狄永，图卢兹大主教布里安，芒德主教和整个热沃当地区的高级领主卡斯特兰，康布雷大主教，康布雷公爵，整个康布雷地区的高级领主，当地三级会议天生的主席，他们大部分都是一方诸侯，他们怎能不表现得像个诸侯呢？因此他们打猎，建造，拥有宾客和扈从，有起床礼仪和候见厅，有传达员和侍从官，要大肆招待，房子摆设要气派，要有车队随从，而且通常还要负债：这是大领主的生活导致的结果。罗昂家族世代占有斯特拉斯堡主教和枢机主教的职位，由叔伯传给侄子；这个家族在萨维尔内的府邸简直像王宫一样[1]，共有700张床，180匹马，14个管家，25个听差。"整个省的名流都会集于此"；枢机主教一次可以安排200名不带仆从的客人的住宿；他身边总有"本省最可人的二三十名妇女，这个数目还经常因为来自巴黎和宫廷的贵妇而增加"。"晚上9点，所有人都一起吃夜宵，气氛总像是过节"，枢机主教本人装扮得最漂亮。衣着华丽，风度翩翩，优雅至极，他的每个微笑都是一种恩典。"他始终微笑的脸庞深得人心，他拥有一个注定要表演亮相之人的得体仪表"。

世俗大领主的态度和作为也是如此。夏天，狩猎的癖好和季节的吸引力让他们回到乡间。例如，阿尔古尔在诺曼底、布里安在香槟，都有宾客盈门的城堡。"来自巴黎的显要和著名的文人，以及当地的贵族，在此组成了一个热闹的交际场"。[2]名流云集的府邸中，没有哪个不是让宾客留宿下来，跳舞、狩猎、交谈、拆线、演喜剧。我们可以追踪这些光彩夺目的鸟儿的踪迹，从一个笼子到另一个笼子；他们会在某个笼子里待上一周、一个月或三个月，在那

[1] Marquis de Valfons, *Souvenirs*, 60. —Duc de Lévis, 156. —Mme d' Oberkirch, I, 127; II, 360.

[2] Beugnot, I, 71. —Hippeau, Le Gouvernement de Normandie, passim.

里展现其美妙的歌喉与靓丽的羽毛。从巴黎到亚当岛、维莱尔－科特莱、弗雷图瓦、普朗歇特、苏瓦松、兰斯、格里索尔、西莱里、布莱内、巴兰古尔、沃德勒伊，冉里斯（Genlis）伯爵夫妇就在这些地方漫游，与朋友们一起分享他们的闲暇、思想和快乐，而他们反过来也会招待朋友。瞟一眼这些宅邸的外表就足以发现，当时这些房子的首要功能是用来接待客人的，而它们的首要需求是要有人作陪①。实际上，它们的奢华与今天有所不同。除了一些亲王的府邸，这些房子并无多少乡间家具：这种家具是财政家们喜欢显摆的。"但各种供他人娱乐的用具十分丰富，还有大量马匹、车辆、餐桌、供那些与该家族毫无关联之人夜宿的房间，以及供朋友看演出的包厢，最后还有很多远比今天众多的家仆"。贵族之间持续的相互接触和磨砺，使得最乡土气的成员也褪去了依然附着在其英国和德国同侪肌肤上的胼胝。在法国，很难找到西部Western的乡绅和Thunderten Trunck的男爵；一位阿尔萨斯的贵妇来到法兰克福，见到威斯特法利亚那些可笑的小地主后，对情景反差之剧烈感到震惊②。在法国，即使是最偏远的外省，那些经常造访司令和督办沙龙之人，有时也会碰到凡尔赛的贵妇；因此"这些人总能学得一点高贵的派头，总能晓得一点时尚和服饰的变迁"。最粗野的人也将帽子摘下来拿在手上，将客人一直送到台阶下，口中还感谢客人赏脸。最没有风度的乡巴佬，在身边有位妇人时，也会从记忆深处搜寻出骑士风流的些许残留。最穷困最避世的贵族也会在必要时，整顿自己的玉蓝色装饰和圣路易十字架，为的是向附近的大领主或路过的亲王显示他的敬意。于是，过去的封建军事指挥部，从其最高层到最低层都完全转变了。如果我们可以一眼看尽这个指挥部的三四万个宫殿、公馆、庄园、修道院，这种点缀对法国而言该是多

---

① Mme de Genlis, Mémoires, passim. —Dictionnaire des Etiquettes, I, 348.

② Mme d'Oberkirch, I, 395. ——在莫里哀（Molière）的作品中，索滕维尔（Sotenville）男爵夫妇虽然是迂腐的外省人，但他们教养良好。

么光辉可爱！法国就是一个沙龙，我看到的只有沙龙中的人士。无论在哪里，过去拥有权威的粗糙首领都已变成风度优雅的宅邸之主。在他们所从属的社会，人们在心悦诚服地赞美一位大将军之前，总要问"他是否和蔼可亲"。当然，他们还挂着佩剑，也会为了自尊和传统而表现英勇，甚至会慨然赴死，尤其是在决斗和有关礼仪规矩的争论中。虽然社交场上的风度还带着往日的行伍底色，但到18世纪末，昔日首领的主要才能，具体现在生活品味上，他们的主要职责在于招待别人或被别人招待。

第二章 沙龙生活

Ⅰ.沙龙生活只有在法国才臻于完美—法国人气质方面的原因—法国宫廷作风方面的原因—这种生活变得越来越惬意、越来越有吸引力。Ⅱ.其他问题和责任处于次要位置—对公共事务无所用心—公共事务完全成了漂亮话的表演—对私人事务的忽视—家庭生活的混乱和钱财上的浪费。Ⅲ.夫妻之间精神上的分离—风流韵事—父母与孩子的分离—教育的目标和缺陷—家仆和供应者的气质—交际场的印记无所不在。Ⅳ.这种生活的吸引力—18世纪的生活品味—品味的完善和本钱—妇女在规范和教导品味方面的权威。Ⅴ.18世纪的幸福—装饰与随从带来的喜悦—无所事事、消遣、玩笑。Ⅵ.18世纪的欢快与乐趣—其原因和结果—容忍和放纵—舞会、节庆、狩猎、宴会、娱乐—法官和高级教士们的放任—主要的消遣，社交喜剧—炫耀和夸饰。

Ⅰ

在欧洲，其他的贵族也因为相似的环境而染上了相似的风习。那些地方的君主制也会导致宫廷的产生，也会打造出文雅的社交圈子；但在这些地方，美丽的花草生长得并不茂盛；那里的土壤并不有利，种子也不纯正。在西班牙，国王仍然拘泥于传统，如同裹尸布中的木乃伊，他的傲慢让人难以亲近，始终无法发展出社交生活中的文雅与和蔼，而只能导致荒唐乏味、死气沉沉的排场①。在意大利，统治者是一些小独裁者，而且他们大部分是外国人，那里长期存在的危险和世代相袭的猜疑与语言结合在一起，使人的内心转向了隐秘的爱情愉悦，或美术中的静默的愉悦。在德国和英国，冷漠沉闷、反感文化的气质，直到18世纪末仍然使人固守着日耳曼的孤独、酗酒和粗野的习性。而在法国，一切都有利于社交精神的焕发，在这一点上，民族气质与政治体制非常协调，人们似乎事先就知道为花木选择土壤。

从本能上说，法国人喜欢结伴，原因在于，结伴会让一切社会行动变得轻松顺利。法国人没有让北方邻居苦恼的糟糕的拘束感，也没有让南方邻居不能自拔的狂热情绪。他可以不费气力就能侃侃而谈，没有丝毫的自发的羞怯感要去压制，也没有任何习惯性的焦虑要去克服。因此他可以自然而活泼地谈话，并能体会到谈话的愉悦。因为他所需要的，是某种特殊的幸福感，它细腻轻快，不断更新和变幻，而他的智慧、他的自尊心、他所有活跃而可人的才具，全都能在这种幸福感中找到养料；此种幸福感只有社交和谈话才能提供。法国人十分敏感，体贴、分寸、殷勤、精妙的奉承都是与生俱来的气息，离开这种气息他就难以呼吸。如果自己的举止有失文雅，他的痛苦就好比遭遇别人的不逊言行一般。由于法国人善意和虚荣的本能，他那举止悦人的习惯之中有某种迷人的美妙，更何况这种习惯是有传染性的。如果我们取悦别人，别人也会取悦我们，而我们对别人的殷勤体贴，换来的是别人对我们的侧目关照。在这样的交游氛围中，人们可以交谈，因为交谈在愉悦自己的同时

① L. de Loménie, *Beaumarchais et son temps*, I, 403. Lettre de Beaumarchais（24 décembre 1764）.—Voyage de Mme d'Aulnoy, et Lettres de Mme de Villars.—关于意大利，见Stendhal（Rome, Naples et Florence）。关于德国，见Margrave de Bareith et Chevalier Lang, Mémoires。关于英国，读者可在我的《英国文学史》（*Histoire de la littérature anglaise*）的第三卷和第四卷中找到有关文献。

也愉悦他人，对法国人来说，没有比这更强烈的快乐了①。对他来说，机智婉转的谈话就像鸟儿振翅高飞一样：从一个观念到另一个观念，在他人的激发下显得思路敏捷，或跳跃，或盘旋，或突然折返，忽高忽低，忽而落于平地，忽而立足顶峰，但从不会落入陷阱，亦不为荆棘羁绊，而对于所提到的千万种事物，他的需求唯有其丰富和愉悦的侧面。拥有这样的气质和才具，他自然就是为每天让人们一起待上10小时的体制而生的：天生的禀性与社会秩序珠联璧合，并使沙龙达到完美之境界。国王为所有人作出了表率。路易十四拥有一位一家之主的全部优点：喜欢自我表现，热情好客，尊严感和优越感十足，善于抚慰他人的自尊心，善于维护自己的地位，贵族式的殷勤风流，思想和言谈的精巧乃至魅力。"他的言语真是完美至极②；无论是在他讲笑话、开玩笑，还是屈尊讲故事的时候，那种无以言表的优雅、那种高贵精致的措辞，使我只能全身心地专注于他"。"从没有人如此文雅而自然③，从没有哪种文雅这般恰如其分、这般稳重得体，没有人比他更能在答词和举止中区分年龄、德行、等级……他的礼貌，不管彰明与否，总是那样举重若轻，总带有无可比拟的优雅和尊贵……他在接受部队礼兵或阅兵式上的敬礼时，其方式之差异令人赞叹。但在女人面前，他的风度真正是超迈凡尘……即使遇见最不起眼的女帽，他也会脱帽致礼，我曾跟侍女谈起这些，她们说国王精于此道……他跟人谈话从来不会有任何冒犯别人的言辞……在众人面前，他没有丝毫的不得体和轻率之处，他最细微的动作、他的步态、他的举止、他的整个表情，都是那么恰到好处，那么端庄，那么高贵、气派和威严，同时又是那么自然"。这就是远近各方到处模仿的楷模，到旧制度末期仍然如此。如果说这楷模稍有变化，那只是为了变得更平易近人。

---

① Volney, Tableau du climat et du sol des Etats-Unis d'Amérique. 作者认为，与其他民族的殖民者比起来，法国殖民者的一大特点是他们需要靠近别人交谈。

② Mme de Caylus, *Souvenirs*, 108.

③ Saint-Simon, XII, 461.

在18世纪，除了某些隆重的日子，人们都能看到这楷模从座基上一步步地走下来。他周围不再是"静得连蚂蚁爬过都能听见"。三朝见证人黎塞留元帅曾对路易十六说："陛下，路易十四时代没人敢说，路易十五时代小声说，而在您的治下，人们大声说。"当权的权威所失，即是社会所得；礼仪规范逐渐松弛，惬意随心乘虚而入。从此以后，大人物们更关心娱乐而不是树立威严，像脱去一件恼人而"可笑"的衣服一样摆脱傲慢，"他们更愿意追求掌声而不是敬畏。和蔼可亲甚至都不够了，现在甚至要不惜一切代价在下等人面前也要显得讨人喜欢，就像在平等人面前一样"①。当时有个贵妇说："法国的亲王最怕没有风度②。"即使在国王周围，"风气也是自由的、活泼的"，在年轻王后微笑的魅力之下，路易十六那个循规蹈矩的严肃宫廷，在18世纪末成了最热闹最欢快的沙龙。在这种普遍放松的氛围下，社交生活达到了完美的境界。塔列朗后来说："没有1789年之前的生活经历的人，不会知道生活的甜美。"这种甜美太诱人了，以致人们提不起对其他事情的兴致，它占据了人的全部精力。当社交具有如此大的诱惑力时，人们便完全为了社交而生活。

II

人们对其他事情，哪怕是跟他关系最密切的事情，包括公共事务和家务，既没有时间也没有兴趣去关心。我已经说过，在公共事

---

① Duc de Lévis, 321.

② Mme de Genlis, *Souvenirs de Félicie*, 160. ——不过应该指出，在路易十五甚至在路易十六时，国王昔日的派头还维持着。阿尔菲里（Alfieri）说："虽然我事先被告知，国王不会跟普通外国人讲话，我还是不能忍受路易十五那类似于奥林匹斯山上的朱庇特神的目光，他从头到脚打量着觐见的来人，神色镇定，那场面就好比一只蚂蚁被引见给一位巨人，那位巨人看着蚂蚁，仿佛笑着说：多么小的东西！即使他不说话，他的表情至少也是这个意思。"（Alfieri, Memorie, I, 138. —1768.）另见Mme d'Oberkirch, Mémoires（II, 349），7岁半的公主给一位觐见的贵妇上的一课。

务方面，他们已经不能插手，也已不闻不问；无论是地方性还是全国性的行政管理，都已经不归他们掌握，也跟他们无关。当他们谈论这些工作时，也只是为了取乐，最严重的事件也不过是说几句漂亮话的事。当泰雷神父削减一半公债的敕令发布后，一个在剧院被挤得喘不过气来的观众叫道："啊！多么不幸！我们这位好心的泰雷神父不来这里将我们也削减一半！"于是人们笑了，鼓掌了；第二天，全巴黎都以重复这句话来宽慰这次公共破产带来的灾难。结盟、战役、税收、条约、内阁、政变：18世纪的全部历史都成了俏皮话和歌谣。有一天[1]，在宫廷青年人的聚会上，当人们都在念叨当时流行的词语时，其中一个兴奋至极的人举手喊道："怎能不为那些让人说出如此美妙词语的大事件、大动荡而陶醉呢！"人们还会反复温习这些词语，为法国所有的灾难谱写歌谣。关于霍赫施泰特战役的歌曲反响不佳，于是有人这样说："我对这次战役的失败很是恼火，歌曲一钱不值。[2]"就算这种俏皮话有点以反讽放任的口吻调侃严肃事务的味道，但还是能从中看出那个时代的明显标志：国家几乎一无是处，社交界的影响力无所不在。关于这一点，我们可以从社交界对于大臣的品质要求窥见一二。内克先生在提供一次丰盛的晚宴、外加正剧和滑稽剧演出后，"觉得这次宴请给他带来的信任、优待和稳定，超过他所有的财政措施……人们只有一天谈论过他最近的二十分之一税政策，而此时大家都在议论他举办的宴会，无论是在巴黎还是在凡尔赛，人们都在细数宴会上的各种乐趣，有人高声说：内克先生和内克夫人令人钦佩，对社交界来说，他们令人陶醉"[3]。既然有欢乐风趣的好伙伴，那些有地位的

---

① Chamfort, 26, 55. —Bachaumont, I, 136（7 sept. 1762）. 在巴黎高等法院颁布反对耶稣会的法令一个月后，蜡制小耶稣会士就出现在蜗牛的下面。"有人用一根小细绳将耶稣会士送进贝壳里又拉了出来。真的太过分了，没有哪个家族不曾有人当过耶稣会士。"

② 相反，关于罗斯巴赫战役的歌曲引人入胜。

③ *Correspondance secrète*, par Métra, Imbert, etc. V. 277（17 novembre 1777）. —Voltaire, La Princesse de Babylone.

人也有责任去娱乐他们。这些伙伴说话时带着伏尔泰式的半严肃半开玩笑的口吻，"上帝设立国王就是让他每天举办宴会，而且宴会要丰富多彩；人生太短促，不能用来干其他的事情；诉讼、阴谋、战争、教士间的争吵、虚耗人生，是些荒谬可怕之事，人生下来就是为了快乐的"，在必须的事情之中，应该将"无益之事"放在首位。

有鉴于此，可以想见，这些人对于私人事务也像对公共事务一样不放在心上。在他们眼里，家务、产业管理、家庭经济，这些都是小市民的事情，更无聊的事情则由督办和管家来处理。如果还要他去操这些心，那督办、管家还有什么用呢？当他要亲自监管生活中的点滴时，生活就不再是节日了。舒适、奢华、乐趣应该从源头自动流出，直至嘴唇可以触及的地方。一个交际场上的男子应该很自然、不费心地在自己口袋里找到钱，在盥洗室里找到风度翩翩的衣装，在候见厅里找到油头粉面的仆役，在门口见到镀金的马车，在桌子上见到精美的饮食；他所有的注意力都应该留到沙龙里，以便和宾客一起优雅地分享。这样的场面要延续下去就不能不浪费，而自作主张的家仆们手也会很长。但如果仆人们在为他们服务，这又有什么重要的呢？另外，所有人都应该有好的生活，看到周围那些阿谀奉承、心满意足的脸庞，主人也会很高兴。因此王国最显赫的家族都遭受抢劫。在一个狩猎的日子里[①]，路易十五问与他同行的舒瓦瑟尔公爵，他们乘坐的马车值多少钱。舒瓦瑟尔回答说，他完全可以花五六千利弗尔就能造一辆一模一样的车子，但"陛下，国王不总是照单付账，您得花8000"。国王回答说："您算得太离谱了，您看到的这辆车花了我3万法郎……我宫廷中的盗窃规模惊人，但无法制止。"实际上，大人物像小人物一样在捞取好处，无论是金钱、实物还是服务。国王宫廷的大司马官有54匹马；在司马处任职的布略那（Brionne）夫人有38匹，她的儿子还有少量

---

① Baron de Besenval, Mémoires, II, 206. 舒瓦瑟尔公爵讲述的逸事。

马匹；此外还有215名饲马员和差不多同等数量的、由国王承担费用的马匹，它们是为各种与该部门毫不相干的人等服务的[①]。单是王室之树的这一根枝杈上，就窝藏着这么多寄生虫！再来看看伊丽莎白夫人，这个十分朴素的人每年要消费3万法郎的鱼，7万法郎的肉类和野味，6万法郎的蜡烛；诸位亲王夫人要烧掉215 068法郎的蜡烛和黄蜡烛；王后的灯烛消费为157 109法郎。还可以看看凡尔赛的那条街道，从前这里布满了摊位，但国王的侍臣来了之后，它以向凡尔赛提供交通服务来挣钱。没有哪类货品是这些内廷蛀虫无法揩油的。国王每年消费的糖浆和柠檬水价值2190法郎；而年方2岁的公主偶尔饮用的"白天热水和夜晚热水"，每年价值竟为5201法郎。路易十五末期[②]，太子夫人需要向她的侍女们支付"每周四双鞋子，每天三尺系披肩的缎带，每天两尺用来覆盖装手套和扇子的篮子的塔夫绸"。早几年时，国王每年要为咖啡、柠檬水、巧克力、糖浆、冰水支付20万法郎；有记录显示，一些人每天要喝10杯甚至12杯咖啡，而每个梳妆女官每年因为每天早上的牛奶咖啡加小面包而花费2000法郎[③]。可以想见，如此持家的府邸对于供货商来说很是为难。在路易十五时期，他们有时甚至拒绝供货并"藏了起来"。赊账司空见惯，最后只得向提前供货的支付5%的利息；1778年，在杜尔哥厉行节俭之后，国王在葡萄酒商那里拖欠近80万利弗尔，在其他供应商那里拖欠近350万，利息为5%[④]。国王身边的那些大家族同样昏天黑地。"盖梅内夫人拖欠鞋商6万利弗尔，拖欠裱纸商1.6万，其他供货商也大体类似"。米拉波侯爵曾看到一位老爷雇用马匹，很是吃惊，对方见此回答说："并非

---

① Archives nationales. Rapport de M. Tessier（1780）. Rapport de M. Mesnard de Chouzy（O1, 758）.

② Marie-Antoinette, par Arneth et Geffroy, I, 277（29 fév. 1772）.

③ Duc de Luynes, XVII, 37（août 1758）.—Marquis d'Argenson, 11 février 1753.

④ Archives nationales, o1, 738. 向面包房支付的利息为12969法郎，向葡萄酒商支付的利息是39631利弗尔，食品供应商为173 899法郎。

我们的马厩中没有70匹马，而是因为今天没有一匹马能出行。"①
蒙莫兰夫人虽然知道丈夫债务多于财产，但还是觉得可以挽救她那
20万法郎的嫁妆，当有人告诉她，她已经答应付给裁缝一笔账，而
这笔账②"难以置信，说起来也可笑，数目竟然高达18万利弗尔"
时，奥博基尔希（Oberkirch）夫人说，当时一种最鲜明的狂热症，
就是"在任何事情上都要花得精光"。"维尔密尔（Villemur）的
两个兄弟为建造村舍花费了50万～60万利弗尔；其中一个兄弟有
40匹马，他会偶尔骑马在布洛涅森林里漫游③"。一天晚上，杜潘
（Dupin）夫妇的儿子谢农索（Chenonceaux）在赌博中输掉了70
万利弗尔。"谢农索先生和弗朗盖伊（Francueil）先生那时吃掉了
七八百万④"。"罗赞公爵26岁时吃掉了10万埃居的地产，接着他
的债主们就向他追讨近200万的债务⑤"。"孔蒂亲王虽然有60万的
固定收入，但面包和木料还是不够"；因为他"到处疯狂地购买和
建造⑥"。如果人很理性，哪还有什么快乐？如果眼睛盯着物品的
价格，那还是领主吗？如果为金钱抱怨，怎能达到优雅之境界呢？
因此金钱应该如水一般源源流淌，直至干涸。之所以干涸，首先是
因为仆人们有各种秘密的或被容忍的揩油放血伎俩，其次是主人在
建造、家具、装扮、招待、风流韵事和娱乐活动上的大手大脚。阿
图瓦伯爵为了给王后举行盛宴，下令拆除、重建、装修和彻底重新
布置巴加泰尔，900名工人为此昼夜劳碌；由于没有时间到远处寻
找石灰、石膏和石材，他将瑞士禁卫军的巡逻队派到大道上，直接
截留装载这些货物的马车，付款后随即带回⑦。苏比兹元帅有一天

---

① Marquis de Mirabeau, Traité de la population, 60. —Le Gouvernement de Normandie,
par Hippeau, II, 204〔30 sept. 1780〕.

② Mme de Rochejacquelein, Mémoires, 30. —Mme d'Oberkirch, II, 66.

③ Marquis d'Argenson, 26 janvier 1753.

④ George Sand, Histoire de ma vie, I, 78.

⑤ Marie-Antoinette, par Arneth et Geffroy, I, 61〔18 mars 1777〕.

⑥ Marquis d'Argenson, 26 janvier 1753.

⑦ Marie-Antoinette, III, 135〔19 nov. 1777〕.

在他的乡间别墅请国王吃饭住宿，为此花掉了20万利弗尔①。马蒂农（Matignon）夫人为了让人每天送来新头饰，每年支出2.4万利弗尔。罗昂枢机主教的一件白色绣金长袍估价超过10万利弗尔，而他的成套餐具也是价值连城②。没有什么比当时人对钱财的看法更随意的了；钱财若流水，节省、储蓄只能意味着一摊无用的死水，让人颇感不悦。王后赠给太子一辆镶着镀金外框的车子，外框上还点缀着红宝石和蓝宝石，当时王后还天真地说"国王不是给我的账上新添了20万利弗尔吗？这些钱我可不是用来存的③"，否则宁愿从窗子里扔出去。黎塞留元帅曾给自己的孙子一个红包，但这个年轻的小伙儿不知道如何花，结果又原封不动地把它送了回来。这一次，钱至少还能留给路过的马路清洁工。但是，如果没有行人去收这个钱，大概钱是要被扔到河里去的。某天，B夫人在孔蒂亲王面前透露，她想要戒指里面的一个小金丝雀造像。亲王主动答应，那位夫人也接受了，但条件是造像应很简朴，不可有光泽。的确，这个造像只是个金环，不过，为了盖住上面的涂料，人们用一颗磨细了的大钻石代替了玻璃。B夫人将钻石送了回来，"孔蒂亲王命人将钻石磨碎，变成粉末，用它来吸干他就此事写给B夫人便笺上的墨水"。那点钻石粉价值四五千利弗尔，但我们可以想见那份便笺上的措辞和口吻。高端的风流殷勤需要极端的阔绰大方，一个人越是不为金钱所困，便越是有风度的社交名流。

---

① Barbier, IV, 155. ——苏比兹元帅与国王相约狩猎，其间国王不时吃野鸡蛋摊饼，摊饼价值157利弗尔10苏。〔Mercier, XII, 192, 据一位制作摊饼的厨师讲述。〕

② Mme d' Oberkirch, I, 129; II, 257.

③ Mme de Genlis, *Souvenirs* de Félice, 80; et Théâtre d' Education, II, 367. 一位诚实的年轻妇女，10个月内欠下了7万法郎的债务："一张小桌子10路易，针线柜15路易，书桌800法郎，小文具箱200法郎，大文具箱300法郎。发饰、发环、发卡、发链、发盒，总计9900法郎，等等。"

III

在沙龙里，男人最不关心的是自己的妻子，反过来也一样。因此，在一个人们只为社交，也只在社交界生活的时代，夫妻之间的亲密关系是无关紧要的。另外，当夫妻双方地位很高时，习俗和规矩会把他们分开。每个人都有自己的房子，至少有各自的房间，以及各自的手下、随从、宾客和各自的圈子；另外，由于表现就意味着仪式，出于对彼此地位的尊重，夫妻之间简直像是彬彬有礼的陌生人。一方到另一方那里去时需要通报；他们以"夫人，先生"互称，不仅公共场合下这样，私下里也是如此；在离巴黎60法里的某个古老城堡里，他们碰到一个不开窍的外省妇女，怎么也学不会在众人面前称呼自己的丈夫为"我的朋友"，这时他们会无奈地耸耸肩[1]。既然在家里就已分开，两个人在外面的生活就更是分道扬镳，渐行渐远了。丈夫有自己的政务、军务、部队，以及宫廷中的职务，这使得他不能留在家里；直到最后几年，他妻子才同意跟着他去部队驻地或去外省[2]。更何况她自己也是那么忙，而且也是那么郑重其事，之所以繁忙，经常是因为在某位亲王夫人身边任职，但总是因为她必须维持一个重要的沙龙。在那个时代，妇女像男子一样活跃[3]，有着一样的追求，使用同样的武器，这武器就是巧妙的言谈，迷人的风度，若隐若现的魅力，体察入微的感知，对时机准确的辨识，以及取悦、索求和获取的技巧；在宫廷之中，没有哪

---

① Mme de Genlis, Adèle et Théodore, III, 14.

② 阿瓦莱（Avaray）夫人率先垂范，但她受到很多谴责。

③ "当我刚到法国时，舒瓦瑟尔先生的执政刚刚结束。那个看来能取悦他，或者说仅仅能取悦他的姐姐格拉蒙公爵夫人的女人，确信自己能将任何人提升为上校或少将。妇女有着广泛的影响力，甚至老一辈和教士也是这么认为的；她们对国务之熟悉让人吃惊，她们了解国王所有的大臣和朋友的性格及习惯。一位从凡尔赛回到自己城堡里的男士会对他妻子讲述自己的所有工作，而在我们这里，丈夫只跟妻子聊聊水彩素描，或者保持沉默，默想着刚刚在高等法院听到的话。我们可怜的妇女们完全置身于轻浮男子的社交圈子中，而这些男人头脑简单，任凭各种野心的摆布，从而受各种角色的驱使（这些花花公子）。"（Stendhal, Rome, Naples et Florence, 377.富希特上校的讲述。）

个贵妇不曾授予他人军职或圣俸。正因为如此，妇女也有她自己的随从，自己的追慕者和被保护人；像她的丈夫一样，她也有自己的朋友、敌人和野心，以及失算和怨愤之情；这种事务上的相似性和利益上的差异性，比任何东西都更能让一个家庭解体。于是，在舆论的影响下，这种已然松懈的家庭关系终于破裂了。"不生活在一起是种优雅的风度"，双方都完全容忍对方全身心地投入社交。实际上，舆论的形成来自社交界，而社交界又通过舆论推动它所需要的风气的形成。

在18世纪中叶，丈夫和妻子生活在一幢房子里，但仅此而已。"他们从不见面，从不乘坐同一辆车，从来不同时待在同一所房子里，更不消说一起出现在公众场合了"。在当时，一个人如果在盛行的轻松谈话中被嘲笑为一本正经的独居客，那他内心深处不应该觉得受到了冒犯，否则就有点怪诞，甚至是"可笑"，起码是不合时宜的。应该照顾所有人，两个人在一起就是与人隔绝；在交际圈子中，人没有权利两人相处[①]。如果说有几天勉强可以这样，那也只是对两个情人而言[②]。更不被待见的是这样的情况：两个人过分地彼此关注对方。这种关心会在周围人中间传播"拘束感和苦恼，在场时应该克己持重"。别人会"强制"他们。社交界像个绝对君主一样，有各种苛刻的要求，而且不容保留。当时的一位见证人贝桑瓦尔（Besenval）说："道德之所失，实为社交之所得；自由放任在摆脱了丈夫在场造成的不便和冷淡之后达到了极致；男男女女争相卖俏，维持着那里的生气与活力，日复一日地提供着撩人的风流韵事。"即使在爱情中也不能有嫉妒。"人们相互取悦，彼此依恋，接着又相互厌倦，然后毫不费力地分手，就像当初相恋一样轻松。然后人们继续相互取悦，继续热烈地相互依恋，仿佛都是

---

① Besenval, 49, 60. —— "在宫廷的20个贵族中，有15个根本不和妻子生活在一起并且有情妇。在巴黎，甚至没有什么比这更众所周知的了。"（Barbier, IV, 496.）

② 别结婚，别做情人，及时行乐方显风流。

第一次坠入爱河。接下来仍然是分手，而且人们从不觉得有什么困扰。由于人们相互依恋但不相爱，所以分手也不会有怨恨，而且，在这种曾召唤他们的微弱情谊中，恋人还是觉得，时刻准备许诺是能得到好处的[①]"。不过，面子上还得装得一本正经；不知情的外国人看不到任何可疑的东西。霍拉斯·沃波尔（Horace Walpole）说[②]："在这里发现两性之间的些微联系，需要极大的好奇心和高明的技巧。任何亲密关系都不允许，除非它罩着友情的面纱，有关爱的词语也被禁止，最基本的示爱仪式也是如此。"即使是在小克雷比容（Crébillon）家、拉克洛（Laclos）家，即使是在最热烈的时刻，人们也只能说那些无可挑剔、分寸拿捏到极致的话语。事务中的不得体决不可表现在言语上，得体的言语不仅要抑制激情的迸发，还要掩盖本能中的粗俗。这样一来，最自然的激烈情感失去了其棱角；剩下来的情绪都是经过修饰的、文质彬彬的，带着这种情绪的人，在沙龙里都变成了玩具，就像一个漂亮的飞轮从白皙的手中飞出、收回又落下。在这个问题上，应该听听当时的主角是怎么说的，他们轻快洒脱的语调不可复制，语调像行动一样活灵活现地刻画出他们的形象。罗赞公爵说："我与罗赞夫人相处，风度十分坦诚、十分考究；我拥有康比（Cambis）夫人一事已经公开，但我很少关心她；我还供养着小欧仁妮（Eugénie），我非常喜欢她。我玩的游戏场面很大，我还向国王献殷勤，跟他打猎我十分守时[③]。"而且，他对别人持有他本人也需要的宽大。"有人问他，如果他妻子（他10年没见过）写信给他说，她刚刚发现自己怀孕

① Crébillon fils, La Nuit et le Moment, IX, 14.

② Crébillon fils, La Nuit et le Moment, IX, 14.

③ Duc de Lauzun, 51. —Chamfort, 39. —— "某公爵的妻子刚刚出了个丑闻，他对岳母抱怨此事，但岳母反应之冷静令人吃惊：咦！先生，您真是小题大做。您父亲的交际风度可好多了。"（Mme d'Oberkirch, II, 135, 241）—— "有个丈夫对妻子说：你跟任何人接触我都答应，除了亲王和听差。如果真有这些事，两种极端都会成为丑闻。"（Sénac de Meilhan, Considérations sur les mœurs.）一位撞见妻子奸情的丈夫对她说："夫人，怎么这么不小心！要是撞见的人不是我该怎么办！"（E. et J. de Goncourt, La Femme au dix-huitième siècle, 201.）

了，这时他会怎么答复妻子。他想了想，答道：我会写信对她说：我很高兴上苍终于为我们的结合祝福；保重身体，今晚我就去服侍您。"类似的回答能有20个，而且我敢说，在看到这些回答之前，人们无法想象，社交艺术能将人的本能驯服到何种地步。

奥博基尔希夫人写道："在巴黎，我不再那么自在了，我很少有时间跟丈夫说说话，保持自己的通信联系。我不知道妇女们怎能习惯于这样的生活；难道她们不用操持家庭、不用抚养孩子吗？"至少她们看起来是不用做这些事的，男人也是如此。不生活在一起的夫妻也很少跟孩子生活在一起，婚姻解体的原因也是家庭瓦解的原因。首先，贵族传统在父母和孩子之间设置障碍，使双方保持一定距离。虽然这个传统被削弱并逐步消失[①]，但它还是存在着。儿子称呼父亲为"先生"，女儿在梳妆室中应毕恭毕敬地亲吻母亲的手。父母的抚慰很少见，稀罕得简直如神的恩典；父母在场时，孩子通常不能发言，这时孩子习惯性的情感应该是敬畏。孩子就是臣民，直到有一天（虽然仍然是臣民），社交生活的新规范要求他们与父母分开或保持距离。塔列朗曾说，他从未跟父母睡在同一个屋檐下。就算孩子跟父母睡在同一套房子里，孩子也不会更受关照。梯利伯爵说："我被托付给听差和所谓的家庭教师，后者在很多方面跟前者很相像。"他的父亲在这个时候离开了。这位年轻人补充说："我知道，他年纪很大时还有情妇，他很宠幸她们，但又老是抛弃她们。"比隆公爵觉得给儿子找个好老师是个很麻烦的事，他儿子曾写道："于是他把这个工作交给我已故母亲的一个听差，他能读书，也能勉强写作，人们还给他一个侍从长的头衔，好让他看

---

① 在这个问题上，例子都有点古老，特别是在外省。"我母亲、我姐姐和我，每当父亲在场时都会变成雕塑，只有等他走后我们才能继续平常的生活。"（Chateaubriand, Mémoires, I, 17, 28, 130.）—Mémoires de Mirabeau, I, 53. 米拉波侯爵在记述他的父亲安托万（Antoine）时说："我从没有触摸这位可敬人物的面颊的荣幸……在离家200法里的科学院，只要一想起他就让我害怕，因为整个童年就像是一连串有点危险的记忆片段。"父亲的权威在市民阶层和普通百姓之中看来都是一样的严厉。（Beaumarchais et son temps, par L. de Loménie, I, 23. —Vie de mon père, par Rétif de la Bretonne, passim.）

起来更有身份。还有一些最时髦的老师派给了我；但罗什（Roch，我老师的名字）先生无力指导各项课程，也无法让我从这些课程中受益。我就像所有同龄和同类的小孩一样：出门时穿得光鲜夺目，在家里赤身裸体，饥肠辘辘。[1]"在家里的这种境遇不是因为粗暴严厉，而是因为马虎大意，持家混乱，注意力都放到别处了。贝尔－伊斯尔（Belle-Isle）元帅亲自照料孩子，有步骤、严格而不失温情地指导孩子的全部教育，但这样的父亲实在是屈指可数。女儿则被送进修道院；不用为女儿操心，父母更加自由了。即使他们自己照料女儿，那也不会是多么严肃的工作。小菲丽西泰·德·圣欧班（Félicité de Saint-Aubin）[2]"只有在起床和用餐时"才能见到父母；因为他们的日程总是排得很满；母亲忙着迎来送往，父亲待在物理实验室或在打猎。7岁之前，这个孩子都是跟她的侍女一起度过的，后者教给她的只有一点教义问答"以及无数的鬼怪故事"。到了7岁，有人照看她了，那种照看方式很能反映时代风貌。她母亲是位侯爵夫人，写过一些神秘剧和田园剧，命人在城堡里建了一个剧场：来自波旁－朗西和穆兰的看客不计其数；这位小姑娘在经过12次训练后，身背箭筒，配上蓝翅膀，扮演爱神的角色，那身装束十分合身，于是随后的几个月，她平常每天都穿着这身衣服。为了使其臻于完美，人们还请来了一位剑术舞蹈师，每天穿着爱神的衣服，教她仪态和剑术。"整个冬天都忙于演喜剧和悲剧"。用餐过后，只有在当着众人的面，演奏羽管键琴或朗诵阿尔齐尔（Alzire）的独白之后，她才能回去。当然，这是极端的例子，并不常见，但这种教育精神到处都一样：我敢说，在父母的眼里，合理的智识生活只有一种，那就是社交界的生活，对孩子来说也是如此，于是为孩子操心就是将他们引入社交界，为社交生

---

[1]　Sainte-Beuve, *Nouveaux lundis*, XII, 13. —Comte de Tilly, *Mémoires*, I, 12. —Duc de Lauzun, 5. —Beaumarchais, par L. de Loménie, II, 289.

[2]　Mme de Genlis, *Mémoires*, ch. 2 et 3.

活作好准备。

直到旧制度的最后几年[①]，小男孩还面敷白粉，"钱包、带扣和鬈发全都扑上香粉"；他们也带着佩剑，帽子夹在腋下，衬衫上挂着花边，衣服上绣着金线，并以小主人的风度亲吻年轻姑娘的手。一个6岁的小姑娘要被包裹在一具鲸鱼的躯体里，她那巨大的裙环支撑着缀满花彩的袍子，她头上戴着一堆精致的饰品：假发、衬板和带结，它们靠别针穿在一起，其上还有羽毛；头饰高得出奇，有时"从脚到下巴才到整个高度的一半"；有时她还抹口红。这是个袖珍版的贵妇；她也知道这一点，由于习惯的作用，她全身心地投入这个角色，毫不费力，亦无不适；唯一且恒久的教育就是关于仪态的教育；不夸张地说，在这个时代，教育的中心人物是舞蹈老师[②]。有了他，其他老师都可以忽略了；没有他，所有其他老师都一无用处。因为，如果没有舞蹈老师，如何在众多老练的眼光之下、在如此挑剔的公众面前，让日常生活中数以千计的动作（从行走、就座、站立、举手、拾起扇子到倾听和微笑）变得优雅、得体和精巧呢？无论男女，这迟早都是件大事，所以对孩子来说，这已经是件大事了。当举止仪态变得优雅时，他们的思想和言谈自然已经很优雅了。一般来说，话语显得精致时，他们的谈吐自然就很优雅，像他们的父母一样。父母跟他们一起玩耍，把他们塑造成迷人的小玩具；18世纪的最后30多年中，卢梭的说教成为孩子们新的追捧对象，但结果并无太大的不同。人们让孩子当众背诵课文，玩弄语言游戏，演出田园牧歌。人们鼓励他们妙语连珠。他们也知道如何去恭维，说一些机智动人的漂亮话，摆出殷勤、敏感甚至优雅的做派。小昂古莱姆公爵接待苏弗雷（Suffren）时，手里拿着本书，他对后者说："我看过普鲁塔克（Plutarque），看过他笔下那些杰

---

① Mme d' Oberkirch, II, 35. 这种潮流直到1783年才结束。—E. et J. de Goncourt, La Femme au dix-huitième siècle, 415. —Les petits Parrains, estampe par Moreau. —Berquin, L' Ami des enfants, passim.—Mme de Genlis, Théâtre d' éducation, passim.

② Lesage, Gil Blas, Olivarès伯爵的儿子的舞蹈老师的讲话。

出人物的故事，你来得正是时候。^①"萨布朗（Sabran）先生八九岁的儿女，在学过喜剧演员圣瓦尔（Sainval）和拉里维（Larive）的课程之后来到凡尔赛，当着王后和国王的面演出伏尔泰的《俄瑞斯特》，有人询问小男孩有关古典作家的问题时，他"回答那位是三位迷人小姐的贵妇母亲说：夫人，此时此刻我想起的只有阿那克瑞翁（Anacréon）"。另一个同龄男孩在回答普鲁士的亨利亲王的问题时，口占一首可人的即兴诗^②。一个8岁孩子的头脑中能酝酿出这等优美的措辞、这等奉承话、这等小诗句，这是社交文化多么伟大的成就啊！这个体制最终的特征是，在剥夺了人的公共事务、自家的事务、婚姻和家庭生活之后，在占用了他全部的情感和才能之后，将他和他的家人全都投入社交圈子中。在他的下层，优雅的仪态和必须的礼节，甚至感染了他的随从和他的供货商。有名为弗隆坦（Frontin）者，风月场上洒脱自如，客套话张口便来^③。之所以要供养侍女，只是为了把她培养成贵妇。有位鞋商是"穿黑衣的老爷"，他一边向姑娘行礼，一边对她母亲说："夫人，这可是位迷人的小姐，我愈发感受到您的善意的代价了。"听到这话，姑娘离开了修道院嫁给了他，换上了遍身的红装。当然，在合金路易和纯金路易之间，稍微老到一点的人还是能辨别出来的。然而，他们之间的相似性足以表明，铸币机塑造出的货币到处都带有同样的头像，无论材料纯正与否。

---

① Correspondance, par Métra, XIV, 212; XVI, 109.—Mme d'Oberkirch, II, 302.
② Comte de Ségur, I, 297:
我的出生全无新意，
我遵循通行的规则；
但您是从卵中孵出，
因为您是鹰。
Mme de Genlis, Mémoire, chap. IV. 冉里斯夫人于12岁时作此诗。
③ 在莫里哀的《女才子》中，就有马斯卡伊（Mascarille）侯爵和若德莱（Jodelet）之类的人物；另见Marivaux, L'Epreuve les Jeux de l'amour et du hazard, etc. —Lesage, Crispin rival de son maître. —Laclos, Les Liaisons dangereuses, ler letter.

IV

社交要有如此大的影响力，那肯定需要极具吸引力；的确，无论哪个国家、哪个时代，都没有如此精致的社交技艺，将生活推到如此惬意的境界。巴黎是欧洲的学校，风度的学校，来自俄国、德国和英国的年轻人来这里涤去粗俗。切斯特菲尔德（Chesterfield）爵士在信中不厌其烦地告诉儿子这些，催促他到沙龙里"洗去剑桥的土气"。一旦人们进入了沙龙，就再也离不开了，如果必须离开，那也是要终生遗憾的。伏尔泰说："安逸雅致的享乐和艺术之中的生活无与伦比[①]，外国人和国王们都喜爱如此惬意，对他们的国家和王位来说如此引人入胜的休闲……心灵因此而和软，因此而温柔，就像香料慢慢熔于文火中，然后散发出细腻的清香。"古斯塔夫（Gustave）三世在被普鲁士人击败之后说，他要在巴黎大街边的一座公馆中度过晚年；这可不是客气话，他派人送来了计划书和概算书[②]。为了出席一次夜宵聚会和晚宴，人们会赶路200法里。里涅亲王的朋友"早饭后从布鲁塞尔出发，赶到巴黎歌剧院时，舞台幕布刚刚拉起，演出刚结束立刻折返布鲁塞尔，整整一夜都在路上奔波"。关于这种趋之若鹜的乐事，我们只有些不成形的复制品，所以只能靠推想去重构它。这种乐事首先在于同文雅至极的人士共处时的愉悦，没有哪种愉悦比这更沁人心脾、更绵延致远、更取之不竭。人类的自爱之心漫无边际，而才智之士总能发明一些用来满足这种自爱的考究技艺。社交界的敏感度漫无边际，没有哪种难以觉察的区别会被人忽视。毕竟，对人来说，最大的幸福和不幸之源泉还是人，而在那个时候，这个源泉是迷人的而非苦涩的，它带来的只有甜蜜。人们不仅不能顶撞冒犯，还要取悦他人；

---

① Voltaire, Princesse de Babylone.
② Gustave III, par Geffroy, II, 37. —Mme Vigée-Lebrun, I, 81.

他应该为他人忘却自我，应该始终对他人殷勤热心，应该隐藏自己的反感和忧郁，不能对他人流露悲伤的想法，而应与他们分享快乐的思想。"当时可曾有过老人！将衰老引入社交界的是大革命。女儿啊，你的祖父①过去很漂亮、很优雅、衣着整洁、和蔼可亲、香味迷人、诙谐幽默、讨人喜欢、温情体贴、平等待人，临死前的那一刻还是如此……当时人们知道如何生活，如何面对死亡，没有那些恼人的缺陷。如果有人患痛风，他还是会行走，而且不会龇牙咧嘴；良好的教养能让人隐藏痛苦。人们不会为那些扰乱内心、导致思维混沌的事务操心。人们知道不露形迹地消失，就像优雅的玩家输了而不会显示出任何的焦虑和恼怒。人们知道如何应对一场会累得半死的狩猎。人们宁愿死在舞会上、死在剧院里，也不愿死在床上，周围放着四根大蜡烛，站着身穿黑衣的下等人。人们是哲人，不会假装苦修，即使有时在修行也不会表现出来。如果他们为人明智，那是因为其鉴赏力，而不是充当学究或假扮正经。人们享受生活，即使失去生活的那一刻到来，也不会让别人的生活不悦。我的老父亲最后的道别，是要我答应他在漫长的未来里幸福地生活。"

在跟妇女交往时，礼貌简直不算什么，这时需要特别的殷勤。在孔蒂亲王位于亚当岛的家中，每个应邀前来的贵妇都"发现有车辆和马匹供她驱使；她就是女主人，每天都按她的吩咐在房间里招待各色友人②"。当西弗拉克（Civrac）夫人要到温泉疗养时，她的男伴们一路设法逗她开心；他们每一站都赶在她的前头，在她即将下榻的所有地方，他们都会安排一场乡间庆祝活动，扮演成村民、市民，跟戴面具的法官和文书一起唱歌吟诗。年迈的隆尚（Longchamps）夫人得知V子爵有两辆四轮马车，便向他讨要一辆；当时子爵正在用这两辆车，但他根本不去借此推托，而是马上

---

① George Sand, I, 58-60. 她的祖母的叙述，祖母在30岁时嫁给了62岁的杜潘·德·弗朗盖伊（Dupin de Francueil）。

② Mme de Genlis, *Souvenirs* de Félicie, 77. —Mme de Campan, III, 74. —Mme de Genlis, Dictionnaire des Etiquettes, I, 348.

命人买一辆更漂亮的马车借给夫人用三个小时：有人愿意向他借东西，他高兴得不得了，他的慷慨看来讨人喜欢，但并不奇怪。当时妇女就是女王[①]，确实，她们在沙龙里有权成为女王；因此，在18世纪，一切事情上确定规则和基调的总是妇女[②]。既然是她们决定风尚，风尚为她们所用也就顺理成章，而且她们还能影响所有从风尚中衍生出的规章。在这方面，某个"极端优雅"的沙龙就是一个享有终极裁决权的法庭[③]。卢森堡元帅夫人享有很高的权威，没有哪个细微的礼节不是经过她的高明论证的。一个不当的措辞、一次失礼的举动、一个最细微的奢望和得意的表现，都会蒙受她那不可上诉的批判，被批判者将永远在上流的社交圈中失去地位。一个精致的词语、一次适时的沉默，一句恰到好处的"哦"而非"啊"，若能蒙元帅夫人的赞许（如塔列朗），便是获得一个完美教养的证书，这可是声望的开端，意味着前程远大。很显然，在这样的"女教化师"的影响下，仪态、举止、言谈、社交场上任何的行动或不行动，都像绘画和诗歌那样，成为名副其实的艺术品，就是说，蕴含着无尽的讲究，这件艺术品闲适而精致，它的所有细节都如此协调，以致其完美掩盖了其高深。

　　一位高贵的妇人"躬身同时向十个人行礼，并通过头部动作和目光向每个人表达她的意思[④]"，就是说，她能根据每个人的不同身份、地位和出身，给予恰如其分的关注。"她始终关心的是那颗容易被冒犯的自尊心，所以分寸上最些微的差池都会被立即领悟到[⑤]"；但她从来没有出过差错，也没有混淆各种细致的区别；她的待人接物之技巧、娴熟和灵活无可比拟，因而显得极有分寸。她

---

　　① 关于这个故事，见Mme de Genlis（Adèle et Théodore, I, 69）. —Mme Vigée-Lebrun, I, 156："那时妇女决定一切，大革命将她们赶下了王座……我所说的那些风流殷勤已经完全消失。"

　　② "某种意义上说，在法国，妇女支配着言谈方面的一切事务，并规定着塑造上流社交社会的所有要素。"（A comparative View, by John Andrews, 1785.）

　　③ Mme d'Oberkirch, I, 299. —Mme de Genlis, Mémoires, chap. XI.

　　④ Comte de Tilly, I, 24.

　　⑤ Necker, Oeuvres complètes, XV, 259.

有"针对有地位的妇女的分寸，针对有身份的妇女的分寸，针对宫廷妇女的分寸，针对贵族妇女的分寸，针对家世久远的妇女的分寸，针对个人出身显赫但丈夫身份较低的妇女的分寸，针对靠婚姻提升原有声名的妇女的分寸，针对在穿袍贵族中享有令名的妇女的分寸，最后还有针对出身主要以花销和餐饮著称的家族的妇女的分寸"。一个外国人，如果看到她以何等高妙而自信的姿态穿梭在诸多敏感的虚荣之间，而且丝毫不会冒犯他人，肯定会目瞪口呆的。

"她懂得以屈膝礼的不同方式来表达一切，各种方式差别细微，难以觉察，从几乎有点不得体的单肩行礼，到宫廷女子都很少掌握的高贵而恭敬的屈膝礼：屈膝动作很慢，双眼下垂，腰部挺直，起身时应谦逊地注视对方，同时整个身子优雅地向后退去：整个一套动作比话语更细腻、更精巧，但作为一种表达敬意的方式非常有表现力"。这里谈的还只是一个很常见的动作，此外还有上百种其他的重要动作：如有可能的话，您不妨想象一下，教养训练会将这些动作提升到何等优雅和完美的境界。我随便举个例子，两位血亲亲王阿图瓦伯爵和波旁公爵的决斗：后者虽然是被冒犯者，但前者（地位比后者高）认为必须向他提出决斗[①]。"当阿图瓦伯爵看到他时，便跳到地上，径直向他走去，面带微笑说道：'先生，公众期待我们会面。'波旁公爵脱帽答道：'先生，我来此领受您的命令。'阿图瓦伯爵答道：'若要执行您的命令，您应该容许我回一趟车子。'"他带着佩剑回来，战斗开始了；一段时间过后，有人将他们分开，见证人裁决：荣誉得到了维护。阿图瓦伯爵接着说："拿主意的不是我，该由波旁公爵先生说说他的想法；我来此为的是领受他的命令。"波旁公爵放低佩剑的剑尖，答道："我对您的好意深表感激，对您赋予我的荣誉我将永志不忘。"关于等级、地位和局面的意识，还能有比这更公正、更细腻的吗？还能有比这更

---

① 决斗见证者贝桑瓦尔先生的讲述。

优雅的决斗吗？没有哪种棘手的局面是优雅的教养所不能挽回的。即使在国王面前，得体的礼节和措辞，亦能调和抵制和尊敬之间的矛盾。路易十五放逐高等法院后，他借迪巴里夫人之口高声宣扬，他主意已定且永不会改变，此时尼韦尔内公爵答曰："啊！夫人，国王之所以这么说，是出于对您的尊重。"冯特内尔的一位女性友人曾把手放在他胸口说："我亲爱的冯特内尔，您的大脑也在此处。"冯特内尔微笑着，并没有否认：即便是对一位科学院院士，人们也可让他隐瞒真理；在糖果中点下的一滴酸会与整个糖果融会在一起，辛辣的味道只是提升了甜味。在每个沙龙中，人们每个夜晚都在享用这种糖果，其中的三两块滴入了增味酸；其他的糖果也同样精致，不过只有柔和的香味。这就是社交技艺，这种迷人而高明的技艺渗入言谈和行动的所有细节中，使其成为优雅的恩典，这种技艺对人的要求不是奴颜婢膝和谎言，而是对他人的尊重和关怀，而他换来的则是人类社会所能带来的全部快乐。

V

笼统说来，这种快乐很好理解，但如何使它具象化呢？社交中的消遣本身没有值得描写的，它们太轻薄，其魅力主要来自伴随物。有关的叙述可能单调乏味，这就好比要理解一部歌剧，光有剧本是不行的。如果读者想重现那个消逝的世界，那就请在保留着这个世界的形态和腔调的作品中，首先是在绘画和版画中去寻找，如瓦托（Watteau）、弗拉格纳尔（Fragonard）和圣欧班的作品，也可在小说和喜剧作品中寻找，如伏尔泰和马里沃（Marivaux）的作品，甚至科雷（Collé）与小克雷比容（Crébillon）的作品也行①；观其形可以闻其声。多么细腻、迷人、快乐的表情，因为愉悦和对愉悦的渴望而显得神采焕发！穿戴和步态多么怡然自如！梳妆和微笑之间、热烈的闲谈之间、如笛子般的嗓音之中、卖俏的弦外之音中，仪态多么动人！人们是多么不由自主地停下来注视和倾听！漂亮的东西无处不在：在那些机智诙谐的小头脑中，在颤动的手上，在俏皮的打扮中，在小脸蛋和神色之间。最不经意的动作，赌气或愠怒的表情，从花丛中伸出的娇美的手臂，向绣花机半弯下去的腰身，扇子打开时轻快的窸窣声，所有这些都是视觉和思想的盛宴。实际上，这里的一切都是为细腻的感受准备的精美小甜点和细心的抚爱，甚至生活中的外在装饰也是如此，如蜻蜓的线条、精致的外表、建筑和装修的考究布置。如果你对这种环境和形象作一番充分的想象，你就会发现人们对娱乐是何等重视。在同样的场所和同样的圈子中，只要大家聚在一起就已经很好了。闲散无事对他们来说不是负担，他们的生活就是玩乐。在尚特鲁，失宠的舒瓦瑟尔公爵家中宾客纷至沓来，他们什么都不做，但一天之中没有一个钟头是闲着的②。"公爵夫人只有两个钟头是自己的，而且这两个钟头还要用来梳妆和写信，时间安排很简单：她11点起床，12点时一边吃早餐一边谈话，谈话可以持续三四个小时，正餐在6点钟，随后是游乐和阅读曼特农夫人的回忆录"。通常"大家一起待到凌晨2点"。大家的思想完全处于无拘无束的状态，没有苦恼，没有忧虑；下午玩惠斯特牌和双六棋，晚上玩纸牌赌钱。"今天做的是别天做过的事，明天还做同样的事；大家都很关心夜宵，觉得那

---

① 特别参阅：Saint-Aubin, *Le Bal paré, le Concert*. Moreau, *Les Elégantes, la Vie d'un seigneur à la mode*, les vignettes de *la Nouvelle Héloïse*. Baudouin La Toilette, *le Coucher de la mariée*. Lauwrence, *Qu'en dit l'abbé?* —Watteau，从年代和才华上说都是首屈一指的，他再现了这些风俗，其作品因为更富诗意而更形出色。—其他作品: *Marianne*, par Marivaux; *La Vérité dans le vin*, par Collé; *Le Coin du feu, la Nuit et le Moment*, par Crébillon fils, dans la *Correspondance inédite de Mme du Deffand*, 两封动人的信，一封来自Barthélemy修士，一封来自Boufflers骑士（I, 258, 341）。

② *Correspondance inédite de Mme du Deffand*, publiée par M. de Saint-Aulaire, I, 235, 258, 296, 302,363.

是人生中最重要的事，人们对世上的任何事情都没有抱怨，除了自己的肚子。我们的时光流逝得如此之快，搞得我总觉得自己是昨天晚上到的”。有时人们会安排一场小型狩猎，贵妇们都想参加，“因为她们全都精气神十足，而且每天都能绕着沙龙走上五六圈”。不过她们更喜欢待在屋内，而不是在原野中；那里的太阳是明亮的蜡烛，最美丽的天空是绘画精美的天花板；还有比礼数不周（坏天气）更没有意义，但更适于交谈和玩笑逗乐的话题吗？于是人们开始交谈，玩笑，或与在场的朋友一起，或与远方的朋友通信。人们指责年迈的德芳（Deffand）夫人过分活跃，称她为“小丫头”；而公爵夫人虽然年轻，但温柔明事理，人们称之为德芳夫人的“奶奶”。至于“爷爷”舒瓦瑟尔先生，“因偶感风寒而卧床，整天看仙姑故事：我们全都看这种书；我们觉得这好像就是现代的故事。不要认为他没有事做：他在沙龙里支起一台挂毯机，他在那上面工作，虽然我不能说他技能多么高超，但至少他极其认真努力……如今，一个风筝也能让我们快乐，爷爷没见过这场面，他欣喜若狂”。消遣本身毫无意义，人们只是根据场合和当时的趣味而消遣，然后又放弃它，一个修士不久便写道：“我不再跟你谈我们的狩猎，因为我们不再打猎了，也不和你谈读书，因为我们不再读书，散步同样不谈，因为我们根本不外出。那么我们干啥呢？一些人玩台球，一些人玩多米诺，另一些人玩滚球游戏。我们拉丝拆线。时光在催促我们，而我们要让时光变得美好。”

其他的社交圈子里也是同样的场面。所有的活动都是一场游戏，只要一点心血来潮、一点时髦的味道，活动就显得很体面。那个时候，舒瓦瑟尔家的活动是拉丝拆线，而在巴黎和各个城堡里，所有白皙的双手都在拆解饰带、肩衬、旧布料，以便从中抽出金线和银丝。人们觉得这是一种节俭，好似一种劳动，无论如何是一种态度。当妇女们组成一圈，有人就在桌子上放一个用来拆解的绿塔夫绸大袋子；它是女主人的袋子，但所有妇女马上要拿自己的袋子，"跟班们顿时乱作一团[1]"。这是一股狂潮，人们每天都在拆线，一天好几个小时，一年能挣100个路易。男人负责提供工作材料：为此罗赞公爵赠给V夫人一把镶有金线的天然大竖琴；罗文达尔伯爵送来的一只价值两三千法郎的金绵羊，拆散后换来五六百利弗尔。但人们不会这么精打细算：闲散的手指应该有事做，精神活动需要体力方面的表达；欢声笑语从所谓的劳动之中爆发出来。某天，当R夫人要与某位绅士一起出去散步时，她发觉此人衣服上的绣金流苏是拆线的好材料，于是她突然剪下了一段流苏。一时之间，十个妇女围住这个戴流苏的男子，拉扯他的衣服，把他身上的所有流苏和饰带都放进了袋子；那场面好比一群叽叽喳喳的鲁莽山雀突然扑向一只松鸦，拔下它的羽毛，从此以后，一个男的若身处女人的圈子中，便有被活拔羽毛的危险。所有这类高雅的交际圈子都有同样的消遣，无论是男的还是女的。几乎没有哪个男子不掌握一点沙龙技艺、一点动用脑力和手工的小活计以打发闲暇时光的：他们几乎都能作诗，都是社交场上的演员；很多人还是乐师、静物画画匠；刚才舒瓦瑟尔先生还在编织挂毯；另一些人则绣花或制作结扣。弗朗戈伊（Francueil）先生是个出色的小提琴手，他自己也制作小提琴，他还是"钟表匠、建筑师、车工、画匠、锁匠、装饰师、诗人和作曲者，而且刺绣水平极佳[2]"。在普遍的懒散状态中，应该"懂得如何以惬意的方式为他人为自己忙碌起来"。蓬巴杜夫人是个乐师、演员、画师和雕刻匠；阿德莱德（Adélaïde）夫人学习钟表技艺，弹奏各种乐器，从号角到甘巴尔（guimbarde）[3]全都玩，当然水平不是很好，这有点像王后，后者嗓音优美的传言只能取其一半。不过人们对这些爱好并无多大奢望，重要的是要自娱自乐，仅此而已；兴致和风度压倒一切。不妨看看罗赞夫人在尚

---

① Mme de Genlis, Dictionnaire des Etiquettes, II, 38. —George Sand, Histoire de ma vie, I, 228. —Mme de Genlis, Adèle et Théodore, I, 312; II, 350. —E. et J. de Goncourt, 111.

② George Sand, I, 59.

③ 一种用嘴扩音的弹拨乐器。——译者

特鲁的高妙作为。前面提到的那位修士写道："您知道吗？在炒鸡蛋方面，没有人比您了解得更高深了。这是个被埋没的才能，它不是学习得来的，我认为它是天生的。人们可在偶然间学会，并可马上便拿去检验。昨天上午是鸡蛋历史上将永远铭记的时刻，炒鸡蛋必需的工具都拿来了：炉子、热水、盐、胡椒、鸡蛋；再看罗赞夫人，开始她有点脸红发抖，但随即以大无畏的勇气走上前去，打碎鸡蛋，在平底锅中将鸡蛋摊开，上下左右翻炒，动作精准，作品完美得无可比拟，人们从未吃过这么棒的美味。"这么一个小场面周围有多少亲切欢快的笑声啊！稍后又有多少妙语恭维啊！快乐就像一缕跳跃的光线，所有事情上都看到它舞动的身影，最不起眼的东西也因为它而变得优雅。

VI

1785年，一位英国旅行者写道："永远快乐，这就是法国人的本性[1]。"他注意到，快乐是一种责任，因为在法国，快乐是社交界的基调，是唯一能取悦贵妇的方式，是社交场上的主宰和趣味的裁决者。需要补充的是，当时还没有产生现代人的悲伤，也没有导致我们头顶上悬置一个沉重的铅色天空的那些因素。那时没有艰苦的童工劳动，没有激烈的竞争；没有不确定的人生履历和漫无边际的愿景。地位已经标出来，抱负已经被限定；嫉妒心小到了极点。人们不像现在这样，惯于不满、苦恼和操心。当人们在某事上没有权利时，他对优待和特权不会有愤恨；我们今天只想着向前发展，当时的人只顾自娱自乐。官员不会为统计年报而抱怨，而是想着如何在假面舞会上乔装打扮；法官不去计较他受到了多少指责，而是忙着准备一顿精美的夜宵。在巴黎，罗亚尔宫左侧的林荫道

---

① Mme Vigée-Lebrun, I, 15, 154.

上，每天下午都有"盛装华服的社交名流在大树底下聚会"；夜晚，"歌剧院8点半散场后人们又回到此处，通常要到凌晨2点才散去"。他们在明亮的月光下开音乐会，加拉（Garat）唱歌，圣乔治（Saint-Georges）演奏小提琴①。在莫丰坦，"沃德勒伊伯爵、诗人勒布伦（Lebrun）、科瓦尼（Coigny）骑士都是欢快和蔼的人士，他们和布隆尼亚尔·罗贝尔（Brongniart Robert）每晚都在玩字谜，醒来后继续聊"。在默佩图伊的蒙特斯丘先生的府邸、在圣乌昂的尼韦尔内公爵的宅第、在圣日耳曼的诺阿伊（Noailles）元帅府、在热内维利埃的沃德勒伊伯爵家中、在朗西的奥尔良公爵府邸、在尚蒂伊的孔代亲王宅第，唯一的活动就是欢庆取乐。没有哪一本传记、哪一本外省文献、哪一份当时的清单，不让人听到无处不在的狂欢节上清脆的铃铛声。在夏多布里昂的叔叔贝德（Bédée）伯爵位于蒙舒瓦的领地，"人们奏乐、跳舞、狩猎，从早到晚都兴高采烈地吞噬着家产和收入"。在埃克斯和马赛，在整个社交圈和瓦尔贝尔（Valbelle）伯爵家中，我看到的只有音乐会、娱乐消遣、舞会、风流雅事，还有由米拉波侯爵夫人担任女主角的社交剧。在夏托鲁，杜潘·德·弗朗戈伊先生供养着"一群乐师、跟班、厨师、食客、马匹和狗，对娱乐和善行出手阔绰，他只想着让自己和身边的人快乐"，因此从不去计较，直到以最可人的方式在社交界散尽千金。没有任何东西能窒息这种对快乐的追求，无论是年龄、是流放，还是不幸；直到1793年，快乐还在共和国的监狱中继续着。在当时，一个有地位的人绝不会为自己的着装苦恼，不会因为工作而变得生硬，不必摆出一副严肃庄重的神情，他不受这种迫不得已的严肃感的束缚，而这种严肃感是民主社会的嫉妒心强加给我们的东西，就像绑票赎金一样。1753年②，被流放到布尔日的高等法院法官们组织了三场社交剧，他们演出喜剧，其中

---

① Chateaubriand, I, 34. —Mémoires de Mirabeau, passim. —George Sand, I, 59, 76.
② Comptes rendus de la Société du Berry（1863—1864）.

一个叫杜普雷·德·圣－摩尔的先生对女子太殷勤了，搞得和一个争风吃醋的人拔剑相向。1787年[1]，当巴黎高等法院的全体人员被放逐到特鲁瓦时，主教巴拉尔（Barral）先生急忙从圣莱伊城堡赶回来接待他们，他每晚都主持一场40人的宴会。"整个城市中宴会节庆不曾消停，法院庭长们大宴宾客"；饭店老板的营业额增长了两倍，厨房里烧掉的木材不计其数，以致城里木料匮乏。平常的日子里，吃喝与娱乐也不见收敛。高等法院的法官也像大领主一样，必须表现得体面阔绰；请从布罗斯（Brosses）庭长的信中看看第戎的社交场吧！那里的场面让人想起特莱姆修道院[2]；然后你再看看今天这座城市的模样[3]。1744年，当国王病后痊愈时，布尔博纳（Bourbonne）庭长的兄弟蒙蒂尼（Montigny）邀请他雇用的所有工人、商家和工匠进餐，总计80人，第二拨宴请的人员是听差、秘书、医生、外科医师、诉讼代理人和公证人；这些人围在一辆凯旋车四周，车上装点着男女羊倌、各种穿着戏剧衣装的乡村神明；喷泉中流出的竟是葡萄酒，"仿佛是水流一般"；夜宵过后，大家把所有果酱都从窗户扔了出去。每个高等法院的法官周围都有"自己的小凡尔赛，庭院和花园之间有大公馆"。今天的特鲁瓦是个宁静的城市，但当时可是整天车马喧嚣。吃喝风之盛令人震惊。"不止是宴会日是这样，每周的夜宴也是如此，几乎可以说天天如此"。在所有的节庆发起人之中，最著名的是布罗斯庭长，他对王权态度十分严肃，他的净谏书勇敢大胆，他为人勤勉[4]、博学，而且是开心逗乐的妙手，名副其实的高卢人，思维中总能迸发出火

---

[1] Histoire de Troyes pendant la Révolution, par Albert Babeau, I, 46.

[2] 拉伯雷笔下的一个假想世界，那里的生活无拘无束。——译者

[3] Foisset, *Le président de Brosses*, 65, 69, 70, 346. —*Lettres du président de Brosses*（Ed. Coulomb），passim. 一皮隆（Piron）曾为自己的作品*Ode à Priape*深感不安，庭长布叶尔（Bouhier）是个"学问高深细腻，但不太会一本正经的人"，他命人找来这位年轻人并对后者说："您很鲁莽；不过若有人想知道这个违法作品的作者是谁而把您逼得太紧，您就说作者是我"。（Sainte-Beuve, *Nouveaux lundis*, VII, 414.）

[4] Foisset, *ibid*, 185. 每周六次庭审，一般一天两次，此外他研究古物、历史、语言、地理，还从事出版工作，并担任科学院院士。

花，辛辣的玩笑连绵不绝：他可以在朋友面前脱去假发、长袍甚至更多的东西。没有人把这些行为视为丑闻，因为大家觉得衣装不应该扫了大家的兴致，所有衣装都是如此，而首当其冲的是长袍。一位高等法院的法官写道[1]："当我于1785年进入社交界，我几乎要同时在我家族朋友的妻子和情妇的场子里露脸，星期一晚上在这个女的家中，星期二晚上跑到另一家。而我那时还不到18岁！我还是出身法官家庭的！"在巴斯维尔的拉穆瓦尼翁先生家，圣灵降临节和秋假期间，每天都有30人进餐；每周打猎三到四次，那些最著名的法官，如拉穆瓦尼翁先生、帕斯捷（Pasquier）先生、罗桑波（Rosambo）先生、阿戈索（Aguesseau）先生及夫人，一起在城堡的剧场表演《塞维利亚的理发师》。

至于神职人员，自由度跟法官相比不遑多让。在萨维尔内、在明谷、在勒芒等地，高级教士穿戴法衣就像法庭着装一样随便。要想让他们法衣不离身，需要革命的风暴，继而需要一个有组织的党派带有敌意的监视，并让他们面临持续的危险。然而，直到1789年，对教士来说，天空简直太明媚了，气候简直太温和了，他们没有必要把扣子扣齐脖子。枢机主教罗昂对他的秘书说："修士先生，如果没有自在和方便，我们这个行当将成为一片荒漠。[2]"这正是这位高明的枢机主教真正关心的；与此同时，他把萨维尔内变成了一个引人入胜的社交世界，按瓦托的描绘，简直是"为上船去基希拉岛[3]准备的"。早上，600农民和卫兵依次排列，组成一个长达一法里的队列在附近的田野中搜寻；与此同时，狩猎者，包括男子和女性，各就其位。"为了不让夫人们因全是女性而担惊受怕，总会给她们配备一个她们最不讨厌的男子，好让她们放心"，另外，由于禁止在发出信号之前离开狩猎位置，"受到惊吓便不可

---

[1] *Souvenirs manuscrits*, par le chancelier Pasquier.

[2] Marquis de Valfons, *Souvenirs*, 60.

[3] 基希拉岛（Cythère）位于希腊伊奥利亚群岛的南端，常在文学艺术作品中被喻为爱与欢乐的天堂。——译者

能了"。将近下午1点时，"队伍在溪水边或某个惬意地点的漂亮的帐篷下会合，人们享用精美的午餐，为了让所有人都高兴，每个农民也领到一斤肉，两斤面包，半瓶葡萄酒，于是农民只会要求再来一次，夫人们同样如此"。当然，有些人会有顾虑，而这位殷勤的高级教士可以用伏尔泰的话来回答他们："美好的交游绝不会有坏处。"实际上他的确说过类似的话，虽然用的是自己的措辞。有一天，一位由一个青年军官陪伴的妇人前来拜访，枢机主教让他们留宿，他的侍从"前来通报说，已经没有位子了。——难道浴室也满了吗？——没有，大人。——不是有两张床吗？——是，大人，但两张床在同一个房间里，而这位军官……——呃？他们不是一起来的吗？像您这样狭隘的人总是往坏处想。您没有看到他们相处得好极了吗？这事根本不需要任何的顾虑"。的确没人有顾虑，无论是军官还是那位夫人。加尔省格朗瑟尔夫地方的圣贝尔纳派修士甚至更加好客[1]，有人从15或20法里远的地方赶来，参加持续两周的圣贝尔纳节；整个节日期间，人们跳舞、打猎、演喜剧，"每个钟头都供应吃喝"。妇女宿舍中，盥洗梳妆用品一应俱全；夫人们不缺少任何用品，甚至可以说她们每个人都不需要带随行军官。我想列举20位同样殷勤的高级教士的名字：罗昂枢机主教二世，项链丑闻中的主角；奥尔良主教雅朗特（Jarente）大人，他掌握着圣俸配发单；年轻的勒芒主教格里马尔蒂（Grimaldi）大人；蒙托榜主教布勒特伊（Breteuil）大人；波尔多主教西塞大人；布道大神父蒙莫朗西枢机主教；奥顿主教塔列朗大人；阿拉斯主教孔切（Conzié）大人[2]；而第一流的殷勤好客者当属圣日耳曼－德普雷的修道院院

---

① Montgaillard〔目击证人〕, *Histoire de France*, II, 246.

② 孔切大人清晨4点撞到了他交际场上的对手，一位卫队军官。他对后者说："别出声，有人给我去拿跟您相似的衣服了，我会排队的，我们处在同一起点"。这时侍从给他拿来了行伍装束，也给他带来了好运。他下到公馆的花园里，与军官战斗，将其缴械。〔*Correspondance*, par Métra, XIV, 20 mai 1783.〕—Le comte de Clermont, par Jules Cousin, passim. —Journal de Collé, III, 232〔juillet 1769〕.

长、血亲亲王克莱蒙（Clermont）伯爵，他每年有固定收入37万利弗尔，因而经得起两次破产，这位伯爵在位于城里和乡下的家中演出戏剧，以炫耀的口气给科雷写信，还在自己位于贝尔尼的院长府邸，安顿了一位女舞蹈演员乐迪克（Leduc）小姐，为的是在酒席宴上增光添彩。这根本不是虚伪矫情：在特吕丹（Trudaine）家中，四位主教观看了科雷一出名为《修士的意外事件》的戏剧，连科雷自己也说，这部作品的基调太放荡了，他不敢让人出版该作。不久，博马舍（Beaumarchais）在黎塞留元帅夫人家中朗读未删节版的《费加罗的婚礼》，比今天的版本要露骨得多，而当场的听众竟是主教和大主教们，博马舍说，"他们在极尽娱乐之后，向我保证他们会出版这部作品，而且没有一个词会损害纯正之风俗，对此我深感荣幸。①"于是剧作通过了，虽然有悖于国家理性，有悖于国王的意志，而这得益于所有人的合谋，包括那些最应该取缔该剧的人。这位作者自己也说："有件事比我的作品更加疯狂，那就是它的成功。"诱惑力实在太大了，热衷享乐的人们无法抗拒这个时代最欢快的喜剧。当趣味占据支配地位时，它就像一种不可抗拒的激情一样，演变成极端的疯狂，不惜一切代价也要享受一番。在自我满足的冲动面前，人们就像面对水果的孩子，任何东西都不能阻挡他，任何危险也不能妨碍他，因为他忘了这一切，任何礼节都不起作用，因为他就是礼节的缔造者。

VII

消遣，就是自我转移，自我放弃，自我摆脱；为了更好地自我摆脱，就应该把自己设想成他人，设身处地为他人着想，戴上他的

---

① L. de Loménie, *Beaumarchais et son temps*, II, 304.

面具，扮演他的角色。这就是为什么参演喜剧会成为一种最强烈的消遣。对充当作者、演员和观众，成天在现场创作和上演小幕喜剧的孩子来说，这是种最强烈的消遣。对于被政治体制剥夺了阳刚之气、只能以孩童的方式游戏人生的民族来说，这同样是一种最强烈的消遣。在18世纪的威尼斯，狂欢节持续了六个月，而在法国，狂欢节以另一种方式持续了一整年。这里的狂欢不够平实、缺少田园气息，但它更考究、更雅致，它离开了阳光太强烈的公共空间，将自己封闭在沙龙里，那里的光泽对它更合适。威尼斯那盛大的民众假面舞会，在这里只剩下一点碎片，那就是歌剧院的舞会，不过它甚为豪华，亲王、亲王夫人和王后时常光顾。然而，这点碎片虽然光彩熠熠，但它远远不够；于是，在巴黎和外省的所有城堡和公馆中，人们发明了社交场上的乔装异服和家庭喜剧。为了接待某个大人物，为了恭贺男女主人，宾客们即兴上演轻歌剧，或者某种阿谀奉承但不失创意的田园剧，演员们时而打扮成上帝、天使、神话中的怪物、土耳其人、拉波尼亚人、歌剧中的波兰人，以及类似于书籍卷首插图中的形象；时而身披农民、法官、市场上的商贩、送奶工、玫瑰花冠少女的衣装，把自己弄得像个颇有教养的村民，当时对这种人物的偏好在戏剧中随处可见。人们唱歌，跳舞，轮番发表措辞精致的应景小诗以示奉承[1]。在尚蒂伊，"年轻迷人的波旁公爵夫人打扮成放荡的奈亚德（Naïade）[2]，她领着诺尔（Nord）伯爵走入镀金的贡多拉，穿越大运河，驶往爱情岛"；孔蒂亲王亲自为公爵夫人掌舵；其他大贵族和夫人们，"每个人都穿着富有寓意的衣装"，他们构成随从队伍[3]，在这漂亮的水面上，在新建的阿

---

[1]　Duc de Luynes, XVI, 161〔septembre 1757〕. 米罗梅尼尔夫人在巴加泰尔为斯坦尼斯拉斯（Stanislas）国王举办的乡村庆祝活动。—Bachaumont, III, 247〔7 septembre 1767〕. 孔代亲王举办的庆祝活动。

[2]　希腊神话中的人物。——译者

[3]　*Correspondance*, par Métra, XIII, 97〔15 juin 1782〕, et V, 232〔24 et 25 juin 1777〕. —Mme de Genlis, *Mémoires*, chap. XIV.

尔辛花园里，这支笑语盈盈、殷勤体贴的队伍宛若塔索（Tasse）[1]笔下的仙境。在沃德勒伊，夫人们被告知，有人想把她们掳到土耳其的后宫中，于是她们打扮成贞女维斯塔，大祭司则在美妙的歌声中将她们接入花园中间的神庙中；此时来了300多个土耳其人，他们和着音乐声进攻围墙，将夫人们掳进列在灯火通明的花园中的花轿里。在小特里亚农，花园里上演集市景象，宫廷贵妇们饰演女商贩，"王后担任咖啡馆的女掌柜"，到处都是显摆场面和戏剧演出；据说，这场聚会花费40万利弗尔，不久舒瓦西又要上演更昂贵的节目。

化装结束于穿上戏服之时，它耗时只有一个小时，但还有更为隆重的消遣，这就是社交喜剧，它会彻底改变一个人，而且会在六周或三个月的时间内让这个人完全忙于重复工作。1770年前后[2]，"出现了一种不可思议的狂热；没有哪个诉讼代理人不希望自己的房舍里有个露天舞台和演出团队"。生活在布列斯森林中的一位圣伯纳尔会的修士写信给科雷说，他将跟自己的会友一起演出《亨利四世狩猎记》，并打算"瞒着那些假正经和头脑狭隘之人"搭建一个小舞台。改革者、道学家把戏剧艺术引入了儿童教育；冉里斯夫人为此创作喜剧，并认为这一教育举措十分有利于训练纯正的发音、适度的自信和仪态之优雅。实际上，当时的戏剧就是训练人的社交能力，正如社交会训练人的戏剧表演能力一样；这两种情形都是表演性的，人们在拿捏自己的姿态和说话的腔调，人们在扮演某种角色；舞台和沙龙的转换毫无障碍。到18世纪末，所有人都成了演员，因为所有人都已经是演员了[3]。"耳中所闻全都是在讨论巴黎周边乡间上演的小戏剧。"最高贵的人物很早就率先垂范。

---

① 16世纪意大利诗人。——译者

② Bachaumont, 17 novembre 1770. —*Journal de Collé*, III, 136（20 avril 1767）.—Comte de Montlosier, *Mémoires*, I, 43. "在司令先生家（位于克莱蒙），有人很想把我招为社交喜剧演员。"

③ *Correspondance*, par Métra, II, 245（18 novembre 1775）.

在路易十五时代，奥尔良公爵、尼韦尔内公爵、埃扬公爵、科瓦尼公爵、古滕沃（Courtenvaux）侯爵、安特雷格（Entraigues）侯爵、迈耶布瓦（Maillebois）伯爵、布朗卡（Brancas）公爵夫人、埃斯特拉德（Estrades）伯爵夫人，就与蓬巴杜夫人一起创办了一个"小书房"演出团队，瓦列尔（Vallière）是团队的首领：当戏剧中有芭蕾时，古滕沃侯爵、贝弗隆（Beuvron）公爵、梅尔福尔（Melfort）伯爵和朗日隆（Langeron）伯爵就是正式的舞蹈演员[1]。明智而虔诚的吕伊内公爵写道："那些经常参加这类演出的人，会认为专业的喜剧演员未必演得更好、更有灵性。"末了，这种热情一直向上蔓延，直达国王的家人。在特里亚农，王后先是在40人面前、而后又在远为众多的观众面前饰演《乡村神明》中的科莱特（Colette）、《出于意料的赢家》中的戈特（Gotte）、《塞维利亚的理发师》中的罗西娜（Rosine）、《猎手和女送奶工》中的皮耶莱特（Pierette）[2]，其他的喜剧演员也是宫廷显贵，如阿图瓦伯爵、阿德马尔（Adhémar）伯爵、沃德勒伊伯爵、拉基什（Laguiche）伯爵夫人，以及议事女司铎波林雅克。普罗旺斯伯爵家里也有一个剧场，阿图瓦伯爵家里有两个，奥尔良公爵和克莱蒙伯爵家中也有两个，孔代亲王家里有一个。克莱蒙伯爵扮演"正襟危坐"的角色；奥尔良公爵扮演的农民和财政家自然而饱满；掌玺官米罗梅尼尔饰演的斯卡潘（Scapin）[3]最为细腻入微；沃德勒伊先生看来与莫莱（Molé）先生棋逢对手，而彭斯（Pons）伯爵出演的"厌世者"达到了罕见的完美境界[4]。里涅亲王记述说："在我们的社交圈中，十多个妇女演戏和唱歌的水平，比我见过的所有

---

[1] Julien, *Histoire du théâtre de Mme de Pompadour*. 这些演出持续7年，仅在1749年一年就耗资30万利弗尔。—Duc de Luynes, X, 45. —Mme de Hausset, 230.

[2] Mme Campan, I, 130. 注意：她的回忆录经过了修改，很可能经过了Fleury之手。—E. et J. de Goncourt, 114.

[3] 原为意大利喜剧中的人物，以机智风趣著称，亦见于莫里哀的作品。——译者

[4] Jules Cousin, *Le comte de Clermont*, 21. —Mme de Genlis, *Mémoires*, chap. 3 et 11. —E. et J.de Goncourt, 114.

剧院里的最佳演员的水平还要高"。通过她们的才华，你能判断出她们多么专心、多么勤奋、多么热情；显然，对她们中间的很多人来说，这样的事情才是主业。有这样一个城堡，即圣欧班城堡，女主人为了组建一支人员充足的演出团队，将四个侍女招了进来，并让自己10岁的女儿演出《扎伊尔》，20个月的时间内，演出不曾中辍。破产之后流亡外地的盖梅内亲王夫人，关心的首要事情是通知她的挂毯匠人搭建一个剧场。总而言之，正如威尼斯人不戴面具就不出门，这里的人唯有通过乔装异服、改装变形、炫耀夸饰和出色的丑角表演才能理解人生。

关于最后一个更为显著的特征，我打算从一个小剧本讲起。说真的，对这个高雅的社交世界而言，生活就是一场嘉年华，就像在威尼斯一样无拘无束，而且几乎一样的放荡不羁。通常，这种演出最后是以借自拉·封丹（La Fontaine）故事集，或借自意大利丑角笑剧的炫耀场景收场，这种场景不仅活泼，而且很轻浮，有时甚至很粗俗，"以致只能在高贵的亲王和姑娘面前上演[1]"；的确，感觉迟钝的味觉会厌倦大麦糖浆，它要品尝烈性甜烧酒。奥尔良公爵在舞台上高唱最轻佻的歌曲，他扮演《尼凯斯》中的巴托兰（Bartholin），《亚坤德》《没有教区神父的婚礼》《身怀六甲的莱昂德尔》《猴急的情人》《配种莱昂德尔》中的布莱兹（Blaise），这些作品是"科雷为取悦殿下和宫廷而创作的"炫耀剧。如果说这样的剧作中有一出充满风趣，那就有十出是极尽露骨放荡的。在普罗旺斯伯爵位于布吕努瓦的家中，上演的戏剧放纵至极[2]，以致国王后悔前来观看；"大家对这样的放纵并无意识；客

---

① Bachaumont, III, 343（23 février 1768）et III, 232; IV, 174. —*Journal de Collé*, passim. ——科雷、劳荣（Laujon）、普安西内（Poinsinet）是这类作品的主要作者，其中唯一纯良的作品是《葡萄酒中的真理》。在这部作品中，代替"我老爷"的首先是"阿弗兰什（Avranches）主教"，该作曾在奥尔良公爵位于维莱尔-科特莱的家中演出过。

② Mme d' Oberkirch, II, 82. —关于这些最高雅的社交场的情调，见*Correpondance*, par Métra, I, 20; III, 68, et Besenval（Ed. Barrière），387 à 394.

厅里的两位夫人只得告辞，更严重的是，有人竟敢把王后也请了过来"。快乐之风就像嗜酒症，喝完了酒桶里的葡萄酒还要尝尝残渣。村舍中的疯狂不仅出现在夜间小宴会与姑娘的打闹中，而且出现在高级社交场上与贵妇们的言谈举止之间。露骨直言是下流坏子所为，这种人无论是言谈还是行为都毫不收敛。一位夫人在1782年写道①："五六个月以来，夜宴之后总有捉迷藏或芭蕾，而末了总是一派下流猥琐景象。"客人提前15天就收到了邀请。"这一次，桌子、家具被掀翻；20瓶水倒在房间里；我终于在一点半回来，累得虚脱，手绢擦得我都烦了，我丢下嗓子都哑了的克拉伦斯（Clarence）夫人，她的一件袍子被撕成了碎片，手臂上的皮也蹭破了，头也弄伤了，但她还是为举办了这样一场欢快的晚宴而得意，她期待着明天此事会成为新闻"。这就是对娱乐的需求导致的结果。在这种需求的压力下，这个世纪的面具就像被置于雕刻师的手指下，它在逐步改变，不知不觉地失去了严肃性：一板一眼的廷臣首先换上了热衷交际的快乐面孔；接着，在这个轮廓正在改变的微笑的嘴巴上，我们看到了一个顽童毫无顾忌的狂笑②。

---

① Mme de Genlis, *Adèle et Théodore*, II, 362.

② G. Sand, I, 85. 在我祖母家，"我发现纸盒子上满是歌谣、情诗和辛辣的讽刺文字……我赶忙烧了这些淫秽文字，好像我不敢读下去似的，而这些文字竟出自我童年时就认识的诸位修士之手，或是一位出身良好的侯爵的想法"。其他较为温和的样本，可以参阅*Correspondance, par Métra*, 关于鸟儿和牧羊女的歌谣。

第三章　沙龙生活的苦恼

Ⅰ.这种生活是人造和干涩的—回归自然和情感。Ⅱ.完成这个
世纪面貌的最后一笔,沙龙的敏感性—它来临的日期—它在文
学艺术中的表现症状—它对私生活的影响—它的感染性—它的
真诚—它的细腻。Ⅲ.由此形成的性格上的不足—适应于一种
情形,但不能适应于相反的情形—智识中的欠缺—意志中的欠
缺—这种品质被风度教养解除了武装。

Ⅰ

纯粹的快乐久而久之便不再是快乐,虽说沙龙的生活十分惬
意,但到头来会让人觉得有点空虚。好像总缺少点什么,虽然人们
还不能清楚地知道缺少的究竟是什么;人们的灵魂逐渐不安起来,
借助于作家和艺术家,灵魂终于看清了不适的根源和它暗中渴望的
对象。人造和干涩,这就是社交生活的两大特征,这种生活越是完
美,这两个特征就越是明显,它们之所以被推向极端,是因为社交
生活之考究已臻极致。首先是自然性被排斥,一切都是改造过的、
雕琢过的,从装饰、衣着、仪态、声调、话语、观念到情感,莫不
如此。Ⅴ先生说:"当我从凡尔赛回来后,发觉真实的情感稀罕至
极,我有时甚至在街道驻足目视狗啃骨头。"①一个人如果全身心

---

① Chamfort, 110.

地投入社交生活，就不能为自己保留任何一点真实的自我，礼仪陈规就像密密匝匝的藤蔓，它们缠绕着那个真实的存在，攀附在他的每一个细微的举动上。一位接受过这种教育的人士说[1]，"行走、就座、招呼、收手套、拿叉子、献物品的方式，乃至一个完整的模拟动作，都要及早教会孩子，好让孩子养成习惯，让这种行为方式成为他的第二本能，在旧时代社交界的男女名流之中，这种陈规十分重要，今天的演员即使努力钻研也很能难再现出来"。需要打磨的不仅是外在的东西，内心也是如此；感受、思考、生与死，都有一套必须的方式。跟男子说话不可能不照顾他的等级身份，跟女子说话不可能不从关注脚开始。所有行为，无论大小，首要的标准是语调优美，如向一位妇人打招呼或跟她分别，如约定和进行决斗，如对待平辈、下级、上级，等等。如果有人违背这种普遍通行的规则，就会被视作"另类"。像达尔让松这样有思想和才华的人，也被唤作"蠢蛋"，因为他的古怪超出了习惯认可的范围。"这没有来头，不伦不类"，此类评语是至为严厉的责备。无论是在言行还是在文学中，任何偏离特定典范的东西都会被拒斥。被许可的行为的数量，就是被认可的用词的数量。这种被纯化的趣味既禁锢了创造性，也让语言变得贫乏，因为人们的言行和写作都要遵循习得的形式，从而被限定在一个狭隘的圈子中。新奇意外、自发的激烈冲动，这些东西无论如何都不合适。在20个例子中，我选择一个最简单的来加以说明，它只涉及一个简单的姿态，但我们可以类推到其他的事情上。有位小姐靠她家庭的影响力为著名舞蹈教师马塞尔（Marcel）弄到了一笔年金，她欢天喜地地跑到马塞尔家给他看年金证书。谁知马塞尔拿过证书后把它扔到了地上，然后说道："好了，小姐，我已经收下了，尽管您的肘还不够圆，但我还是要谢谢您。"[2]但是，优雅过度最后会让人厌倦，成年累月追求饮食考究

---

[1]　George Sand, V, 59："我什么都要受指责，没有哪件事不挨批评。"

[2]　*Paris, Versailles et provinces*, I, 162. —— "瑞典国王来这里，套裤上戴着小玫瑰，但到此为止，真是个可笑的人，外省的国王。"（*Le Gouvernement de Normandie*, par Hippeau, IV, 237, 4 juillet 1784.）

之后，人们也需要粗质牛奶和麸皮面包。

　　在所有的社交生活调味品中，有一种被严重滥用，由于持续的使用，它那冷色调的刺激味道传遍了每一道菜：我指的是玩笑。社交界不能忍受冲动和激情，这一点自有其理由。人之所以和他人交往，不是为了激烈的宣泄和阴郁的倾诉；过分凝重或过分放松的气氛与社交是不协调的。对于一位因压抑情绪而陷入沉默的男宾客，女主人总可以这样说："某某先生，您今天看起来不讨人喜欢哦。"所以应始终讨人喜欢，为了达到这个境界，情感应从千条小溪涓涓流出，而不可汇成浩瀚巨流。"假设有100个朋友，其中每天有两三个心情极度悲伤，但不能长时间地同情怜悯他们，因为这样会怠慢其他97个人[1]"；人们会跟这97个人中的某几个叹气片刻，但仅此而已。德芳夫人在失去她交往最久的朋友埃诺（Héhault）庭长之后，于举办大型宴会的那天夜里到来，她哀叹道："唉！他是今天晚上6点去世的，若不是因为此事，我是不会来这里的。"在这种持续的消遣娱乐之中，深刻的情感已不复存在，有的只是表皮上的东西，爱情本身也已退化成"两种新奇玩意儿的交换"。人总是从他倾斜的那个方向坠落，轻浮转变成一种优雅、一种成见[2]。内心冷淡是一种时尚，真心感动简直是一种耻辱。玩弄爱情、把妇女视作玩偶、以各种手法去接近她、随意挑逗她的温情和怒火，这可是人们争相标榜的。不管女方怎么做，对于她的那种最具侮辱性的礼节也决不可废弃，没完没了地向她表白的夸张的敬意就是一种反讽，男方就以这种反讽最后向她表白他的冷淡。有人甚至走得更远：对于本质而言十分干涩的心灵，殷勤风流成为恶毒。出于无聊和寻求刺激，出于虚荣或为了证明自己的高明，人们乐于以缓慢的方式去折磨、去让人哭泣、去侮辱、去残

---

　　① Stendhal, *Rome, Naples, Florence*, 379. 一位英国贵族的叙述。

　　② Marivaux, *Le Petit-maître corrigé*. —Gresset, *Le Méchant*. —Crébillon fils, *La Nuit et le Moment*.特别是克里坦德尔（Clitandre）与卢信德（Lucinde）的那场戏。—Collé, *La Vérité dans le vin*（修士与庭长夫人的角色）。—Besenval, 79（Le comte de Frise et Mme de Blot）. —*Vie privée du maréchal de Richelieu*（Michelin夫人的那几场戏）。—E. et J. de Goncourt, 167 à 174.

杀。最后，由于自爱之心是个无底洞，没有哪种"阴险手腕"是这类文质彬彬的刽子手不会的，拉克洛笔下的人物都有原型[①]。当然，这种怪物并不多见，但不需要跟他们打交道也能发现，社交界的殷勤风流之中包藏着自私自利。将这种殷勤风流立为法则的妇女们，最早意识到其中的谎言，她们在众多苍白的荣耀之后，开始以强烈的情感去缅怀那种感人至深的热忱。这个世纪的面貌之上终于迎来了最后的一笔："感性之人"出现了。

II

这并不是说风气有了本质的改变，风气仍然是热衷社交的，它依然放荡至极。但潮流也认可一种新的情感，认可人们还毫不自知的流露、梦思和感动。这要求人们重回自然，赞赏乡间，热爱农村风俗的淳朴，关心乡民，重拾人性，回归内心，品味自然情愫的甜美和温柔，重为人夫、重为人父；这更需要灵魂、美德和宗教情感，需要相信神意与不朽，需要更为热情所感动。人们想这样，至少他有这个微弱的意向。不过，虽然人们想过这样的生活，但暗含的一个条件是，这不能过分地扰乱平日的排场，新生活的感觉不能夺走昔日的享乐。因此，兴奋之情几乎只来自头脑中的一阵骚动，田园牧歌几乎只在沙龙中上演。于是，文学、戏剧、绘画等所有艺术都进入了情感轨道，好为热烈兴奋的想象力提供一点人造食粮[②]。卢梭在一个精雕细琢的时代宣扬原始野性生活的魅力，纨绔子弟们在两阵恭维声的间隙梦想着裸体躺在原始森林中的幸福

---

① Laclos, *Les Liaisons dangereuses.* 摩尔泰伊（Merteuil）夫人的原型取自格勒诺布尔的一位侯爵夫人。注意洛甫拉斯（Lovelace）和瓦尔蒙（Valmont）之间的不同，一个受高傲的驱使，另一个只顾着自己的虚荣心。

② 多愁善感时代的带来，可以如下日期为标志：卢梭，《论文学和艺术的影响》，1749年；《论人类不平等的起源》，1753年；《新爱洛依丝》，1759年；格勒兹（Greuze），《读圣经的一家之父》，1755年；《乡村订婚女》，1761年；狄德罗，《自然之子》，1757年；《一家之父》，1758年。

感。《新爱洛依丝》的热心读者们彼此交换着动人的文字，这类通信有四卷之多，通信者中有一个人物，"不仅持重谨慎，简直刻板拘泥"，她就是夏特尔公爵夫人圈子中的布罗（Blot）伯爵夫人，她惊呼道："如果没有一种更高级的美德，一个真正敏感的妇女根本无法拒绝卢梭的热情[1]。"在沙龙中，格勒兹（Greuze）的《乡村订婚女》《破罐》和《奶妈归来》让人窒息；作者虽然塑造了一些天真形象，但在其脆弱的单纯之中，潜在的肉欲刺激和感官挑逗隐约可见，对于那些在道德理想之下隐藏着放荡趣味的人，这可是一道美味小点心[2]。在他们之后，杜希（Ducis）、托马斯（Thomas）、帕尔尼（Parny）、克拉尔多（Colardeau）、卢谢尔（Roucher）、德里耶（Delille）、贝尔纳丹·德·圣皮埃尔（Bernardin de Saint-Pierre）、马尔蒙泰尔（Marmontel）、弗洛良（Florian），所有这类演说家、作家和政客，外加厌世者尚福尔（Chamfort）、推理者拉哈尔普（Laharpe）、大臣内克、小韵文作者、盖斯纳（Gessner）和扬（Young）的模仿者、贝尔干（Berquin）之流、比托贝（Bitaubé）之流，一个个头发梳理得整齐，衣冠楚楚，手拿一块绣花手绢擦拭眼泪，一起把这曲普世颂歌唱到大革命的最高潮。1791年和1792年的《信使报》头版刊载了马尔蒙泰尔的《道德故事集》[3]，9月大屠杀后的那一期则以"致愚人的英灵"开篇。

接着，在私生活的所有细节中，情感开始展现它夸张的存在。人们在花园里建起供奉友爱的小庙堂，书房里立起仁爱的小祭坛。人们穿上了卢梭式的长袍，那衣服"与这位作家的原则一致"。人

---

[1] Mme de Genlis, *Mémoires*, chap. XVII. —G. Sand, I, 72. 年轻的弗朗戈伊夫人第一次看到卢梭时哭成了泪人。

[2] 关于这一点，龚古尔（Goncourt）夫人做了大量细腻而公正的阐述（*L'Art au dix-huitième siècle*, I, 433～438）。

[3] 1792年8月8日号：《他们自己的对手》。当时《信使报》中插入的其他韵文如："爱与婚姻的契约、专一者之歌、田园罗曼史、致S.D.小姐的阿那克瑞翁颂歌，等等。"

们选择戴"感性头饰"①，头饰中放上"自己女儿、母亲、金丝雀或狗的肖像，而肖像还配上父亲或某位知交的头发"。对于那些知心朋友，人们"以如此热烈而温情的方式去验证友谊，以致成为一种激情"，一天不见朋友三次就没法活。"每次女伴们谈及感性之事，必定是陡然间转入清晰而低缓的声调，她们低下头，彼此温柔地对视，还经常相互拥抱"，要不一刻钟之后大家会低声打哈欠，或者因为无话可说而相约进入梦乡。热情是一种责任。《一家之主》巡演时，人们发现，有多少观众就有多少条手绢，一些妇女还昏厥过去。"一看到伏尔泰先生，总有人——特别是年轻的妇女——激动不已，面色发白，心生感动，甚至觉得周身不爽；人们扑入他怀中，喃喃低语，哭泣，那种激动就像最热烈的爱恋"。②当一个社交界的作者在沙龙里朗读他的剧作时，时髦的场景是欢呼，啜泣，某位昏厥的美人需要解开胸衣。即使是嘲笑这种矫揉造作的冉里斯夫人，也像旁人一样深受触动。在交际场上，突然有人对冉里斯夫人引见的年轻女孤儿说："帕梅拉（Paméla），您演一下爱洛依丝吧！"于是帕梅拉散发跪地，双目朝天，仿佛受神的启示，在场者掌声雷动③。多愁善感成了一种制度性的教诲。这位冉里斯夫人还建立了信念坚定会，该会很快就有"90名高级社交场上的骑士"。要加入该会，必须猜中一个谜语，回答一个道德问题，发表一个有关美德的演讲。任何发现或宣告"三件证据确凿的美德之举"的夫人或骑士，都可获得一枚金质奖章。每个骑士都有一名"军中兄弟"，每位夫人都有一位女伴，每位成员都有他的座右

---

① Mme de Genlis, *Adèle et Théodore*, I, 312; —E. et J. de Goncourt, *La Femme au dix-huitième siècle*, 318; —Mme d'Oberkirch, I, 56. ——关于夏特尔公爵夫人的感性头饰的描绘（E. et J. de Goncourt, 311）："深处有位夫人坐在扶手椅上，怀抱婴儿，这再现的是瓦卢瓦（Valois）公爵和他的奶妈；右边我看到一只啄食樱桃的鹦鹉，左边是个小个子黑人，这是公爵夫人宠爱的两个对象；一切都被编入夏特尔夫人所有亲戚的发绺中，包括她丈夫、她父亲和她公公的头发。"

② Mme de Genlis, *Les Dangers du monde*, I, 第七场; II, 第四场; —*Adèle et Théodore*, I, 312; —*Souvenirs de Félicie*, 199. —Bachaumont, IV, 320.

③ Mme de la Rochejaqueline, *Mémoires*.

铭，每个座右铭都被镶嵌在一个小画框里，摆在"荣誉殿堂"上，这殿堂好似装饰典雅的帐篷，罗赞先生就在自己的花园里立了一个这样的殿堂[1]。情感的炫耀很是全面，在这种被恢复的骑士风度中，我们也能发现沙龙中的假面舞会。

不过，热情和伟大口号的泡沫，还是在人们的内心深处留下了一点积极的善意、真诚的慈悲，乃至幸福感的痕迹，至少给这些情感的蔓延提供了方便。人们第一次看见妇女陪着丈夫前往军事驻地，母亲想养育孩子，父亲关心孩子的教育。简朴重新回到风俗之中。人们不再给小男孩敷粉，一些贵族褪去了饰带，随后又去掉了红鞋跟和佩剑，除非是在着装隆重之时。街上碰到"穿得像富兰克林（Franklin）的人，粗呢制服，手持多节木杖，脚蹬厚底鞋"[2]。喷泉瀑布、雕塑、僵硬而气派的装饰不再流行了，人们喜欢的只有英式花园。王后在特里亚农布置了一个村庄，她在那里"身着白色薄纱长袍，肩披纱罗围巾，头戴麦草帽"，在湖边垂钓，注视着给奶牛挤奶。陈规礼节化为碎片，就像脂粉脱落之后，露出鲜活的自然情感的亮色。阿德莱德夫人拿起了小提琴，顶替缺席的乡村乐师为跳舞的村姑伴奏[3]。波旁公爵夫人早晨不声不响地出门布施，并"在阁楼里寻找穷人"。太子夫人跪在自己的马车上，救助一位被野鹿顶伤了的农民车夫。国王和阿图瓦伯爵曾帮助一个陷入泥浆中的车夫从车子里脱身。人们不再想着如何克制自己、如何摆姿态、如何在任何情形下保持尊严、如何使本性中的弱点屈从于身份的要求。首位太子去世时[4]，内廷侍从们纷纷跪在国王面前，劝阻他不要进去，这时王后双膝跪地，对着国王哭喊道："啊！我的侍女

① Mme de Genlis, *Mémoires*, chap. XX. —Duc de Lauzun, 270.

② Mme d' Oberkirch, II, 35（1783—1784）. —Mme Campan, III, 371. —Mercier, *Tableau de Paris*, passim.

③ *Correspondance*, par Métra. XVII, 55（1784）. —Mme d' Oberkirch, II, 234. —*Marie-Antoinette*, par Arneth et Geffroy, II, 29, 63.

④ *Le Gouvernement de Normandie*, par Hippeau, IV, 387（Lettres du 4 juin 1789, 出自目击者之手）。

呀，我亲爱的孩子是因为有人不想让我看他才死的。"叙述者以赞叹的口吻补充道："我仿佛看到一个优良的教养者和他杰出的伴侣，因失去至爱的儿子而遭受最可怕的绝望的折磨。"人们不再掩藏自己的泪水，人们以作为一个人而自豪；人们也表现得像个人，他们开始与下层人打成一片。一位亲王在检阅队列时，将亲王夫人介绍给士兵们说："我的孩子们，这是我妻子。"人们想让别人快乐，希望享受受人感激的欣悦。为人善良、被人爱戴，这是一国之主、一个有地位之人的目标。这种风气愈演愈烈，使人们以上帝为楷模。人们把"大自然的和谐"解释为神意细致入微的关照；造物主创立手足之爱，同时"屈尊将我们更为温和的愉悦选定为首要的善①"。看到田园牧歌，人们想起天国，为了与田园牧歌呼应，人们在大地上实践。从公众到亲王们，从亲王们到公众，优雅和温柔通过庆典上的恭维、通过官方答词，进行着持续不断的交换，其形式或是散文或是韵文，其风格从王家敕令到市场妇女歌谣均有之。一首诗若暗中提及亲王们的美德，剧院里就爆发出热烈的掌声，片刻之后，若一大段台词歌颂人民的功绩，亲王们则鼓掌以示答意。②在社交结束时，四周都是相互的奉承讨好，多情的善意如秋天和煦温润的气息，与干涩之中的生硬融合在一起，将秋天最后时刻的优美包裹于正在凋谢的玫瑰的芬芳中。这时人们可以遇见优雅至极的举止和言谈，这种独一无二的言行如同老瑟弗尔娇巧可爱的

① Florian, *Ruth*.
② Hippeau, IV, 86（23 juin 1773），法兰西喜剧院上演《加莱之围》：
"这时维斯特里（Vestris）小姐朗诵诗歌曰：
法国人在他们君主的心中，君主想找一位兄弟，
此人生为国家之子，尔后将成为国家之父。
演员获得了全体一致的长时间的掌声，然后她转向太子。另一个场合则有如下诗句：
位高权重者啊，这对你们是怎样的教训！
看看你们底层的臣民，
在远离你们目光的地方，有人正在贫苦中死去，
也许某天此人会拯救你们的国家。"
太子和太子夫人对这段台词报以热烈的掌声以示回应。他们情感的表达再次赢得温情的回报和感激。

小雕塑。有一天，阿梅丽·德·布弗雷（Amélie de Boufflers）伯爵夫人谈论自己的丈夫时言辞有点轻浮，于是婆婆对她说："您忘了您是在说我的儿子。""是的，妈妈，我以前认为只能议论您的女婿。"可是在一次赛船会上，当这位伯爵夫人必须在可爱的婆婆和她几乎不认识的母亲之间做出选择时，她答道："我会救我母亲，但我会与婆婆一起淹死。[①]"舒瓦瑟尔公爵夫人，以及其他一些人，都是此等卓绝的典范。当心灵和思想达到精致之境界，就会酝酿出杰作，此类杰作，如艺术，如礼节，如其周围的社会，都有一种无可超越的魅力——如果它们没有脆弱性的话。

III

之所以说有脆弱性，是因为人越是适应某一种状况，对相反的状况就越不适应。在旧状态下有利于他们的那些习惯和能力，在新的状态下会对他们造成损害。在习得适合于和平时代的才能的同时，他们也就失去了适合于动荡时代的才干，文质彬彬到极致之际，也是他们虚弱到极致之时。对一个贵族阶层来说，文雅多一分，武力就会少一分；当供他们娱乐的各种诱惑一应俱全时，他们也就没有了任何战斗的力量。然而，在这个世界上，如果想生存就必须战斗。统治权的力量既在于人性之中，也在于自然之中。任何受造物一旦丧失了自我防卫的技能和力量，就会成为别人的猎物，更何况他的光彩、他的轻率，甚至他的殷勤，已然吊起了他周边的觊觎者那急不可耐的胃口。我们刚才描绘的那种风俗所塑造的性格，要到哪里去寻找抵抗力呢？首先，为了自卫，应该环顾四周，进行观察和预计，以防不测。像他们这样生活的人，如何才能做到这一点呢？他们的圈子太狭窄，太过处心积虑地自我封闭。他们将

---

① Mme de Gelins, *Souvenirs de Félicie*, 76, 161.

自己禁闭在自己的城堡和公馆里，见到的只有自己世界里的人，听到的只有他们自己思想的回声，除此之外他们根本想不到别的东西，在他们看来，这200多人就是公众。其次，在沙龙里，令人不悦的真相根本不被接受，尤其是当真相涉及个人时，于是一种空想就成了教理，因为空想已成为沙龙里的俗套和常规。他们日常生活的视野已经十分狭隘，而他们的幻觉又因为其同侪的幻觉而更加强化。他们对包裹自己小世界的那个辽阔世界一无所知；他们不能了解普通市民和村民的想法，他们把自己想象成农民，但不是实际中的农民，而是他们希望看到的农民。既然田园牧歌成了时尚，就没有人敢反对它；任何别的想法都是错的，因为它让人不舒服，既然沙龙已经认定万事顺遂，那万事真就很顺遂。此等彻底与自以为是的盲目，实乃闻所未闻。奥尔良公爵曾以100路易打赌说，三级会议将一事无成，甚至不会废除逮捕密札。当拆除工作开始，更确切地说，在拆除即将完成时，他们的判断也不见得更准确。他们对社会建设没有任何见解，既不了解材料，也不了解比例和平衡；他们从未动手参加建设，没有任何实践。他们不知道那个他们占据着最高层的旧建筑①的结构。他们既不知道计算推力，也不知道计算阻力②。最后，他们自认为，最好让这座建筑完全垮塌，然后它会自动地为他们重建起来，他们自认为能回到迅速重建并重新镀金的沙龙里，好再次开始那令人愉悦的谈话，这谈话只是刚刚被街上的一阵骚动和意外中断了片刻③。他们在社交场上心明眼亮，但在政治上闭目塞听。他们借助人造的蜡烛光线去辨识一切，但在大白天的自然光线的照射下，他们眼前一片混沌。这是因为他们的习惯太久远、太强大。他们的眼睛长期专注于精致生活中的细枝末节，不再

---

① 在立宪议会中，蒙罗齐埃几乎是唯一懂得封建法的人。

② "如果一个公正而有文化的人计算一下大革命成功的概率，他会认为这比彩票中双五机会大点，不过双五毕竟有可能，而且这次不幸被抽中了。"（Duc de Lévis, *Souvenirs*, 328.）

③ *Corinne*, par Mme de Staël：Erfeuil公爵的性格。—*Mémoires* de Malouet, II, 297.（关于政治愚蠢的著名范例。）

能纵览民众生活中庞杂的整体，当眼光陡然被投入新环境时，他们终于陷入了盲目中。

但还是要采取行动，因为危险已经如鲠在喉。不过这种危险是下三滥的危险，如何应付此等危险，他们的教育并未给他们提供合适的武器。他们学习过剑术，而不是踢打术。他们始终是冯特努瓦那些骑士的子孙，在那场战役①中，他们拒绝先开枪，而是将帽子拿在手上，有礼貌地对英国人说："不，先生们，请你们开枪。"他们在规矩和礼仪中不能自拔，骚动让他们局促。众多最必须的行动，所有生硬、有力和强烈的举止，在这些对待别人必须体现教养的人看来有悖身份，至少注重自己身份的人是这样看的。他们不能容许自己这么做，也不能想象能这么做，地位越高，地位带来的束缚就越大。当国王一家逃往瓦楞时，沿途因为遵循礼节而屡次耽误时间，终至出逃失败。图泽尔（Tourzel）夫人声称自己在马车上应有一个位置，因为作为国王子女的教师，她有这个权利。到达瓦楞时，国王想授予布叶先生一根元帅权杖，为了弄到一根杖，他在多次往返劳而无功之后，只好借用舒瓦瑟尔公爵的权杖。王后必须备齐出行的所有必需品，结果随行的行李多得惊人，塞满了所有能够放东西的家具——从长柄炉到银盆；另外，所有箱子都装上了她和孩子们的成套衣装②，好像布鲁塞尔就没有衬衫似的。在亲王们中间，那种狭隘的忠诚（毕竟很有人情味）、文学上小有才情的轻浮、优雅的教养、本质上的无知③、知识和意志上的空乏或僵化，甚至比其他贵族还要严重。面对轰隆作响的凶猛暴动，所有这些人都无能为力。他们没有物质上的影响力去控制暴动，没有粗俗的江湖骗术去缓解暴动，没有斯卡潘的手法去发现暴动的线索，也没有公牛的前额、街头艺人的伎俩、斯腾托尔的嗓门：总之，那些可以

---

① 发生在1745年。——译者
② Mme Campan, II, 140, 313. —Duc de Choiseul, *Mémoires*.
③ *Journal* de Dumont d'Urville, 此人是1830年运送查理十世的那艘船的船长。另见该卷末注释4。

防范一头脱缰猛兽的动物性机巧和强悍禀性，他们全都没有。为了寻找战斗者，他们只能让三四个出身或教养不同的人去负责，这些人全都放荡不堪：粗暴庸俗的平民毛里（Maury）修士、卑劣下流的大色鬼米拉波、大胆鲁莽的冒险家杜穆里埃（Dumouriez），当初贝弗隆公爵因为软弱而投放小麦，从而引发骚乱时，杜穆里埃对此举大肆嘲骂，就在群众要将他撕成碎片的一刹那，他突然瞥见一个荷兰水手手里拿着一串钥匙，于是他向群众高喊，有人背叛了他，一个外国人拿走了他的钥匙，说着跳下台阶掐住那个水手的脖子，夺过钥匙交给卫兵，并对群众说："我就是你们的父亲，是我为你们打开仓库的。①"与脚夫和卖鱼妇勾结，在俱乐部里殴斗，在十字路口即兴演讲，叫得比狂吠的狗还要响亮，像后来的金色青年一样，用拳头和木棍对付那些疯子和野兽，后者从不使用别的办法，对付他们必须使用同样的办法，应该在议会周围加派岗哨，应自愿担任警卫，应不惜自己的皮肉，亦不可吝惜别人的皮肉，面对百姓时应该把自己当作百姓：所有这些做法虽然简单但很奏效，但其粗俗让文雅人士反感。他们也从来没有想过使用此类做法；他们不知道也不愿意动手，尤其是用来对付这等事②。他们训练自己的手只是为了决斗，然而，言论的粗暴几乎立刻转变成拳脚相加，礼貌作战便不可能了。面对群众这头公牛，他们的武器是沙龙里的技法：格言警句、漂亮的辞藻、歌谣、戏谑之作和其他精辟小品③。这种性格缺乏根基和策略，它由于太精致而枯萎，其自然本性因为过分的培育而贫乏，它已经不能完成自我更新和延续所必须的转

---

① Dumouriez, *Mémoires*, III, chap. III（21 juillet 1789）.

② "所有漂亮的夫人和漂亮的先生都精通如何在地毯上迈步、如何行礼，但他们无法在主的大地上行走三步而不致精疲力竭。他们甚至不知道如何开门关门；他们甚至往往壁炉里添加柴火的力气都没有；他们要用人来帮着挪动扶手椅；他们不能单独进出。如果没有用人给他们跑腿干活，他们怎能显摆优雅风度呢？"（G. Sand. V, 61）

③ "当F夫人眉飞色舞地谈论一件想法美妙的事情时，她觉得一切事情都做完了。有位先生说，当她讲述了一件关于催吐剂的漂亮故事后，她很意外自己竟然没有呕吐。"（Chamfort, 107.）

变。那种无比强大的教养已经压抑、弱化、耗干了本能力量。面对摆在眼前的死亡，他们没有血性和愤怒的痉挛，没有全面而迅速地恢复力量，没有杀人的冲动，没有盲目而不可抗拒地反击冒犯者的心理需求。我们从未见过一个在自己家里被逮捕的贵族奋起砸碎逮捕他的雅各宾分子的头颅①。他们任人缉拿，驯服地走进监狱；吵吵嚷嚷是没品位的标志，对于社交场上的名流来说，重要的是要处之泰然。监狱里的男女全都细心整顿衣装，相互拜访，举办沙龙；沙龙就在走廊尽头，在四根蜡烛之间；人们还是在说笑，在相互恭维，在唱着歌谣，并像以前一样，以潇洒、欢快和优雅自诩：因为一个将你安置在糟糕旅店里的意外事件，就应该闷闷不乐、破罐子破摔吗？在法官面前，在大货车上，他们都保持着体面和微笑；特别是妇女，她们会带着昔日晚会上的宁静和自如走向断头台。这种臻于极致的教养已确立为唯一的义务，对法国贵族来说，这已成为他们的第二本性；这种教养既体现在他们的优点之中，也体现在他们的弱点之中，既在他们的才能之中，也是他们无能的体现，既标志着他们的华彩，也意味着他们的堕落；这种教养一直在修整打扮他们，直到将他们引入死亡。

---

①　有个榜样可以说明，每个人都可以在家里武装自卫。马赛的一个贵族退到自己的农舍里，配备了一支火枪、一对手枪和一把军刀，不带着这套家伙便不出门，并宣称别想活捉他。没人敢执行逮捕令。（Anne Plumptree, *A Residence of three years in France*, 1802—1805），II, 115.

第 三 卷

思 想 与 学 说

第一章 革命思想的形成

第一要素：科学成就

Ⅰ.自然科学的发展与积累—自然科学的发现是新哲学的出发点。Ⅱ.人的科学中观点之变化—人的科学与神学分离，成为自然科学的延伸。Ⅲ.历史学的变革—伏尔泰—批判和总体观念—孟德斯鸠—社会法则概观。Ⅳ.心理学的变革—孔狄亚克—感觉和符号理论。Ⅴ.分析方法—它的原则—这种方法如要有成效所必须满足的条件—18世纪缺少这些条件或条件不足—原则的真实性及其流传。

如果我们眼前有个体质稍显柔弱，但看起来还算健康、衣着也算端庄的人，他贪婪地啜饮一种新饮料，然后突然倒地，口吐白沫，说胡话，惊厥抽搐，那么我们很容易判断出，那宜人的饮料中含有危险物质；我们还要分离出这种毒物，并仔细地加以分析。在18世纪的哲学中，有一种奇特而强烈的东西：这不仅是因为它经过了漫长的历史酝酿，18世纪的思想就是最终凝结而成的精华；而且因为这种东西含有的两个组成要素很是奇特，如果二者相互分离，则彼此都健康，如果结合在一起，则会形成一种毒素。

I

第一个要素是科学成就，这种成就在所有方面看都是杰出的，从其性质而言也是有益的；它由众多缓慢酝酿，然后突然或逐步组合而成的真理构成。科学不再像以前那样，只能在伽利略或笛卡儿的庇护下，提供一点建筑构件或临时性的脚手架，它已经大为扩展和强化，能提出一个经过论证的、确信的世界体系：牛顿的体系[1]。这是人类历史上前所未有的。18世纪几乎所有的发现都是从这个核心理论出发，是它的补充或发展：在纯数学领域，莱布尼茨（Leibniz）和牛顿同时创立了微积分，达朗贝尔（D'Alembert）总结出了单一的力学原理；伯努利（Bernoulli）、欧拉（Euler）、克莱罗（Clairaut）、达朗贝尔、泰勒（Taylor）、麦克劳林（Maclaurin）等人阐发的众多出色理论，在世纪末的蒙日（Monge）、拉格朗日（Lagrange）、拉普拉斯（Laplace）的手中形成一个完善的整体[2]。从牛顿到拉普拉斯的时代，随着观测和数学计算的发展，天文学已经转变成一个力学问题，它解释并支配着行星及其卫星的所有运动，它说明了我们所在的太阳系的起源和形成，由于赫歇尔（Herschel）的发现，天文学走出了太阳系，让我们得以窥见星系的分布和太空构造的大致轮廓。在物理学中，光线的分解，牛顿发现的光学原理，声速和声波的形成，从沙伐尔（Sauveur）到克拉尼（Chladni），从牛顿到伯努利和拉格朗日，声学的主要定理和实验法则确立下来，牛顿、克拉夫特（Kraft）、朗伯（Lambert）提出了热辐射的基本定律，布莱克（Black）提出了潜热理论，拉瓦锡和拉普拉斯创立了卡路里计量单位，关于火和热的本质，初步的科学原理也已成形，而杜菲（Dufay）、诺莱特（Nollet）、富兰克林（Franklin），特别是库仑（Coulomb）运用各种实验、定理和装置首次操纵和运用了电。在化学领域，该学科

---

① *Philosophioe naturalis principia*, 1687; *Optique*, 1704.

② 关于这个发展过程，参阅 Comte, *Philosophie positive*, t. Ier。——19世纪初，数学工具的完善成就巨大，以致人们认为它足以分析所有物理现象，如光、电、声、结晶、热、弹性、黏附和其他分子力学效应。关于物理科学的发展，参阅 Whewell, *History of the inductive sciences*, t, Ⅱ et Ⅲ。

的所有基础，如氧、氮、氢的分离，水的构成，燃烧原理，化学术语，定量分析，物质和重量的不灭，简言之，舍勒（Scheele）、普里斯特利（Priestley）、卡文迪什（Kavendish）、施塔尔（Stahl）等人的发现，最后在拉瓦锡的理论中表述出来。矿物学方面，有定向仪，临界角的确定，罗梅·德里尔（Romé de Lisle）的关于偏移的基本定理，随后有奥伊（Haüy）的类型学发现及次级形态的数学推导。在地质学方面，有牛顿理论的证实和推演，有关于地球的准确描述，有两极偏度和赤道隆起[1]的发现，有关于海潮的原因和规律，有关于地球的原初流动性的学说，以及地心热持久存在的理论；接着，布丰（Buffon）、德马雷茨（Desmarets）、维尔纳（Werner）提出了岩石水成与火成起源说，海洋在大陆上的延长或反复的居留说，动植物残骸缓慢贮存的学说，生命的极端久远性认识，地质剥蚀说、断层说，地势逐步演变的理论[2]，最后是布丰的宏大画卷，他以近似的笔法描绘了我们星球的全部历史，从它还是一堆炽热熔岩的时刻一直写到可供人类居住的时代，其间有其他物种灭绝或残留。在关于无机物质的科学之上，同时还兴起了有关有机物质的科学。格鲁（Grew）及随后的瓦扬（Vaillant）刚刚分别出植物的性别、描述植物的繁殖；林奈（Linné）又创立了植物命名学以及最早的完整的分类法；裕苏（Jussieu）叔侄发现了植物特性的从属关系和自然分类；若穆（Réaumur）和斯帕兰扎尼（Spallanzani）解释了消化，拉瓦锡解释了呼吸；普罗查斯卡（Prochaska）指出了生理反射机制；哈勒（Haller）和斯帕兰扎尼以实验方法描述了繁殖的条件和阶段。人们深入动物世界的最深处，若穆发表了他关于昆虫的出色报告，里奥奈（Lyonnet）花了20年时间研究柳树毛虫；斯帕兰扎尼再现了轮虫类，特伦布雷

---

① 拉康达明在秘鲁、莫佩尔蒂在拉波尼亚的旅行。

② Buffon, *Théorie de la terre*, 1749; *Epoques de la nature*, 1788. —*Carte géologique de l'Auvergne*, par Desmarets, 1766.

（Trembley）详细分析了淡水珊瑚虫，尼达姆（Needham）发现了纤毛虫纲。关于生命的实验观点逐渐从这些研究中产生。布丰，特别是拉马克（Lamarck）已经在他们不完整的宏大论著中，以富有洞察力的猜想，描绘出了现代生理学和动物学的主要方面。有机分子到处传播并具有繁殖力，各种小球状体处于持续的损耗和修补之中，它们通过一种自发的过程不断转变、繁殖、结合，没有外力的引导，没有预定的目标，仅仅通过它们自身的结构和附属物而组成我们所称的动物和植物等高级结构；起初是最简单的形态，接着是复杂的、缓慢而逐步完善的组织；器官由习惯、需要和环境而创造出来；获得性变异通过遗传性传递[1]：就这样，人们以近似和猜测的方式，预示着最近生理学家的细胞理论[2]和达尔文的结论。在这幅人类思维绘制的自然图景中，18世纪的科学勾勒出了总体轮廓，其图景次序和主要构成物的特征已经描绘得很正确，以致所有重要线条至今仍保持完好。除了局部的修正，我们没有抹去其分毫。

众多确信的或可信度很高的、已经被证明或被预感的科学真理，为18世纪的思想提供了食粮、营养和力量。看看公共舆论的领袖和新哲学的倡导者：他们都在不同程度上投身物理和自然科学。他们不仅了解各种理论和著作，还接触实物和事实。他们中间的佼佼者伏尔泰，不仅阐述过牛顿的光学和天文学[3]，而且亲自计算、观察和实验。他曾向科学院提交"关于动力测量"和"关于热的性质及传导"的报告。他操作过若穆的温度计、牛顿的棱镜、穆什布罗克（Muschenbroeck）的高温计。他在锡雷的实验室中有当时已

---

① 见拉卡兹－杜提尔（La Caze-Duthiers）关于拉马克的一堂课，*Revue scientifique*，III，276-311。

② Buffon, *Histoire naturelle*, II, 340："所有生物都包含着大量有生命的活跃分子。植物和动物的生命看来只是各种单个小生命作用的结果，单个小生命就是一个个的活跃分子，其生命最为原始。" —Cf. Diderot, *Rêve de d'Alembert*.

③ *Philosophe de Newton*, 1738, et *Physique*, par Voltaire. —Cf. Bois-Raymond, *Voltaire physicien*（*Revue des cours scientifique*, V, 539）, et Saigey, *La Physique de Voltaire*.— Brougham爵士写道："伏尔泰总是关注实验物理学，他的名字肯定会被列入他那个时代最伟大的发明家之中。"

知的所有物理和化学仪器。他亲手做过的实验有：光在真空中的反射，焙烧后金属重量增加，动物部分截肢后的再生；在最后一个实验上，他就像个名副其实的学者，为了验证斯帕兰扎尼的说法，他耐心反复地切下40只蜗牛和鼻涕虫的头。所有为同样的精神浸染之人都抱有同样的兴致，做过类似的工作。在另一个阵营，即行将告别历史舞台的笛卡儿派信徒中，丰特内尔（Fontenelle）是个出色的数学家，曾为所有杰出学者写过传记，是科学院的官方秘书和名副其实的代表者。另外，在波尔多科学院，孟德斯鸠宣读过关于声学原理和肾上腺作用的论文；他还解剖过青蛙，实验过加热和冷却对活体组织的影响，发表过有关植物和昆虫的报告。卢梭是这类人中受教育最少的，但他也上过化学家卢埃尔（Rouelle）的课，为了写作《爱弥尔》，他采集过植物标本，并撷取了人类知识的方方面面。狄德罗自己教过数学，如饥似渴地学习各类科学知识和技艺，包括各种工业技术。达朗贝尔是位一流的数学家。布丰翻译过牛顿的流数理论和哈尔斯（Hales）的植物静力学；他同时或轮流以冶金学家、光学家、地理学家、地质学家和解剖学家的形象出现。孔狄亚克为了解释符号的使用和思想之间的亲缘关系，写了算数、几何、力学和天文学纲要[①]。莫佩尔蒂（Maupertuis）、孔多塞（Condorcet）和拉朗德（Lalande）是数学家、物理学家、天文学家；霍尔巴赫（D'Holbach）、拉美特里（La Mettrie）、卡巴尼斯（Cabanis）是化学家、自然学家、生理学家、医生。所有大小先知，无论是老师还是学生，无论是专业学者还是普通爱好者，都能直接间接地从那刚刚开掘的源泉中啜饮。他们正是从这里出发，教导人们他是什么，他从哪里来，要到哪里去，他将会变成什么样子，他应该是什么样子。不过，新的起点也意味着新的观点，于是，关于人的看法即将彻底转变。

---

① 见他的 *Langues des calculs* 和 *Art de raisonner*。

II

因此您可以设想，一个人的整个头脑，都被这种新科学真理占据着；请将他置于土星的轨道上，注视着那颗星①。在这些浩瀚无际的空间和数以百万计的星群之中，我们的太阳系是何等渺小，我们的地球就像一颗小沙粒！我们的世界之外还有多少世界，如果我们能在别的世界中碰到生命，构成他们的组合与造就我们自身的组合，该是多么迥然不同！在这无际的宇宙中，生命和有机物如果不是一点几乎可以忽略的量、不是短暂的意外、不是几个表皮颗粒的发霉物，它们又能是什么呢？如果这就是生命，那么作为生命之中如此微不足道之片段的人类又是什么？这就是自然中的人，一粒原子，转瞬即逝；不要忘记，我们是在各种体系中探讨人的起源、人的意义和人的命运。如果把自己视为万物的中心，蛆虫也会成为庞然大物，而且，并不是非得要用"一只几乎无限小的昆虫来证明一种几乎无限大的骄傲"②。就拿我们这个星球来说，它的产生何其晚！而在最初的冷却和生命的开端之间又隔了多少个世纪③！我们未曾目睹的这场矿物灾变、水与火的碰撞、地壳的加厚、大洋的形成、大陆的构造和分离：与所有这些相比，我们蚁穴中的这点嘈杂算得了什么呢？在人类的历史之前，动植物的历史该有多长，还有植物群和动物群的演变，而沉积陆地的形成需要多少代的海洋动物，煤床的构成需要多少代的植物，大型厚皮动物要从极地被驱逐

---

① 关于这些看法的通俗描述，参阅Voltaire, passim, 尤其是*Micromégas* et Les Oreilles du comte de Chesterfield。

② Cf. Buffon, ibid., I, 31: "认为能以终极原因来作答的人，是不会注意到自己把结果当成原因的。事物与我们之间的联系，根本不会影响事物的原因，道德规范绝不是物理世界的理由。" —Voltaire, Candide: "如果陛下派一艘船去埃及，您会在意船上的老鼠过得好不好吗？"

③ *Buffon, ib., supplément*, II, 513；*Epoques de la nature*, IV, 65, 167. 布丰根据自己的煤球冷却实验，确定了各个阶段的次序。地球从热流阶段到水蒸气降落阶段共计3.2万年。从生命开始到当前状态，共计4万年。从当前状态到完全冰冻和生命灭绝，共计9.3万年。此外，布丰给出的只是最小数值。今天，人们认为这些数字太小了。

出去则需要怎样的气候变化！最后到来的是人，他就像是一株高大的古树顶端绽放的蓓蕾，它将在树上停留几季，但就像这棵树一样，几个季节之后它也注定要死去：逐渐的、可以预见的冷却曾让这棵树存活，但将来也会让它死亡。这棵树上不只有一个蓓蕾：在它下面、在它周围、在几乎和它同样的高度，还有其他靠同样的汁液滋养的蓓蕾；如果人这颗蓓蕾想要理解自己，想要思考与自己同时代的、一直排列在它身边的、源自同一树干的邻居，它就不能忘记其他的蓓蕾。虽说人离开了某条线，但没有离开框，他只是动物界的一员①；在人和动物身上，物质、组织、生育、成长、更新、功能、感觉、欲望全都相似，就算他智力高出一筹，但也像那些智力简单的动物一样，作为一个不可或缺之器官的智力，其神经物质的结构都是一样。既然人处于自然之中、由自然创造和养育，那么人怎能说他在自然之中有个国中之国呢？鉴于他的物理躯体、他的化学构成、他的生物性、他的动物群体性，他只是整体的一部分，处于其他躯体、其他化合物、其他动物群体之中，它们都跟人相似，基于这些原因，人也像动物一样服从于某些法则。就算我们不了解大自然的原则，就算我们为了解这个原则（从内到外）而争论不休，我们也肯定会见证这个原则起作用的方式，而且它只根据普遍而确定的法则起作用。所有现象，不管它表现如何，都有它的条件，这些条件都是给定的，它们从来都是起作用的。两个圈构成一个链条，前者总是引导着后者。数字、形状和运动有法则可依，星体的往复和物体的坠落有规律，光的传播、热的辐射、电的吸引与排斥、化合物的组合、有机物的生长平衡与瓦解，全都有规则。人类社会的产生、维系到发展也有规则，个人的思想、激情和意志的形成、冲突和方向同样有规则②。所有这一切都表明人是自然的

① Buffon, *ib*, I, 12："从关于自然的严肃考察中得出的首要真理，对人来说可能是个很没面子的真理：人应该把自己列为动物。"

② Voltaire, *Philosophie, Du principe d'action*："所有存在物，都无一例外地服从不变的法则。"

延续；由此可以得出这样的结论：要想认识人，就应该把人放在自然中观察，像看待自然那样观察，把他当作自然物来观察，人与自然具有同样的独立性、同样的防范措施和同样的精神。单凭这一点，道德科学的方法就已确定下来。在历史学、心理学、伦理学、政治学方面，17世纪的思想家们，如帕斯卡尔（Pascal）、博叙埃（Bossuet）、笛卡儿、费内隆（Fénelon）、马勒勃朗士（Malebranche）、拉布吕耶尔（La Bruyère）仍然是从教理出发；读过他们著作的人都很清楚，他们的立场事先就已确定了。宗教已经给他们提供了有关道德世界的完美理论；他们根据这个潜在的或明白的理论去描述人，并将自己的观察与先定类型调和起来。18世纪的作者颠倒了这个次序：他们从人出发，从自己周围的可观察到的人出发；在他们眼里，有关灵魂、有关人的起源和命运的结论，只能是随后得出的，这些结论完全不依赖于启示，而只取决于观察结果。道德科学与神学分离了，它被嫁接在物理科学之上。

III

正是由于这一分离和这次嫁接，道德科学成为了真正的科学。在历史学方面，我们今天所仰赖的所有基础都已奠定。比较一下博叙埃的《普遍历史论见》与伏尔泰的《风俗论》，我们就会立刻发现这种基础是何等新颖与深刻。首先，批判找到了它的原则：既然自然法则是普遍的、不可更改的，那么批判也能得出这样的结论：道德世界也如物质世界一样，丝毫不能逃脱自然法则，任何外来的武断介入，都不能扰乱事物的正常进程，这就给了解读有关真理的神话一种可靠的渠道[①]。这一信念中诞生了圣经解经学，不止

---

① *Essai sur les moeurs*, chap. CXLVII, résumé. "明智的读者很容易发现，他只能相信那些具有一点可能性的大事件，而且会带着同情心去看待所有神话故事，而任何时代都有盲信主义、浪漫传奇思想和轻信将这些故事带到世界上"。

是伏尔泰从事的那种解经，还有后来的解经学。不过就目前来说，伏尔泰带着怀疑的眼光查阅各个民族的编年史，剪切删除那里面的故事，虽然他做得很轻率、很过分，尤其是在涉及古人的时候（因为他的历史探险只是一次确认的旅程），但他的眼光很公正，总的来说，他所勾勒的全部轮廓我们几乎都可以保留下来。原始人根本不是受上帝启示的高级生物，而是粗糙的野蛮人，赤身裸体、境况悲惨、生长缓慢、发展滞后，是所有动物中最困窘、最落魄的，因为人是社会化的动物，生来就像蜜蜂和海狸一样，有群体生活的本能，另外，人也像猴子一样是模仿者，不过更为聪明，他可以从肢体语言逐步过渡到发音语言，最初是单音节土语，然后一点点丰富、精确和细腻[①]。要等待多少世纪才出现第一种语言啊！然后还需多少个世纪才能发明最必需的技艺呢？才能使用火，制造"燧石和玉石斧子"，熔铸和冶炼金属，驯化动物，培育和改进可食用的植物，发明文字、数字和天文历法呢[②]？只有经历漫长和无法确定的朦胧时期之后，人们才在迦勒底和中国看到了有确切日期的历史开端。自发的重要文明中心有五六个：中国、巴比伦、古波斯、印度、埃及、腓尼基，还有美洲的两个帝国。搜集这些文明的残骸，阅读它们遗留下的书籍和旅行者给我们的报告，如中国人的五帝，印度教徒的吠陀，古波斯人的阿维斯塔经，我们能从中发现，那些宗教、伦理、哲学和制度像我们的一样值得尊重。今天仍然存在三大法典：印度的，中国的和穆斯林的，它们管理着像我们欧洲一样辽阔的地区，以及对我们十分有益的人民。我不能像博叙埃那样，"在世界史中忘记了世界"，不能将人类局限于死海边布满石子的

---

① *Traité de métaphysique*, chap. I. "下到这块小小的烂泥团上，我不再有火星和木星上没有居民的旧观念，我来到卡弗勒里（Cafrerie）国的海岸边，一开始我试图寻找人。我看到了猴子、大象和黑人，我觉得它们都隐约闪现着不完善的理性的微光，等等。"——这里我们可以清楚地看到新方法的运用。

② *Introduction à l'Essai sur les mœurs:* Des sauvages. —Buffon, *Epoques de la nature*, 第七时代。他提出了关于物种的有益性改进的学说，这预示着达尔文的理论。

土地上的那个小小民族①。人类历史就像其他事物一样，是个自然现象；它的方向取决于它的构成要素；没有任何外部力量支配历史，历史是由其内部力量塑造而成的：历史不会走向某个目标，它只是产生某种后果。而主要的后果就是人类思想的进步。"在众多劫掠和毁灭之后，我们看到了一种对秩序的热爱，它暗中激励着人类，防止人类彻底的毁灭。正是自然中的这一活力反复积聚力量；是它构成了各民族的法典，正是因为它，人们才尊重法律及执法者，无论是在东京、福摩萨岛还是在罗马"。因此人身上有"理性原则"，即一种会向他提示有益之思想的"机械本能"②，以及一种给他提示道德观念的本能。这两种本能是人的构成要素，出生时就具有，"就像鸟儿有羽毛，熊有浓密的皮毛一样"。因此人从本质而言是可以完善的，当他的思想和状况改善之时，他只会遵照自然行事。野蛮的"巴西人是一种尚未达到人的完善境界的动物；他还是一只禁锢在茧中的毛毛虫，要几个世纪之后才能化身为蝴蝶"。杜尔哥（Turgot）和孔多塞把这种观念推得更远③，在各种夸张说法之后，我们终于在18世纪末看到了现代进步理论的诞生，这个理论将我们全部的希望建立在科学的无限发展之上，建立在科学发现被应用之后人类生活福利的不断增长之上，建立在科学发现推广之后人类思想中缓慢贮存的良知的增长之上。

要完成这种历史学的奠基工作，还需要提出第二个原则。这个原则是孟德斯鸠发现的，它至今仍是我们用以构建历史学的基础，如果说我们必须以这位大师的理论为建筑的根基，那只是因为已经增长了的学识使我们获得了更多更可靠的素材。在一个人类社会中，各个部分都相互依赖；人们在改变某一部分时，必然会在别的部分中引起相应的变化。制度、法律、风俗根本不是任意偶然地

---

① *Remarques de l'Essai sur les moeurs*："可以用神学话语来谈论这个民族，但在历史中，它没有什么地位。" —*Entretiens entre A, B, C, 7e entretien.*
② 富兰克林这样定义人："制作工具的动物"。
③ Condorcet, *Esquisse d'un tableau historique des progrès de l'esprit humain.*

累积在一起的，它们出于方便或必要性而彼此联系在一起，就像一曲合唱[①]。根据权威掌握于所有人之手、少数人之手还是一个人之手，根据君主是否承认在他之上还有确定的法律、在他之下是否有中间权威，一切都可以并能够按照先见之明及某种常量区分开来，如公共精神，教育，审判形式，刑罚的性质和等级，妇女的身份，军事制度，以及税收的性质和规模。众多的次要轮系都依附于中央大齿轮。因为，钟表之运转得益于其各个部分的协调，故如果此种协调不再存在，钟表也就会坏掉。不过，除了主要弹簧，还有其他弹簧，后者对前者也起作用，或与前者协同运转，这些次要弹簧使得每个钟表都有独特的运转方式。这样的次要弹簧中，首先是气候，也就是冷热温度、干燥和潮湿程度，这方面的差异对人的精神和体质造成无限的影响，因而也对政治、民事和家庭的奴役和自由造成巨大影响。此外，土地的肥沃与否、其位置与幅员也是这样的弹簧。物质生活也是这样的弹簧，如人民是猎手、牧人还是农民。种族的繁衍能力也是，如人口增殖的快慢，如男子或女子的过剩。最后还有民族性格和宗教。所有这些原因相互叠加或相互限制，它们一起缔造出最终的结果，这个结果就是社会。社会不论其简单与复杂、稳定与变动、野蛮与开化，它本身都是有存在理由的。人们可以解释它的结构，不管结构多么奇特，解释它的制度，不管这些制度看起来多么自相矛盾。无论繁荣、衰退、专制还是自由，都不是掷骰子那样取决于偶然和概率，也不是个人在舞台上率性而为所成。所有这些都有其原因和条件，我们所有人都不能逃脱之。不管怎样，认识这些原因和条件对我们总是有益的，也许这能改善我们的处境，或者能使人更有耐心地忍受现状，或者可以进行一些适当的改革，或者放弃不可行的改革，或者能够获取成功的技艺，或者

---

① *Esprit des Lois*，序言："我首先考察了人，我认为，在法律和风俗的无限多样性之中，人并不都是只受其幻觉的指引。我提出了一些原则，我看到特殊情况也服从这些原则，所有民族的历史都只是这些原则的结果，每种个别的法律都与另一种法律有关系，或服从另一种更为普遍的法律。"

培养出教人克制的谨慎。

IV

这样我们就来到了道德科学的核心，它探讨的是普遍的人。我们要研究的是灵魂的自然史，就像研究其他所有问题一样，我们要摒弃先入之见，只考虑事实，以类比为向导，从源头开始，步步追踪发展过程，这个过程就是一个原始未开化的野蛮孩子，成长为开化了的理性人的过程。我们考察一下生命的开端：人在出生之时是处于阶梯最末端的动物。我们最先在他身上看到的是感觉，这样或那样的感觉，或惬意或痛楚，接着是某种需要、某种趋向、某种渴求，最后，由于某种生理机制的作用，我们可以看到一些自觉或不自觉的运动，它们的准确性、恰当性和协调性程度不一。这个最简单的事实不只具有原始性；而且具有始终如一的普遍性，因为我们在每个生命中的每个时刻都能碰到，无论其形式是最为复杂还是最为简单。因此我们要寻找一下，是否有一条将我们的整个思维串在一起的线索，这一针针地串联起来的自发进程，最后是否编织出我们思想和激情的整个网络。根据这一观念，孔狄亚克以一种不可比拟的精确和清晰，对几乎所有重大问题都给出了答案，对于这些答案，19世纪初复苏的神学偏见、定见和从德国输入的形而上学使我们不再相信它们，而在今天，随着观察的复兴、新创立的精神病理学和活体解剖的日益发展，这些答案又被复活、被论证和被完善①。洛克已经说过，我们所有的思想，其第一源泉都是外在或内

---

① 皮奈尔（Pinel）（1791）、埃斯基罗尔（Esquirol）（1838），论精神病；普罗查斯卡、乐高鲁瓦（Le Gallois）（1812）及随后的弗鲁朗（Flourens）论活体解剖；18世纪末，哈特利（Hartley）和詹姆斯·密尔（James Mill）在心理学方面遵循与孔狄亚克同样的理路；今天，整个心理学又重新回归了【德国的冯特（Wundt）、赫姆霍茨（Helmhotz）、费希纳（Fechner），英国的拜因（Bain）、斯图亚特·密尔（Stuart Mill）、赫伯特·斯宾塞（Herbert Spencer）和卡彭特（Carpenter）】。

在的经验。孔狄亚克还论证说，所有感知、记忆、观念、想象、判断、推理、认知，都是对"现实元素"的严格意义上的感觉或再现的感觉；我们更高级的思想也不是别的物质；因为物质简化为符号，而符号自身就是某种特定类型的感觉。因此，感觉是人类智力的物质，这跟动物的智力是一样的；但前者远远超越后者，因为它创造了符号，因而能够分离、萃取和标明感觉中的片段，就是说，能够形成、组合与运作普遍的观念。在此基础上，我们能够检验我们所有的观念；因为我们能够通过反思，来再造、重构所有未经反思而构建起来的东西。一开始，根本不存在抽象定义；抽象是随后派生出的；每种科学中，应该放在首位的是样本、经验和可感知的事实；我们正是从它们之中萃取普遍观念的。同样地，我们可以从几个同级别的普遍观念中，提取另一个更为普遍的观念，如此步步推进，始终遵循自然秩序的规则，通过持续的分析和明白的表述。以数学为范例：数学已经从以手指计算发展到数字计算，然后发展到字母计算，数学还提示人们借助理性去观察，它通过符号的外在类比描绘出数量上的内在相似性。通过这种方法，借助于更为精妙的语言，科学便能达到完美之境界[①]。由于日常方法被颠倒，我们一下子避免了所有言语上的争吵，我们不用受人类语言的迷惑，我们的学习简化了，我们可以换一种教育方式，我们的创造发明有了保障，我们可以对所有论断进行检验，我们可将所有真理置于全部的思想范围之内。

V

因此这种方法应该运用于所有科学，尤其是道德和政治科学。应依次考察人类行为的不同领域，分解我们用以理解人类行为的

[①]　Condillac, passim, 尤其是其最后两部作品, *Logique* 和 *Langue des calculs*。

主要观念，如宗教观念，社会和政治观念，实用、财富和贸易观念，正义、法律和义务观念；我们应回溯到可感知的事实，回溯到最初的经验，回溯到包含着观念之基本要素的简单事件；从中提取完整而纯粹的珍贵矿脉；将这些矿脉和观念重新组合，确定其意义及价值；用得出的准确科学的定义取代最初的模糊而粗俗的观念，好比以加工提纯的金属取代最初得来的不纯金属一样：这就是哲人们以分析的名义教导的普遍方法论，这种方法论可以总括这个世纪的全部进步。在这一点上，也仅仅在这一点上，哲人们是有道理的：真理，全部的真理，都在可观察的事物之中，唯有以此为出发点，方能获得真理；要想取得科学发现别无他途。当然，只有在矿石含量高，且开采者掌握萃取方法时，科学探究才会有成果；要想获得关于国家、宗教、法律、财富的正确观念，应该首先成为历史学家、法学家、经济学家，应该搜集了大量事实，而且，除了广博的学识，还应具备娴熟的专业技能。还有，如果这些条件都只得到一半的满足，科学研究便只能产生不完善的成果，或是些可疑的产品，这是一种科学的毛坯，如卢梭的教育学原理，如魁奈（Quesnay）、斯密（Smith）和杜尔哥（Turgot）的政治经济学，如布罗斯（Brosses）庭长的语言学，如边沁（Bentham）的道德算术和刑法学。最后，如果这些条件中的任何一个没有得到满足，那么，书斋里的思辨者、沙龙中的业余爱好者、公共场所的江湖骗子们进行的科学探究活动，便只能导致有害的合成物和致命的爆炸。不过，好的规则终究是好的，即便是它在被无知和仓促滥用之后，虽说今天我们批判在18世纪失败了的事业，但这种批判仍然是在那个时代留给我们的框架范围之内进行的。

第二章　第二个要素：经典精神

I. 经典精神的征象，持续的时间和力量—它的起源和它的信众—它的词汇、语法和文风—它的方法、它的优点和缺点。

II. 它源头上的缺陷—这一缺陷在17世纪的表现—缺陷随时间和成功而扩大—缺陷在18世纪扩大的证据—严肃诗歌，戏剧，历史，小说—关于人和人生的观念在18世纪被缩减和简化。

III. 哲学方法在追随它—意识形态—数学方法的滥用—孔狄亚克，卢梭，马布利，孔多塞，沃尔内（Volney），西耶斯（Siéyès），卡巴尼斯（Cabanis），特拉西（Tracy）—过度的简化和过分大胆的建构。

新的真理构筑起来的宏伟辉煌的大厦就像一座塔楼，底层的完工很仓促，而且一下子就对公众开放。公众登上塔楼，建筑师们对他们说，若要最终认识他们居住的国度，不要举目向天，不要去注视空中，而要观察面前和周围的东西，地上的事物。当然，这个看法并不错，这个建议也很明智。但如果据此认为公众能进行公正的观察则是错误的；因为还应该考察一下他们眼睛的状况，看看他们是否老花或近视，他们的视网膜是否因为习惯或本性而不适于感知某些色彩。同样地，我们也要考察一下18世纪的法国人，看看他们眼睛的内部结构，具体来说，就是他们带到新的真理之塔上的固定思想形态，但他们并不知道这一点，也不愿意知道。

I

这种固定思想形态就是经典精神（l'esprit classique），它已经被运用于当时的科学中，也产生了18世纪的哲学和大革命的理论。可以从各种征象看出它的存在，尤其是在流行的演说风格之中：它讲究规则，务求表达之准确，但通篇都是些普泛的说法和与之相仿的观念。这种思想形态延续了两个世纪，从马莱伯（Malherbe）和巴尔扎克（Balzac）直到德里耶（Delille）和丰塔纳（Fontanes）先生；在这么漫长的时间里，没有哪个人的思想敢于并能够逃脱它的控制，例外的也许只有两三个，而且还是表现在诸如圣西蒙（Saint-Simon）的秘密回忆录和米拉波侯爵的私人信件中。这种思想形态远未随旧制度一起结束，大革命的所有演说、所有文字，直至所有语句和词汇，都是从这个模子中锻造出来的。然而，这个模子事先就已铸好，被树立起来之后为人接受，由于人的本性、由于传统和教育，整个思想都被禁锢在里面，还有哪种东西比它更有效力呢？因此思维的模子是一种历史力量，它具有头等意义。要想认识它，且看它是怎么形成的。它的成型，与有秩序的君主制和有教养的谈话艺术的形成是同步的，这并非出于偶然，而是出于自然。因为铸造这种思维模子的创造者，正是当时缔造新制度和新风尚的那个新的公众阶层；我指的是被不断扩张的君主制国家从事务中剥离出来的贵族，出身和教养良好的人士，这些人远离实际行动，投身言谈交流，闲暇时光用来品味思维中严肃或精妙的乐趣[1]。最后，他们没有别的事，也没有别的爱好：交谈，倾听，互相之间轻松愉悦地交流，话题无所不包，不论严肃的还是轻松

---

[1] Voltaire, *Dictionnaire philosophique*, article *Langue*. "在欧洲所有语言中，法语应该是最讲普遍性的，因为它最适合于交谈。这一特性根源于讲法语的人民的特性之中。150余年来，法国人最了解社交，并且最早将各种麻烦从社交中剔除掉……这种通货比其他通货更为通用，虽然它并不以重量计。"

的，只要它们能提起社交场上男男女女的兴致，这才是他们的大事。早在17世纪，这些人就被称作"体面人"；后来的作家，即使是最抽象的，都是为了这些人而写作的。笛卡儿说，"体面人不需要博览群书，也不需要认真学习学校里的各种课程。"他的最后一本论著的标题是，"以自然之光追求真理，唯有不求助于宗教和哲学的自然之光，方能确定，一个体面人对应该成为思考对象的事物应该具有的观点"①。的确，在他的哲学中，他自始至终都只要求读者具有"自然的良知"，全部的思想训练，就是将自然的良知与现实世界提供的即时经验结合起来。由于体面人是观众，因而也是法官。莫里哀说②，"应该研究的是宫廷的趣味，没有哪个地方能给出如此公正的评判……简单的自然意识和与整个上流社会的交流，能培养一种无可比拟的思想方式，它可以更为细腻地判别事物，这远甚于学究们脑子里淤塞的全部学识。"从这时候起，可以说不再有以前那种真理与趣味的评判者了，比如大学者斯卡里杰（Scaliger），现在的裁决者是社交界人士，如拉罗什福柯（La Rochefoucald），如特雷维耶（Tréville）③。学究以及随后的学者和专业人士，都靠边站了。据帕斯卡尔的说法，尼科尔（Nicole）曾认为："真正的体面人根本不需要掌旗手。别人根本猜不透他们，他们一进门就会谈论别人谈论的东西。他们根本不能被称为诗

① Descartes, éd. Cousin, t. XI, 333, 340; I, 121. 令笛卡儿沮丧的是，"不用推理得来的最简单的知识，如语言、历史、地理知识，一般说来全都只依赖于经验……一个体面人没有必要了解瑞士与布列塔尼的语言，同样也无须了解希腊语和拉丁语，无论是欧洲最小国家的历史，还是希腊罗马帝国的历史，也都无须知道"。

② Molière, *Les Femmes savantes et La Critique de l'Ecole des femmes*. 多朗特（Dorante）在面对里希达斯（Lysidas）、克里坦德尔（Clitandre）在面对特里索丹（Trissotin）时的角色。

③ 学究于埃（Huet,1630—1721）仍然带有17世纪的趣味，他曾按自己的看法非常准确地描述过这种变化。"当我进入文学圈时，文学尚很繁荣；大人物在维持着文学的光荣。我目睹了文学的衰落，最后几乎堕落到彻底的颓败中。因为今天我认识的人，几乎没有一个能被称为真正的学者。"—杜康奇（Du Cange），像马比荣（Mabillon）那样的几位本笃会修士，以及稍后的科学院院士弗雷莱（Fréret）、布雷基尼（Bréquigny）、第戎的布叶尔庭长，简言之都是名副其实的博学之士，不过他们并非没有影响。

人或几何学者，但他们能裁决所有这类问题。"①到18世纪，他们的权威至高无上。伏尔泰曾说，在由大量"愚笨之人"和随处可见的冬烘组成的群氓之中，"有一个被称为'上流社会'（la bonne compagnie）的小群体；这个小群体很富裕，有教养，有学识，有礼貌，他们是人类之花朵；最伟大的人物为他们工作，因为是他们授予别人声望"②。仰慕、恩惠和地位，不属于那些配得上的人，而属于为这个小群体服务的人。毛里修士说："在1789年的法国，法兰西学院是唯一受尊重的，只有它能够授予实在的身份。科学院在舆论中没有任何地位，更不消说铭文科学院了……语言是傻子的科学。达朗贝尔以入选科学院为耻。数学家、化学家之类的人，其倾听者只有一小撮人；文学家、演说家则对所有人说话。"③在如此大的压力之下，思维就必须配上演说和文学伎俩，必须迎合其公众的渴求、陈规、品味，及其期待和学识的层次。经典的思维模子由此铸就：它由面向沙龙听众的说话、书写和思考的习惯构成。

这种情形显而易见，只要瞥一眼语言和文风就够了。以阿米约（Amyot）、拉伯雷、蒙田为一端，以夏多布里昂、维克多·雨果、奥诺雷·德·巴尔扎克为另一端，经典法语就诞生和终结于这两端之间。从一开始它就有了自己的名字：这是体面人的语言，它不仅是为了他们创造的，而且就是他们创造的④，他们的秘书沃热拉（Vaugelas），30年间专注的只是将有关"优美用语"的决定记录下来。因此，这种语言的所有领域，无论是词汇还是语法，都在改革之中，改革以体面人的精神（那种占统治地位的精神）为楷

---

① Nicole, *Oeuvres morales*, 有关慈善和自爱的第二章，142。
② Voltaire, *Dialogues, L'intendant des menus et l'abbé Grizel*, 129.
③ 毛里还以常有的粗暴口气补充说："在法兰西学院，人们看待科学院的成员就像看待听差一样。"——当时的听差有拉瓦锡、富尔库瓦（Fourcroy）、拉格朗日和拉普拉斯等人（约瑟夫·德·迈斯特伯爵的叙述，圣伯夫引述，*Causeries du lundi*, IV, 283）。
④ Vaugelas, *Remarques sur la langue française*: "宫廷最纯洁的人士的说话方式，与这个时代最纯粹的作者的书写方式是一致的……最好征询不进行研究的妇女和男子的意见，而不是去咨询精通希腊语和拉丁语的学者。"

模。首先，词汇简化了。专业学术和技术经验中使用的大部分词语从话语中被剔除了，如专门的学院术语，科学、工艺和家政用语，因为它们都太贴近特别的职业和工作，不能在普泛化的谈话中使用。很多表现乡间风情的富有表现力的词语被排斥，因为它们粗俗、生硬、原始，都是地方的、地区的或个人的产物；被排斥的还有所有民间通用的表达方式[①]，很多耳熟能详、直截了当的粗暴用语，所有有伤风化的辛辣比喻，还有几乎所有率性而成的说话方式，这些方式能在人的想象中形成色彩斑斓的形象，对事物的表达准确完整，但它的刺激和震荡太激烈，有悖于文雅谈话中的礼貌规范。沃热拉说："在一个社交圈子中，一个糟糕的用词就足以让某人受到鄙视。"大革命前夕，卢森堡夫人若要谴责某个人用词不当，就足以将此人打入"另类"，因为良好得体的用语始终是体面举止的组成部分。由于持续不断的刮蚀，语言被简化，逐渐丧失了色彩：沃热拉当时就说，阿米约使用的一半单词和用语被删除了[②]。只有几个例外：拉·封丹（La Fontaine），这位率真而孤独的天才重新打开了古老的活水源头；拉布吕耶尔，一位开辟新源泉的大胆探索者；伏尔泰，他在大量匿名和化名的作品中简直是妖魔附体，其想象力的狂暴和粗犷纵横恣肆[③]。有一天，葛雷塞（Gresset）在科学院的演说中斗胆用了五六个被淘汰的词语[④]——我想大概是跟车辆和发饰有关的词——听众之中一片哗然；在漫长的退隐生涯中，葛雷塞已经沦落为乡下人，不再有发言机会了。渐渐地，人们终于只靠"普泛的表达法"去组织言语了。根据布丰的

[①] 在18世纪，达尔让松侯爵下野和失宠的一个原因，就是他经常使用这类语汇。

[②] Vaugelas, *ib.* "虽然这类单词和用语的一半已经被我们清除，但我们不能让人在另外一半的词语中发现几乎全部的让我们赖以炫耀和自豪的财富。"请比较16世纪的三两位作家的用语与17世纪两三位作家的用语。这里我概述一下比较的结果。如果拿着笔对100页文字做比较，你会对二者的差异感到震惊。可以选取夏隆（Charron）和尼科尔为比较的范例，他们都是同一类型的二流作家。

[③] 例如《哲学词典》中的文章《论无知》。

[④] Laharpe, *Cours de littérature*, éd. Didot, II, 142.

格言，人们甚至可以用它们来指称个别事物。这是符合教养规范的，因为这种教养意味着清除、弱化或避免不拘礼节的粗俗腔调。同样，很多思想，如果其表达不能做到半遮半掩，就会显得粗鄙下流。这也更适合于慵懒的专注力；唯有交谈中的普遍用语能暂时唤醒常见的流行观念；唯有通过这些用语才能表明某人出入沙龙；相反，个别词语需要记忆力和想象力；比如，当谈到野蛮人或古代法兰克人时，如果我说"战斧"（hache de guerre），所有人都会马上就明白，如果我说戚（tomahawk）或法兰克古斤（la francisque）时，有人会以为我说的是条顿语或易洛魁人的语言①。在这方面，文学体裁地位越高，用词的顾虑也就越多；诗歌排斥了所有专门词汇；如果诗句中有这样的词，应该回避，或用其他说法代替。18世纪的诗人，几乎只能使用词典中1/3的词语，到后来，诗歌语言受到极大束缚，以致当人们要表达某种事物时，他可能无法以韵文来表述。

反过来说，越是修剪，越是明晰。当可供选择的词汇缩减之后，法语能够言说的东西变少了，但它能以更符合准确更情况的方式来言说。"文雅，精确"，这两个与法兰西学院同时诞生的词语，便是对一场以该学院为依托的改革的总结，而沙龙则借助学院并与学院一起将改革的成果推向公众。退隐的大领主、闲散的贵妇人为了创制箴言、定义和肖像，而乐于澄清这些词语的细腻之处。作家们和社交场的名流们，以令人钦佩的严谨和无限细腻的技巧，去考量每个词汇、每个用语，确定它们的含义，衡量它们的力度和范围，指出它们的近似者、它们的用法和关联；法兰西学院成员沃热拉、夏培兰（Chapelain）和孔拉尔（Conrart）开创的语言精确化事业此后一直在延续，一直到古典主义时代的末期；大功告成的

---

① 随便举个例子：他在柯兰·达勒维尔（Colin d'Harleville）的《乐观派》中发现了如下的话："舞台上呈现出一个树丛，树丛中全是芬芳的树木。"如果说树丛中有丁香、椴树、山楂树之类的树木，那是违反经典精神的。同样，在风景绘画中，树并不是为人熟知的某种树，而是普遍的树木。

标志有：波泽（Beauzée）和吉拉尔（Girard）的《近义词》，杜克罗（Duclos）的《评论集》，伏尔泰关于高乃依（Corneille）的《评论》，拉哈尔普（Laharpe）的《吕克昂》[①]，此外还有大大小小的用词精确的作家为表率。当建筑师被迫使用公共大道上的铺路砖来建造时，他比任何人都更了解每一块石头：它的尺寸、它的切面、它的抗力、它可能的附着物，以及它合适的位置。有了这个条件，剩下来的就是以较小的代价尽可能坚固地建造，于是语法也像词典一样，在同一个方向同时进行改革。词语从此不再按印象和情绪的指令来排列；按新语法的要求，单词顺序应严格遵循永恒不变的思维秩序。作家失去了强调和突出他感受最强烈的首要印象或对象的权利：框架已经拟定，位置事先就已指定。言语的每个部分都有它的位置：任何的省略和位移都不允许，而在16世纪是可以这样做的[②]；所有部分都应各就其位，首先是主语及其附带物，随后是动词，接着是直接补语，最后是间接补语。同样，句子也是一个层次分明的组合物，根据经典思想的安排，实体居于首位，其次是性状，再次是性状存在的方式；这好比优秀的建筑师先要奠定基础，然后是砖石结构，接下来是附属构件，于是，建筑物的每一部分都是接下来的组成部分的依托，这是出于节约和谨慎的考虑。没有哪个句子需要些微的专注，句子的每一片段都肯定见不到附加物，各部分之间也不会有不协调[③]。简单句的组合方式，同样也是复合句、段落、段落序列的组合方式；这种组合方式决定了文风，正如它决定了句法一样。在整个宏大的建筑物中，每一个小建筑都有特定的位置，而且只能有一个。随着论说的展开，每次定位都应按时完成，决不可提早，亦不可延后，否则会出现冗余构件，而合理的

[①] 参阅拉哈尔普在《吕克昂》（*Lycée*）中对每个戏剧的分析，以及关于文风的详细评论。

[②] 代词我、他、我们、你们、他们，冠词le、la、les，动词，尤其是系动词est是可以省略的。关于词序的变化，只要看看拉伯雷、阿米约或蒙田的一页文字就行了，在他们的笔下，词序变化丰富多样。

[③] Vaugelas, *ib.* "没有哪种语言更加敌视模棱两可及各种含混了。"

构件则会侵占其邻居的空间；位置各得其所之后，所有构件都彼此相连，它们应为单一的目标而协同全部的力量。于是，在一篇由各个不同的自然意群、各种封闭且完善的整体构成的文字中，各部分之间首次没有僭越和被僭越。从此人们不可再随兴所至地任意书写，不可一股脑儿地倾泻思想，不可以用插入语中断表述，不可没完没了地引用和列举。目标已经给定：应该证明某个真理，寻找某个定义，进行某种论证；为此应该始终笔直向前。条理、连续性、渐进性、转折过渡的周密、展开时的密致：这些便是此种文风的特点。文风的流传如此深广，以致家庭通信、小说传奇、社交场上的谈笑、打情骂俏和搞怪作乐，全都开始成为千篇一律的雄辩术的片段[1]。在朗布伊埃的公馆中，解释性复合句展开时的幅度和严格性，有如笛卡儿的理论。在斯居德里（Scudéry）小姐的言论中，最常用的词汇中有一个是连词因为。人们以环环相扣的推理推演出激情。沙龙中的殷勤延伸为像学术论文一样和谐的语句。刚刚成型的工具已经展现出它的能力；人们知道，这工具是为解释、证明、说服和普及而创造出来的；一个世纪之后，孔狄亚克可以不无道理地声称，他将这个工具改造成分解和组合的系统程序，一种类似于算数和代数的科学方法。这个工具至少有一个无可争辩的优点：从几个常用的术语出发，它能轻易而迅速地引导任何读者从简单的组合序列走向最高超的组合[2]。因此，到1789年，法语位居所有语言的魁首。柏林科学院曾以解释法语的优越性为征文题目。全欧洲都在说法语。外交语言只使用法语。它的国际化就像从前的拉丁语，看来此后它就是理性的特选表达工具了。

---

① 参阅17世纪的主要传奇小说，如 *Le Roman bourgeois* de Furetière, *La Princesse de Clèves* par Mme de la Fayette, *Clélie* de Mlle de Scudéry, 以及 *Le Roman comique* de Scarron。——见巴尔扎克、瓦迪尔的作品及他们之间的通信，*Récit des grands jours d'Auvergne* par Fléchier, etc. 关于这种风格的演说，参阅Sainte-Beuve, *Port-Royal*, 2e éd., I, 515。

② Voltaire, *Essai sur le poème épique*. "我们的民族在外人看来十分轻浮，但在文字上，它是所有民族中最明智的。讲求方法是我们作家的决定性品质。"

但它只是某一种理性的工具，这就是推理理性，它企图以最少的准备工作、以尽可能最大的方便去思考，它满足于自己的成就，它不想去增加或革新这些成就，它不知道或不想去把握现实事物的丰富和复杂。因为纯粹主义、因为对专门术语和激烈表达方式的蔑视、因为铺陈中细致入微的规则性，经典文风不能完整地描绘或记录经验之中变幻不定的无尽细节。它拒绝表现事物的外在形象，观察者的直接感受，激情的高低两端，活生生的、全然个人性的、神情丰富的容貌，简单来说，这种容貌是不可胜数的动态协调特征的独特汇聚，它不是由普遍的人类特征，而是由具体人的特征构成的，这种容貌，就算圣西蒙、巴尔扎克、莎士比亚也不能描绘出来——如果他们使用的，并且可大胆丰富的语言，不能细腻地区分他们观察到的层出不穷的细节的话[1]。采用这种文风的话，无法翻译《圣经》、荷马、但丁、莎士比亚[2]；读者不妨看看伏尔泰翻译的哈姆莱特的独白，您看到的无非是一段抽象浮夸的演说，他的《奥罗斯曼》中的奥瑟罗（Othello）也大抵相当。关于卡里普索岛，读者先看看荷马，然后再看看费内隆："蛮荒的岩石岛屿，海鸥和其他长着长翅膀的海鸟在那上面筑巢"，这个岛屿在漂亮的法语散文中成了某种"愉悦眼目"的公园。18世纪的同时代小说家，而且同样处在经典时代，如菲尔丁（Fielding）、斯威夫特（Swift）、笛福（Defoe）、斯特恩（Sterne）、理查森（Richardson），只是在经过删改之后才被法国人不冷不热地接

---

① 弥尔顿（Milton）的作品包含大约8000个词。"莎士比亚语言表达之丰富很可能超过任何语言中的任何其他作家，他的作品大约包含15000个词。"（Max Müller, *Lectures on the science of language*, I, 309.）相比之下，拉辛（Racine）词汇之有限真是件有趣的事。斯居德里小姐的小说，词汇更是极端有限。*La Princesse de Clèves*是17世纪最优美的小说，其单词量缩减至极端。一原法兰西学院的《词典》共收词29712个，H. 埃斯蒂安（H. Estienne）的《希腊语大全》收词约15万。

② 请比较M. 德萨希（M. de Sacy）的圣经译本与路德的圣经译本，比较M. 达西埃（M. Dacier）、比托贝（Bitaubé）等人的荷马译本与勒孔特·德·里尔（Leconte de Lisle）的荷马译本，比较拉谢尔（Larcher）翻译的希罗多德和库里埃（Courier）翻译的希罗多德，佩罗（Perrault）翻译的《民间故事集》和格林（Grimm）翻译的《民间故事集》，等等。

受；他们的用词太直率，场景太激烈；他们的放肆、他们的粗俗露骨、他们的怪诞造成了污点；翻译者会删减、淡化，有时则在译序中为保留的内容请求原谅。在法语中，空间都是留给真实而狭小的部分的，而持续的纯化使得这个部分日益局促。用它自己的话来说，经典文风越来越有可能将那些苍白干瘪的套话（lieux communs）作为素材。它可以对这些套话进行拉伸、交错和编织，但它的逻辑齿轮中只能碾出脆弱的镀金线；人们当然可以赞赏这个产品做工优雅，但在实际中，它或者鲜有用处，或者毫无用处，或者只有危险的用途。

根据这种文风的特点，我们可以猜到将它当作表达工具的思想的特点。人类的智力行为由两大基本活动构成。智力在面对事物时，会获得准确、完整和深度不尽一致的印象；离开事物之后，智力对印象进行分解、分类和安排，并以精妙程度不一的方式，将从中提取的观念表达出来。在第二种活动中，经典主义占据高级地位。经典思想必须迎合它的听众，也就是那些根本不专业但又很挑剔的社交人士，因此它必须着力完善博取听众并让他们理解的技艺，也就是措辞和书写的技艺。通过精微的技巧和繁多的小讲究，它将读者引上和缓而笔直的思想阶梯，一步不落，从最底层到最高层，因此人们的步伐总是均匀和连续的，带有漫步时的安稳和惬意。绝没有中断，偏离亦不可能：台阶两边都有栏杆可扶靠，每个观念都通过转折而在后面的观念中继续着，这种转折不知不觉，人也在不经意间前行，不会停顿也不会偏移，直到那个可以让它安坐的终极真理。整个经典文学都打上了这种思想才具的烙印；没有哪种文体不受其浸润，不吸收优良论说的长处。它支配着一些本身而言只能算半文学的文体，但正是由于此种才具的影响，它们成了文学，转变成精美的文字艺术品，而从素材而言，它们似乎应该归为科学书籍，诉讼文本，历史文本，哲学论著，教义说明，宣誓词，论战书，论文或证明，有的甚至应算作词典；从笛卡儿到孔狄亚克，从博叙埃到布丰和伏尔泰，从帕斯卡尔到卢梭和博马舍，一句话，几乎全部的散文，甚至包括官方书函、外交信件、私人通信，以及出自塞维涅（Sévigné）夫人到德芳夫人等所有有心妇女的完美文字，全都是这种性质。经典思想也统治着本身就属于文学的文体，但这些文体从它那里汲取了演说技艺。经典精神要求戏剧作品有一种严格的程式，一种按部就班的布局[①]，各种精心计算的比例，各种断裂和连接，以及连续和发展的特性，总之就像一篇演说词一样；而且，经典精神只容忍完美的言说。戏剧中没有哪个人物不是炉火纯青的演说者；在高乃依、拉辛，甚至在莫里哀的作品中，主角的心腹，蛮族的国王，年轻的骑士，沙龙里的风情女，甚至仆役，在谈话艺术方面全都表现得像个老到的师傅。人们从未见过如此精巧的开场白，如此妥帖的论证，如此恰当的推理，如此细腻的转折，如此言之有据的结论。从来没有哪个对话如此类似一场演说比武。所有叙述，所有形象，所有的事物陈述，都可以提取出来作为教学的楷模，就像古典讲坛上的杰作一样。戏剧中这方面的偏好十分强烈，以致在紧要关头、在最后的痛苦来得最剧烈之时，剧中人物还会旁若无人地为他的谵妄寻求哀诉的工具，好在雄辩滔滔中死去。

II

这种过分就已经说明缺陷所在。在构成了人类思想的两大行为中，经典主义在第二种行为中的运用比第一种更好[②]。但是，前者损害了后者，言说始终要得体的要求，妨碍了说出应说之事的责任。在经典思想中，形式的漂亮盖过内容之丰富；最初印象虽是源头活水，但人们把它禁锢在规则性的渠道中，让它丧失了力量、深

---

① Racine, *Discours académique*，为接受托马斯·高乃依（Thomas Corneille）所作："在这篇戏剧诗歌的混乱之中，您杰出的兄弟让人在舞台上看到了理性，但理性伴随着各种浮夸、各种竭尽我们语言所能的装饰物。"

② 指上一段中提到的思维的两大基本活动。——译者

度和热度。因此，严格意义上的、近乎梦思和幻觉的诗歌是无法产生的。抒情诗夭折了，史诗同样如此[①]。话语与音乐和绘画交融的高妙境界，诗歌从来没有达到过。诗歌中从来没有激烈感受的自发呼喊，听不到充沛灵魂[②]为自我舒缓而在孤独中自诉衷肠。如果戏剧诗歌中需要创造人物形象，经典模子只能塑造出一种类型：就是通过教育、出身和模仿而始终言辞得体之人，换句话说，社交界人士。从高乃依和拉辛直到马里沃和博马舍，戏剧舞台和其他场合没有其他类型。这种习惯如此强烈，以致拉·封丹笔下的动物、莫里哀剧中的女佣和男仆，直到孟德斯鸠书中的波斯人，伏尔泰笔下的巴比伦人、印度人和密克罗梅加人（micromégas），也都是这种类型。需要补充的是，这些人物只有一半是真实的。一种鲜活的性格中有两类特点，第一类特点数量很少，它们也是社交界人士共有的，而且任何观众和读者都能轻易辨识出这些特点；第二种特点为数众多，它只属于鲜活的个人，只有通过某种努力才能把握。经典艺术只关心第一种特点，一旦有了定见，它就会抹杀、忽略第二种特点或将其置于次要地位。它创造出的不是真实的个人，而是普遍性的角色，如国王，王后，年轻的王子，年轻的公主，心腹人物，大祭司，卫队长，他们具有某种普遍的激情、习惯或癖好，有爱、野心、忠诚或背叛，有专断或驯服的禀性，有邪恶或天真的善良。对于在缤纷多彩的人物性格之塑造中最具力量的各种具体时空环境，这种艺术很少提及，它对这些东西只有抽象观念。说实在的，在悲剧中，这种场景到处都是，可以说，整个世纪都是这样，这个说法比在任何时代和任何地方都更加确切。这就好比一座殿堂，所有历史和个人的印记都被抹去，某种统一的规章决定了那种既非法

---

① Voltaire, *Essai sur le poème épique*, 290. "应该承认，要法国人创作史诗比其他人要难……为什么我敢这么说？这是因为，在所有有教养的民族中，我们是最缺乏诗意的。在法国，最流行的韵文作品是戏剧作品；这些作品应该是以贴近谈话的自然风格写出来的。"

② 除了帕斯卡尔的《思想录》。这是一个狂热、病态的基督徒草草写下的笔记，而且肯定与后来出版的整本著作有出入。

国亦非外国、既非古代也非现代的举止和衣装①。在这个抽象的世界里，人们总是以"您"、"阁下"、"夫人"相称，这种高贵的做派给最不相同的性格也披上了帷幔。当高乃依和拉辛以其优雅浮华的韵文让我们瞥见当时的人物形象时，其实他们对此并无意识：他们觉得描绘的就是真实中的人物；然而，如果说我们今天能在这些人物身上看到骑士、决斗者、冒充好汉的、投石党运动中的政客和女主角们，有时也能看到循规蹈矩的君主制度下的廷臣、亲王、主教、宫廷梳妆女官和青年侍从，之所以能如此，是因为他们的笔触不经意间饱蘸了自己的经验，一不小心就会在苍白的理想轮廓上流露出些许色彩，这种轮廓非他们不能勾画，但它仅仅是一种轮廓，一个以正确的导向涂满了整齐划一的灰暗色调的总体梗概。即便在按照成规描绘环境风俗的喜剧中，即便在直率大胆的莫里哀笔下，形象描绘也是不完整的，人物特性被抹杀，脸孔时而成为舞台上的面具，人物有时丧失生气，尤其是在吟诵韵文时，这时他几乎只是长篇大论或论说文的发声器②。有时作者忘记向我们指出人物的地位、身份和家境，他是贵族还是市民，外省人还是巴黎人③。这些作者很少像莎士比亚那样，让我们感受人物的外表，他的性格，他的精神状态，他的口音是粗暴还是滞缓，他的举止是断续跳跃还是刻板拘泥，他是瘦子还是胖子④。一般情况下，这类作者不会费心去给人物找个专门的名字；人物的名字诸如克

---

① 在木版画馆中，可以看到绘制着18世纪中叶舞台上的主要人物的衣装。今天扮演布里塔尼库斯（Britannicus）和伊斯塔（Esther）的演员，会穿上从最近的庞培和尼尼微遗址中发掘出的衣服，装饰也非常准确，但没有比这更违反经典戏剧精神的了。

② 道学家和推理者的角色，如克莱昂特（Cléante）（《答丢夫》），阿里斯特（Ariste）（《女学究》），克里萨尔（Chrysale）（《太太学堂》），等等。多纳·埃尔维（Dona Elvier）两兄弟之间的辩论（《石宴》，III，5）。《丈夫学校》中埃加斯特（Ergaste）的言论。《厌世者》中爱里昂特（Eliante）模仿吕克莱斯（Lucrèce）的言论（II，5）。《答丢夫》中多里那（Dorine）的形象，I，1。唐·璜的伪君子形象（《石宴》，V，2）。

③ 阿巴贡（Harpagon）和阿诺夫（Arnolphe）这两个角色。

④ 答丢夫身上可以看到这一点，但只是通过多里那一句并不直接的话。可参阅莎士比亚作品中克里奥兰（Coriolan），霍茨普尔（Hotspur），福斯塔夫（Falstaff），奥瑟罗，克里奥佩特拉（Cléopâtre）等角色。

里萨尔（Chrysale），奥尔贡（Orgon），达米斯（Damis），多朗特（Dorante），瓦莱尔（Valère）。这类名字所代表的只是一种纯粹的性质或身份，如父亲，年轻男子，仆役，抱怨者，登徒子；它们好比一件通用紧身上衣，可以毫无区别地适用于所有大致相近的腰身，可以从莫里哀的衣橱挪到雷尼亚尔（Regnard）、乐萨日（Lesage）、德斯图什（Destouches）和马里沃的衣橱[①]。人物缺少个性化的标签，缺少可以成为该人物的首要标志的真切的、独一无二的称呼。所有细节，所有环境，人物所有的基本特质和附属性格，全都在经典的框架之外。如果要加入这些东西，需要莫里哀式的天才，需要他那种全面的理解力以及极为丰富的观察力，还有他极端自由的笔触。当然，莫里哀也经常省略这些东西，在有些情况下，他对这些东西表现得非常少，因为他想避免给这些普遍形象带上过于丰富和复杂的色彩，以致妨碍情节。主题越是简单，情节发展便越清晰；不过，在整个文学中，作家的第一要务是清晰地展现他所选择的主题。

因此，经典精神有个原初性的缺陷，这个缺陷寓于它的优点之中，它起初被限定在一个恰当的范围之内，当时它催生了一些最为纯粹的作品，但是，按照一个普遍的规律，这个缺陷会加剧，并因为年龄、反复运用和成功的自然效应而转变为坏处。经典精神本来就很狭隘，而且会越来越狭隘。到18世纪，它已不适合描绘自然和历史中实际存在的活生生的事物和真实的个人，这种事物和个人是一个不确定的整体，是个丰富的网络，就像各种相互叠加、交错、并列的性格、特质构成的完整有机体。它缺少接收和容纳这种丰富性的能力。它尽量将丰富的一面排斥在外，最后只剩下缩减后的萃取物，蒸发过的残留，几乎空洞无物的名称，简而言

---

① 巴尔扎克曾整天整天地阅读《十万地址名录》（*Almanach des cent mille adresses*），午后的马车上他还注意观察各种招牌，为的是给作品中的人物取个独特的名字。单单这一个细节就能表明两种关于人的观念的差异。

之，就是空洞的抽象。18世纪没有鲜活的东西，除了伏尔泰在违禁作品中草草勾勒的小人物，除了桑德滕吞克（Thumdertentrunck）男爵、沃滕（Whatthen）老爷以及五六个不那么突出的人物，如图卡莱（Turcaret），吉尔·布拉斯（Gil Blas），玛丽亚娜（Marianne），曼农·莱斯可（Manon Lescaut），拉摩的侄儿，费加罗，小克雷比容和科雷的两三个诙谐小品人物——无拘无束使得作品重现活力，我们可以对这些作品跟绘画界不那么重要的人物的作品进行比较，如瓦托、弗拉格纳尔（Fragonard），圣－欧班（Saint-Aubin），摩罗（Moreau），朗克莱（Lancret），帕特尔（Pater），博杜安（Baudouin）的作品，这类作品在官方沙龙里之所以能艰难地或意外地被接受，之所以还能存在，是因为那些严肃的伟大绘画作品，因其散发出的倦怠气息而发霉腐烂。新鲜活力到处都在干涸，人们看到的不再是欣欣向荣的树木，只有画上去的纸花。从伏尔泰的《亨利亚德》到卢谢尔（Roucher）的《月》和德里耶的《幻象》，这么多的严肃诗歌之中，除去配了点韵脚的浮夸之词，还剩下多少东西呢？您不妨浏览一下格林和科雷给我们留下的死气沉沉的摘录的无数悲剧和喜剧，看看伏尔泰和克雷比容的优美作品，以及稍后流行的作家——如贝罗瓦（Belloy）、拉哈尔普、杜希（Ducis）和马里·谢尼埃（Marie Chénier）的作品。口才、艺术、情景、漂亮的诗句，这些东西作品中都有，就是没有人；人物只是些……木偶，一般只是作者向公众演说的喇叭。希腊人，罗马人，中世纪的骑士，土耳其人，阿拉伯人，秘鲁人，袄教徒，拜占庭人，所有这些人都有同样的长篇大论的功能。但公众对此一点都不奇怪；他们没有历史感；他们认为人到处都是一样的；他们让马尔蒙泰尔的《印加人》、弗洛良（Florian）的《贡萨尔维》和《新启示》获得了成功，所有的农民、小工、黑人、巴西人、袄教徒、马拉巴尔人也都很成功，因为这些人也向他们大量宣泄夸张言辞。我们在人物身上看到的只有推理理性，任何时候、任何地方都是这样。贝尔纳丹·德·圣-皮埃尔笔下的印度贱民、狄德罗笔下的太平洋岛民人也有这种理性。所有人说话和思想都得像一本书，这是个原则。历史方面的欠缺何其明显！伏尔泰曾借助目击证人的叙述创作了查理十二的故事，他的小说中有一些有关英国人、法国人、西班牙人、意大利人、德国人的轻快素描缩影，但除此之外，哪里还有活生生的人物呢？在休谟（Hume）、吉本（Gibbon）和罗伯森（Robertson）等学习法国学派，并随即被法国人接受的英国学者那里，在杜波（Dubos）和马布利关于法国中世纪史的研究中，在巴特雷米的阿那卡西斯（Anacharsis）那里，甚至在伏尔泰的《风俗论》和《路易十四时代》及孟德斯鸠的《罗马盛衰原因论》和《论法的精神》中，人物形象该有多么奇特的欠缺之处！学识、批评、正确的意识、对教理和制度接近准确的阐述、关于事件关联和事物整体进程的哲学观点，这些作品都不缺乏，只是没有灵魂的生气。阅读这些著作时，那些能彻底改变人类精神的气候、制度和文明，似乎只有些简单的外在描写，一些偶然的外表，这些东西远没有触及人类精神的深处，勉强涉及其外表。两个时代或两个民族之间存在的巨大差异他们是看不见的[①]。古希腊人、最初几个世纪的基督徒、日耳曼征服者、封建时代的人物、穆罕默德时期的阿拉伯人、德国人、文艺复兴时期的意大利人、清教徒，在他们的书中简直就和他们的木版画和卷首插画一样，虽然衣着上稍有差异，但形体、面孔、容貌全都是一样的：瘦削、谦卑、得体、文质彬彬。通过同情的想象去体验他者，再现与自己大相径庭的习惯和激情，这是18世纪作家们最为欠缺的才能。在18世纪后半叶，这种同情的想象力完全枯竭了，只有狄德罗偶尔蹩脚地运用过一点。读者可以考察一下同一时期法国和英国文

---

① "今天不再有法国人、德国人、西班牙人和英国人，不管他说什么；现在只有欧洲人。所有人都有相同的兴趣，相同的激情，相同的风俗，因为没有人通过特别的制度而接受某种民族形式。"（Rousseau, *Sur le gouvernement de Pologne*, 170.）

学中，运用这种想象力最多的文体，即小说，这是一面可以到处移动的镜子，而且最适合于反映自然与人生的方方面面。当我读完一系列英国小说家的作品，如笛福、理查德森、菲尔丁、斯莫莱特（Smollet）、斯特恩、哥德斯密（Goldsmith），一直到伯尼（Burney）小姐和奥斯汀（Austen）小姐的作品，我便了解了18世纪的英国；我看到了教职人员、乡绅、佃农、小旅店主、水手等身份高低各有不同的人物；我知道他们的财产和职业，挣多少钱，有多大开销，如何旅行，吃的喝的都是些什么；我掌握了一连串具体精确的人物生平，一幅完整的画卷，它有上千个场景，反映的是整个社会，其信息极为丰富和广泛，足以让我重构这个已然逝去的世界的历史。如果我现在阅读成堆的法国小说家的通信，如小克雷比容、卢梭、马尔蒙泰尔、拉克洛（Laclos）、雷迪夫·德·布勒东、鲁韦（Louvet）、斯塔尔夫人、冉里斯夫人，直至梅尔西埃和科坦（Cottin）夫人，我几乎不需要做笔记；有意义的正面的细节都省略了；我看到的是礼节、殷勤、奉承取宠、下流的琐事、交际场上的高谈阔论，仅此而已。人们小心翼翼地避免谈论钱财，不给我提供数字，不跟我谈论婚姻、诉讼和土地管理；我不知道教区神父、农村领主、留居的修道院院长、管家和督办的处境。一切有关外省和乡村、有关市民和店铺①、有关军队和士兵、有关教士和女修院、有关司法和警察、有关生意和家务的方面，都是模糊甚或歪曲的；若要澄清某个问题，我需要求助于那位不可思议的伏尔泰，因为当他褪去经典主义的盛装时，就会无拘无束，知无不言。关于这个社会中生死攸关的机构、关于即将引发革命的规章和实践、关于封建权益和领主司法、关于修道院的修士招募和内情、关于各省之间的关税、关于行会和师傅们、关于什一税和道路劳役②，我从

---

① 在1750年之前，只有在《吉尔·布拉斯》和《玛丽亚娜》（洗衣女狄福尔夫人和她的店铺）中发现这些东西。不幸的是，西班牙式的乔装歪曲妨碍乐萨日的小说具备应有的教益。

② 在狄德罗的小故事中，如《波旁的两个朋友》，能看到一些很棒的细节。但在其他作品中，如《修女》，人物都是意念的化身，给人的印象是虚假的。

文学中几乎学不到任何东西。这种文学之中似乎只有沙龙和文人雅士。其他东西是不存在的；在那个夸夸其谈的上流社会下面，法国是一片空虚。大革命的脚步日益临近时，这种情形进一步加剧。看一眼讲坛和俱乐部中的长篇大论，读读那些报告、法律提案、小册子、棘手事件发生后的激扬文字：其中没有关于我们在田野和街道上亲眼看到的真实人的任何观念；人总是被表述成一个简单的、其原理已为人知的机械装置。对于作家，人在任何时候都是能说话的八音盒；对于政治，人现在成了能投票的八音盒，只要用手指在合适的地方碰一下，人就会给予恰当的回答。事实从来都是没有的，有的只是抽象，只是关于自然、理性、人民、暴君和自由的一连串的命题，它们就像充满气的气球一样徒劳地在空中撞击。如果人们不知道这一切最后导致的是可怕的实际后果，大概会相信这种逻辑游戏，相信这些学术训练和学问的展示，相信这类意识形态上的把戏。然而，正是作为18世纪的最后产品的意识形态，赋予了经典思想最终的表达式，让它最终占据了支配地位。

III

数学家的方法运用于所有研究中，人们给予它完全的信任，提取、限定、分离出几个十分简便、十分普遍的概念；接着，在摒弃经验的同时，将这些概念进行比较、组合，再以纯粹推理的方式，从这种人造思想中得出其所包含的所有结论：这就是经典思想的天然方法。对经典思想而言，这种方法自然天成，两个世纪中都能发现它的运用，如在笛卡儿、马勒勃朗士[1]和纯粹理念的信徒那里，

---

[1]　"要认识真理，只要专注于每个人在自己身上发现的清晰观念就够了。"（Malebranche, *Recherche de la vérité*, liv. I, ch. i. ）"理性的长链条简单明了，几何学家可以用它来完成最为复杂的证明，这些链条有时让我觉得，所有可以进入我们认识范围的事物也是同样的道理。"（Descartes, *Discours de la méthode*, I, 142. ）—在17世纪，人们靠观念进行先验建构，18世纪靠感觉进行建构，但二者依靠的是同样的方法，这就是数学方法，它在斯宾诺莎的《伦理学》中表现得十分充分。

同样也见于感觉论、肉体需求论、原始本能论的信徒，如孔狄亚克、卢梭、爱尔维修，以及稍后的孔多塞、沃尔内、西耶斯、卡巴尼斯和德斯图·德·特拉西（Destutt de Tracy）。这些人徒劳地自诩为培根（Bacon）的信徒，但他们抛弃了自发观念；虽然他们的出发点不同于笛卡儿主义者，但他们与后者走上的是同一条路，在少许借鉴了一下经验之后，他们也像后者一样，把经验丢在了路上。在这个巨大的道德和社会世界中，在这株有着无数枝杈和树根的人类之树上，他们只剥取了可以看见的表皮；他们不能深入也不能把握表皮之下的东西；他们的手不能容纳更多。他们不相信还有其他的什么；经典思想只是短促的撷取和狭隘的理解。对于他们，树皮就是整棵树，一旦树皮被剥离，他们就带着干枯的死皮离开了，不再让树皮回到树干上。由于思想的匮乏，由于文学上的虚荣心，他们省略了富有特色的细节，鲜活的事实，详尽的范例，令人信服的、完整的、意味深长的典型。在孔狄亚克的《逻辑学》和《感觉论》中，在德斯图·德·特拉西的《意识形态论》中，在卡巴尼斯的《论无知与精神的关系》中，几乎没有任何诸如此类的东西[1]。在他们的作品中，读者从来不会觉得是立于坚实可感的基础之上，看不到关于个人观察的叙述，而总是悬在空中，置身于纯粹普遍性的虚空之中。孔狄亚克宣称，算术方法适用于心理学，可以通过类似于"比例法"的方式来拆解我们思想中的各个元素。西耶斯对历史怀有最深刻的鄙视，"对于他，政治就是一门已经完成的科学"[2]，靠脑袋瓜的努力、按笛卡儿的方式，一下子就能完成，笛卡儿就是这样发现解析几何的。德斯图·德·特拉西曾想评论一

---

① 特别参阅他的报告：《论气候对于道德习惯的影响》〔*De l'influence du climat sur les habitudes morales*〕，这份报告十分笼统，完全没有例证，除了引用希波克拉底（Hippocrate）的一句话。

② 这正是西耶斯的话。他还补充说："所谓的历史真相，比所谓的宗教真理并无更多的真实性。"（*Papiers de Siéyès*, année 1772, d'après Sainte-Beuve, *Causeries du lundi*, V, 194.）—笛卡儿和马勒勃朗士已经十分蔑视历史了。

下孟德斯鸠，但他发现这位大历史学家过分屈从于历史了，他自己的作品构建的是一个应然的社会，而不愿去审视现实中的社会。靠人类本性中这点微薄的萃取物，是绝不能树立起这么可靠、这么珍贵的建筑的。孔狄亚克用感觉激活一座雕塑，接着以一系列纯粹的推理，分别在嗅觉、味觉、听觉、视觉和触觉中探索他所谓的感觉的效应，以此来构建人类灵魂的各个部分。卢梭根据一个契约来奠定政治关系，从这个条件出发，他推演出宪法、政府和整个公平社会的法律。在一本堪称这个世纪的哲学遗嘱的著作中[1]，孔多塞宣称，这种方法是"哲学的最后一步，它在人类和其幼年的陈旧错误之间放上了一个永恒的壁垒"。"这种方法运用于道德、政治和政治经济学时，就可以在道德科学中遵循一种几乎与自然科学一样可靠的步骤。因为靠这种方法能发现人的权利"。人们可以从原初定义中推导出这些权利，就像在数学中一样，这个定义类似于数学中的原初定理，它是日常经验的产物，是所有人都见证过的，不言自明的。这个学派在大革命和帝国之后依然存在，一直延续到复辟时代[2]，而这期间的悲剧就是它的姐妹，经典精神则是二者共同的父亲，这位父亲拥有至高无上的原始力量，它既有益又危险，既有创造性又有毁灭性，既传播真理也传播谬误，它的法则之严格、它的束缚之紧密、它的作品之一致让人吃惊，而它的统治之长久、它的影响之普遍，同样让人震惊。

---

[1] Condorcet, *Esquisse d'un tableau historique de l'esprit humain*, 第九个时代。

[2] 见M. J. Chénier于1808年向法兰西公学（Institut）提交的*Tableau historique*。他的列举表明，经典精神仍然支配着文学的所有分支。一卡巴尼斯直到1818年才死去，沃尔内死于1820年，德斯图·德·特拉西和西耶斯死于1836年，道努（Daunou）死于1840年。直到1845年，Saphary和Valette两位还在巴黎的两所中学里讲授孔狄亚克的哲学。

第三章　两种元素的结合

I.学说，其抱负和特点一理性在人类事务管理中的新权威一此前这种管理受传统支配一世袭性偏见的起源、性质和价值一习惯、宗教和国家的合法性何在一经典理性不能接受这种看法一传统在过去与当下的价值被忽视一理性试图摧毁传统。IV.这个行动的两个阶段一第一阶段，伏尔泰，孟德斯鸠，自然神论者和改革派一他们摧毁的和他们尊重的事物。V.第二阶段，回归自然一狄德罗，霍尔巴赫和唯物主义者一自发的、有生命的物质理论一道德学说：动物本能与被合理理解的利益。VI.卢梭和灵魂论者一人本性善良一文明的错误一财产权和社会的不公正。VII.从哲人群体中走失的孩子一奈荣，希尔万·马雷沙尔，马布利，摩莱里一传统及其衍生出的制度完全丧失信誉。

I

我们已经看到了科学取得的成就，我们也描述了取得这些成就所依靠的精神；这些成就之中诞生了一种学说，它就像神启一般，并觊觎着人类事务的管理权。当1789年日益临近时，可以说，"在这个启蒙的世纪"、"理性的时代"，人们觉得从前的人类处于孩童期，今天他才"长大了"。真理终于第一次大白于人世，人们即将看到它主宰整个地球。真理的权力至高无上，因为它是真理。它应该支配一切，因为从本质上说，它是普遍的。凭着这两个信念，18世纪的哲学变得像宗教，像17世纪的清教主义，像7世纪的伊斯兰教。同样受信仰、希望和热情的推动，同样具有传教和支配的精神，同样的强硬和同样的不宽容，同样有根据预想的典型去重塑人和整个人类生活的抱负。新的学说也将有自己的神学家、自己的信条、自己的民众版教义问答、自己的狂热信众、自己的裁判所，以及自己的殉道者。它的声音也像以前那些教义一样嘹亮，有如一位拥有与生俱来的独裁权的至上君主，任何反叛都是罪过或疯癫。但是，与此前那些信仰不同的是，它是以理性的名义，而不是以神的名义来树立权威。

的确，这是一种新型的权威。直到那时，在人类行为和观念的管理中，理性只享有次要和微弱的位置。权力和向导来自别的地方；信仰和服从是世代相袭的遗产；人是基督徒和臣民，因为他生下来就是基督徒和臣民。就在新生的理性哲学开始着手伟大的检验工作时，它周围有很多为人遵守的法律，有一个被认可的权威，一种占统治地位的宗教；在这座建筑中，每块石头都相互依存，每一层都以下一层为依托。不过，共同的黏合剂究竟是什么呢？最底层的地基在哪里呢？婚姻、遗嘱、继承、契约、产权和个人所服从的全部民事规则，有时显得十分奇特，而且相互矛盾，究竟是什么赋予它们权威的呢？首先是久远的习惯，习惯因地区、土地的身份、个人的状况和地位而不同；随后是国王命人将习惯记录下来并认可习惯。不过，国王的意志、君主的至上权威、居于首位的公共权力，又是谁授权的呢？首先是它延续了8个世纪，这种世袭性的权利就像每个人在他的领地和田园中享有的权利一样，它是确定给某个家族的产业，在长子之间世袭交替，从国家最初的奠基者一直传给他的最后一位继承人；然后，是宗教教导人们服从既定的权威。那么，这宗教的权威来自哪里？首先是18个世纪的传统，是从前无数协调一致的见证，是此前60代人始终如一的信仰；其次，从源头上说，还有基督的显现和教诲，此外，从世界的起源开始，就有神的戒律和训谕。因此，在整个社会和道德秩序中，当下的合法性来自过去；古老性本身就是一种依据，所有砌层都历经岁月的锤炼而巩固，在它们的下面，人们可以在地层深处发现最后的，也是首要的基石，那就是神的意志。在整个17世纪，上述理论依然以不变的习惯和内心的敬畏等形式存在于所有人的灵魂深处；对于这种理论，人们不会去审查。在它面前，人们就像面对有机人体的心脏一样；当要用手去触动它时，人们会退缩；人们会朦胧地意识到，如果触摸那颗心脏，它可能会停止跳动。最独立的思想家——笛卡儿首当其冲——也会因为沉迷于虚幻的思辨而"深感懊悔"，因为这种思辨遵循的不是由习惯开辟的大道，而是盲目的冲撞，它径直"跨越山峦和悬崖"。当他们的信仰面临预先悬疑法的检验时，他们会对信仰作单独处理，视其为神殿中的"信仰真理①"；不仅如此，他们自认为已经被撇开的教理仍然存在于他们的头脑中，虽然处于潜伏状态，但仍然发生效力，不知不觉地引导他们，这样，他们的哲学成了基督教信仰的某种前期训练或认证②。总而言之，在17世纪，主导性观念来自信仰，来自宗教实践，来自政治和宗教制度。不管理性承认不承认，知道还是不知道，它都是居于次要地位的，它只是一个发声器、一个助产士，宗教和君主制度利用它来为自己服务。除了拉·封丹——我认为他在这个问题上像其他问题上一样，是最为独特的——所有最伟大最具独立思想之人，如帕斯卡尔、笛卡儿、博叙埃、拉布吕耶尔，他们关于自然、人、社会、法律、政府的第一观念都是从现有体制中借来的③。当理性被降低到这个地位，它的作用就是一位国务顾问、一位杰出的宣教者所起的

---

① *Discours de la méthode.*

② 在笛卡儿那里，从他的第二步便看得很清楚（纯粹精神理论，神的观念，神的存在的证明，神的真实性证明我们理解力的真实性，等等）。

③ 帕斯卡尔，《思想录》（*Pensées*）（《关于财产和地位的起源》），《外省人书简》（*Provinciales*）（《关于杀人和杀人的权利》）。—Nicole, *Deuxième traité de la charité et de l'amour-propre*（《关于自然人与社会的目标》）。博叙埃（*Politique tirée de l'Ecriture sainte*）。拉布吕耶尔（*Des esprits forts*）。

作用，理性是受上级的派遣而到哲学和文学的园地中巡视的。理性的作用不是去摧毁，而是去巩固；实际上，直到摄政时代，理性的主要工作仍然是塑造虔诚的基督徒和忠实的臣民。

但也就是在这个时候，角色开始倒转了；传统从第一位降低到第二位，理性上升到第一位。一方面，宗教和君主制因为路易十四时代的无度滥行、因为路易十五时代的废弛和低能，一块块地拆除了世袭性崇敬和对家长的服从的基础，而这个基础本来是宗教和君主制的支柱，它将二者托举到一个更高的领域中，使其超越所有的争吵和质疑；于是，传统的权威不知不觉地弱化和消失了。另一方面，科学凭着层出不穷的惊人发现，一块块地垒起了普世信念和普世敬畏心的台基，科学正是以此为基础，从有趣的猎奇上升到公共权威的层次；于是，理性的权威一步步扩大，占据了整个空间。当第二个权威罢黜第一个权威的时刻到来时，传统尚能持有的主导观念便受到理性的攻击。审查批判精神进入了神圣的禁地。人们不再屈从，而是去验证、宗教、国家、法律、习惯，总而言之，道德生活和实际生活中的所有器官都要经受分析考察才能保存，或者被修正、被取代，具体结果要看新学说开出的药方。

II

如果这个新学说很完备，如果理性能受历史启发而具有批评色彩，能够理解被它取而代之的对手，那是再好不过的事情。因为，当理性不把对手看成应该被驱逐的篡夺者时，它也许会视之为长姐，这位长姐也应有一席之地。世代相袭的偏见也有不为人知的道理。它也像理性一样有存在的理由；但这些理由它找不回来了；它不再被视为有益的东西，而是被斥为伪经谬说。它的档案被埋葬了；要想提取档案，需要进行研究，但它不具备这个能力；不过，这些档案毕竟存在过，今天的历史学已经让它们大白于世。当人们更为贴近地考察时，就会发现偏见也像科学一样，是以长期的经验积累为根源的：人们经过长期的摸索和尝试，最终证明某种生活或思考方式，是唯一适合于他们的境况的，在所有方式中，它是最可行、效果最好的，今天在我们看来仅仅是专断成规的制度或教理，最初被证明是符合公共利益的。时至今日，偏见也经常是有益的；至少，偏见的主要方面是不可或缺的，可以肯定地说，如果一个社会的主要偏见一下子消失，人便失去了许多世纪的智慧遗留给他的珍贵遗产，一下子堕入野蛮状态，变回他最初的模样：我想说的是，变为一只饥饿焦虑的狼，到处流浪和被追踪。在某些时候，这份遗产是欠缺的；今天仍有一些部落完全没有这种遗产①。不可食人肉，不可屠杀无用或惹麻烦的老人，不可遗弃、出卖或杀害刚出生的孩子，一个女人只能有一个丈夫，对乱伦和违反自然的风习感到恐惧，一块独立的田地只有一个被认可的所有者，倾听有关羞耻、人道、荣誉、良知的高级呼唤：所有这类实践从前并未认识到，但它们慢慢确立下来，一起构成人类文明。我们衷心接受它们，但它们并不因此缺少神圣性，当它们历经沧桑、接受审查时，只会显得更加神圣，因为它们向我们揭示了一种隐秘的力量，正是这种力量把野蛮的兽群塑造成了人的社会。一般来说，一种习惯越是普遍、越是古老，它的根基便越是深厚，根基包括生理、卫生和社会预见力等方面。有的时候，像种姓隔离这样的制度，为的是保持英雄种族或思想阶层的纯正，防止低劣血统将思想缺陷和低级本能混入纯正种族和阶层②。有时，禁酒和禁肉这样的习俗，为的是适应只能素食的气候，或是适应某个喝烈酒就会有致命危险的种族的气质③。有的时候，在长子权这样的制度中，人们应该预先培养

---

① Cf. Sir John Lubbock, *Origine de la civilisation.* —Giraud-Teulon, *Les origines de la famille.*
② 印度种姓制度的根源，在于雅利安人与土著人（首陀罗和贱民）之间的对立。
③ 根据这个原则，夏威夷群岛的居民有这样一项法律：禁止出售烈酒给当地人，但允许卖给欧洲人（Ch. De Varigny, *Quatroze ans aux îles Sandwich*）。

或指定军事长官或民事首领，这样前者将能赢得部队的服从，后者将能掌管领地、指导生产、维持家庭①。如果说有可靠的理由来证明习惯的合法性，那就有更高级的理由来证明宗教的神圣性。我们不妨思量一下宗教，不是以模糊的概念去笼统地思考，而是通过具体的方式，在文本中去考察宗教的起源，举例说，某个至今仍盛行于世界的宗教，如基督教、婆罗门教，如穆罕默德或佛陀的律法。在历史的某些紧要关头，有些人走出了狭隘的、循规蹈矩的小生活圈，以一种总体视角把握无尽的宇宙；永恒的自然的庄严面孔一下子被揭开；在崇高的情感之中，他们觉得窥见了宇宙的本源；至少是看见了本源的某些特点。接着，由于一种奇妙的巧合，这些特点恰巧就是他们的时代、他们的种族或种族群体、人类的某一部分所能理解的唯一东西。他们的观点是他们之下的各个阶层都能接受的唯一观点。对于千百万群众，对于上百代人，除了他们开辟的路径，没有其他办法能接近神圣事物。他们的训谕卓尔不群，或铿锵或温和，或热情或柔软，是他们身边或身后的心灵与头脑愿意聆听的唯一训谕，是唯一能够适应人们内心的需求、日积月累的渴望、世代相袭的能力，以及整个心理和精神结构的话语，而我们所说的结构，在某些地方是印度教徒和蒙古人的，在别的地方是闪米特人和欧罗巴人的，而在我们欧洲则是日耳曼人、拉丁人或斯拉夫人的；因此，宗教话语的多样性虽然看起来有些矛盾，但我们不应去谴责，而应该看到其合理性，因为正是多样性产生了适应性，而适应性又产生了好的效果。但宗教话语不是空洞的说教。它有一种崇高的情感，一种极为广博和深邃的洞察力，一种让人把握事物之无尽与玄奥的思想，这思想远远超越了短促与平庸生活的界限，犹如灵感启示的明灯；这种话语很容易转换成意象，它与心醉神迷的状态相隔很近，它唯有通过象征才能表现自己，它唤起的是神圣的形

---

① Cf. Le Play, *De l'organisation de la famille*（一部有关比利牛斯山一处领地的历史）。

象①。从本质上说，宗教就是一首有信仰为伴的形而上学之诗。正因为如此，它才能深入人心、影响深远；因为，除了极少数精英，纯粹的观念无非是个空洞的词语，真理若要能为人感知，就必须拥有一个躯体。对于普通人，对于妇女、儿童、头脑简单之人，对于所有忙于实际生活的人，对于会不自觉地把思想转换成形象的人类思想，真理和观念若要诉说就必须有某种崇拜、某种传说、某种仪式。正是借助于这种具体可感的形式，真理才能在人的意识中获得强大的力量，才能平衡人与生俱来的利己主义，才能约制凶猛激情造成的疯狂和冲动，才能将意志引向克制与奉献，才能使人摆脱自我、全身心地致力于为真理和他人服务，才能塑造出苦行僧和殉道者、布施修女和传教士。因此，在所有社会，宗教都是一个珍贵而自然的器官。另一方面，人如果要思考无限、要生活得更有意义，他就需要宗教；如果一下子失去宗教，人们的灵魂之中恐怕会有可怕而强烈的空虚感，彼此之间会有更多的恶行。还有一点，人或许会徒劳地想铲除宗教，但他伸向宗教的手触摸到的只是宗教的外壳；一番血腥暴行之后，宗教会击退这种侵犯；宗教的胚芽太幽深了，根本不能被根除。最后，在宗教和习惯之后，我们还能看到的国家的力量，这是一种武装权威，但它既有外在武力，也有道德威望，我们在国家之中也能发现几乎同样崇高的起源。至少在欧洲，从俄罗斯到葡萄牙，从挪威到两西西里，国家从源头上说其实是一种军事制度，在这种制度中，英雄主义成为法律上的优胜者。无论在哪里，在种族融会的大混乱之中、在摇摇欲坠的社会中，总有一个人会应运而生，一批追随者会聚到他身边，一起驱逐外敌，制伏盗匪，重建秩序，恢复农业，建立国家，然后他把世袭仲裁者和天生的将军的职责交给自己的后代，就像托付一份产业一样。由于这种持久的委任制度，一个很重要的公共职务就避免了竞争，固定于

---

① Voltaire, *Dictionnaire Philosophique*, article *Supplices*.

某个家族，掌握在可靠的人物手中；从此国家有了一个有生命的心脏，每种权利都能认为他是清晰可见的保护者。如果君主能恪守自己的职责，如果他能克制自己的专断倾向，如果他能避免自己滑向自私自利，那么他的政府就是世界上前所未见的最佳政府之一，不仅是最稳定的、最持久的、最适合于维护两三千万人的团结，而且还是最美好的政府之一，因为献身精神让指挥与服从变得高贵，因为忠诚和荣誉——由于军事传统的延续——让一级级的首领忠实于自己的职责、士兵忠实于自己的首领。这就是世代相传的偏见之中特别可贵的方面；可以认为，这种状况就像本能一样，是理性的一种不自知的形态。这种制度的合法性的最后一点在于，理性若要更有效力，就必须借用该制度的形式。一种学说只有在变得盲目时才会有效。理性如要进入实践、要管理人的灵魂、要转变成行动的动力，就必须以确定的信仰、已养成的习惯、固定的偏好、司空见惯的传统等形态沉淀于人的脑海中，而且它必须从智识那焦虑不安的高傲中走下来，像水垢一样凝结在意志之中静止的洼地上；只有在此刻，理性才能成为性格特质的一部分，成为一种社会力量。但是，理性突然一下子不再具有敏锐和批判的眼光；它不再容忍矛盾或疑惑；它也不再承认存在局限和差异；它不再具有认识能力，对面临的考验认识不清。我们今天对无限进步的信仰，就好比过去相信人的原罪一样；我们仍然从上面接受各种现成的观念，科学院很像是过去的主教会议。除了某些专业学者，信仰和服从仍将是不假思索的，理性对于人类事务由偏见指引感到愤怒，但这种愤怒是错误的，因为若要指引人类事务，理性自己也必须成为一种偏见。

III

不幸的是，18世纪的理性是经典主义的，它缺少理解传统所必须的态度和证据。首先，人们忽视历史；学术研究排斥历史，因为它太沉重，令人厌倦；人们鄙视学究式的编纂，鄙视大部头的文献汇编，讨厌拖沓冗繁的评判工作。伏尔泰曾嘲笑本笃会的修士们。为了让《论法的精神》能流行，孟德斯鸠思考的是法律的精神。雷纳尔（Raynal）为了让他的《西印度商业史》显得时髦，特地将狄德罗的演说塞入书中。巴特莱米修士不得不在希腊风俗的真相之上附加一些单调的文学矫饰。科学被用来充当讽喻诗或演说者；粗糙的、技术性的细节会让名流人士不高兴；优美的文风应该省略或改造细枝末节，然而，正是这些枝节使得过去的人物独具特色，生动鲜明。就算人们敢于记录这些细节，也不会明白其意义和影响。同情的想象是没有的；人们不会走出自我，置身于遥远的视角当中，想象自己处于离奇而剧烈的思想状态，让自己体验那些具有决定意义的孕育时刻，正是在这些时刻，人类的思想酝酿出了某种有生命的创造物，如注定要树立威望的宗教，注定会延续长久的国家。唯有靠经验才能想象，然而，这些名流人士的经验之中，又有多少能成为想象这分娩的痉挛时刻的素材呢？如此文质彬彬、如此和蔼可人的人物，怎能设想一个使徒、一个僧侣、一个蛮族或封建创建者的思想呢？怎能理解产生并维护这些人物的环境？怎能设想周边的人群？怎能了解萦绕着神秘的梦想的悲伤灵魂？怎能懂得那些凶猛激烈、受本能和意念支配的头脑——这种头脑半是思考、半是幻想，其意志就是些不可抗拒的冲动——呢？推理理性不能设想这类形象；为了将它们纳入自己笔直的条条框框中，必须简化它们、重塑它们；莎士比亚的麦克白变成了杜希的麦克白，《可兰经》中的穆罕默德变成了伏尔泰笔下的穆罕默德。由于不考察灵魂，人们当然不了解制度；人们无法想象，一种真理只有通过传说才能自我表达，正义只有通过强力才能确立，宗教必须披上祭司制度的外衣，国家必须采取军事形式，哥特式建筑也像别的建筑一样有自己的构架、比例、平衡、坚实、用途，甚至还有美感。还有，由于不去理解过去，人们也不能理解现在。人们对农民、工人、外省市民乃至乡村小贵族没有任何正确的见解；人们只是从老远处观察他们，看到的只是半个侧影，这个形象还被哲学理论和混乱的意识完全歪曲。"两三千"社交名流和文人构成了体面人的圈子，而且他们不走出这个圈子。如果说有时他们在城堡里或旅途中瞅见了人民，那也是浮光掠影，人民跟他们的驿马和农庄上的役畜差不多少，虽然他们不乏同情心，但他们不知道人民模糊的想法和幽暗的本能。他们不了解人民思想中更为原始的结构，人民思想的匮乏和固执，人民日常生活的狭隘：这种机械的生活使人完全忙于体力劳动，成天为每日的面包操心，活动空间局限于目光所及的范围；他们不了解人民对地方圣徒的眷恋、对宗教仪式和教士的笃信，人民内心的怨愤、根深蒂固的提防心、基于幻想之上的轻信；他们也不知道，人民无法理解抽象的权利和公共事件，默默劳动的人民会在脑海中把政治新闻改编成鬼魂或奶妈的故事；他们也不知道，人民之中的恐慌就像羊群之中的恐慌一样容易蔓延，但人民暴怒起来就像公牛：所有这些性格特点都将在大革命中显露出来。2000万或者更多人的思想状态还难以迈过中世纪，正因为如此，人们所能居住的社会大厦仍大体是中世纪的。对于这座大厦，应该消毒、打扫、安装窗户、推倒围墙，但它的基础、它的主体和总体布局应该保留；否则，大厦拆毁之后，居民要在露天扎营10年，就像野蛮人一样，到头来他们不得不几乎原封不动地按原来的模样重建大厦。在这些根本达不到反思层次的蛮荒灵魂中，信仰唯有靠具体象征物才能维持，服从只有靠外在强制才能产生；宗教只有通过教区神父才存在，国家只有靠警察才能存在。在18世纪所有的才智之士中，最明智、最富洞察力、最冷静的作家是孟德斯鸠，唯有他能看清这些真相，因为他既是学者，又是观察家、历史学家和法学家。但他的话语像是神谕，是些谜一般的格言警句；每当涉及自己的国家和时代的问题时，他就像踏上了炽烈的炭火一样一掠而过。这就是为什么他虽然受人尊敬但很孤独，他的声望根本不是一种影响他人的力量。经典理性拒绝①进行遥远的追溯，不想对古代人和当代人进行艰苦的研究。它觉得更为简便和舒服的是追随自己本来的偏好，对现实中的人视而不见，回到存放着流行观念的仓库里，拿出有关人的普遍概念，并根据这个概念凭空建造。由于这种天生的、决定性的盲目，经典理性看不到当代制度中有生命力的古老根基；既然看不到这些根基，它当然会否认其存在。对于它，世袭性偏见已成为纯粹的偏见；传统不再有存在的依据，传统的王国仅仅是篡夺而已。从此，这种武装的经典理性将同它的先辈开战，它要剥夺后者管理灵魂的权力，并以真理的统治来取代谎言的统治。

IV

这场宏大的战争分为两个阶段。有些人出于自己的判断或因为胆小而中途停了下来，另一些人凭着热情或逻辑而战斗到底。第一次战役夺取了对手的外部防御工事和边境堡垒；哲人大军的领导者是伏尔泰。为了同世袭性偏见作战，人们拿出了其他偏见，后者的领域同样辽阔，其权威同样深入人心。孟德斯鸠通过波斯人的眼睛来看法国，从英国回来后的伏尔泰将英国人描绘成一个异族。面对占统治地位的教理和礼仪，人们以公开或隐蔽的嘲讽去发挥各种基督教教派的教理和礼仪，如安立甘宗、贵格派、长老宗、索齐尼派，以及古代和遥远地方的人民的教理和礼仪，如希腊人、罗马人、埃及人、伊斯兰教徒、祆教徒、梵天的信徒、中国人，以及简单的偶像崇拜者。在人为法和习惯法方面，人们以显而易见的意图去阐述其他的宪法制度和其他的风俗，如专制主义，有限君主制，共和制，在某些地方，教会服从国家，在另一些地方，教会与国家分离；某个国家实行种姓制度，另一个国家则存在多配偶制；而

---

① *Résumé des cahiers*, par Prudhomme, *Préface*, 1789.

且，在不同的地区、不同的时代，基本的习惯法虽然花样繁多，相互龃龉和对抗，但每种习惯法都因为传统而具有同等的合理性，它们一起构成公法。但从此刻开始，这种神奇的魅力被粉碎了。古代制度失去了神圣的威望；它无非是人的创造，是具体时空中的产物，它来自某种协议或约定。怀疑主义从各个缺口涌了进来。对于基督教信仰，怀疑主义立刻转变成纯粹的敌意和经年累月的激烈批判，因为，作为国家宗教，基督教盘踞要津，审查刁难自由思想，烧毁作品，流放、监禁或纠缠作者，无论在哪里，它都是天然的、人所共知的对手。此外，作为一种宣扬苦修的宗教，它谴责的不仅有新哲学容忍的快乐和放荡的风气，还有新哲学认可的天然习性，以及新哲学从各个方面鼓吹和光大的尘世幸福的期许。因此，思想和心灵协同一致反对基督教信仰。对于手中的文献，伏尔泰从头到尾都在批判基督教的历史，从最早的圣经故事直到最近的教宗谕旨；他以评论家、历史学家、地理学家、逻辑学家、道学家的身份，以难以遏制的憎恨和劲头，稽考史料，比照证据，将嘲讽的芒刺钉入所有存在弱点之处、所有可疑之处——在弱点之处，反抗的本能冲击着神秘主义的牢笼，在可疑之处，后来加上的贴面歪曲了原始建筑的面貌。不过，对于基督教的第一基础，伏尔泰还是尊重的，这个世纪的大部分作家也像他一样。在各种虚妄的人造宗教的下面，还有一种真实的自然宗教。这种宗教好比一种简朴实在的文本，所有其他宗教都是它变异和放大了的译本。去除后来出现的各种不相干的附加物，剩下的就是本真，这种共有的萃取物让所有抄本能协调起来：它就是自然神论。这个步骤同样适用于民事和政治法律。在法国，很多制度已经不再有用，特权已经不能以功用来证明其合理性，权利变成了弊端，这座哥特式老房子是多么不协调的建筑！对于一个现代民族，它建造得多么糟糕！在一个统一的单一国家，区分各等级、各团体、各省的所有隔离物有何用呢？一个大主教竟可以是半个省的宗主，一个教务评议会居然有1200名农奴，一个出入沙龙的修道院院长从未见过自己的寺院，却享有这个寺院的固定租金收入，一个领主领取大笔年金，为的竟是在候见厅中露脸，一个法官竟然购买履行司法的权利，一个刚从中学毕业的上校竟然要指挥他世袭的军团，一个巴黎的大商人在弗兰什－孔泰租用房子一年，竟然因此出让自己的人身和财产权利：这些都是活生生的悖谬！类似的情况在整个欧洲都存在。人们最多是以客套话来恭维"一个管理良好的民族"①，其实它的法律、风俗和习惯，"一半是由弊端，一半是由可容忍的习俗"构成的。所有人为立法都相互矛盾，而且每种人为立法本身也是矛盾的，但是，在这些人为立法之下，还有一种暗中体现在所有法典之中的自然法，它运用到了所有风俗中，刻写在人们的心里。"您能否向我指出，在哪个地方抢夺我的劳动果实、违背自己的诺言、撒谎损害别人、诽谤、刺杀、投毒、对自己的施恩者忘恩负义、对供养他的父母拳脚相加是正当的？""事物正确与不正确，在全世界都是类似的。"即使在最恶劣的社会，武力也总在某些方面服务于正义，同样，最糟糕的宗教中，荒诞的教义也总会以某种方式宣传造物主的训谕。因此，宗教和社会在经过分析考察之后，人们可以在坩埚底上看到，有些分解物是真理的沉淀，另一些是正义的沉淀，这些残留物很少，但很珍贵，有如经传统保存、经理性提纯的黄金铸块，如果它能被一点一滴地从混合物中析出，经打磨后运用于所有习惯之中，那必定是唯一能提供所有宗教要旨、所有社会纽带的精华之物。

V

于是便开始了第二场哲学战役。参战的有两支部队：第一支是百科全书派，其中一些人是怀疑主义者，如达朗贝尔；另一些人是

---

① Voltaire, *Dialogue, Entretiens entre A, B, C.*

半个泛神论者，如狄德罗和拉马克；还有一些人是公开的无神论者或贫乏的唯物论者，如霍尔巴赫、拉美特里、爱尔维修及稍后的孔多塞、拉朗德和沃尔内。这些人互有不同，彼此独立，但有一点他们是一致的：对手是传统。这是年深日久的敌意的结果：战争在延续中日趋激烈；人们想夺取一切，将对手逼到绝境，肃清所有的阵地。人们否认理性和传统可以和谐共存、保卫同一座城池；一方进驻，另一方必定撤出；于是在反对一种偏见的同时确立起了另一种偏见。说真的，"教长"伏尔泰并不想舍弃他的酬劳与复仇之神[1]；我们之所以容忍伏尔泰的迷信残留物，是为了纪念他的伟大功绩；但作为人，我们应认为他是以孩童的眼光注视那个幽灵的。我们通过信仰而在思想中接受这幽灵，而信仰总是可疑的。它是通过无知、恐惧、想象等各种欺骗力量捏造出来的。起初它只是某个野蛮人的拜物神，而我们徒劳地将它提炼放大，但它始终能感觉到自己的源头；它的历史是一段世代相传的梦幻的历史，这梦幻产生于野蛮而惊恐的大脑中，随后一代代延续下去，至今还存在于健全的文明人的头脑之中。伏尔泰希望这个梦幻是真的，否则的话他就不能解释世界的美好秩序，因为钟表意味着要有一个钟表匠；因此首先应该证明，世界是个钟表，应探讨人们在世界上看到的这种不完善的安排，以更为简单、更符合经验的假设来解释是否会更好，这假设就是恒动的永恒物质的假设。各种不同的动态微粒有着不同的平衡态，如矿物质、无生命物质、大理石、石灰、气体、水、碳[2]。我从这些物质中制造腐殖质，"我在腐殖质中播种豌豆、蚕豆、白菜"；这些作物从腐殖质中汲取养料，"我从这些作物中汲取养料"。每次用餐，无生命的物质都通过我、在我身上变成了有生命的物质；"我以此制成肉，将肉加工成动物性物质，使其具有

---

① Voltaire, *Dictionnaire Philosophique*, article *Religion*. "如果您要管理一个小镇，那这个小镇需要有个宗教。"

② *Le rêve d'Alembert*, par Diderot, passim.

感知"。肉体有一种潜在的、不全面的感知，它会逐步完善，变得很确定而明显。肌体构造是原因，生命和感知是结果；我不需要任何属灵的单子来解释这种结果，因为我已经知道了原因。"看看这只鸡蛋，用它就可以推翻所有神学理论、推翻世界上的所有神殿。这只鸡蛋究竟是什么？在胚胎进入之前，它只是个没有感知的物质。胚胎进入之后，它又是什么？没有感知的物质，没有生命的流体"。给它加热，将整个鸡蛋放进炉子里，让过程自然完成：你将会得到一个小鸡雏，也就是"有关生命、记忆、意识、热情和思想的感知力"。你们所称的灵魂，就是所有感知细线最后抵达的神经中枢。因此，不是智力在组织物质，而是物质在自我组织时产生了智力。因此我们应该将智力放在它本来的位置上，即放在有机物中；不要把它与自己的承载物剥离，不要将它抬到天国，放在臆想的宝座上。因为，这个超出了本来位置的宾客一旦进入我们的头脑，到头来会打乱我们感知的自然规则，就像一个可怕的寄生虫一样，把我们所有的精华都吸到它身上[1]。健康之人的第一要务是要摆脱这个宾客，远离所有迷信、所有"对不可见力量的恐惧[2]"。只有这样才能建立道德，才能澄清"自然律"。既然天国是空虚的，我们就不必再在上苍的律令中寻找自然律。我们应该往下看，观察尘世，审视人自身，把他当作自然主义者眼中的人来看待，也就是视之为有机体，能感知的动物，有需求，有欲望，有本能。这些需求、欲望和本能不仅不可消弭，而且具有合理性。打开偏见用以囚禁它们的牢笼吧！给它们以空间和自由的呼吸，让它们展现其全部的力量，如此万事皆顺。在狄德罗看来[3]，永久的婚姻是个弊

---

① "如果一个厌恶人类者想要给人类制造痛苦，一个办法是制造对于某种不可理解之物的信仰，对于这个信仰之物，人不仅永远不会懂得，而且还赋予它比自己生活还大的意义——还有比这更好的办法吗？" Diderot, *Entretien d'un philosophe avec la Maréchale de……*

② Cf. *Catéchisime universel*, par Saint-Lambert, et la *Loi naturelle ou Catéchisme du citoyen français*, par Volney.

③ *Supplément au voyage de Bougainville.*

端；这是"将男人的暴政转换成对女人的私有权"。穿衣服之类
的羞耻心，是一种发明、一种人为约定①，法律应该允许本能的满
足，如在太平洋岛民中间；婚姻期限可为一个月，通常为一天，有
时是一刻钟；人们可以凭自己的意志恋爱和分手；夜里人们可以出
于殷勤好客而将女儿和妻子献给宾客；儿子可以出于礼节而同母亲
结婚；两性的结合应该成为一种宗教节日，应该当众庆祝：只有在
达到这些境界的地方，才可能有幸福和道德。这位逻辑学家将上
述结论推向极端，致使其最后五六页文字"令人发指②"，他也承
认，自己的理论"不好向儿童和高贵人物宣扬"。至少在狄德罗那
里，这些悖论还能有所匡正。当他描述现代人的风俗时，他是个道
学家。他不仅承认人世这只音盘上的各种弦键，而且还给这些弦键
区分层次。他喜爱优美纯粹的声音，他对高贵的和声满怀热情，既
有真心也有天资③。更值得注意的是，当需要解释原始冲动时，他
在自爱的旁边为怜悯，为同情，为善意，为"善行"，为所有不
假算计、不计回报地表达和奉献出的慷慨友爱之情，安排了一个更
高的、独立的位置。但是，在狄德罗周围，还有其他的冷漠狭隘之
人，他们根据僵硬哲人的数学方法④，按霍布斯的方式构建道德观
念。这些人所依仗的，只是一种最简单最直观、粗俗至极的动力，
它就是几乎像机械力一样的纯粹的生理动机：驱使动物追逐快乐、
规避痛苦的自然倾向。爱尔维修说："痛苦和快乐是道德世界的唯
一动力源泉，自爱是人能为有益之道德奠基的唯一依据……人的
慷慨之举，取决于他的个人利益，舍此还有别的动机吗？对他来

---

① Cf. *Mémoires du Mme d'Epinay*, 杜克洛和圣朗贝尔在基诺家的谈话。—Rousseau,
Confessions, première partie, livre V. ——这正是塔维尔（Tavel）先生向华伦（Warens）夫人教
导的原则。

② *Suite du rêve de d'Alembert, Entretiens entre Mlle de Lespinasse et Bordeu*. —
Mémoires de Diderot, *Lettre à Mlle Volant*, III, 66.

③ 参阅其出色的小说，*Entretiens d'un père avec ses enfants* et *Le neveu de Rameau*.

④ Volney, *Ibid*. "自然法则……完全在于事实之中，对感知来说，事实的论证可能在不断
更新，这种论证可以构成一种像几何与数学一样精确的科学。"

说，仅为善而热爱善，就像为恶而热爱恶一样不可能。"[1]自然法则的信徒们说："自然法的原则可简化为单一的基本原则[2]：自我保存。""自我保存，获得幸福"，这就是本能，是权利和义务。"大自然说，哦，你们呀[3]，根据我赋予你们的动力，在生命的每个时刻都应走向幸福，不要抗拒我这一至高无上的法则，为你们的快乐而工作，无所畏惧地享受，你们要幸福。"但是，要想幸福，就必须协助别人取得幸福；如果你们想要成为有用之人，那就要对别人有益；你们的正当合理的利益要求你们为别人服务。"从生到死，任何人都需要其他人"。"因此，要想他人为你们而生活，你们就需要为他人而生活"。"你们要心存善意，因为善良能连接所有的心灵；你们要温和，因为温情能产生友爱；你们要谦逊，因为即使是高傲之人也反感高傲……你们要成为公民，因为祖国是你们的安全和福利所必需。你们要保卫自己的国家，因为是国家让你们幸福并安顿你们的财产"。因此，美德只是眼光长远的利己主义；人若是为善，原因只能是害怕对自己为恶，而当他自我牺牲时，也是为了自己的利益。但人们在这个思想斜坡上走得很快、很远。一旦幸福成为每个人的唯一法则，每个人都想立刻以自己的方式获得幸福；各种被释放的欲望之畜群首先会来回冲撞现有的壁垒。更何况，人们已经证明，对欲望来说所有壁垒都是有害的，是狡黠邪恶的牧人为了更好地榨取畜群的奶汁和皮毛而发明出来的。"社会的状况就是某个统治者对所有人、每个社会成员对其他人的战争状态[4]……在地球的表面，我们看到的只有不公正的、无能的君主，他们因为奢侈而萎靡不振，因谄媚而腐败，因放纵和不受制裁而堕落，他们没有才能，没有道德，没有德行……人之所以邪恶，不是

① Helvétius, *De l'esprit*, passim.
② Volney, *ib.*, ch. III. —Saint-Lambert, *ib.*, premier dialogue.
③ Baron d'Holbach, *Système de la nature*, II, 408, 493.
④ Baron d'Holbach, *Système de la nature*, I, 347.

因为他本来就邪恶，而是因为有人让他变得邪恶"。"你们知道[1]
我们几乎全部的苦难简史吗？是这样的：有一个自然人，后来被人
在体内植入一个人造人，于是他体内就发生了一场伴随他一生的内
战……如果你们想成为人的暴君……最好的办法就是用一种违反自
然的道德来毒害他，给他套上各种桎梏，以上千种障碍来阻止他的
行动；以恐吓他的幽灵来羁绊他……如果你们想要他幸福自由，就
不要打扰他自己的事务……请相信这不是为了你们，而是为了被贤
明的立法者打磨拿捏得像你们一样的人。我可以援引所有的政治、
民事和宗教制度；你们仔细考察一下，如果我没有弄错的话，你们
会发现，一个又一个世纪以来，人类屈服于一小撮骗子给人强加的
枷锁……你们要提防那种试图建立秩序之人；发号施令，就是在折
磨别人的同时变成别人的主子"。只会有更多的折磨，激情是美好
的，如果欲望的畜群真想大口吞噬，它首先应该将头戴主教冠和王
冠，将畜群关进围栏以便剥削的野兽们踩在脚底下[2]。

VI

回归自然就是废除社会：这是整个百科全书阵营的战斗口号。
此时另一边也发出了同样的喊声：这就是卢梭和社会主义者的阵
营，他们也开始投身针对现有体制的攻击战。这个阵营从事的挖墙

---

① Diderot, *Supplément au voyage de Bougainville.*
② Diderot: *Les Eleuthéromanes.*
　"他的手，捅直教士的肠子，
　制成绞死最后一个国王的绳索。"
　布里索："需求是我们财产权的唯一理由，因此，当人的需求得到满足时，他就不再是所
有者……动物的构造产生两种基本需求，营养和排泄……人能够从他的同类吸取营养吗？可以，
因为人有权以任何可以满足其需求的恰当方式来汲取营养……作为自然之人，你应该追随自己的
心愿，听从自己的需求，这是你唯一的主人，你唯一的向导。每当看到一件迷人的东西，你是否
感到自己的血管里升腾起火焰？这东西属于你，你的爱抚是清白的，你的吻是纯洁的。爱是享
乐的唯一理由，正如饥饿是财产的唯一理由。"（论文发表于1780年，1782年重印于《立法文
库》(*Bibliothèque du législature*)，cité par Buchz et Roux, *Histoire parlementaire*, XIII, 431.

脚工作看起来范围有限，但因此也更为有效，而他们使用的挖掘机械同样是关于人类自然本性的新观念。这个观念，卢梭完全是从自己内心的关照得出的[①]：卢梭是个另类而骄傲的异邦人，童年时就埋下了疯癫的种子，最后终于完全疯癫；卢梭的头脑令人赞叹，但非常不冷静，感觉、情绪和意象太强烈了，他既很盲目又很敏锐，是名副其实的诗人又是病态的诗人，他看到的不是真实的事物，而是自己的梦境，他生活在一部传奇中，在自己捏造的噩梦中死去；卢梭不能自控，不能自我驾驭，在决心采取行动时，决心只是空头支票，而他扮演的只是自以为是的角色；卢梭与当时社交界流行的做派格格不入，但他为人执拗，到处碰壁受伤，因为冒犯规矩而自毁令名；卢梭行事荒唐乖张，甚至犯下过罪行，不过他至死都保有深邃敏感的感受力、人道精神、怜悯之心、催泪的天赋、爱的才具、对公正的热情、宗教情感与热忱，这些特质就像众多富有生命力的树根，它们始终在酝酿丰饶的汁液，而树干和枝杈却已在严酷的气候中变形、凋谢、枯萎。如何解释这种反差？卢梭自己又是如何解释的？批评家和心理学者从中看到的只是一个独特的个案，一种扞格丛生的古怪的心理结构的反映，这种心理结构类似于哈姆莱特、查特顿（Chatterton）、勒内（René）和维特（Werther），它与诗歌艺术非常匹配，但不适合于生活。卢梭喜欢概括：他总是为自己操心，最后走向了躁狂，他在这个世界上看到的只有他自己，他根据自己来想象他人，并且"按他的感觉来描绘人"。另外，正是在这一点上，自爱（l'amour-propre）表现得十分突出；人总是乐于充当世人的典范，他的自我形象会因此具有更大的价值；在他看来，当他起身忏悔时，人们应该相信这是人类在忏悔。卢梭以末日审判的号角召唤一代代读者，他以至上的裁决者的口吻（这在别

---

① 这是卢梭自己的话（*Rousseau juge de Jean-Jacques*, troisième dialogue, 193）。"今天，自然已经受到这样的歪曲和诽谤，自然的画师和辩护师若不是从自己心灵中提取模本，他还能从哪里得到呢？"

人看来太大胆了）说道："有谁敢对你说：我比这个人更好！"[1]
他所沾染的所有污秽都来自外部；他的卑贱和缺陷应归咎于外在环
境："如果我有幸落到一个更好的主人手中……我会是一个虔诚的
基督徒，一位称职的家长，一个好丈夫、好工人，所有事情上都会
是个好人。"因此所有的错都是社会造成的。同样，对于普遍意义
上的人而言，自然是好的。"它最初的运动总是正当的……我在所
有著作中赖以展开论证的全部道德的基本原则，就是人本性善良，
热爱正义和秩序……尤其是《爱弥尔》，它只是一篇有关人的善良
本性的论著，它旨在证明，跟人的本来构造毫无关系的恶行和错
误，是如何从外部引入的、如何不知不觉地改变了人……自然创造
的是幸福善良之人，社会使其堕落，令其悲惨"。[2]要通过思想排
除那些人造的习惯，排除附加的各种需求和虚妄的偏见；应该摒弃
各种体系，进入我们真正的内心，倾听发自肺腑的情感，听任本能
和良知之光的指引；应该找回那位原始的亚当，他就像一尊永不腐
蚀的大理石雕像，虽然陷身泥沼，长久湮没在发霉的淤泥层之下，
但一旦去除污泥，它便能以白璧无瑕的完美造型重新回到底座上。

　　唯灵论的学说围绕这个核心观念进行了改造。一个如此高贵的
存在物不可能是各种器官的简单组合；人的身上有某种超越物质的
东西；人通过感知得到的印象并不是人的全部。"我不只是个消极
的感性存在物[3]，而是个积极的智力存在，不管哲学上怎么说，我
仍然声称享有思想的荣耀"。进一步说，至少在人那里，能思维是
一个高等物种的本质。"请向我证明，地球上有另一种动物懂得使

---

　　① 《忏悔录》第一卷第一章，第五卷的结尾。——给马勒泽尔布的第一封信。"我知道
我有严重的不足，我强烈感觉到我所有的缺陷。尽管如此，我死的时候仍会坚信，我平生认识的
所有人中，没有一个比我好。"1770年3月16日给B. 夫人的信："您很看重我的作品；不过，如
果您了解我的生活，您会更尊重我的人生；如果我的心灵有幸向您敞开，您对它的尊重还要多。
世间没有比这更美好、更温馨、更公正的心灵……我所有的不幸都来自我的美德。"给拉图尔
（La Tour）夫人的信中说："对我来说，不能激发我的热情之人配不上跟我交往。"

　　② *Lettre à M. de Beaumont*, 24. —*Rousseau juge de Jean-Jacques*, troisième entretien, 193.

　　③ *Emile, Profession de foi du vicaire Savoyard*, passim.

用火，懂得崇拜太阳。怎么！我能观察、能认识各种存在物及其关系；我能感知何为秩序、何为美丽、何为品德；我能思索宇宙，能认识支配宇宙的那只手；我能爱善、行善，我可以与野兽作比较"。人是自由的，可以在两种行为之间作选择，所以他是自己行为的主人；因此从源头上说，他首先是"非物质的存在"，是不同于肉体、被肉体苦恼着，但比肉体更为长久的灵魂。这个居于肉体之中的不朽灵魂以良知来表达自己。"良知！不朽的神圣本能，天国之音！它是狭隘物质的存在物的可靠向导，同时又是自由、明智、永无谬误的法官，它能明辨善恶，使人效仿神。良知啊，正是你创造了人的本性中的精华"。除了让我们将一切置于自我之下的自爱，还有对秩序的热爱，它让我们服从于整体。除了教人牺牲他人来追求幸福的利己主义，还有教人为他人追求幸福的同情心，为此甚至可以牺牲自己。仅有个人享乐是不够的；还需有良心的平和，需有心灵的流露。这就是神所创造和希望看到的人；这种人的结构中没有丝毫缺点。下级官能像上层官能一样有用；所有器官都是必须的、协调的、各得其所的，不止是心灵、良知、理性和各种让我们超越野蛮的能力，还有我们身上的动物性倾向，如自我保存和防御的本能，肉体运动的需要，性欲，残留的原始冲动，比如我们在孩子身上、在野蛮不开化之人身上看到的那些冲动①。就其自身而言，这些官能和习性本身并非邪恶和有害的。它们每一方都不会过于强烈，即便是自爱的习性。它们绝不会不合时宜地生效。如果我们不去干涉，如果我们不给它们强加恐惧，如果我们任由所有这些源头活水顺势流淌，如果我们不将它们禁锢在我们人造的肮脏管道中，我们就绝不会看到它们泛起泡沫、浑浊翻腾。如今我们对它们的污浊和泛滥感到震惊，但我们不应忘记，从源头上说它们是无害的，纯洁的。错误在于我们自己，在于各种社会规范，在于各

---

① *Emile*, livre I, et *Lettre à M. de Beaumont*, passim.

种刻板生硬的引导槽——我们正是通过这些引导槽让它们偏离正轨，迂回反复，终致成了一潭死水，或使其翻滚跳跃。"你们指望由政府匡正的种种不幸，正是你们的政府造成的……我们要谴责的是你不能履行在尘世的义务"。去除这些堤坝吧！它们是暴政和成规的作品；被解放的自然本性会立刻重新踏上康庄大道，人也会毫不费力地找回自己，不止是他的幸福，还有他的美德①。

攻击战就从这个原则开始：没有哪次进攻如此深入，并且带有如此强烈的敌意。此前，人们只是认为现存的制度碍手碍脚，不合理性，如今人们还指责它不公正、腐败。过去人们提到的只有理性和欲望，如今人们还要鼓动良知和骄傲起来反抗。在伏尔泰和孟德斯鸠那里，我所能期待的仅仅是少一点不幸。在狄德罗和霍尔巴赫那里，我所能看到的只有光彩夺目的黄金国（Eldorado）和惬意的爱神乐园（Cythere）。在卢梭那里，我发现伊甸园触手可及，我在那里第一次发现，我的高贵和我的幸福不可分离。我有这个权利，自然和神意向我召唤，这是我应当继承的遗产。只有专断的制度能让我与这份遗产分离，并给我带来缺陷与不幸。当我向这个古老的壁垒进攻时，该是带着怎样的愤怒和狂热啊！人们看到，这场攻击战气氛激烈，腔调辛辣，还配合着新学说阴郁的辩说之才。现在的战斗可不是取笑逗乐，讲些下流话；严肃的东西在继续；人们愤怒起来，激烈高亢的嗓音穿透了沙龙，直达粗劣而痛苦的大众耳畔，那时还没有人向大众诉说，于是此刻他们无法言表的愤恨终于第一次碰到了解说者，而他们的毁灭性本能也很快会随着使者的召唤而展开行动。卢梭来自人民，不是来自上流社会。在沙龙里，他觉得

---

① "第一条：所有法国人都将品德高尚。第二条：所有法国人都将幸福。"（西斯蒙蒂的作品中发现的宪法计划，当时作者还是小学生。）

尴尬拘束①；他不懂得交谈，不懂得和善可人；他只有事后走到旋梯上才蹦出漂亮的辞藻；卢梭表情忧郁，沉默寡言，或者说些蠢话，而此等笨拙他只有靠庄稼汉的俏皮或粗俗人的言辞才能补救。优雅令他不快，奢侈让他不适，礼貌在他就是谎言，交谈与饶舌无异，得体的腔调无非是矫饰，愉悦不过是一番俗套而已，才智就是炫耀，科学就是江湖骗术，哲学是一种做作，道德是一种腐败。那些东西全都是造作、虚假和有害的②，从女人的脂粉、梳妆和美貌，到房间内的风度，餐桌上的调味品，再到情感和愉悦，文学与音乐，政府与宗教。这种陶醉在自己光彩之中的文明，无非是一群奴颜婢膝和过度亢奋的猴子在一起胡乱扭动，猴子们彼此效仿，相互败坏，最终因为过分的讲究而走向百无聊赖的病态。因此，人类文化本身是有害的，它所产生的只有赘疣和毒药。科学又有什么用呢？它犹豫不决，并无益处，纯粹是无聊和爱争吵之人的谈资③。

"如果人人都只关注人的义务和自然需求，他的全部时间都要奉献给祖国，奉献给不幸之人和他的朋友，哪还愿意在毫无结果的沉思中度过一生呢？"艺术有什么用？它只是对到处蔓延的激情的一种公开的谄媚而已。"喜剧越是惬意完美，其影响也越糟糕"，戏剧，即使是莫里哀的，也不过是邪恶风尚的学堂，"因为戏剧刺激

---

① *Confessions*, Partie II, livre IX, 368. "我不能理解，为何人可以在某个圈子里讲话……我赶紧结结巴巴地咕哝了几句毫无思想的话，最好它们什么含义也没有……我本想和别人一样，喜爱这种社交生活，如果我肯定我能够在那里表现自我的话——但这不仅不是我之所长，而且要我完全变成另一个人。" —Cf. *Nouvelles Héloïse*, 2e partie, 圣普勒（Saint-Preur）关于巴黎的信；另见*Emile, fin du livre IV*。

② *Confessions*, 2e partie, IX, 361. "我对沙龙、喷泉、树丛、花坛和各种更烦人的耍把式的感到厌倦；当我瞥见一个简朴的荆棘丛，一排篱笆，一座谷仓，一片草地时，小册子、羽管键琴、桥牌、编结、漂亮但愚蠢的辞藻、乏味的献媚、蹩脚的讲故事的和排场的晚宴，都会让我觉得疲惫不堪；当我走过一所茅舍，我闻到了香叶芹摊鸡蛋的美味……我将口红、荷叶边和琥珀给了魔鬼，我很后悔在女主人家用晚餐、喝当地的葡萄酒，我真想抽主人先生和管家先生一个嘴巴，是他们命人在我吃夜宵时用正餐，在我睡觉吃夜宵，不过我特别想抽那些跑腿的，他们的眼睛贪婪地盯着我的餐饭，直到我快渴死时，他们才将主人掺假的葡萄酒卖给我，价格比酒店里最好的酒的价格要贵上十倍。"

③ *Discours sur l'influence des sciences et des arts*. —*Lettre à d'Alembert sur les spectacles*.

背信弃义的灵魂以愚蠢为名去惩罚诚实人的单纯"。人们认为悲剧很讲道德，但它将我们残留的一点美德以虚假的表达方式挥霍掉。"当一个人赞美童话中的美好行为时，我们还能对他要求什么呢？难道他不是已经以对美德的赞美而偿清了对美德的责任吗？还能要他做什么呢？他自己会实践美德吗？没有角色可演，这里没有喜剧演员"。科学、艺术、奢侈技艺、哲学、文学，所有这些，除了让人变得柔弱、使人灵魂涣散之外，没有任何好处；所有这些都只是为一小撮光彩夺目、扰攘不宁的昆虫造就出来的，而这些虫子正在社会的顶端嗡嗡作响，吮吸全部的公共资源。就科学来说，只有一种科学是必须的，这就是关于我们义务的科学，不过，它无需太多的烦琐研究，内心的情感足以教会我们这门科学。一就技艺来说，可以容忍的只有那些满足我们基本需要的技艺，如为我们提供面包以养育我们、提供房屋以庇护我们、提供衣着以遮盖我们的身体、提供武器以保卫我们的技艺。就生活来说，健康的生活只有一种，那就是田间的家庭生活，没有矫揉造作，没有喧嚣和光彩，只是忙于耕种，从土地获取生活所需，把邻人当平等人看待，把仆人视作朋友。就阶级来说，只应存在一个受人尊敬的阶级，这就是劳动者阶级，尤其是亲手劳动的人们，如工匠和农夫，唯有他们是真正有用的人；由于跟自然状态很接近，因而唯有他们在粗糙的外表下仍然保存着原始本能中的热忱、善良和公正。因此，对于优雅、奢侈、礼貌、文学上的考究和哲学上的下流放荡，你们应该给予正确的称呼；这些东西虽被偏见赞叹为人类生活的花朵，但实际上无非是发霉的腐烂货色。相应地，你们也应对于养育这些东西的蜂群以正当的评价，对于这些养育者——我指的是游手好闲的贵族，所有的名流，各种享有指挥和亮相权的特权人士，在沙龙里交谈、享乐，并自认为是人类精英的懒惰者——所有这些人都是寄生虫。寄生虫和发霉的货色，它们彼此吸引，只有当我们清除这二者时，树木才能健康生长。

　　如果说文明是邪恶的，社会则更为恶劣①。因为社会是靠摧毁原始平等才建立的，而它的两个主要制度，财产权和政府，都是篡夺。"前者②是文明社会真正的基础，它一边围圈土地，一边大胆声称这是我的，而且会有一些头脑简单的人真的相信这一点。如果人类能拔除界桩、填平沟渠，能对其同伴高呼：不要听这个骗子的话！还有什么罪孽、什么战争、什么谋杀、什么悲惨和恐惧不能避免的呢？！如果你们忘记，果实属于所有人、土地不属于任何人，你们就会失去自我！"最早的财产权，是个人对群体的部分公用物品的盗窃。这一行径没有任何理由，无论是他的勤劳，他的辛苦，还是他可能赋予土地的增值。"这样的说法是徒劳的：是我建了这面墙，我以自己的劳动赚取了这块地。人们可以回答说：建墙时谁给您对齐边线？您凭什么要求偿付我们根本没有让您去干的工作？您不知道，您的很多兄弟因为您得到的太多而死去或忍受痛苦吗？您不知道，要想从公共产品中得到您的份额之外的东西都需要人类全体一致的明确许可吗？"透过这种理论，我们可以看到卢梭的个人情绪，看到一个穷困但刻薄的平头百姓的怨恨，当他进入上流社会时，发现所有位子都被占了，但他又不能为自己赢得一席之地，在他的《忏悔录》中，这一点从他不再感到饥饿的那一天起就很明显；由于找不到更好的人，他就跟女仆姘居，并把五个孩子送到济贫院，他自己则先后当过听差、职员、流浪汉、家庭教师和抄写员，总是窥伺着各种能维持他独立的权宜之计；卢梭总是因为自己亲身经历或内心感受到的身份地位差别而恼怒，他的嫉妒心唯有通过诋毁诽谤才能排遣，他的内心有一种针对"世上的富人和快乐之人的"古老怨怼之情，"仿佛这些人是损害了他而变得富裕和快乐的，仿佛他们所谓的幸福就是对他的幸福的窃取"③。财产权不仅

①　"社会性对人而言是自然的，正如衰老对于个人。人民需要技艺、法律和政府，正如老人需要拐杖。"

②　*Discours sur l'origine de l'inégalité*, passim.

③　*Emile*, livre. Récit de Rousseau, 13.

源头上就是不公正的，而且它还因为第二个不公正而增添力量，它的恶行因为法律的偏见而像毒瘤一样扩散。"社会的所有好处①难道不都是为有钱有势之人准备的吗？所有肥差不都是被他们占据了吗？公共权威不都是优待他们吗？如果一个有地位的人攫取他债权人的财物，或有其他的欺骗行径，他难道不是确信自己不会受惩罚吗？他所施加的大棒，他所犯下的暴行，他应负责的谋害和刺杀，难道不都受到宽大处理，半年之后就万事大吉了吗？如果是这个人受到别人的侵犯，整个警察机器立马会开动，受到怀疑的无辜者会遭殃。若此人经过危险地带，随从队伍就前呼后拥。若他的车轴断裂时，所有人都跑去帮忙。如果他的门口有任何骚动，他只要一句话就能恢复平静。若大众烦扰他，他会发布指示，然后所有人都规矩了。若有个车夫挡住了他的路，他的手下就要上去揍这个人，宁愿五十个行人被轧死，也不能让他的一个脚夫耽误行程。所有这些都不需要他付出一分钱的代价，这是有钱人的权利，而不是财富的代价。穷人的景象多么不同！人类亏欠穷人的越多，社会就越是排斥他。所有的大门都向他紧闭，即使他有权打开这些大门；如果说他偶尔能获得公正对待，那他必须付出比获得优待之人更多的辛劳。如果需要服劳役、需要征召民兵，人们首先想到的是他们。除了自己的负担，他总是要承担有钱的邻居靠其影响力豁免的负担。当他稍遇变故，每个人都离他而去。若他可怜的两轮车倾覆，如果他能避免路过的某个年轻公爵的轻浮随从的凌辱，我便认为是万幸了。一句话，在他急需的时候没有任何无偿的协助，这只是因为他无力支付这种协助。如果一个人不幸有颗正直的灵魂、有个可爱的女儿、有个有权势的邻居，那我真认为他完蛋了。让我们以几句话来总结构成这两种不同状态的社会契约：你们需要我，因为我有钱而你们贫穷；所以我们之间要有个契约；我允许你们有为我效劳的

---

① *Discours sur l'Economie politique*, 326.

荣幸，条件是你们将剩余的那点东西交给我，以交换我屈尊指挥你们的辛劳。"

这些就是政治社会展现在我们眼前的思想、目标与后果。在卢梭看来，从起源上说，政治社会是狡猾的富人和被愚弄的弱者之间订下的极不公正的契约，它"给弱者套上新的枷锁，赋予有钱人新的力量"，并以合法的财产权的名义，将对土地的篡夺神圣化。今天的政治社会更是一种极不公正的契约，"因为这一契约，孩子可以指挥老人，笨蛋可以驱使贤者，一小撮人饱得要吐，而饥肠辘辘的大众却缺少必要的食物"。这些都是从人的平等本性中产生出来的；因此一些人的权威扩大，另一些人的依附也在加深，最后，这两种状态都达到极端，人民的世袭性永久奴役仿佛是来自神的法律，就像国王的世袭性永久专制一样。这就是现状，如果它改变，只能变得更坏。"因为[1]，国王和所有担任职务之人的全部工作只涉及两个目标：对外扩张统治权，对内将这种统治权变得更加绝对"。如果他们声称还有别的目标，那是托词。"公共法令中频繁使用的公共利益、臣民的幸福、民族光荣之类的说法，从来都只是预示着可怕的命令的到来，当主人谈到他对人民慈父般的关爱时，人民就该为自己的命运悲叹了"。不过，当最后的期限到来时，"政府的契约瓦解了，暴君只是在他力量最强之时才是主人，一旦人们可以驱逐他，他就没有任何凭靠来抗拒激烈的行为"。因为只有许可才有权利，而奴隶对主人既没有许可也没有权利。"无论是个人对个人，还是个人对人民，这样的话总是一样的荒谬：我与你订一个契约，负担全归你，好处全归我，我要让自己满意，而你同样要让我满意"。签署这个契约的人是疯子；由于他们是疯子，他们就没有能力订立契约，所以他们的签字无效。或者他们是跪在地上的被征服者，刀剑架在脖子上才同意这些条件，所以他们的许诺

---

① *Discours sur l'origine de l'inégalité*, 178.—*Contrat social*, I, ch. IV.

是无效的。无论是疯子还是被征服者，他们都在千年以前为所有后代人立下了一纸同意书：这是给未成年人订立契约，但不是给大人订的，当孩子长到有理智的年龄，他便只属于他自己。如今我们终于长大了，要打击自称的合法权威的各种僭越要求，我们只需采取理性的行动。当然，这个权威还有力量，但仅此而已。"拿着手枪的强盗也有力量"，你们说说，我在良心上是否愿意把钱包给他？给他也只是因为他有武力，一旦我能夺取他的手枪，我就会拿回钱包。

VII

我们就此打住，没有必要追踪这个派别的失足孩童，如奈荣和希尔万·马雷沙尔，如马布利和摩莱里，还有将无神论确立为必须的信条和高级义务的狂热派，以及为消灭利己主义而宣扬财产公有制、建立共和国的社会主义者——在这样的共和国，任何试图恢复"可憎的财产所有制"的人，都将被宣布为人类的公敌、当作"疯癫之人"来处理，终生监禁在小黑牢里。只要跟随大部队和大人物就够了。所有这类进攻都达到了同样的效果，虽然它们使用的是各种不同的器械和相反的战术。所有制度的根基都受到破坏，盛行一时的哲学夺取了习惯、宗教和国家的全部权威。应该承认，不仅传统本身是错的，传统还因为它的创造物而有害，它以错谬为基础建立起不公正，并通过盲目而将人引向压迫。传统从此被流放。要"砸碎声名狼藉的东西"及其拥护者。传统是人类的恶，当这种恶被消灭后，剩下的就只有善。"太阳只照耀大地上的自由人的时刻①即将到来，自由人将只把自己的理性视为主人；暴君和奴隶、祭司及其虚伪或愚蠢的工具，将不会出现在历史舞台上；人们不再仅仅忙于为自己的受害和受骗抱怨，不再仅仅因为恐惧而在有效的

---

① Condorcet, *Tableau des progrès de l'esprit humain*, Dixième époque.

监督中维持着极端的处境，还将在理性的影响下学会辨认和扼杀迷信和专制的最早萌芽，如果这种萌芽胆敢再次萌发的话"。新的千年即将到来，而构建新千年仍需要理性。于是我们都应该服膺这个健康有益的权威，在摧毁旧秩序的同时为新秩序奠基。

第四章 未来社会的构建

Ⅰ.数学方法—抽象人的定义—社会契约—各缔约方的独立和平等—法律面前人人平等，任何一方都享有主权的一部分。Ⅱ.主要的推论—这种理论运用起来很容易—信念方面的理由：人本质是理性和善良的。Ⅲ.人类理性的不足和脆弱—理性在人的行为中只起次要作用—凶猛危险的力量—政府的本质和益处—按照新理论，政府是不可能的。Ⅳ.次要推论—按照新理论，国家就是暴君—这个理论的前身—行政集权制—经济学家的乌托邦—任何先行权利都是无效的—任何平行的联盟都不能容忍一个人完全让渡给共同体—国家对于财产、教育和宗教的权利—国家成了斯巴达式的修道院。Ⅴ.经典理性完全的胜利和最后的过度运用—它如何成为一种偏执狂—它的作品为何不能存活

I

　　来考察一下此刻这些书斋里的立法者想象中的未来社会，不久议会的立法者也是这么构想未来社会的。在书斋里的立法者看来，决定性的时刻已经到来。从此存在两种历史[①]，一种是过去的历史，另一种是未来的历史，从前历史中的人没有理性，今天的历史是理性人的历史。正义的统治终于开始了。过去建立和传递的所

---

　　① Barrère, *Point du jour*, n. 1（15 juin 1789）："我请求你们重新开始历史。"

有事物，全都是不合法的。此外，过去的历史将自然人变成了人造人，人有教士与俗人之分，贵族与平民之分，国王与臣民之分，有产者与无产者之分，无知者与文化人之分，农民与市民之分，奴隶与主人之分，所有这类人造特质都毫无意义，因为它们从源头上就与暴力和欺骗分不开。去除这些附加的外表，回到人的本真吧！所有状态、所有地位、所有国家、所有时代的人都是一样，让我们寻找适合人的联合方式吧！问题一旦以这样的方式提出，其他都迎刃而解了。人们按照经典思维的习惯和流行的意识形态规则，以数学模型来构建政治①。人们把一个简单的条件分离出来，这个条件十分宽泛，非常容易观察，人们也非常熟悉，以致最不专心、最无知的小学生都能轻易把握。应该扣除人与人之间的所有差别，只保留所有人共有的那些元素，这样删减后的残留物就是普遍意义上的人，换言之，"一种有感知和理性的存在物，这种品质使其规避痛苦，寻求快乐"，因此他渴望"幸福，也即一种更多体验快乐而非痛苦的稳定状态"②，或者说，"他是一种能进行推理、获得道德观念的有感知的存在物"③。第一个到来的人可以从自己的经验中发现这个观念，并能亲眼去证实。这就是社会的统一性所在；我们几个人、上千人、10万人、百万人、2600万人团结在一起，就成了法兰西民族。这种臆想中的人生下来就21岁，没有父母、没有过去、没有传统、没有责任、没有祖国，他们首次聚在一起，首次彼此协商。在这种状态下、在集体缔约的时刻，所有人都是平等的；因此从定义上说，我们已经排除了那些使得人与人各个不同的外在的、附加的品质。所有人都是自由的，因为从定义上说，我们已经消灭了暴力和世袭性偏见强加给我们的种种不公正的奴役。但是，

---

① Condorcet, *Ib.* "数学科学的方法若运用于新对象，就能为道德与政治科学敞开新的大道。"—Cf. Rousseau, *Contrat social*, 关于个人主权比例分割的数学计算。

② Saint-Lambert, *Cathéchisme universel*, premier dialogue, 17.

③ Condorcet, *Ibid.* Neuvième époque. "从这个唯一的真理出发，政论家们便可以推导出人的权利。"

既然所有人都是平等的，他们在缔约时就没有任何理由将个人利益让给这个人而不让给那个人。因此所有人在法律面前都是平等的；任何个人、家族或阶级都不得有特权；任何人都不得要求别人没有的权利；任何人都不能承担别人豁免的负担。另外，既然所有人都是自由的，那么每个人都可以凭自己的意志进入构成新社会的意志之束棒；每个公共决议他都应该参与。他只在这个条件下才缔约；他只是因为参与了法律的制定才遵守法律，只是因为参与了法官的选举而服从法官。所有合法权威的基础之上，他都应发现自己的同意或表决；即使是最卑微的公民，最高的公共权威都应视之为最高授权者之一。任何人都不能让渡或失去属于他的主权；主权与个人不可分离，当个人将主权之运用托付给他人时，他仍保有主权的所有权。自由、平等、人民主权，这就是社会契约的首要条款。它们是从一个原初定义严格推导而来的；人们也将以它们为基础，以同样严格的方式推演出其他的公民权利、宪法的主要特点、主要的民事法和政治法，简言之，推演出新国家的秩序、形态和精神。

II

由此可以得出两个结论。第一，这样构建起来的社会才是唯一公正的；因为，与所有其他社会不同，它不是某种为人盲目忍受的传统的作品，而是平等人之间缔结的一项契约，而且契约受到全面的审查和完全自由的认可①。因为是由被证实的定理构成，所以社会契约具有几何学一般的权威性；因此它在所有时代、在所有地

---

① 卢梭曾赞赏孟德斯鸠，但对后者他也有所保留；但是，自从社会契约论提出之后，人们便完全否认了历史权利。孔多塞说（*Ib.* Neuvième époque）："人们认识到，应该放弃这种诡谲错谬的政治学，因为它忘记人因为本性相同而拥有同等的权利，它要么根据领土大小、气候温度、国民性格、人民的财富、工商业的发达程度来衡量权利大小，要么在不同的阶层之间、以不平等的方式来分享这些权利，将权利与出身、财富和职业进行匹配，于是就创立了一些彼此对立的利益、权力；以这样的方式在各方之间建立的平衡关系，甚至不能纠正各种危险的影响力，唯有这些制度才使得这种平衡显得必要。"

方、对所有人民都是有效的；它的设立是正当的。谁要是妨碍社会契约的建立，谁就是人类的公敌；不管是政府、贵族还是教士，谁反对就打倒谁。对人类公敌的反抗只是一种正义的自卫行动；当我们剥夺这个公敌时，我们只是取回不应由他掌握的、本来属于我们的合法权益。第二，我们刚刚陈述的社会法典一旦公布，就会毫无疑义、毫无阻碍地施行：因为这是一种比任何其他道德学说都更为简便的道德几何学，它可以归结为几个原初要素，它建立在最明晰最通俗的观念之上，并可以通过四步推论达至主要真理。要理解和运用这些真理，不必事先进行研究或深入的思考：只要有良好的意识甚至常识就够了。只有偏见和利益才会遮蔽显而易见的道理；头脑健康、内心正直之人绝不会认识不到这种道理。请向工人、农民解释人权吧，这马上会成为一个政治上的善举；请让孩子背诵公民手册吧，等他毕业时，他对自己权益和义务的了解就像对四则运算一样熟悉。只有这样，希望才会振翅高飞；所有阻碍才有可能被克服。应该承认，正是凭着希望的力量，这个理论才孕育着实践，只要颁布并让人接受社会契约，就能一下子让他们获得理解这种契约的能力，以及兑现契约的意志。

乍看起来，这种奇妙的信念难以解释，因为它意味着以一种我们今天不再有的观念去代替现实中的人。的确，人们以为人从本质上说是理性的，也是善良的。理性意味着人可以赞同某个清晰的原则，可以理解原则随后的推论线索，懂得并接受最后的结论，并在必要时自己得出结论中包含的各种推论：这才是当时作家眼中的正常人，即人可以自己作出判断。对于这些作家，人的思想就是经典思想。150年来，这种思想统治着文学、哲学、科学、教育和谈话，并作为传统支配着习俗和高级趣味。人们不能容忍别的思想，也无法想象别的思想；如果某个外国人要进入这个封闭的圈子，条件是他使用推理理性强加给所有宾客的演讲用语，无论他是希腊人，英国人，蛮族人，农民还是野蛮人，不管他们彼此有多大的差异，不管他们跟这种理性多么格格不入。在布丰那里，最早的人讲述着生命的最早阶段，并对生命的感知、情感和动机进行了分析，其细腻程度堪比后来的孔狄亚克。狄德罗笔下的Otou l'Oaitien，贝尔纳丹·德·圣皮埃尔讲述的印度斯坦的一个半野蛮人和法兰西岛的一个老农，卢梭书中的一个乡村代理神父，一个园丁，一个骗子：所有这些人都是完美的演说者和道学家。在马尔蒙泰尔、弗洛良笔下，在所有大革命之前和期间的下层文学中，在所有悲剧喜剧中，无论人物是未开化的村民，是文身的蛮族，还是赤身裸体的野蛮人，其首要的本质是具备这样的能力：解释、推理、通过智力和专注理解一篇抽象的演说、自行或在指引下沿着普遍理念的笔直路线进行推演。因此，对于18世纪的观察者来说，理性无所不在，而且世界上只有理性存在。如此普遍的思想形式，在他们看来肯定是自然的；他们都是这样的人：只说一种语言，并且总是说得那么轻松，他们想不到还能讲别的语言，想不到自己身边可能有哑巴和聋子。而且理论更增添了他们偏见的权威性。根据这种新的意识形态，任何思想都可以理解全部真理。如果思想达不到这一点，那应归咎于我们的思想训练不足；如果我们朝这个方向努力，思想便能做到这一点。因为我们的思想有意识能力，能唤起各种感知，将它们组合起来，用符号做标记，这样一来，形成的"不仅是我们所有的观念，还有我们所有的能力"①。我们最简单的感知，与最复杂的科学之间存在准确而连续的亲缘关系，可以从最底层到最高层画一个阶梯线；若小学生中途辍学，两个层级之间就会留下太大的空隙；任何中间阶段都不可省略，这样才能攀升到顶点。在这个有关人的能力的崇高观念之外，还有有关人的灵魂的同样崇高的观念。卢梭宣称他为人善良，上流人士也全都带着各种时髦的夸张做派和沙龙中的全部矫情秉持这个信念。人们深信，人，尤其是普通人，

① Condillac, *Logique.*

天然就是有情感、有意识的，他很容易被善行感动，并且愿意感激善行，人一看到最细微的利益就会动情，他具备所有细腻的情感。在有些版画上①，一所破败的茅屋里有两个孩子，一个5岁，一个3岁，他们站在病弱的祖母身边，一个抬起她的头，另一个给她水喝；孩子的父母进门后看到这幕动人的景象后，"这对善良的父母为拥有这样的孩子而深感欣慰，以致忘记了他们的贫穷"。比利牛斯山的一个年轻牧人说："哦，我的神父②！请收下这条狗吧，它忠实地跟随了我7年；将来他会跟随您，保护您；它再也不能为我服务了。"在18世纪末的文学中，这种有关温情的乏味重复没完没了，从马尔蒙泰尔到贝尔纳丹·德·圣皮埃尔，从弗洛良到贝尔干和比托贝，不胜枚举。幻觉甚至蔓延到政治家当中。杜尔哥在向国王提交有关政治教育的计划时说③："陛下，我敢对您说，10年之后您的民族将变得认不出来，通过理性的光辉、通过良好的风尚、通过为您服务和为祖国服务的开明与热情，您的民族定将超越其他的人民。今天10岁的孩子，到时就是国家的有用之才，他们热爱国家，服从权威——但不是出于恐惧，而是出于理性，他们将对同胞伸出慷慨的援手，他们将养成承认和尊重正义的习惯。"1789年1月④，当布叶先生向内克指出迫在眉睫的危险和第三等级势在必得的企图时，内克"抬眼向天，冷静答道，应该指望的是人的美德"。从根本上说，当人们想象某个人类社会的基础时，他们只是朦胧地设想出一个半像田园诗、半像戏剧的场景，跟他们在插图版

---

① *Histoire de France par Estampes*, 1789（au Cabinet des Estampes）.

② Mme de Genlis, *Souvenirs* de Félice, 371~391.

③ Tocqueville, *L'ancien régime*, 237. —Cf. *L'an 2440*, par Mercier, 3 vol. 该书中可以看到一个最美好的梦境的全部细节。该著于1770年首次出版。书中有个人物说："革命将毫不费力地完成，它靠的是某个伟人的英雄主义，这个伟人就是一位配得上其权威的哲学王，因为这位国王不属于这样的权力，等等。"（Tome II, 109.）

④ *Mémoires* de M. de Bouillé, 70. —Cf. M. de Barante, *Tableau de la littérature française au dix-huitième siècle*, 318. "人们以为，文明和启蒙已经弱化了各种激烈情绪，让所有人的性格变得更温和了。似乎道德也已变得更容易实践，社会秩序的平衡也十分稳固，以致不会受到任何扰乱。"

的道德和政治著作的扉页上看到的画面差不多。半裸体或披着兽皮的人聚集在一棵参天橡树底下，他们中间的一位可敬的老人站了起来，向他们宣讲"自然和理性的话语"；老人建议他们联合起来，向他们解释为何他们要相互缔结契约；老人向他们指出，公共利益和私人利益应协调一致，最后，他让这些聚会者感觉到德行的美好[1]。所有的人都立刻发出兴高采烈的呼喊，他们相互拥抱，纷纷挤到老人身边，选举他为长老；四面八方的小榆树下面都有人在跳舞，极乐世界从此在大地上建立起来——我没有夸张，后来国民议会给民族的致辞就是这种风格的长篇大论。在随后的那几年中，政府对人民讲话的口气就好像对盖斯纳（Gessner）[2]的牧羊人说话。后来人们还祈求农民不要烧毁城堡，因为这让他们善良的国王感到难过。人们还将规劝农民"以自己的美德给国王一个惊喜，以便国王尽快收获他的美德的奖赏"[3]。在农民暴动最激烈的时刻，那个时代的贤哲们还是一如既往地认为生活在田园牧歌中，他们悠扬的笛声终将把充满兽性怒火和狂暴欲念的嚎叫着的猎犬群引入羊圈中。

III

当人们在羊圈里熟睡，一觉醒来发觉绵羊变成了狼时，真是件悲伤的事；然而，在革命到来之际，这种事情有可能发生。人的身上被我们称为理性的东西，根本不是与生俱来的、原生的、持久的禀赋，而是后天获得的一种脆弱品质。稍微有点心理学概念就会明白，理性是一种不稳定的平衡态，它依赖于同样不稳定的大脑、神

---

① 卢梭的文字中（*Lettre à M. de Beaumont*）就有这种场景，在一通类似的演讲之后，自然神论和宗教宽容便确立了。

② 此处的盖斯纳指的可能是瑞士诗人Salomon Gessner（1730—1788），其《田园诗》描绘了放牧场景。——译者

③ Buchez et Roux, *Histoire parlementaire*, IV, 322. 1790年2月11日的致辞。"动人而崇高的致辞"，一个议员这样说。它"在前所未有的欢呼声中"被议会采纳。最好全文引用。

经、血液和消化状态。如果你把数以千计的饥肠辘辘的妇女和醉醺醺的男子放在一起，让他们在呼喊、等待和不断加剧与相互传染的骚动之中变得激动狂躁，几小时后，你看到的只是一群乱哄哄的、危险的疯子；1789年之后我们就会见识这一现象，以及更多的东西。眼下，我们不妨探讨一下心理学：最简单的心理行为，如感知、回忆、名称的运用、日常的判断，都是某种复杂机制的结果，是数百万个齿轮协同作用的最终产品[①]，但这些齿轮就像钟表的齿轮一样，全都是做盲目的推拉运动，每一个都靠自己的力量运转，每一个都以力的抵消和平衡而保持在自己的位置上。如果钟表指针能比较准确地标出时间，那是一种奇妙（如果不是奇迹的话）的配合的结果；要知道，幻觉、谵妄、躁狂全都守候在我们的门口，随时都会在关节点上闯进来。确切来说，人本质上是疯子，正如肉体本质上是病态的；我们精神的健康与我们器官的健康一样，都只是一种瞬间的成果，一种美妙的巧合。如果对于粗糙的经纬网络、对于我们思想中相当结实的粗线来说，健康都只是一种偶然的话，那么，对于随后附加上去的绣花、对于由笼统观念构成的细腻而复杂的网络（也即准确意义上的理性）来说，健康该是多么稀罕呢？这些观念是在缓慢而细致的编织中产生的，经过了各种符号的长期装饰，并且在骄傲、热情和教条式的狂热之中撕扯纠结，如此一来，这些存在于绝妙头脑中的观念跟现实不相符该有多大的可能性呢？关于这一点，现在只要看看我们的哲人、我们的政界人物中间流行的田园牧歌就够了。如果说高级人士是如此，我们又该怎么评说大众、群氓、野蛮或半野蛮的头脑呢？人的理性有多么不牢靠，理性在人类之中就有多么稀罕。普遍观念和有逻辑的推理，只是碰巧体现在一小批精英那里。要想理解抽象的词语，养成条理性的演绎推理习惯，必须事先经过专门的训练、长期的练习和实践，此外，如

---

① 据估计，谷物细胞约为1200万（表皮层），连接它们的纤维细胞约为40亿。

果涉及政治，还需要冷静的头脑，应对获得的所有信息进行反思，应该暂时超脱自我、以一个公正的旁观者的身份来看待自己的利益。如果这些条件有一个付诸阙如，理性，尤其是政治理性，也就不存在了。对于农夫、对于乡民、对于从小就忙于手工劳动的人，不仅不存在高级的概念系统，甚至连用以组织这一系统的内在工具都没有培养出来。这些人习惯于在露天运用四肢，即便能停下来，他们的注意力不出一刻钟就会分散；笼统的话语对于他们就像一阵噪音，这类话语应该唤起的思想活动自然也不能出现。他们昏昏沉沉，除非有嘹亮的声音将他们唤醒，以传染的方式激发他们血肉之中的本能，如个人的贪婪心、暗中隐藏的敌意，这类靠外在纪律遏制的本能随时都会喷薄而出。对于半文盲，甚至对于自认为有文化并且能读报的人来说，那些抽象原则几乎总是他们不能应付的宾客，超出他们的理解力；他们徒劳地引用这类教条，但他们不能估量后者的应用范围，不能把握其界限，忘记了其局限，因而运用起来就是错误的。实验室中的化合物若是由书斋里的化学家掌握，不会有什么害处，但如果流失到街道上行人的脚下，则变得十分可怕。我们马上就会看到这种现象：爆炸将蔓延到国土的各个角落；每个社区、每个人群都以人民主权的名义以民族自诩并展开行动；理性落入新的解释者手中之后，将使得骚乱成为街道和农村的常态。

18世纪的哲人对理性存在两方面的误解。理性不仅根本不是人的自然属性，对人类而言也根本不是普遍的，而且，在个人和人类的行为中，理性的影响很微弱。在某些头脑冷静、思维清晰的思想家那里，如冯特内尔、休谟和吉本，理性可以占据上风，因为它没有碰到真正的对手，但是除此之外，理性所扮演的远非首要角色；这个角色属于随我们一起诞生的其他力量，由于它们是最早的占领者，因而仍然留驻在房子中。理性在房子中所能占据的空间始终是狭窄的；它所履行的职责通常是次要的。理性只是一个很方便的下手（无论是公开的还是秘密的），一个总是被贿赂的家庭律师，是用来给主人料理事务的；如果说主人让它进入公共领域，那是出于善意。主人徒劳地将它宣布为合法的最高主人，但从来都只是赋予它暂时性的权威，在理性徒有其名的统治之下，主人才是自己这所房子的主宰。支配人的要素是体格体质，肉体需求，动物本能，遗传性偏见，想象力，通常会左右人的激烈情绪，特别是个人、家庭、阶层和派别的利益。如果我们认为，这些东西本质上是好的、慷慨的、富有同情心的，或者至少是温和的、可控的，瞬间就可以使其服从于社会利益或他人的利益，那我们就大错特错了。这些主宰者中有好几个特别强势，如果人受其支配，那就只能造成灾难。首先，即使人不能肯定自己从血缘上说是猴子的远房表亲，那他也应该确信，从人体结构来说，人是一种非常接近猴子的动物，人也有犬牙，是贪婪的食肉动物，以前还同类相食，所以他是好斗的捕猎者。这样一来，人就具有一种持久的本性，他凶暴残忍，有暴力和毁灭的本能，如果他是法国人，还应加上欢快愉悦的本能，以及一种最为奇特的需求：在亲手造就的毁灭之中狂放地玩笑取乐；我们即将看到这种本能的表演。其次，从本源上说，人一开始就被赤条条地抛入这片冷酷的土地，他十分无助，生存艰难，必须厉行节俭谋得营生，否则只有死亡。于是，人有一种持久的关切和确定不移的观念：要获得、要积聚、要占有，于是便有了贪婪和觊觎，对那个黏着在土地上的阶级来说尤其如此，它的60代人一直节衣缩食以供养其他的阶层和阶级，它那如钩子一般的双手总是想抓住这块自己耕种的土地；我们即将看到具体表现。最后，从很早的时候开始，较为细腻的思维组织把人变成了具有想象力的存在物，于是，大量繁殖的梦想自行发展成可怕的幻觉，它们不断放大，以致远远超出了人的恐惧、希望和渴求。这就产生了一种过分的敏感，情感、传染性的躁动、不可抗拒的激烈情绪、风行的轻信和猜疑会陡然汇聚在一起，简言之，这是一种激烈与恐惧，法国人尤其如此，因为他容易激动和相互感染，会轻易出离正常状态，会贸然接受外来的刺激，因为他没有日耳曼或拉丁邻居身上那种孤独中思索的专注力和黏液气质，以及由此造就的天然的稳重感；我们即将看到有关的表现。所以支配人类生活的是几种原始力量。平常时候，我们不会注意到这些力量；由于它们被抑制住，所以我们不觉得它们有多么可怕，我们觉得它们被软化、被平息了；我们一厢情愿地相信，强加的纪律对它们已很自然，导流渠道会让它们养成羁留在河床中的习惯。真相是，它们像所有原始力量、像河水和激流一样，只有靠强制才能留在河床中；它们之所以温和，只是因为堤坝的阻挡。要想防止它们决堤泛滥，就应该设立一种与它们力量相等的对抗力，其程度应与它们的层次相匹配，它们威胁越大，对抗力也应越强劲，要用专制来对抗它们的肆虐，这种对抗力无论如何都应是强迫性、压制性的：最初是个武装团伙头目，随后是军队首领，反正都是位选举或世袭的宪兵队长，这个队长有警惕的目光，有无情的手腕，他以自己的实际作为唤起恐惧，以恐惧维持和平。为了引导和限制他的行为，人们采用了各种机制，如预先确定的宪法、分权、立法、法庭，以及各种法律形式。所有这些齿轮看起来总有最后的影响力，它们构成一部有效率的机器，但我想说，在它们中间，这位武装的宪兵队长需要平衡我们每个人身上隐藏的野蛮、掠夺和疯狂本能，这些本能虽然已经沉睡、已经被束缚，但始终活着，就在我们内心深处。

然而，在新的理论中，所有原则都是为反对那位宪兵队长而宣布的，所有预防措施、所有不信任都针对他。人们以人民主权的名义抽离了政府的所有权威、全部的特权、任何的主动性、整个的持久性和全部的力量。人民是主权者，政府只是受托人，甚至连受托人都不是，是仆人。二者之间有个无期限的，至少是长期的"契约要点"，"只有双方商定或一方背信时才可以取缔这一要点"。"君主强加一个不可触犯的法律违背政治实体的本质"。神圣不可侵犯的宪章"将人民与一劳永逸地建立起的宪政形式连接在一起"。"改变宪政形式的权利是所有其他权利的首要保障。"。
"对于全体人民,没有也不能有任何强制性的基本法,即使是社会
契约。"。君主、议会和法官自称是人民的代表,此为篡夺与谎
言。"主权不能被代表,即便代表者是与主权不可分离的理性……
一旦人民委身于代表,他就不自由了,也不再是人民……英国人自
认为是自由的,真是错得厉害;他们只是在选举议员时才是自由
的;一旦议员被选出,他们便是奴隶,什么都没有……因此人民的
受托者不是他们的代表,只是受委托之人,他不能最终决定任何事
情。任何非经人民亲自批准的法律都是无效的,也不是法律"。①
"人民仅仅聚集在一起批准法典,一次性确定国家宪政是不够的;
还应该有定期召开的固定大会,不得以任何理由取消或推迟之,
以便人民能在确定的日子依法聚会,若不然,须有其他的正式会
议……一旦人民按此方式聚会,政府所有权限一律停止,行政权力
暂停",社会重新开始运转,恢复了原初独立的公民重塑他们的意
志,意志的期限由他们确定,而临时契约也只是为这个确定的期限
而缔结的。"召集这样的聚会目的只有一个:社会契约的维持,应
始终依据两个不可取缔亦不可分别表决通过的决议:首先,君主有
意维持现行政府形式;其次,人民有意将管理权交给当前负责该事
务的人"。因此"人民据以服从首领的契约绝对只是一种委托、一
种对契约的运用,主权者的官员只是以主权者的名义行使后者交托
给他们的权力,主权者可以修改、限制这种权力,并在他觉得合适
时回收权力②"。作为主权者的人民不仅始终独自保有"属于他且
只能属于他的立法权",而且可以委托并随时收回行政权。行使行
政权的人是人民的受雇者。"人民可以在认为合适的时候设立或罢
免这些人员"。这些人在人民面前没有任何权利。"对他们而言,

---

① Rousseau, *Contral social*. I, ch. 7; III, ch. 13, 14, 15, 18; IV, ch. 1. —Condorcet, *ibid.*,
9e époque.

② Rousseau, *Contrat social*, III, 1, 18; IV, 3.

根本不存在缔约的问题，而只有服从的问题"；他们没有"条件"向人民提出权利要求，也不能要求人民承担任何义务。不要据此认为，任何稍微有点骄傲和有点教养的人都不会担任我们的公职，我们的官员必定像是走狗。我们没有给他们接受或拒绝某个官职的自由，但我们会授予他们权威。"在任何真正的民主制中，担任官职不是什么好事，但也不是沉重的差事，不可要求某个人担任而不要求另一个人担任"。我们的手就在官员头上，我们拎住他们的衣领，将他们安置在官位上。无论出于自愿还是因为强制，官员都是为国家服劳役，他们比仆役和粗工都更不受待见，因为粗工可以对工作条件讨价还价，被辞退的仆役还可以要求支付一周的佣金。一旦政府偏离这种谦卑的态度，它就是在篡权，在此情形下，宪法可以宣布，起义不仅是最健康的权利，而且是首要的义务。在这一点上，理论有实践配合，被普通大众解释的人民主权教条，即将酝酿出彻头彻尾的大混乱，一直闹到由首领们来解释之时——此刻这一教条又将产生彻头彻尾的专制主义。

IV

这个理论具有两面性：一方面它可以导致政府永久的毁坏，另一方面又能通往无限的国家独裁。新的契约绝非历史契约，如1688年英国的《权利法案》和1579年荷兰的《联盟条约》；它不是现实中的活生生的人缔结的，它不承认现有状态，不承认现有制度和群体组织，不是为认可、明确、保障和完善一项先前权利而草拟的。在社会契约之前，没有任何真正的权利；因为真正的权利只因社会契约的诞生而有效，因为后者是完全平等和自由的人们之间所能确立的唯一契约，缔约者是些抽象的存在，是类似于数学单位的事物，他们的价值完全相同，扮演的都是同样的角色，任何不平等或强制都不能扰乱这些约定。所以，社会契约一旦缔结，其他的契约就归于无效。财产权、家庭、教会，任何这类古老的制度都不能引出反对新国家的权利。我们建造这个国家的工地必须被视为一片旷野；如果我们在工地上留下了部分旧建筑的残迹，那也只是以新国家的名义，为着新国家的利益，是为了把残迹留在新国家的围墙内并为它所用；人类的所有土地都归于新国家。另外，这种国家遵照的不是美国人的学说；在美国人那里，国家是个互助保险公司，一个类似于其他公司的社团，它的目标有限，职责、权力也都受到限定；在这种公司型的国家，个人在保留着大部分人身和财产权利的同时，一起凑钱以维持军队、骑警队、法庭、道路、学校，总之，维持那些公共安全和效用的最主要工具，但一些地方性和全国性的、精神或物质的服务机构仍保留给私人创举或自发的结社去打理，而这种创举和结社则随局势和需求而产生。我们的国家根本不是一台简单的实用机器，不是一套方便操作的工具，工人在操作它时不能不放弃手的自由运用，也无法同时使用别的工具。作为理性诞生的第一个儿子及它唯一的代表，这个国家应该让理性建立统治，任何事物都不能脱离理性的控制。在这一点上，旧制度是新制度的引导者，它的实践事先就偏向了这个新生的理论。国家很早以前就通过行政集权到处插手[①]。劳（Law）对达尔让松侯爵说："您知道，法兰西王国是由30位督办统治的。你们没有议会，没有三级会议，没有代理总督；各省的幸福与灾难、丰盈与荒芜，全都依赖于这30位派驻外省的检审官。"[②]实际上，国王这位主权者、所有人的父亲和监护人，正是通过他的代理人来领导地方事务的，他还通过逮捕密札或自己的恩典介入私人事务。半个世纪以来，这个榜样和这种方式激发了人们的想象力。要推行大规模的、毕其功于一役的改革，没有比这更方便的工具了。因此经济学家们远非要限制中央权威，而是想扩大它。他们不想以新的堤坝防范这种权威，

① Tocqueville, *L'Ancien régime*, livre II tout entier; et livre III, ch. 3.
② 派驻外省的督办一般来自检审官群体。——译者

而是设法摧毁那些尚在羁绊它的残留的旧堤坝。魁奈和他的门生们说："在一种政府中，反作用力的体系是个致命的观念……按照反作用力原则设计体系的思维是空想……愿国家懂得它的责任，愿人们给它自由……国家应该按照基本法的规则治理，而当它这样做时，它就应该是全能的。"随着大革命日益临近，同样的理论又出现了，只是换了个名字。《社会契约论》以人民主权代替了国王的主权。但人民主权甚至比国王的主权还要绝对，在卢梭以斯巴达和罗马为楷模构建的民主修道院中，个人什么都不是，国家就是一切。

的确，"社会契约的全部条款可以归结为一条①，那就是，每个缔约者将他全部的权利让渡给共同体"。每个人都要完全地奉献自我，"如他当前的状态，他自己和他全部的力量，包括他拥有的财产"。没有例外，没有保留；他以前的状况、他从前所拥有的，都不再属于他。此后他的状态和他所拥有的，都只是社会共同体委托给他的，后者才是普遍的所有者和绝对的主人。国家应该拥有全部权益，个人不得有任何权益；否则二者之间就会有争端，"由于没有任何高级权威作为双方的裁决者"，争端就会没完没了。相反，由于每个人都完全地奉献自我，"联合就达到了最完美的境界"；由于放弃了一切、放弃了自我，"他就没有任何可以要求的"。

既然提出了这些理论，我们不妨看看有哪些推论。首先，我只是因为别人的容忍才成为自己财产的次要的所有者；因为根据社会契约，我已经让渡了财产②，"它现在是公共财产的一部分"；如果说此刻我还保留着使用权，那是因为国家的许可，国家把我变成了财产的"保管人"。不能说这种恩典是归还财产。"社会远非承认个人财产，而是要剥夺之，社会只是把篡夺转变成真正的权利，即享用财产"。在社会契约缔结之前，我曾是所有者，不是法律上

① Rousseau, *Contrat social*, I, 6.
② *Ibidem*, I, 9. "对其成员而言，国家因社会契约而成为他们所有财产的主人……所有者被视为公共财产的托管人。"

的，而是事实上的，如果我占有的份额过大的话，还是不公正；因为"任何人对任何他所必需的东西享有自然权利"，如果我拥有的东西超出了我的生活必需，那就是偷窃了其他人。因此，我远非国家的施恩者，国家才是我的施恩者。它交给我的不是我的财产，而是授予我它的财产。所以国家能对它的礼物提出条件，随意限制我对礼物的使用，限定或规范我赠予和立遗嘱的权限。"从本质上说[①]，财产权不得超出所有者的生活之外；一旦人死去，其财产也就不属于他了。因此，给他规定处置财产的条件，根本上说主要不是改变他表面上的权利，实际上是在扩展之"。不管怎样，既然我的身份是社会契约的结果，那它也像契约本身一样是暂时性的；一项新的规定就足以限制或消灭它。"主权者[②]可以合法地占有所有人的财产，好比莱喀古（Lycurgue）[③]时代的斯巴达那样"。在我们的世俗修道院中，每个僧侣的一切都是修道院的一份可收回的赠礼。

其次，这座修道院也是个神学修习班。我没有权利在家里以我认为合适的方式养育孩子。"正如不能让每个人的理性[④]成为他的义务的唯一裁决者，人们也不应该把孩子的教育托付给其父亲的理智和偏见，何况对孩子的教育而言，国家的重要性大于父亲"。"如果取得父亲之地位并负担这一重要职责的公共权威，在履行父亲的义务并获得父亲的权利后，父亲就更加不能为此抱怨了，因为他们仅仅是改变了名字，他们将在公民的称号下对孩子拥有同样的权威，并且分别以父亲的名号行使这一权威"。换句话说，你可以不当父亲，但作为交换，你可以担任学校的巡视员；这两种角色是等值的，你还有什么可抱怨的呢？人们称斯巴达是一支永久化的军队，在那里，孩子真正是群体的孩子，他们都同等地服从大人。"因此，由政府确定规章，由主权者设立的长官所监督的公共教

---

① Rousseau, *Discours sur l'Economie politique*, 308.
② Rousseau, *Emile*, livre V, 175.
③ 莱喀古被认为是古希腊城邦斯巴达的著名立法者。——译者
④ Rousseau, *Discours sur l'Economie politique*, 302.

育，是人民政府或合法政府的一项基本原则"。正是靠公共教育，人们才能预先培养公民。"它①应该赋予灵魂以民族形态。从长期来看，人民就是政府缔造出来的人民：当政府需要时，人民就是战士、公民和人，当它高兴时，人民也可以是群氓和无赖"，塑造人民的是教育。"如果你想认识一下公共教育，看看柏拉图的《理想国》吧②……好的社会制度懂得以最佳方式改造人性，去除其绝对存在而赋予一种相对存在，将自我移植到统一的共同体中，让每个人都觉得不止是个体，而是统一体的一部分，且只有在整体中才会有意识。一个孩子睁开眼时应该看到他的祖国，到死之时看到的也只有祖国……应该教育他，只有在他与国家整体的关系中才能看到他个人"。这就是斯巴达的做法，是"伟大的莱喀古"唯一的目标。"从宪法上说，所有人都是平等的，所有人都应该一起以相同的方式成长"。"法律应该规定人们学习的内容、程序和方式"。至少，所有人都应该参与公共活动，学习骑马，参加规定的力量和灵敏性训练，"以便养成纪律、平等、手足之情和相互竞争的习惯"，并教会他们"在同胞的眼皮底下生活和渴望公众赞许"。通过这些训练，孩子们很早开始就已经是民主派了，因为奖励显而易见，它不是来自主人的裁判，而是观众的欢呼，于是他们便习惯于承认合法的主权者至高无上，而这个主权者就是聚集在一起的人民的决定。国家关注的首要事务始终是培养这样一种意志：它通过这种意志而维系长久，以这种意志来筹备可以维持自身的表决，根除人们心灵中违背国家的情绪，并将有利于国家的情感植入其中，在它未来的公民身上永久地确立它所需要的情感和偏见③。如果它不能掌握孩子，它也不会掌握成人。在一所修道院中，所有见习者都应被培养成僧侣；否则，当见习者长大后，修道院就不存在了。

---

① Rousseau, *Sur le Gouvernement de Pologne*, 277, 283, 287.

② Rousseau, *Emile*, livre I.

③ Morelly, *Code de la nature*. "5岁时，所有孩子都要离开家庭，由国家付费，按统一的方式共同培养。"圣鞠斯特的文字中也有类似的纯斯巴达式的方案。

最后，我们的世俗修道院还有它的宗教，一种世俗宗教。如果我信仰别的宗教，那也是因为它的善意，并受到它的限制。从本质上说，修道院反对任何除它之外的联合；这种联合是竞争者，会给它带来麻烦，会窃取其成员的意志，导致成员的表决变形。"要想准确地表达公意，国家之中就不能有局部性的社会，每个公民都只能根据国家的意思表达意见"。[①]任何导致社会统一体破裂的东西都毫无意义，对国家来说，最好什么宗教也没有。不仅所有宗教都是可以的，而且，如果我是基督徒，我的信仰也会受到恶意的对待。根据新立法者的看法，"没有什么比基督教更违背社会精神的了……一个真正的基督教社会不是人的社会"。因为"基督教的祖国不在这个世界"。他无法对祖国充满热忱，从意识上说，他一定是暴君的支持者。他的法律"宣扬的只是奴役和依附……他生来就是要成为奴隶的"，而奴隶永远不能成为公民。"基督教、共和国，这两个词语是相互排斥的"。因此，如果说未来的共和国允许我成为基督徒，一个暗中的条件是我的信仰应限定在我的头脑中而不得落入我的心灵。如果我是天主教徒（2600万法国人中，2500万人像我这样），处境会更糟。因为社会契约不容忍一种不宽容的宗教；当某个宗教派别诅咒别的派别时，它就是公众的敌人；"谁胆敢说宗教之外没有拯救，谁就应该被逐出国家"。最后，我如果是个自由思想者、实证论者或怀疑派，我的境遇也不会更好。"有一种公民宗教"，一种教义问答，"一种信仰表达，其条款之确定属于主权者，这些条款虽不是准确意义上的宗教教义，但作为一种社会性意识，没有它们是断不能成为好公民或忠实的臣民的"。这些条款包括"存在一个强大、理智、慈善、富有远见和能力的神圣性，生活在于未来，公正者必幸福，邪恶者必受惩罚，社会契约和

---

① Rousseau, *Contrat social*, II, 3, IV, 8.

法律的圣洁[1]。对于这些信条，不会强迫人接受，但谁要是不相信他们就必须被逐出国家；不是作为不虔诚者被驱逐，而是作为反社会者，作为不能衷心热爱法律、正义，不能在必要时为责任而牺牲生命者而被驱逐"。请注意，这种信仰表达绝非徒有其表的仪式：一个新的宗教裁判所将会监视人的真诚。"如果某人在公开承认教义之后，其行为又不像是信奉这些教义，应该被判死刑；他犯下的是最严重的罪过之一：在法律面前撒谎"。我说的一点没错，我们是在修道院里。

V

所有这些条款都是社会契约的必然推论。一旦进入某个团体，我的自我就不得有任何保留了，凭此契约，我必须放弃我的财产、我的孩子、我的宗教和我的观点。我不再是财产所有者，不再是父亲、基督徒和哲人。国家取代了我的所有这些功能，我的意志从此被替换为公共意志。从理论上说，这意味着仲裁者会按人头计算的多数而变化，从实际上说，这意味着某个会议、宗派和掌握公共权力的个人成为严厉的裁决者。在这个原则基础上，那种自命不凡的理念即将突破所有界限。在大革命的第一年，格雷古瓦（Grégoire）在制宪议会的讲坛上说："如果我们愿意的话，我们能够改变宗教，但我们不愿意。"稍后，人们想这样做，而且确实这样做了，人们确立了霍尔巴赫的宗教，随后还有卢梭的，此外还有更多的尝试。人们即将以唯有国家能代表和解释的理性的名义，按照理性且仅仅按照理性，去废除和重建所有习惯、节日、仪式、服装、纪元、日历、度量衡、季节名称、月份、星期、日子、地名和纪念物、姓氏和教名、礼节称号、言谈腔调、打招呼的方式、攀

---

[1] Cf. Mercier, *L'an 2240*, I, ch. 17 et 18. 从1770年起，这位作者就开始描绘一种类似于人道博爱教的宗教，这一章的标题为"并非想象的那样遥远"。

谈时的仪态、说话和书写的方式，法国人就像从前的清教徒和贵格派一样，将改造一直深入到内心深处，以致他行为和外表的最细微之处，无不表现出那个改造他们的全能原则和统治他们的僵硬逻辑的支配力。理性一旦在狭隘的大脑中扎根，它就不能同时容纳两种观念，它会变成一种冷漠或狂热的偏执，会猛烈地根除它所诅咒的过去，并急切地建立它所追求的千禧年；这一切都是以一种想象的契约的名义，这种契约既是无政府主义的又是专制主义的，它既触发暴乱又为独裁正名；这一切最终都指向一种自相矛盾的社会秩序：它时而像是着魔者的狂欢，时而像是斯巴达式的修道院；所有这一切都是要取代历史中缓慢形成的活生生的、有持久生命力的人，代之以一个临时拼凑的自动木偶，一旦将它竖起来的外在机械力不能维持它时，它就会自动崩溃。

第 四 卷

IV

学 说 的 传 播

第一章 这种哲学在法国成功，在英国不成功

> Ⅰ.差异的原因—法国的写作艺术—当时这种艺术很高超—它成为新思想的表达工具—著作是由社交名流们创作的—哲人是社交名流，因而也是作家—因此哲学跌入沙龙之中。Ⅱ.由于这种模式，哲学变得大众化。Ⅲ.由于这种文风，哲学显得讨人喜欢—18世纪有两种特殊的调味剂：寻欢作乐和淫秽下流。Ⅳ.大师们的技艺和方法—孟德斯鸠—伏尔泰—狄德罗—卢梭—《费加罗的婚礼》。

类似的理论曾数次在人类的想象之中闪现过，而且它们还将再一次闪现。在所有时代和所有国家，只要在有关人性的意识中出现一次重大变革，人们就能立刻发现乌托邦，这一发现将在政治和宗教领域内发芽。但这还不足以让新学说传播开，尤其不足以让思辨转入实践。18世纪的哲学诞生于英国，但它不能在英国发展起来；在那里，拆毁和重建的狂热仍然是一时的表面冲动。自然神论、无神论、唯物主义、怀疑主义、意识形态、回归自然的理论、人权学说，波林布鲁克（Bolingbroke）、科林斯（Collins）、托兰（Toland）、廷达尔（Tindal）和曼德维尔（Mandeville）的所有大胆理论，休谟、哈特利（Hartley）、詹姆斯·密尔（James Mill）和边沁的所有冒失理念——英国所有这些革命学说都是温室中的植物，只能在几个思想者的书斋里孤芳自赏：一旦走出书斋，

它们就夭折了，面对那些已然扎根于土中的古老植物的强大竞争，它们只能是昙花一现①。相反，在法国，从英国输入的种子，其生根繁殖的力度异乎寻常。从摄政时代开始，它就已经欣欣向荣②。这种哲学就像遇到极佳的土壤和季候的物种，迅速蔓延到所有领域，它独自占有了日光和空气，少许另类的侏儒只能在它的阴影下苟延残喘，如残留的古代花木罗兰（Rollin）③，如怪诞的异类标本圣马坦（Saint-Martin）④。它通过参天大树、紧凑的矮林、不可胜数的灌木丛和低矮植物，通过伏尔泰、孟德斯鸠、卢梭、狄德罗、达朗贝尔和布丰，通过杜克洛、马布利、孔狄亚克、杜尔哥、博马舍、贝尔纳丹·德·圣-皮埃尔、巴特雷米和托马斯，通过大量的记者、编辑和谈话者，通过热爱哲学、科学和文学的精英和群众，这种哲学占据了科学院、剧场、沙龙和人们的谈话。这个世纪的所有高级头脑都是它的根蘖，而这些根蘖中，有些位居人类所见的最伟大的思想家之列。新的种子落在了适宜它的土地上，我想说的是，这土地便是经典思想的祖国。在这个热爱推理理性的国度，新哲学不会碰到曾在海峡另一边让它窒息的竞争者，它很快就获得了元气和力量，而且获得了在海峡那边所缺少的宣传工具。

I

这个工具就是"运用于最严肃话题的谈话和辩论技艺，一种能阐释一切的才具"⑤。"这个民族的优秀作家"，他们的一位伟大

---

① "最近40年中出生的人当中，有谁看过科林斯、托兰和廷达尔及所有自称为自由思想者的只言片语？"（Burke, *Reflexions on the French revolution*, 1790.）
② 伏尔泰的《俄狄浦斯》发表于1718年，《关于英国人的来信》发表于1728年。孟德斯鸠的《波斯人信札》出版于1721年，这些作品已经包含了这个世纪全部重要思想的萌芽。
③ 当指教育学家和巴黎大学校长罗兰（1661—1741），此人是狂热的詹森主义信徒，著有《古代史》，作品被认为深受李维和希罗多德的影响。——译者
④ 当指法国神秘主义作家Louis Claude de Saint-Martin（1743—1803）。——译者
⑤ Joseph de Maistre, *Oeuvres inédites*, 8, 11.

对手曾说，"在表达事物方面胜过其他所有民族的作家"，但"这是通过主宰着人们的语言技艺"实现的，而"（其他）科学著作那生硬的文风和可憎的品味总是将大众排斥在科学的圣殿之外，但大众如今无法抗拒法国式的风格和方法的诱惑"。因此，提供了观念的经典精神也为观念提供了表达工具，18世纪的理论就像长了翅膀的种子，能在所有地方自行飞翔。在那个时候，没有一本著作不是为时髦的社交界的男士，乃至女士写出来的。在冯特内尔关于《世界的多元性》的谈话中，中心人物便是一位侯爵夫人。伏尔泰是为了夏特莱夫人而创作《形而上学论》和《风俗论》的，卢梭的《爱弥尔》是为埃皮奈夫人写的。孔狄亚克依据菲朗（Ferrand）小姐的思想写成《感觉论》，并就如何阅读他的《逻辑学》给年轻的姑娘们提出了建议。博多（Baudeau）的《经济表》是要解释给一位夫人听的。狄德罗最深邃的著作是莱斯皮纳斯（L'Espinasse）小姐与达朗贝尔和博尔德（Bordeu）的一次谈话①。孟德斯鸠在《论法的精神》中曾向缪斯女神祈灵。几乎所有作品都出自某个沙龙，而在作品面世之前，总是在某个沙龙之中酝酿的。这种习惯十分强烈，甚至一直延续到1789年底；国民议会上的长篇演说，也就是人们曾在晚宴上、在贵妇们面前重复的那些必备的漂亮篇章。当时的美国大使是个讲实际的人②，他以严厉的嘲讽口吻向华盛顿解释着文学界和科学院欢快的炫耀之风，后来的公共生活和政治角逐便效仿这种作风。"演说词事先在某个青年男女社团中宣读，社团中一般有演说者的漂亮女友，或他希望结交的美女；社团则极尽客气地赞赏他，除非是决定小圈子趣味的贵妇认为有些不妥之处，这自然意味着作者要修改作品——我都不敢说完善作品了。"

在这样的风习之下，职业哲学家成为社交名流就毫不奇怪了。没有哪个时代、哪个地方的哲人对此如此习以为常、达到如此高的

---

① 他的《盲人通信》和《聋哑人信件》全部是或部分是写给妇女的。
② *Correspondance* de Gouverneur Morris（英文），II, 89.（24 janvier 1790.）

程度。一位英国旅行者说："对一个科学或工程人士而言，这里主要的乐趣是在时髦人物的高级圈子中呼风唤雨。"①在英国，这类科学和工程人员只是埋头读书，一般只跟同行交往，只有在应该"履行某种政治苦役"时他们才会现身社交场，即作为记者和小册子作者服务于某个党派的工作；而在法国，这类人员每天晚上都在城里参加夜宴，他们是沙龙的装饰和乐趣所在，他们自己也在那里面交谈②。在举办夜宴的府邸中，没有哪一个不拥有自己的领军哲人，随后还有它的经济学家和它的学者。在各种通信和回忆录中，我们可以跟着这些人的步伐，从一个沙龙到另一个沙龙，从一个城堡到另一个城堡：从位于西莱的夏特莱夫人家的伏尔泰到菲尔奈的伏尔泰——他在菲尔奈有个剧院，接待全欧洲的访客——从埃皮奈夫人家的卢梭到卢森堡先生家的卢梭，从舒瓦瑟尔公爵夫人家的巴特雷米到内克夫人家的托马斯、马尔蒙泰尔和吉本，从霍尔巴赫的盛大晚宴上的百科全书派，到若夫兰夫人家宴会上和莱斯皮纳斯小姐沙龙里的明智谨慎之士——所有这些人都栖身于一个官方的中央大沙龙之中，我指的是法兰西学院，在那里，每个新当选的成员都要炫耀一下自己的文采，从这个有教养的社团接受言语技艺的大师证书。这样的公众要求一个作者必须成为一个作家而非哲学家，思想者至少要像关心自己的思想一样关心遣词造句。他决不可成为书斋里的幽居者，他不是埋身德国式的对开本图书的简单的博学者，不是沉醉于冥思的玄学家，他有像学生一样记笔记的听众，有潜心研究的志士为读者。自成一说的康德虽然期待公众研习他，但他从不迈出自己的书斋，除了去课堂上课。相反在法国，所有人都是言

---

① *A comparative view*, etc. by John Andrews（1785）. – Arthur Young, I, 125. "对于那些自认为仅凭王家学会成员头衔，而不须考虑其他因素就能在伦敦的某个高级圈子里受到礼遇的人，我是要指责他们的。在巴黎，科学院的某个会员不是这样：无论到哪里他都肯定能很受待见。"

② "我在巴黎的各位公爵夫人家中碰到了达朗贝尔、马尔蒙泰尔和巴伊；这对他们和她们都有极大的好处……在我们这里，一个人开始写书时，人们便认为他既拒绝与统治者也拒绝与娱乐人士的社交……除了文学上的虚荣，你们的达朗贝尔和巴伊之流的生活，就像你们的大领主生活一样快乐。"（Stendhal, *Rome, Naples et Florence*, 377, Forsyth上校的故事。）

辞方面的专家，甚至立誓修炼。数学家达朗贝尔发表过数篇论讲演术的文字；自然学家布丰发表过有关文风的演讲；法学家孟德斯鸠创作过论趣味的论文；心理学者孔狄亚克写过一卷论写作技艺的著作。这就是他们最大的荣耀所在；哲学因为他们而进入社交界。他们把哲学从书斋、小团体和学院中请出，将它引入交际场和谈话之中。

II

狄德罗笔下的一个人物说："元帅夫人，我应该从更高的角度做一些修改。""您愿意从多高的角度都可以，只要我能理解。""如果您不理解我，那当然是我的错。""太客气了，但您应该知道，我只读过自己的《时光》。""但这并不重要，漂亮端庄的妇女也会不知不觉地沾染哲学，也会毫不费力地界定善与恶，也会理解和评判最崇高的道德和宗教学说。这就是18世纪的艺术和写作技艺。人们为懂得如何品味生活，对什么都感兴趣，但又经常不懂拼写，对什么事情都毫无训练的人而写作；应该让真理落入他们中间。万不能有科学的或过分抽象的术语；这类读者听众只能接受日常谈话中的词句。这并不是障碍：以这种话语谈论哲学要比谈论上座权和鸡毛蒜皮之事更容易。因为，在所有大而化之的问题中，都有一个决定一切的简单的核心观念，如数学上的单位、公度、物体和运动的观念，如生理学上的器官、功能、生命的观念，如政治和道德上的效用、契约、法律观念，如政治经济学上的预付、产出、价值观念，还有其他科学中诸如此类的观念——所有这些都是从日常经验中产生的观念，由此可以得出：借助于日常经验，通过某些熟悉的范例、几段逸闻趣事和令人愉悦的小故事，就可以改造这些观念并使之明确化。此举一旦完成，几乎一切都已完成；因为现在只须引导听众步步前行、层层推进，一直达到最后的结论。"元帅夫人，将来您是否还能记得您的定义呢？——我会记得的。您说这是个定义吗？——是的。——所以这就是哲学咯？——完全正确。——我竟然玩起了哲学！——就像写作散文而丝毫未意识到这一点。"剩下的就只是推理了，也就是对问题的正确处理和分析的推进。从这样被改正和被革新的观念出发，人们就能得出最切近的真理，然后又从这一真理得出与之相邻的第二真理，如此一直推演下去，唯一要注意的是必须层层递进，不能省略任何一个中间环节。按照这个方法，人们可以解释一切、让人理解一切——理解者包括妇女，甚至社交界的妇女。在18世纪，才智的全部本质，杰作的全部生命力，哲学的全部明晰性及整个的人气和权威，全都在于这种方法。正是这种方法构成了冯特内尔的《颂词》，伏尔泰的《无知的哲人》和《行动原则》，卢梭的《致博蒙先生的信件》和《萨伏伊的代理神父》，布丰的《人论》和《自然诸时代》，加利亚尼（Galiani）的《关于小麦的对话》，达朗贝尔关于数学的《思考录》，孔狄亚克的《计算语言》和《逻辑学》，还有稍后拉普拉斯的《世界体系的阐释》、比夏（Bichat）和居维叶（Cuvier）的《普遍论说集》[①]。最后，孔狄亚克还将这种方法确立为理论，这理论将以意识形态（Idéologie）的名义获得教理似的影响力，到时也将成为整个方法论的总结。至少它总结了这个世纪的哲人们赢得公众、传播其学说并获得成功的步骤。

III

人们因为这种方法而被理解；但是，要想赢得读者，还需要其他东西。我将18世纪比作一个坐在桌边的人士的社交场，仅给他们献上烹制好的、易于进食和消化的佳肴是不够的，还应该有一道小甜点。思想就是个美食家，我们要喂给它有滋有味、适应它品味的

---

① 在今天，同样的方法见于巴斯蒂亚（Bastiat）的《经济学辩论》、弗鲁朗的《历史颂词》以及埃德蒙·阿布（Edmond About）的《进步论》。

细腻菜肴；味觉越是撩拨食欲，它便吃得越多。有两种特别的调味品进入了这个世纪的厨房，厨师看情况赋予所有文学菜肴以粗俗或细致的作料。在一个热衷享乐的社会，人们宣扬回归自然，宣扬本能的权利，纵欲的形象和观念自行敞开——这构成一个刺激性挑逗性的调料盒。但是每个人都在使用和滥用这个调料盒，有些人甚至将所有调料都倾倒在菜肴中。我所说的不止是地下文学，不止是王室的家庭教师昂德劳（Andlau）夫人看过的、误入路易十五女儿们之手的新奇书籍[1]，也不止是其他更为特别的书籍[2]——在此类书籍中，哲学推理看起来就像龌龊淫秽故事之间的插曲，但宫廷贵妇们的梳妆台上都有一本这样的书：《巴黎时光》。这里谈论的都是著名人物，都是公共思想的导师们。除了布丰，所有人都在调味品中放入辣椒粉，也就是各种粗俗露骨的内容。甚至《论法的精神》中都能看到；在《波斯人信札》中，此类调味剂数量庞大，而且布置得紧凑协调。狄德罗在他的两部著名小说中大把大把地添加此类刺激性内容，就像是纵欲狂欢的日子。在伏尔泰的文字中，人们随处都能品尝到浓重的胡椒籽味道。在《新爱洛依丝》中，您也会有同样的体会，虽然不够辛辣，但有一种火烧火燎的刺激感，《爱弥尔》中大约有20处，《忏悔录》从头到尾都有这种味道。这是那个时代的趣味；厚道庄重如马勒泽尔布者，也会背诵引述《奥尔良姑娘》；山岳派中最阴郁的圣鞠斯特，居然也是个像伏尔泰一样的好色诗人，吉伦特派中最高贵的罗兰夫人，也留下了像卢梭一样有伤风化的详尽忏悔录[3]。此外还有第二个调料盒，里面装的是古老的高卢调味剂，也就是欢笑和逗乐。那种宣称理性至上的哲学大把大把地从中抓取作料。因为违背理性就是荒谬的，因而也是可笑的。当一个巧妙的言行猛然间摘掉掩盖着愚昧的古老而庄严的面具，我

---

① *Le portier des Chartreux.*
② *Thérèse philosophe*（《哲人特蕾莎》）。这种作品构成一大文学类别。
③ 见多邦（M. Dauban）的版本，该版恢复了很多被删除的片段。

们便感觉一种奇特的痉挛撑开胸膜（couche？）的两端，猛烈撞击着我们的胸膛，使我们产生一种突然的放松、意外的解脱、失而复得的优越感、完美的报复和正义得以伸张的愉悦。然而，按摘除面具的方法之不同，笑声可以从轻快转向喧闹，从克制转向放荡，时而和蔼欢快，时而辛辣挖苦。取笑逗乐包含各种层次，从滑稽诙谐到义愤填膺均有之。没有哪种文学调味剂能提供如此繁多和复杂的味道、还能与第一种调味剂结合得如此完美。法国人的厨艺中，从中世纪起，这两种调味剂就是构成最惬意之点心的主要成分，此类点心如韵文故事，神话，格言警句，下流玩笑，这是一个喜爱嘲弄的放纵民族的永恒遗产，拉·封丹在17世纪的庄重豪华中保留了它，而到18世纪，它在各种哲学盛宴中到处重现出来。对一个以愉悦欢笑为主业的上流社会来说，如此丰盛的一顿宴会的吸引力实在太大了。当一时的兴致与世代相传的本能相一致、当时代的趣味强化了这种民族趣味时，这种吸引力便越发强大了。除此之外，还应加上厨师们细腻的技艺，他们有混合、平衡和掩饰各种作料的才能，其菜肴花色多样、层次分明，其手法稳健谨慎，其味觉细腻入微；对于工艺，他们烂熟于心，此外还应加上一百年来将法语散文塑造为最细腻的精神食粮的那种传统和实践。如您发现他们精通人类语言的烹调术、从语言中萃取各种汁液、分泌出各种乐趣，您不会觉得有任何意外。

IV

在这些高妙的厨师中，有四个人卓尔不群：孟德斯鸠、伏尔泰、狄德罗和卢梭。提一下他们的名字看来就足够了；现代欧洲没有更伟大的作家，不过，如果要更好地理解他们的力量所在，就应该深入考察他们的才能。就格调和手法而言，孟德斯鸠首屈一指。从来没有哪个作家像他那样镇定平和、言辞持重。他的语调从不张扬，即使谈论最强烈的事物时也很有分寸。没有任何做作、任何惊呼慨叹、任何情绪的发作，所有这类有悖礼仪的举止，都与孟德斯鸠的细腻、矜持和骄傲格格不入。他仿佛总是在向优雅之至的特选圈子诉说，诉说的方式每时每刻都要让他们感觉到精致细腻。没有比这更巧妙的奉承了，我们可以从中了解到自己的思想能得到多大程度的满足。要获得这种满足就必须阅读孟德斯鸠：因为他特意缩减了各种铺陈，删除了各种转折过渡，他将这些东西留给我们去补充，其弦外之意留给我们去揣测。孟德斯鸠的文字次序井然，但这种次序是隐藏的；他的语句并不是连续地展开，每一句都是独立的，就像众多的首饰匣或珠宝盒，时而简单朴素、不假粉饰，时而装饰华丽、精雕细刻，但个中内涵始终都是饱满丰富的。打开这些盒子，每一个都是一座宝库；作者在那狭小的空间中装入了大堆大堆的思虑、情感和发现，当所有珍宝能在瞬间被理解、能轻易把握于我们的手掌心时，我们的愉悦就越发强烈了。孟德斯鸠自己说："伟大思想的产生，往往是有人讲述一棵树，而我们能瞥见森林；或者他的作品我们要看到最后一行才恍然大悟。"实际上，这就是他的风格；他的思考是提纲挈领式的：他的一章只有三行，但能揭示专制主义的全部本质。这种提纲挈领有时甚至像个谜语，由此带来了双重的愉悦：既有理解的快乐也有猜测的满足感。他在所有问题上都保持着这种极端的谨慎、提示但不指明的技艺、克制稳重的气质，以及绝不会走向爆笑的微笑。他说："在我《为论法的精神辩护》中，让我感到高兴的不是看到可敬的神学家被打翻在地，而是看到他们在世上无声无息地消失。"他擅长的是平静的反讽，谦恭的蔑视[1]，修饰过的嘲弄。他笔下的波斯人以波斯人的口吻评判法国，我们笑话他们的种种误解；但不幸的是，笑话的对象不是他

---

[1] *Esprit des lois*, ch. XV, livre 5（有利于奴役的原因）。Défense de l' *Esprit des lois*. I, 对第二种反对意见的答复。II, 对第四种反对意见的答复。

们，而是我们自己；因为他们的错误恰恰是真理所在[1]。一封十分严肃的信件看起来就像教训他们的喜剧，跟我们毫无关系，剧中全是东方人的自命不凡[2]：但请反思一下，在同样的问题上，我们的自负也不遑多让。于是，孟德斯鸠似乎是无意间顺便对现行制度、对变质的天主教义和腐败的君主制度进行了最有力的、影响特别深远的打击：天主教"在欧洲现在的状态下，其存在不会超过500年"；君主制则让有益的公民节衣缩食以养肥宫廷中的寄生虫[3]。在他的笔下，整个新哲学在淳朴的乡间传说中、在天真幼稚的祈祷声中、在颠颠懵懂的通信中，以一种纯真无邪的面目孕育出来[4]。那些引人注目、给人以深刻印象的才能，全都是以这种风格表现出来的：无论是宏大的想象力、深邃的情感、文笔的犀利、层次之细腻、严格与精确，还是不失优雅的诙谐、出人意表的神来之笔，以及场景刻画的丰富性。不过，虽然有这么多高超的手法、讽喻、故事、人物、对话，无论是严肃的还是诙谐的，孟德斯鸠的格调总是无可挑剔，堪称完美。虽说他揭示出种种悖论，但行文之庄重简直是英国式的。虽说他展现事物中的种种龌龊卑鄙，但用词却是得体端庄。无论是玩笑至极还是放肆至极，他总还是个得体的上流人物，他生长的贵族圈子虽然无拘无束，但把教养礼仪奉为至上，虽然那里有什么样的想法都可以，但那里的所有话语都须讲求分寸，虽然那里什么都能说，但条件是决不可得意忘形。

　　这样的圈子是狭小的，它只包括一小批精英；要想让大众听懂，就必须用另一种方式说话。启蒙哲学需要一位将传播它当作第一要务的作家，他不能将哲学禁锢于自己心中，而应该像溢出的泉水一样撒播它，日复一日、不拘一格地将它倾注给所有人，或如巨浪洪流，或如草尖露水，但绝不干涸滞缓；为此这位作家需要借助

---

① Lettre 24（关于路易十四）。
② Lettre 18（关于事物的纯洁与不纯洁）。Lettre 39（关于穆罕默德使命的证明）。
③ Lettre 75 et 118.
④ Lettre 98（关于现代科学），46（关于真正的宗教）。11～14（关于正义的本质）。

所有细孔和渠道：散文、诗歌、各种大大小小的韵文、戏剧、历史、小说、小册子、辩词、专论、便携读物、词典、通信；他要以公开或秘密的方式让哲学渗入最深处、进入所有领域：这个人就是伏尔泰。他曾说："在我自己的时代，我所做的比路德和加尔文都要多"，但他错了。不过，在思想方面，他的确与路德和加尔文有几分相似。他也像这两位一样，试图改变现行的宗教，他的作为看起来就像个教派的创始人，他招募和组织信徒，他撰写劝诫信、布道词和指令书，并到处传播自己的口号、向"教友们"发布命令；他的热情好比使徒和先知。这样的头脑无法保持克制，它本性是好斗和暴躁的。他诘责，他辱骂，他随兴而作，他凭自己的印象落笔，他什么词都用，必要时会使用最粗俗露骨的词语。他的思维是爆炸式的，他的情绪是跳跃式的，他的意象像是窜动的火花；言语之间他毫无拘束，对读者吐露一切，这也是为什么他能吸引读者的原因。他的魅力不可抗拒，其传染速度惊人。他是气与火的创造物，其激动兴奋前所未见，构成这个创造物的原子比所有其他人都更轻盈更活跃，他的心智结构比任何人都更细腻，但其平衡性也比别人更加不稳定但又能恰到好处。可以把他比作那种很精密的天平，虽然吹口气就能让它失衡，但跟这架天平比起来，所有其他的测量仪器全都不准确、太粗糙。这架微妙的天平之上只能放些十分轻微的小样本；只有这样它才能严格地衡量出各种实质；伏尔泰凭着自己思想的需要，为自己也为读者做到了这一点，尽管他并非故意为之。一种完整的哲学、一种十大卷的神学、一种抽象科学、一类专门的丛书、一个庞大的学术分支、人类的经验或创造，在他的笔下化为一句话或一行诗。他从沾满渣滓的庞大而粗糙的素材中提取全部的精华，仿佛一粒金砂或精铜，或是所有残余物的样本，并以最为方便、最易理解的形式呈现给我们，这种形式或是一个比较、一个暗喻，或是一句会变成谚语的俏皮话。就这一点来说，任何古代和现代作家都望尘莫及；他的简化与通俗化的才能，世上无人能及。伏尔泰从来都是用日常谈话的口气，好像是在开玩笑，但他的小句子中包含人类思想中最伟大的发现、最伟大的假说，如笛卡儿、马勒勃朗士、莱布尼茨和牛顿的理论；包含着古代和现代的各种宗教；包含着物理、生理、地理、道德、自然法、政治经济学上的所有体系[1]；总之，包含着人类在18世纪所能达到的所有种类的知识和所有的整体观念。他这方面的才能如此强烈，以致让他走得太远；他简化了那些重大事物，使其能为人理解接受。但我们不能将宗教、传奇、古代民间诗歌、本能的自发创造物、远古时代的半幻觉意象以通俗浅显的形式表达出来，因为这些东西并非欢快活泼的闲谈中的话题。一个俏皮字眼不能表达这类主题，而只是一种滑稽的模仿。但是，对于法国人和名流而言，如果一本书能将人类的知识融会进几句俏皮话中，这是多么大的魅力啊！哪位读者能抗拒呢！因为这就是人类的全部知识，如果一个人把伏尔泰的《对话录》《词典》和《小说集》当作日课经来读，我看不出他会错过哪种重要的思想。您只有读上五六遍之后，才能理解这些书中包含的全部内容。其中不仅有关于世界和人的观念，关于世上所有物种的普遍认识，还有各种实际知识，乃至大量的技术知识，由成千上万的学人留下的具体成果，天文学、物理学、地理学、生理学、统计学上各类繁多而精确的细节，各个民族的历史，不可胜数的个人经历；而提供这些东西的却是一个人，他自己阅读过各种文献，操作过各种工具，访问过各个国家，接触过各种产业，与各种人打过交道，他的记忆力极为出色和清晰，他的想象力总是如火一般的热情活跃，这使得他能在讲述的同时重现和看见所讲述的一切，comme avec les yeux de la tete。这个独一无二的才子是这个经典世纪中最罕见的，他是才子们中的才子，因为他不是以笼统话语的苍白帷幕

---

[1] Cf. *Micromégas, L'homme aux qurante écus, Dialogues entre A, B et C. Dictionnaire philosophique*, passim. – 韵文：*Les systèmes, La loi naturelle, Le pour et le contre, Discours sur l'homme*, etc.

去表现各种事物，而是按它们在自然和历史中的本来状态去再现，事物有它们的明晰可感的色彩和形态，有其特有的明暗起伏，有时空之中的附缀和枝蔓：如一个扶犁的农民，如团契中的贵格派信徒，如城堡中的德国男爵，如居家的荷兰人、英国人、西班牙人、法国人①，如一位贵妇人，如一个玩弄阴谋的妇女，如外省人，如士兵，如姑娘②，以及各种乱七八糟、各个社会阶层的人等，所有这些人在他的书中都有洗练的掠影。

这正是伏尔泰文风之中最鲜明的特征，他笔锋敏捷，各种新奇的事物、观念、形象、事件、风景、故事、对话、小缩略画如泉涌般涌现出来，令人目不暇接，这些东西就像从魔法灯中次第而出，刚刚呈现出来就被不耐烦的魔法师收回，这个魔法师一眨眼的工夫就让人做了一次环球旅行，他将历史、神话、现实、奇幻、现在、过去彼此勾连在一起，将作品时而置于集市游行一样的滑稽背景之下，时而置于比歌剧院所有的梦幻剧还要盛大的仙境中。让别人高兴，也让自己高兴，"让他的灵魂见识所有可以想见的时髦"，就像对一个炽热的炉子一样，要将各种最不相同的燃料分别扔进去，以便让它生成各种火焰，各种火光，各种芬芳：这就是他的首要本能。伏尔泰还说："生活就像是个孩子，要不断摇晃抚慰，直至他入睡。"从来没有哪个人像他这样能让别人和自己激动兴奋，像他这样不安于寂寞和沉闷③，像他这样天生就是谈话的材料、显而易见地注定会成为这个社交世纪的王者，而在这个世纪，一个人只要用六个漂亮故事、三十个得体的词语和一点处世之道，便能够获得

---

① *Traité de métaphysique*, chap. I, 1（关于农民的）。——*Lettres sur les Anglais*, passim. —*Candide*, passim. —*La princesse de Babylone*, ch. VII, VIII, IX, X, et XI.

② *Dictionnaire philosophique*，"病痛"词条（公主的回答）。——波林雅克夫人家的《憨第德》。海难中的水手，帕盖特（Paquette）的故事。——*L'Ingénu*，前几章。

③ *Candide*，最后一章："当人们不争论时，沉闷便到了极点，以致这位老妇人有一天终于斗胆对他说：我很想知道什么是最坏的：究竟是被黑人海盗凌辱百遍、一边屁股被砍掉、忍受保加利亚人的棍棒、在宗教裁判所遭受鞭打并被绞死、被解剖、被送上苦役船经历我们曾经经历过的所有不幸，还是待在这里无所事事？—这是个很严肃的问题，憨第德说。"

上流社会的通行证，并且肯定自己到处都能受到殷勤的招待。从来没有哪个作家具有如此高妙、如此丰富的健谈者的全部天赋、活跃和愉悦谈话的艺术、取悦上流人物的才能。他能自如地使用最优美的格调，不露痕迹地置身最严格的礼仪之中，文雅至极，优雅的风度恭敬而不卑微，亲热和殷勤总是那么自然而不失风趣[1]，这些才具足以使他在公众面前具有天然得体的腔调、审慎的风度、教养极佳之人特有的迷人的似笑非笑，进而能向他的读者引介其思想，让后者享受与他为同族人的荣耀。如果您跟他熟识，如果您厕身那他在其中恣意挥洒的小圈子，一旦关上门，您就会笑个不停。突然之间，他以一只坚实的手、在丝毫不触及您的情形下为您揭开掩盖着某种弊端、某种偏见、某种愚蠢的面纱，简言之，某个人类偶像之上的纱布。光线突然照射在那副真实的面孔上，它畸形、丑陋、猥琐，我们只是耸耸肩而已。这时得胜的聪慧理性发出了笑声。但这里还有另一个伏尔泰，性情欢快、即兴逗乐、永远年轻的伏尔泰，他至死都是个孩子，甚至是顽童，他"生来就能在坟墓上蹦蹦跳跳"。他喜欢夸张讽刺，他笔下的人物棱角分明，他刻画的场景滑稽怪诞[2]，他像操纵木偶一样在各种不同意义上运用这些人物和场景，他不知疲倦地复述着这些人物和场景，让它们披着新的外衣舞之蹈之；在他竭力为自己的哲学辩护、宣扬和论战的岁月里，他公开上演自己的袖珍剧作，将那些滑稽角色展现在众人面前，神学院的学生、僧侣、宗教裁判所的法官、莫博图（Maupertuis）、蓬皮尼昂（Pompignan）、诺诺特（Nonotte）、弗雷隆（Fréron）、大卫王之类的人物纷纷穿着斯卡拉穆洽（Scaramouche）[3]和阿尔干

---

① 例如，在献给夏特莱夫人的《阿尔齐尔》（*Alzire*）的序言中有一首致乌尔里克（Ulrique）公主的诗：

"通常有点真实，等等。"

② *Mais*（*Jenny*）对话中的神学院学生。—*Canonisation de saint Cucufin. - Conseils à frère Pediculoso. - Diatribe du docteur Akakia. - Conversation de l'empereur de Chine avec frère Rigolo*, etc.

③ 17世纪意大利作家Tiberio Fiorilli的戏剧中的人物。——译者

（Arlequin）^①等丑角的衣装在我们面前翩翩起舞，指手画脚。当笑剧的才能跟求真的需求结合在一起时，玩笑的力量便无可匹敌；因为玩笑能满足人类本性中普遍和深层的本能，迎合那种恶毒的好奇心、诋毁的意向、对拘束的反感心理，这类内在的邪恶品性只是因为社会成规、礼节和义务给我们披上了体面和敬畏的厚重外衣而被掩盖了；最为贤明的智者，一生之中也会有某些时刻无怨无悔地将这件外衣脱去一半，甚至完全扔掉。伏尔泰在每一页文字中，或以大胆的自然主义者的冲动，或以顽皮的猴子般的敏捷，将严肃庄重的外衣剥光，向我们揭示那可怜的两手动物究竟是何种德行^②。只有斯威夫特（Swift）可能描绘出如此画卷。当我们的激烈兴奋的情感开始和结束时，那种胜利状态是多么粗俗露骨啊！我们虚弱的理性和我们强烈的本能之间比例是多么不协调！政治和宗教会将自己肮脏的内衣藏在衣帽间的哪个幽暗角落？对于这一切，我们应该去笑话它，而不是为之哭泣，但笑声中包含着泪水；笑声最后变为冷笑，它掩藏着深深的悲伤和心酸的怜悯。在这个层面和这种问题上，伏尔泰表现的只是习惯的作用和一种定见，一种想象力的狂热，一种敏感而执拗的心理机制，这种心理能无拘无束地全速穿透所有事物。但我们还要注意：在法国，欢乐仍然是使人面对人生的最后的力量，能让灵魂保持本色、韧性和力量的最佳元素，在一个男男女女都认为应该面带微笑、为教养和礼节而优雅地死去的时代^③，这个元素也是最完整可靠的。

当这位作家的才能与公众的趣味相投时，他怎么偏移怎么滑动并不重要，因为这些偏移滑动都是在一个大的总体方向上进行的。伏尔泰的离题和自我贬低都是徒劳的；这些无非是为了更好地迎合读者，他的缺点和他的优点一样对他有用。第一代健全的才智之士

---

① 马里沃和乐萨日等作家剧作中经常出现的丑角。——译者
② *Dictionnaire philosophique*, article *Ignorance. —Les Oreilles du comte de Chesterfield. – L'homme aux qurante écus*, chap. VII et XI.
③ Bachaumont, III, 194.（Maugiron伯爵之死。）

之后，第二代人随之而出，这一代人的头脑不够平衡。伏尔泰说，狄德罗是个"过分炽烈的炉子，能将任何烹制的东西烧成灰烬"；或者说，他是一座喷发的火山，四十年间源源不断地喷出形形色色的观念，这些沸腾的观念非常杂乱，既有珍贵的金属，也有粗糙的炉渣和恶臭的烂泥；思想的洪流源源不断地任意奔腾，地上的情形就决定着它的流向，但那洪流总是带有炽热岩浆的赤红色和刺鼻的烟雾。不是他占有自己的思想，而是他被自己的思想占有；他忍受着思想的折磨；如果要抑制思想的狂热和蹂躏，需要有良好而坚实的实际意识为底蕴，以及社交场上的明智在内心之中构筑的堤坝，如此方可抵挡思想的泛滥，孟德斯鸠能做到这些，伏尔泰甚至也能，但狄德罗不行。他心中的任何东西都要喷薄而出，漫出那个塞得太满的火山口，这种喷发不加选择，碰到哪个缝隙和裂口就会涌出来，一切都是偶然：一次阅读、一封信、一次谈话、一篇即席之作，他不像伏尔泰那样做多次的小喷射，而是以洪流巨浪在这个世纪最陡峭的斜坡上恣意奔突。他不仅以逻辑与悖论的严格生硬而触及反宗教和反社会学说的根本，较之霍尔巴赫更为昭彰和猖急；他还落入18世纪特有的下流泥沼和夸张习俗中，并在其间肆意卖弄。在他的一些著名的小说中，龌龊言辞和放荡场景连篇累牍。在狄德罗那里，下流露骨丝毫没有因狡黠而有所收敛、因优雅而有所遮掩。他既不细腻，也不风趣；他不像小克雷比容，根本不懂得如何去描绘漂亮的放荡鬼。他是个新来的不速之客，真正的上流社会中的暴发户；在他身上，您看到的是一个平民，一位强有力的思想家，一个不知疲倦的工匠和一位伟大的艺术家，他是被当时的风俗引入放荡者的时髦夜宴的。在那里，他拿起谈话的骰子，充当狂欢的引导者，并以其赌注和感染力侃侃而谈，他一个人说出的脏话和说话的"口径"比所有宾客都更多、更大①。同样，在他的戏剧中，在他的《论克劳迪乌斯和尼禄》《评塞内加》以及对雷纳尔《哲学史》的增补中，狄德罗强化了他的风格。这种感性的修辞风格因为经典精神和新的时尚而盛行一时。狄德罗把这种风格推向了极端；在令人落泪或狂暴愤怒的夸张文字中，他以惊叫、斥责、同情、强力、暴怒、热情和长篇大论组成一曲盛大的交响曲，他头脑中的狂热便借此找到出口和用武之地。另外，在这么多的出色作家中，他是唯一真正的艺术家和灵魂的创造者，在这位思想者那里，事物、事件和人物能自发生成，并依靠它们自己的力量、根据彼此之间自然的亲近关系自行组织起来，无需刻意为之和外部的介入，以便能够为自己和靠自己而活灵活现，而不必借助作者的算计和手法。这位写下了《沙龙》《小故事集》《谈话录》《喜剧演员的荒诞》特别是《达朗贝尔之梦》和《拉摩的侄儿》的作者，在他的时代堪称独一无二的另类。伏尔泰的人物虽然灵动活泼，但总归还是些没有生气的木偶，他们的举止很做作，读者在他们身后总能瞥见那位提线的作者。在狄德罗那里，这根线断了，他丝毫不会借自己的人物的喉舌来说话，对于他，人物并非自己的传声筒或喜剧中的提线木偶，而是独立的、超脱的，他们的行为只属于他们自己，腔调也是个人化的，每个人都有着自己独特的脾性、热情、观念、哲理和风格，有时还有自己的灵魂，如《拉摩的侄儿》，这个灵魂是如此独特、复杂、完整、生动、奇特，以致成为人类自然史上一个无可比拟的怪物、一份不朽的文本。在两本小册子里，狄德罗谈论一切话题：自然②、艺术、道德和人生③，这两本小册子即使连续读

---

① "小克雷比容的小说很时髦。我父亲曾与皮休（Puisieux）谈及写作放荡作品的方便之处；他声称，关键一点就是找到某种让人愉悦的思想，这是所有其他问题的关键，在这种思想中，思想上的不拘无束应取代品味。但这位夫人认为我父亲写不出此类作品。15天后，他给这位夫人带来了《冒失的珠宝》及50个路易。"（出自狄德罗女儿的《回忆狄德罗》）《修女》一书也有着类似的起因，狄德罗想借此愚弄夸斯马尔（Croismare）先生。

② *Le Rêve de d'Alembert.*

③ *Le Neveu de Rameau.*

上20遍，其魅力也不会消退，其意义也不能穷尽：如果可能的话，您可以在别处发现同样生动有力的表现，甚至更伟大的杰作，"但绝不会更疯狂、更深刻[①]"。这正是这些并无多少影响力的杰作的优点所在：虽然它们没有辨识力，但它们有灵感；在20部卑劣、丑陋、病态的作品中间，它们构成真正的创作品，或者说不止是创作品，而是一种鲜活生动、浑然天成的形象，相比之下，其他的形象都是头脑简单之人捏造出来的，无非是些衣冠楚楚的木偶而已。这就是为什么狄德罗是位堪与伏尔泰比肩的伟大小说家和对话艺术的大师，但他的才能与伏尔泰恰成对比，他在说话时相信自己所说的一切，他非常忘我，完全投入自己的叙述之中，倾听自己的内心，突如其来的反驳让他很感意外，他凭着自己行动的轨迹在一条未知的河流上航行：有时谈话的展开会让他不知不觉地蜿蜒曲折，有时观念的浪头和一时的惊跳又将他抬起，于是便有各种最意想不到、最滑稽、最宏大的画面；狄德罗时而像个地道的抒情诗人，能写出正宗的缪塞（Musset）式的诗歌[②]，时而又像个荒唐可笑的丑角，其轰动效应自拉伯雷以来尚未见过；他总是心地纯正，总是任由其主题、创作和情感的摆布，在这个矫揉造作的文学的时代，狄德罗是最自然的作家，他就像一株异域的奇葩被移植到这个时代的花圃中，虽然一半的茎秆已经腐坏膨胀，但还有五六根细长的枝条明艳照人，它们汁液之新鲜和新芽之茁壮超越了周边所有的侏儒。

卢梭也是个创造者，是那种很难适应优雅精致的上流社会的人，当他离家进入沙龙时，除了出身不好、教养不佳，他还有一段不体面的早熟经历，对声色的偏好过于强烈，令人不快；他是个身心都不健康的病人，饱受各种高超但不协调的才能的折磨，不知分寸轻重，而且沾染了他的想象力、脾气和经历造成的污迹，即使在

---

① 狄德罗自己关于《达朗贝尔之梦》的说法。
② 《回忆录》中一首最美的诗几乎完全抄录自关于Otaïti的对话（我想应该是无意的）。

他最严厉的道德和最纯洁的田园诗歌①中也是如此；另外，卢梭没有兴致和热情，这跟狄德罗完全不同，卢梭自己承认，"他的思想要在他的头脑中安顿下来，其艰难性简直无法想象，这样的周期需要五六个夜晚才能出现或恢复，然而他的头脑若要进入写作状态，一封有关最微不足道的问题的信件，他也需要累上好几个小时"，他无法模仿那种惬意轻松的语调，只有"在需要艰苦劳动的作品之中"②才能获得成功。在这座燃烧的火炉中，在这种深入且强烈的冥想的控制之下，卢梭那反复雕琢的文风具有一种别人所没有的密度和刚度。从拉布吕耶尔以来，我们还从没见过如此饱满、如此阳刚的语句，在这样的语句之中，浓缩的反思性的怒火、赞叹、愤慨和激情，以更为精确和更为鲜明的方式凸显出来。他几乎像拉布吕耶尔一样善于把握文字效果的分寸，长于精心布局和展开，总结起来简短犀利，反驳起来出人意表、生硬强烈，其文学成就也像后者一样繁多，而且言辞之大胆、形象之刻画、类比与斥责同样不遑多让，这就像一支升调乐曲，同一个思想在经过一系列越来越强烈的方式获得多重表达之后，终于在最后一个音符之中达到或超越了该思想所包含的全部力度和亮度。最后，拉布吕耶尔的缺点在于各个片段之间缺乏串联，但卢梭能做到，他写作的不止是一页页的文字，而且还是整卷的书，没有比他更严密的逻辑学者了。他的论证环环相扣，无论著作是一卷、两卷还是三卷，其论证过程就好像一根没有尽头的细线，不管这论证是好是坏，它总能吸引读者。卢梭是个体系论者，他关注的是自己，两眼总是盯着自己的梦想或自己

① *Nouvelle Héloïse*, passim，尤其是朱莉那封奇特的信件，第二部分，N. 15. – *Emile*，家庭教师对爱弥尔和索菲在二人结婚次日的讲话。—布弗雷伯爵夫人给古斯塔夫三世的信件，由热弗瓦（Geffroy）发表（*Gustave III et la cour de France*）。"我责成希德尔姆（Cederhielm）男爵给您带一本刚刚出版的书——尽管我不是很愿意——这就是卢梭那不光彩的回忆录，标题为《忏悔录》。在我看来，这可能是一个家禽饲养场的仆役，或者地位更低下之人的回忆录，它到处弥漫着阴郁的气息，风格恶心至极，怪诞而且邪恶。只有将这东西还给他我才能坚持信仰（二者是一回事）；我不能忍受的是，他的生活花费竟然靠杰出的大卫·休谟，不过，让我高兴的是，休谟把这头肮脏的野兽带到英国去了。"

② *Confessions*，第一部分，第三章。

的原则，而且日甚一日地深陷其中，他一条条地抽出自己的结论，但整个网络始终掌控在他手下。你决不可碰它。这网络就像一个孤独而惊恐的蛛网，他将自己真实的一切都像抽丝一样吐了出来，既有他最珍贵的思想信念，也有他内心最隐秘的情感。最细微的冲击也会让他颤抖，一旦处于防御之中，他便表现得很可怕[1]，不能自已[2]，甚至十分恶毒，出于受抑制的恼怒、出于受伤害的敏感之心，卢梭对自己的对手态度十分激烈，他以众多牢固的丝线将对手禁锢在自己的网罗之中，但他对自己比对敌人更可怕，很快他就缠绕在自己的网罗之中[3]，深信法国和整个世界都在阴谋迫害他，并以惊人的敏锐推导出这个子虚乌有的阴谋论的所有证据，最后，他被自己这个过分可信的传奇弄到绝望了，被自己的逻辑和想象力编织的神奇绳套勒死。

人若是带着这样的武器，便会有杀死自己的危险，但他的确会很有威力。卢梭就是这样的人，就像伏尔泰一样，而且我们可以说，18世纪的后半叶是属于卢梭的。他是个外国人，一个新教徒，一个脾气、教养、心灵、头脑和品性都很奇特的人，他既热爱人类也厌恶人类，栖居在一个他自己建造的、与现实世界相反的理想世界中，正因为如此，他具有一种新的视角。对于当前社会的邪恶和不幸，没有人像他那样敏感；对于未来社会的幸福和美德，没有人像他那样深受触动。这就是为什么他对公众的思想会产生两次冲击：一次是通过讽刺，另一次是通过田园牧歌。当然，这两次冲击的效果在今天已经很小了，因为当初它们涉及的对象已经遁去，我们已不再是卢梭诉说的对象。在我们看来，关于人类不平等的起源和文学之影响的论文，不过是中学生的铺张扬厉；而我们要去读

---

[1] *Lettre à M. de Beaumont.*

[2] *Emile*, letter IV, 193. "世上的人肯定都在伪装；如果他们显露出本来面目，那肯定要吓死人的，等等。"

[3] 尤其参阅他那本标题为《卢梭评让－雅克》的书，他与休谟的纠葛，以及《忏悔录》的最后几章。

《新爱洛依丝》还需要一点意志力。另外，作者滔滔不绝的尖刻和情绪上的夸张会让我们觉得厌恶。他总是要走极端，一会儿面色阴沉、眉头紧皱，一会儿眼含泪水、振臂呼天。夸张、拟人和其他文学手法，他用得太多，而且很随意。在他身上，我们时而看到一个绞尽脑汁的诡辩者，时而是一个搜肠刮肚的雄辩术教师，时而又是个激越昂扬的布道士，就是说，在任何情况下，卢梭都是一个执着于某个论点的演员，他要采取立场、追求影响力。最后，除了《忏悔录》，他的文风很快就会让我们疲惫；这种文风总是过分雕琢，始终如一地紧张。作者总归还是作者，他会把自己的缺点传染给自己的人物；他笔下的朱莉用了整整二十页来对决斗、爱情和责任进行辩护和论证，其逻辑性、辩才和语言足以给某位道德科学院院士长脸。套话、笼统的论调、连贯的句式和抽象的推理随处可见，就是说，满篇都是多少有些空洞的真理和悖论。详尽描述过的细枝末节、趣闻逸事、习性特点，可以让我们的对象更加鲜明；在今天，我们更喜欢对事物的准确描述，而不是言辞散漫的雄辩。但在18世纪，情况大不相同，对任何作家而言，这种演说家式的文风恰似一种礼服，只有身着这样的衣装才能进入体面人的圈子。我们觉得很做作的东西，在当时人看来只是一种礼貌；在经典主义的时代，完美的复合句和典雅的阐述是一种礼节，因而也是一种责任。另外需要注意的是，这种文学装饰虽然对我们掩饰了真相，但瞒不住当时的读者；他们能在文字下面看出今天我们已看不到的准确轮廓和敏感的细节。一切的弊端、一切的邪恶、一切过分的精练和教化，卢梭以自己的语言大加挞伐的一切社会和道德病症，这些都在当时人的眼皮底下，在他们的心中，病症就通过日常和家居生活中成千上万的范例清晰地表露出来。若要对此进行讽刺，只需观察和回忆。他们的经验完善了著作，通过读者们的合作，这位作者获得了今日所不能具有的力量。如果我们处于当时读者的位置，也会重现当初的印象。他的俏皮，他的讽刺，他针对贵族、时髦人士和女性的各种粗暴严厉，他那生硬尖刻的语气，都曾轰动一时，但并不会引起不快。相反，在这么多奉承、乏味和蹩脚的韵文之后，这些东西陡然唤醒了麻木迟钝的宫殿；在长期享用蜜饯糖浆之后，人们品尝到了浓烈涩口的葡萄酒。因此他反对文学艺术的第一篇论文"一下子就从上面抓住了云彩"。但他的田园牧歌比讽刺更加打动人心。如果说人们愿意倾听这位嘟嘟囔囔的道学家，那么人们便是急不可耐地追随这位让他们着魔的魔术师的足迹；妇女尤其如此，年轻人则服膺这位让他们看见应许之地的人物。所有累积下来的不满、眼下的疲惫、沉闷、朦胧的厌恶感、众多隐藏的欲望全都喷发出来，就像经探测机打击而第一次涌出的地下水一样。而这种探测机的打击，正是卢梭给出的，由于他的际遇和才华，这种打击恰到好处、彻底而完全。在一个至为做作的社会中，人都是沙龙里的傀儡，生活就是根据习惯的模式优雅得体地炫耀卖弄，但卢梭宣扬回归自然，独立，严肃，激情，感情的流露，男子气的积极活跃的生活，户外充沛阳光下的幸福自由的生活。对于那些被压抑的官能，对于那个丰富宽阔，但总是在人的内心深处流淌，被上流社会禁止喷出的源泉来说，这是多么好的一个出口啊！某位宫廷妇女在泉水边看到了当时人实践的爱情，质朴的品味，有时还有质朴的消遣，纯粹的风流韵事，这种风流之中的精致与优雅很少包含虚弱、冷淡以及间或的恶意，总而言之，那种小克雷比容描绘的艳遇、逗趣和人物。一天晚上，当她出发去歌剧院参加舞会时，发现梳妆台上的《新爱洛依丝》[①]，如果她让自己的随从车马等上几个小时，如果她凌晨四点还命人套车，如果她整夜都在读这本书，如果她被泪水哽咽，我丝毫不会觉得奇怪；她终于第一次发现懂得爱的男人。同样地，如果您想理解《爱弥尔》的成功，请您回想一下我们曾经描

---

① *Confessions*，第二部分，第十一章。"妇女们为这本书和它的作者所陶醉，即使在上层人士中间，我发现没几个人是我不能征服的，如果我想这样做的话。我从中看到了一些我不愿写下来的证据，但这些证据无须体验就能证实我的看法。" Cf. G. Sand, *Histoire de ma vie*. I, 73.

绘过的那些孩子，那些身穿镀金的刺绣盛装的小大人，他们打扮得极为细致，脸上扑着白粉，腰间悬着佩剑，胳膊下面夹着礼帽，学着行屈膝礼伸手礼，在镜子前面研习迷人的姿态，重复着学来的恭维话，总而言之，他们就是个漂亮的木偶，身上的一切都是裁缝、美发师、家庭教师和舞蹈老师加工出来的；在他们身边的是些6岁的小贵妇，后者甚至更为矫揉造作，她们被束缚在紧身衣裙中，套在她们身上的裙环里塞满鬃毛、外面还箍上铁环，头上的古怪发饰竟高达两法尺，人们还对这些名副其实的玩偶涂脂抹粉，每天早上，母亲会兴高采烈地与她们玩上一刻钟，然后一整天都让侍女来照料孩子[①]。如果这位母亲刚刚读过《爱弥尔》，如果她马上给孩子脱去那身可怜的装束，如果她打算亲自养育下一个孩子，那是丝毫不奇怪的。这种反差很能体现卢梭的影响力之大。他让那些从来只在中午起床的人看见了晨曦，让那些只驻留在沙龙和宫殿之上的眼睛看见了风景，让那些只在剃光了头的绿篱和笔直的花坛之间漫步的人见识了自然的花园，让厌倦了社交场的干涩乏味、过度的奢华繁复、千篇一律的喜剧的城里人体味到田园、孤独、家庭、百姓、质朴但饱含深情的快乐：而他们每晚都点起上百支烛台，在自己或别人家里上演这种喜剧[②]。深受感染的读者不能清晰地区分夸张和真诚，敏感同情和多愁善感，他们只是跟着这位作者，仿佛他是位启示者，一位先知，一直随他走到他那理想世界的尽头，这甚至更多地是因为卢梭的夸张而非他的发现，而读者在错误的道路上甚至比在真理的道路上走得更远。

以上就是18世纪的重要文学力量。它们与较小的成就一起、通过各种方式的结合，成为构成那些重要天才的要素，而这些要素也塑造了二流的人才：在卢梭的下面，还有一些雄辩而敏感的作家，

[①]　Estampe de Moreau, *Les petits parrains*. – Berquin, passim, entre autres *L'épée*. –请注意贝尔干和冉里斯夫人书中那些现成的句子以及孩子们所习惯的文风。

[②]　《爱弥尔》中的日出描写，《新爱洛依丝》中对爱丽舍（一个自然花园）的描绘。请特别参阅《爱弥尔》第四章的末尾，如果卢梭有钱他所向往的快乐。

如贝尔纳丹·德·圣皮埃尔、雷纳尔、托马斯、马尔蒙泰尔、马布利、弗洛良、杜帕迪（Dupaty）、梅尔西埃、斯塔尔夫人；在伏尔泰下面，也有一些思想敏锐犀利的作者，如杜克洛、皮隆、加利亚尼、布罗斯庭长、里瓦罗尔、尚福尔（Chamfort），准确地说，几乎所有人都是。才情与灵感，不管多么微不足道，一旦在大地上涌现，那就是为了传播，为了把新学说推向前进；我们勉强能发现两三条反方向的小溪流，如弗雷隆的报纸，帕里索（Palissot）的喜剧，吉尔伯特（Gilbert）的讽刺。

启蒙思想通过各种公开和秘密的渠道渗入和溢出，如《袖珍神学》和人们藏在外衣下兜售的淫秽小说等不虔诚的小书，如各种恶毒的小韵文、清晨唱起的那些成为当日新闻的讽刺诗和歌谣，如市场上的游行①和科学院的演讲，如悲剧和歌剧，从18世纪开端一直到结束，从伏尔泰的《俄狄浦斯》一直到博马舍的《塔拉尔》。似乎这个世界上除了它什么都没有；至少它无所不在，它涌进了所有文学体裁；人们不担心它是否会歪曲这些体裁，后者只要成为传播它的工具就足够了。1763年，在悲剧《芒戈－卡帕克》②中，“主要角色是一个口诵诗歌的野蛮人，而这些诗歌全都是我们曾在《爱弥尔》和《社会契约论》中零散看到的关于国王、自由、人权、人类状态的不平等的文字”，当时一个人这样写道。这位高尚的野蛮人救了国王的儿子（一个大祭司用匕首刺杀这位王子），然后他分别指着大祭司和自己说：“这位就是文明人，而我是野蛮人。”诗歌既出，掌声雷动，惊人的成功：而这就是凡尔赛要求在宫廷中上演的戏剧。

同样的评论也能运用到另一件作品之上，它更为高超、更具光彩、更为欢快、更加风趣、更具轰动效应：这就是《费加罗的婚

---

① 您已经在马里沃的作品（《双重的不贞》）中见识过对宫廷、廷臣和腐朽的上流世界的讽刺，与之相对的是保存着原始的善良小民，如男女村民们。

② Bachaumont, I, 254.

礼》。启蒙时代的思想，从来没有以这样一种使其更为鲜明突出的伪装、使其更富吸引力的打扮表达出来。题名"疯狂的一天"，实际上是疯狂的夜晚，一个晚餐后的戏剧，就像当时上流社会中穿戴西班牙服装的法国人的假面舞会，舞会上有盛装华服，不断变换的装饰，歌曲，芭蕾，一个唱歌跳舞的村庄，五花八门的人物，如贵族，家仆，女陪护，法官，书记员，律师，乐师，园丁，patoureaux，总而言之，一场为耳朵、眼睛等各种感官准备的表演，它与流行的喜剧相对立，这种喜剧中，三个卡通式的人物坐在经典的扶手椅上，在抽象的沙龙里交换着各自的辩证推理。更有甚者，上述表演情节繁多庞杂，交叉盘错，忽而中断忽而重续，期间夹杂着乱七八糟的乔装、辨认、意外、误会、跳窗、口角和侮辱，所有这些都是以才华横溢的风格表现出来的，每一个句子都因为手法丰富而熠熠生辉，每一个辩驳似乎都经过了宝石匠之手的打磨，每一双眼睛都忘乎所以地注视着语言焕发出繁星似的光泽，如果思想不会被对话的快速与情节的跳跃拖累的话。但该剧还有另一个迷人之处，对一个迷恋帕尔尼（Parny）的上流社会来说，这一点最富穿透力；根据阿图瓦伯爵的说法（我不敢引用他的原话），这是对意识的召唤，而意识的觉醒使得这部喜剧满眼青葱，滋味十足。这就好比正在成熟的果实，它美味可口，它悬在树枝上而不掉下来，但好像时刻都会掉下来，所有人都伸手想接住它，而剧中的肉欲表现因为其半遮半掩而更显形挑逗，每个场景之中都有一点这样的调味品，如在伯爵的风流韵事中，在公爵夫人的麻烦中，在芳歇特（Fanchette）的天真无邪中，在费加罗的轻佻放荡中，在苏珊娜（Suzanne）的无拘无束中，最后还有谢吕宾（Chérubin）的早熟之中。除此之外，还有一种无处不在的双重含义，作者总是藏在其人物的身后，真理出自滑稽者之口，天真无邪中包藏着邪恶，被愚弄的主子因为他漂亮的风度而免于被人笑话，反抗的仆人因为其风趣而不被苛责：这样您就会理解，何以博马舍能在旧制度的首领面前戏弄旧制度，能将政治和社会讽刺搬上舞台，能给每种弊政公开附上一个将变成谚语并引起轰动的词语①，能在寥寥几笔之中汇聚哲人们所有的论战言辞，后者抨击的对象有国家监狱，有出版审查，有职位的买卖制度，有出身特权，有大臣们的专断，有高官们的无能；更为出色的是，博马舍还能将所有的公众诉求融会于一个人物身上，能让平民、私生子、流浪汉和仆役成为主角，这类小人物因为机智、勇敢和幽默而屹立不倒，他们逆流而上，驾驶着小驳船一路向前，避开大船的撞击，甚至赶在其主人的船只前头，每次划桨还向对手击打出串串水珠般的妙语。总之，至少在法国，思想已经成为首要力量。文学服务于哲学，有此一点就足够了。在二者的合谋面前，公众几乎未做任何抵抗，而哲学主子几乎还不费力地就让人相信，仆人已经被诱惑了。

①　"占据这个职位的，肯定是个精于算计之人，结果一个跳舞的得到了。——出售官职真是个严重的弊政。——是的，无偿赠予可能要好得多。——只有小人物才对此类微不足道的文字感到恐惧。——偶然性造成距离，唯有思想能改变一切。——廷臣，据说是个很难的职业。——接收、占有和要求，秘密全在这三个词之中，等等。"——费加罗的所有独白、与布里杜松（Bridoison）的所有场景都是如此。

第二章 法国的公众

Ⅰ.贵族—他们通常反感新事物—这种反感的条件—英国的例子。Ⅱ.法国出现了相反的条件—上层阶级游手好闲—哲学看起来像是对头脑的运用—此外还有谈话为调剂—18世纪的哲学谈话—它的优越感和它的魅力—谈话带来的吸引力。Ⅲ.游手好闲的其他后果—怀疑、放任和批判精神—对现存制度的古老怨恨和新生的不满—对攻击这一制度的理论的同情—理论在何种程度上被接受。Ⅳ.它们在社会上层的传播—宗教怀疑论的发展—它的源头—它在摄政时期显露无遗—对教士的怒火与日俱增—沙龙中的唯物主义—科学时尚—对于宗教的最后看法—高级教士的怀疑主义。Ⅴ.政治反对派的发展—它的源头—经济学家和高等法院的法官—他们为哲人开辟道路—沙龙中的反叛—妇女的自由主义。Ⅵ.朦胧但无限的希望—情感和行为的慷慨大度—政府的温和与良好意图—盲目与乐观主义。

Ⅰ

当然，另一个条件是公众很希望被说服、被引诱；公众只有在愿意相信之时才相信，而且，著作若要取得成功，公众的作用通常比作者还要大。当您向别人谈论宗教或政治时，他们的观点其实已经形成，几乎总是这样；他们的偏见，他们的兴趣，他们的处境已经预先让他们具有了这些观点；您只有高声说出他们暗中的想法时，他们才乐意倾听。您如果建议拆除庞大的社会大厦，并按完全相反的方案重建，一般来说，您只有在居住条件恶劣或头上无片瓦之人中间才能找到听众，这些人生活在阁楼上、地窖中，或者露宿于星空下、蜷缩在荒野上和屋子的四周。如果居民的住所普遍狭小但还过得去，他们会担心挪窝，他们眷恋于习惯。对于占据了所有漂亮套房的上层阶级，要让他们搬家就更加困难了；这个阶级若要接受您的计划，那肯定是出于极端的盲目或极端的大公无私。——在英国，这个上层阶级很快就发现了危险所在。启蒙哲学虽然最初是在那里产生和早熟，但这种哲学还是水土不服。1729年，孟德斯鸠在他的旅行笔记中写道："英国根本没有宗教；四五个下院议员一起去做弥撒或听议会的布道……如果有人谈论宗教，所有人都会笑。有个人曾这样谈论我们的时代：如果我认为存在信仰问题，所有人都会发笑……有个考察宗教状况的委员会，但这被视为一个笑话。"50年后，公众的思想改变了；"所有头上有漂亮的屋顶、背上有不错的服饰"[①]的人都认识到了新学说的影响力。不管怎样，他们意识到，书斋里的思辨不能成为街头的预言说教。他们觉得背弃宗教失之鲁莽；他们把宗教视为公共秩序的凝结剂。他们自己就是公众人物，自己投身各项活动，他们参与政府，日常和个人经验让他们心明眼亮。实践使得他们提防理论家的空想；他们自己就能体会到，引导和控制人有多难。他们操作机器，因而懂得机器的运转，它的作用，它的代价，他们根本不会有将它扔掉报废、尝试一台据说更高级但仅存在于纸面上的新机器的想法。男爵或乡绅在自己的领地中是"公正"的化身，他们在处理教区事务时，要争取必要的合作者和天然的盟友并非难事。对于在上议院与主教们一起享有席位的公爵或男爵来说，若想通过一项法案，也必须有合作者和盟友的同意，若想为自己的党派赢得在农村享有投票权的1.5万牧师

---

① 麦考莱（Macaulay）的话。

的支持，同样需要这些人的支持。因此，每个人都对这台社会机器产生影响，无论影响是大是小，是主要的还是辅助的，这就使得人们产生一种严肃认真的情感，一种先见之明和辨别力。当人们在处理实际事务时，他不会被人引诱到幻想的世界中去飘荡；只有这样他的工作才能脚踏实地，才能拒绝到虚幻的空间中遨游。人越是忙碌，也就越少梦想，对于从事实际工作的人来说，《社会契约论》中的几何学无非是纯粹思想的纯粹游戏。

II

　　法国的情况完全相反。有个英国贵族曾写道："我于1774年到法国[①]；在我自己家，父亲每天要到凌晨3点才从议会回来，而且我看到他一整个上午都在修改他刊发在报上的发言的校样，然后心不在焉地匆匆跟我们拥抱一下，就赶着参加一场政治晚宴去了……在法国，我发现出身最高贵的人享受着美妙的休闲时光。他们也去觐见大臣，不过这只是为了向大臣汇报一些让人高兴的事儿，从中得到一些敬佩；除此之外，他们对法国的事务就像对日本的事务一样陌生"，而且对地方事务比对笼统之事更陌生，他们只是靠管家的账目来认识自己的农民的。如果他们中间有个人带着督军的头衔前往外省，那也只是为了显摆一番；既然督办管理行政工作，他就优雅而慷慨地招待和宴请宾客。接见、款待宾客并与之亲切攀谈，这就是一个大领主的全部工作；这就是为什么宗教和政治对于他仅仅是交谈中的话题。此外，交谈是在他和他的同类之间进行，因此无论谈论什么都要讲究教养。您也许会问，自古以来，社会机器就像太阳一样靠自身的力量运转，它岂能被沙龙里的谈话扰乱？不管怎么说，毕竟不是沙龙在引导这台机器，它对机器的运转没有责任。

---

　　① Stendhal, *Rome, Naples et Florence*, 371.

因此我们私下里根本不必有什么担忧，根本不必杞人忧天。于是，大领主轻率大胆地跟着哲人们走，他疏离了实际工作，他醉心于各种思想，仿佛一个刚出中学校门的少年掌握了一项定理，于是他推导各种结论，构建一个体系，但不必关心它的应用[1]。

没有什么比这种思辨冲动更让人愉悦的了。思想仿佛长了翅膀，遨游于山巅之间；最广阔的地平线，全部的人类生活，整个世界的经济，宇宙、宗教和社会的根本原则，全都一览无遗。况且，如果不谈哲学还能谈什么呢？一个丝毫不涉及高层政治和高级批判的圈子还能聊什么？如果没有一起为重大问题而热血沸腾的渴求，还有什么由头能聚集起这些才智之士？在法国，两个世纪以来，谈话已经涉及了这一切；这就是为什么它具有如此大的吸引力的原因。外国人也不能抗拒，因为他们的老家根本没有这种事物，切斯特菲尔德爵士还曾倡导学习之。他说："在历史的某些时刻，谈话总能产生批评和哲学，对于理性的人来说，这比我们英国人谈论天气和惠斯特牌更合适。"卢梭虽然脾气不好，但他也承认，"在哲人们的圈子中，对一篇道德论文的讨论未必强过某个巴黎丽人的社交场"。当然，那里面的人在唠叨个不停；但是，饶舌兴致至浓之时，某个有影响力的男子提出一个重大的话题或挑起一个严肃的问题，于是大家的注意力开始集中到这个新话题上；男人、女子、老人、青年，所有人会从各个侧面考虑这个问题，理性和见解从这些顽皮的头脑中争相而出，让人好生奇怪。说实在的，在上流社会为自己举办的不散的宴席中，哲学是一道主菜。没有哲学，日常的闲聊将显得寡淡乏味。它像一幕高级歌剧，各种可能让某个思考的头脑感兴趣的伟大思想鱼贯而出，相互碰撞，时而披着严肃的装束，时而戴上喜剧的伪装。当时的悲剧几乎并无二致，除了那些始终带

---

① Morellet, *Mémoire*, I, 139（关于狄德罗、霍尔巴赫等无神论者的文字与谈话）。"那时，这种哲学仍限于思辨的围墙之内，即使最大胆冒失之时，它也只是在寻求一种平和的思想操练；它的一切看起来都是那么纯洁无害。"

有庄严气氛、只能在剧院里上演的悲剧；其余的全都带有各种面相，而且随处可见，因为谈话无所不在。没有哪次聚餐或夜宵上不进行谈话的。聚会的宾客坐在一堆精致的奢侈品中间，身边都是打扮入时、面带微笑的女士，在座的男宾也都和蔼可亲、知书达礼，在这样一个精挑细选的群体中，思想当然是活跃的，交往也是靠得住的。一旦聚会进入第二项议程，大家都兴致勃发，妙语连珠，思想如火一般燃烧和发光。餐后甜点时，谁能禁得住以得体的漂亮话来谈论最严肃的事务？上咖啡时，话题变成了灵魂不朽与上帝存在之类的问题。

我们若要设想这种大胆而有魅力的谈话，就应该看看狄德罗和伏尔泰等人的通信、小论文和各种对话，那里有18世纪文学中最活跃、最细腻、最辛辣和最深刻的东西；当然，这些只不过是残留物，一堆衰败的废墟。所有书面的启蒙哲学都曾被谈论过，而且是以强有力的声调和昂扬的神态，以即兴而作时不可模仿的神情，以热情与玩笑时刻的神态和多变的表达形式说出来的。今天，哲学被冷却在纸面上，但它仍然具有诱惑力；那么，伏尔泰和狄德罗口中那活生生的响亮的哲学究竟是何模样？在巴黎，曾经每天都有如伏尔泰描述的夜宴[①]："两位哲人，三位有才智的贵妇，著名的犹太人平托（Pinto）先生，巴达维亚大使的新教礼拜堂牧师，希腊正教的加里津（Galitzin）亲王的秘书，以及一位瑞士加尔文派上尉"，聚集在一张桌子周围，彼此交流达四小时，内容包括他们的趣闻和精辟思想，以及"关于新奇之物、科学与兴趣等所有问题"的评论和判断。霍尔巴赫男爵家中曾先后接待过各色最有才华、最出名的外国人，如休谟、威尔克斯（Wilkes）、斯特恩（Sterne）、贝卡里亚（Beccaria）、维里（Verri）、加利亚尼神父、加里克（Garrick）、富兰克林、普里斯特利、谢尔

---

① *L'Homme aux quarante écus.* —Cf. Voltaire, *Mémoires*, 腓特烈二世的夜宴。"世界上没有哪个地方如此自如地谈论着人类的所有迷信。"

本（Shelburne）爵士、克罗伊茨（Creutz）伯爵、未来的美因茨选帝侯布伦瑞克（Brunswick）亲王。在这位男爵的社交圈中，核心人物包括狄德罗、卢梭、爱尔维修、杜克洛、雷纳尔、绪亚尔（Suard）、马尔蒙泰尔、布朗热（Boulanger）、夏斯特吕（Chastellux）骑士、大路政官拉孔达明（La Condamine）、医生巴特兹（Barthez）、化学家卢埃尔（Rouelle）。每个周日和周四，"大家按规矩于下午2点在他家里聚餐，这是个很有意义的规矩，它为谈话和欢快预留了全部的精力以及一天之中最好的时刻；而且这种定期聚会不影响其他日子的聚首。在那时，人们并不把谈话当作次要事务而推迟到夜里；人们不必像今天这样，把工作、金钱、会议和交易所的事务置于谈话之上：谈话是件大事。"摩尔莱（Morellet）说："我们两点钟到，一直待到晚上七八点……①那里应该能听到最自由、最活跃、最富有启发性的谈话……没有哪种政治或宗教上的大胆见解不被提出并经过正反双方的争辩的……通常有一个人发言，不慌不忙地提出自己的理论，没有人打断他。有的时候，发言从形式上说像是一场特殊的战斗，与会的其他人像是平静的看客。我就是在那里听到卢（Roux）和达尔塞（Darcet）阐述他们的土地理论，听到马尔蒙泰尔提出融汇于《文学诸要素》之中的出色原则，聆听雷纳尔给我们讲述西班牙人在维拉克鲁斯、英国人在他们的殖民地的贸易有几块几毛几分的"，狄德罗即兴论述艺术、道德、玄学，他总是带着无与伦比的热情，表达丰富至极，想象和逻辑让人目不暇接，风格新奇独到，他的模仿技能绝无仅有，但我们只对他的三四篇文字有些模糊的印象。在他们中间有那不勒斯大使的秘书加利亚尼，一位有才华的漂亮小个子，好似"柏拉图或马基雅维利，但热情活泼，举止颇似阿尔干"，他总有讲不完的故事，是个让人钦佩的滑稽角色，地道的怀疑主义者，"不相信、

---

① Morellet,*Mémoires*, I, 133.

不信任、不依赖任何东西"①，甚至也不相信新的哲学，他怀疑沙龙里的无神论者，以弦外之音来遏制这些人的狂热言辞，他手里拿着假发，双腿交叉在他坐的扶手椅上，以喜剧寓言向这些人证明，"推理或共鸣，如果不像罐子，至少也得像钟"②，几乎总像神学家们一样糟糕。一位目击者说，"这是世界上最刺激的事情，堪称最美妙的表演和最佳的娱乐。"

对于以谈话来度日的贵族来说，办法并非是去寻找讲话如此优雅之人！很多人都告诫自己的夫人（她们每晚都去剧院，或在自己家中上演喜剧），不要将知名的演员和歌手吸引到家中，如热廖特（Jelyotte）、桑瓦尔（Sainval）、普雷维尔（Préville）、年轻时的莫莱（Molé），此人在生病需要安慰时，"一天之内就从各位宫廷贵妇那里收到了两千多瓶各色葡萄酒"，还有如克莱隆（Clairon）小姐，她曾被下令关押在福尔莱维克，于是这地方"车马如流"，上流人士纷至沓来，这位小姐则被众星捧月般地捧上了监狱中最漂亮的高座③。如果人们过着这样的生活，他的沙龙便需要一位带有各种思想的哲人，就像沙龙需要一盏具有各种光线的枝形吊灯一样。这位哲人便是新的奢华时尚的组成部分，人们需要哲人。风光无限、华丽气派的主人们把哲人召进府中，以便在人生之中品味一下完美的自由交谈的乐趣。当伏尔泰抵达普鲁士时，腓特烈二世想吻他的手，像对待情妇一样奉承他，后来，虽然彼此之间有很多小摩擦，但腓特烈还是忍不住以通信来跟他交谈。叶卡捷琳娜二世召来了狄德罗，每天花两三个小时跟他进行重大的思想游戏。古斯塔夫三世在法国时与马尔蒙泰尔很熟，并以接待来访的卢梭为无上的荣耀④。关于伏尔泰，我们可以毫不夸张地说，他手里

---

① Galiani, *Correspondance*, passim.
② 推理和共鸣、罐子和钟，这两对词在发音上很相似，钟另有"笨蛋"的意思。加利亚尼这里玩的是文字游戏。——译者
③ Bachaumont, III, 93（1776），II, 202（1765）.
④ Geffroy, *Gustave III*, I, 114.

有"四张王牌顺子"：普鲁士、瑞典、丹麦、俄罗斯，更不要提次等的大牌了，如与他交往的亲王和郡主，大公和诸侯。显然，在这个世界里，首要的角色是作家的；人们只谈论他们的事迹和言行；人们不知疲倦地向他们致敬。休谟曾对罗伯森说[①]："在这里，我吃的全是神的食物，喝的全是神仙的佳酿，呼吸的全是芬芳，行走全是在花丛之中。我碰到的每一个人，特别是每一位妇女，都觉得如果不对我说上一大段华丽的言辞来称颂我，便是疏忽了至为必要的义务。"当他在凡尔赛入宫觐见时，年仅10岁的未来的路易十六、8岁的未来的路易十八、4岁的未来的查理十世，每个人都对他的著作朗诵了一段赞词。我不必叙述伏尔泰的回归，他的凯旋，科学院对他的接待，人群拦截他的马车，街道被堵得水泄不通，窗台、楼梯、阳台上挤满他的仰慕者，剧院大厅如痴如醉，掌声经久不息，剧院外大批人群在欢呼声中迎他出来，他客厅中的访客就像国王家的客人一样络绎不绝，大贵族们也都挤在大门口，支起耳朵捕捉他的只言片语，贵妇们纷纷踮起脚尖打量着他最细微的举止[②]。一位目击者说："要想设想我的体验，应该身处我曾身处的气氛之中：这是一种狂喜的气氛。""我跟他说话了"，在当时，仅这一句话就足以让一个陌生人成为名人。的确，他已经见到了这位杰出的乐队指挥，50年来，这位指挥引领着一场庄严观念或轻快思想的旋转舞会，他总是站在舞台上，总是充任头号角色，他是各类谈话中公认的领路人，他提供主题，规定格调，标出界限，赋予推动力并让琴弦奏出第一个乐音。

III

您可以注意一下迎接他时的呼声："《亨利亚德》的作者、卡

---

① Villemain, *Tableau de la littérature au dix-huitième siècle*, IV, 409.
② Grimm, *Correspondance littéraire*, IV, 176. —Comte de Ségur, *Mémoires*, I, 113.

拉斯们的辩护者，《奥尔良姑娘》的作者万岁！"今天，没有谁能让人发出第一声，特别是最后一声喝彩。这一点能让我们明白18世纪的特征；当时人们向作家们要求的不止是思想，而且是反对派的思想。让贵族阶层游手好闲，就是使他们习惯于批评责难；一个人如果不参与规则的实施，他就不会心甘情愿地接受规则。如您想让人拥护政府，就请让他参与政府事务。否则，一旦他成为旁观者，他就只看到政府的不是，只感觉受到了政府的伤害，只愿意批评和笑话政府。于是，在政治问题上，他感觉就像在剧院里；然而，人们去剧院是为了娱乐，起码是不惹麻烦。这个现存制度，甚至所有现存制度中该有多少麻烦呢！麻烦之中首当其冲的是宗教。对于伏尔泰描绘的那些"闲散的"可爱人士①，对于"十万名除了玩乐和消遣之外无所事事的人们"，宗教是最不讨人喜欢的迂腐教师，他总是在抱怨指责，总是反对感官的愉悦，反对自由的推理，他还焚烧别人想看的书籍，把一些别人不想听的教理强加给别人。准确来说，他已成为别人的眼中钉；谁要是对他射一枪，谁就会深得人心。另一个枷锁是关于性的道德说教。对于喜欢享乐之人，对于黎塞留、罗赞、梯利的伙伴们，对于小克雷比容笔下的主人公，对于已把不守教规奉为规则的风流放荡的整个社交界，这种说教实在太沉重了。这些优雅人士毫无困难地接受了一种可以证明其做法的合理性的学说。他们很喜欢听到这样的说法：婚姻是一成规，一种偏见。当圣朗贝尔在夜宴时举起香槟酒杯，倡议回归自然和Otaiti的风俗时②，他们鼓掌欢呼。最后一个枷锁是政府，它是所有枷锁中最让人难受的；因为它运用别的枷锁，将自己的重负与其他枷锁的重负一起压在人的身上。政府是绝对的，是中央集权的，它凭自己的喜好行事，反应迟缓，犯下了诸多错误，遭受过各种失败：寥寥

①　*Princesse de Babylone.* —Cf. *Le Mondain.*
②　Mme d'Epinay, Ed. Boiteau, I, 216, 在喜剧演员基诺（Quinault）小姐家与圣朗贝尔、某某亲王、杜克洛和埃皮奈夫人一起晚宴。

数语怎能穷尽人们不满之根由！已经被政府剥夺了权威的古老权力单位，如省三级会议，高等法院，外省显贵，像米拉波父子那样仍保留着封建思想的或如称呼雷纳尔神父为"匠人"的老夏多布里昂之类的古老贵族，全都对政府暗怀强烈的怨恨之情。所有觉得在职位和油水的分配中受了挫折的人也对政府不满，这些人当中不仅有外省贵族（宫廷贵族在参加国王的盛宴，而他们只能在门外等候[①]），还有绝大多数廷臣们，他们也只能弄点残羹剩饭，而一小撮得宠的近臣侵吞了所有肥肉。政府治下的人民心情恶劣，他们觉得政府担任了上帝的角色，它承担了一切，一切都由它负责，从面包价格到道路的维修。还有，新的人类也反对它，这些人在最优雅的沙龙里指责它维护野蛮时代留下来的陈旧货色，税收的核定、摊派和征收糟糕至极，法律血腥残暴，诉讼程序混乱盲目，酷刑太过凶残；他们还谴责对新教徒的迫害、逮捕密札和国家监狱。我且把政府的无度滥行、它的丑闻、它的灾难和颜面扫地、罗斯巴赫的溃败、巴黎条约、迪巴里夫人、破产等事情放在一边。反感已经产生，什么事情肯定都是一团糟。观剧者相互交流，不仅指责戏剧有多么糟，还说剧院建得不好，不舒适，让人窒息，局促压抑，若要宽松一些，就应该从阁楼到地窖全部拆掉重建。

就在此刻，新的建筑师来了，他们以自己似是而非的推理和已然成型的方案向人们论证道，所有宏大的公共建筑，如宗教，道德，社会，都不可能不是粗糙和有害的，因为这些建筑是一砖一瓦、一步一步砌起来的，堆砌者通常是疯癫者或野蛮人，不管怎样，他们就是泥瓦匠，他们总是根据情况自行摸索，没有什么原则可循。然而，这些新来的人是建筑师，他们有原则，也就是理性、自然、人权，这些简单而丰富的原则每个人都能理解，它们足以推

---

① 例如，老马尔蒙（Marmont）是位行伍出身的贵族，28岁时就获得了圣路易十字勋章，但后来他离开了军队，因为所有晋升机会都留给了宫廷的人。退居乡间后，他自由自在，教他的儿子读内克的报告（Maréchal Marmont, *Mémoires*, I, 9）。

导出一系列构筑未来的美好大厦、以替代过去的丑陋建筑的结论。对于心怀不满、缺乏虔诚、热爱享乐的博爱人士来说，这种诱惑太大了。他们欣然接受了看来与他们内心的欲望很相符的学说；至少他们在理论上和口头上接受了它们。自由、正义、公共幸福、人的尊严，这些伟大的字眼多么美妙但又多么模糊！哪个心灵不会热爱它们？哪种头脑不曾设想将它们全部付诸实践？直到最后一刻，这理论都没有从高处走下来，因而它更加局限于抽象与空想之中，更像是一篇科学论文，它关心的始终是人本身，是社会契约，是想象中的完美城邦。凡尔赛的廷臣会反对在萨朗特（Salente）①颁布平等法律吗？人类的思想有两个层次，较高的层次上进行着纯粹的推理，较低层次上是积极活跃的信仰，这两个层次之间的交流既不全面也不迅速。很多的原则没有离开较高的层次，在那里，它们处于一种猎奇的状态；这是一种精妙细腻的力学，一些志愿者在演示这种力学，但人们几乎从未运用过它。如果说掌握它的人偶尔也把它带到较低层次，那也只是得到了一半的运用；既定的习惯、古老且更为强大的利益和本能都限制了新学说的使用。这里没有什么不良的用意，人就是这样；我们每个人都能说出不会去实践的真理。一天晚上，沉闷的塔尔热（Target）律师在博沃（Beauvau）元帅夫人的鼻烟盒里取烟草，元帅夫人（她的沙龙是民主派的小俱乐部）被这种不知分寸的亲昵做派搞得快要窒息了。稍后，刚刚投票赞成废除贵族头衔的米拉波进来了，一把揪住仆役的耳朵，以自己洪钟似的嗓门对他喊道："啊！伙计，我真希望在你面前的永远都是伯爵大人。"这些细节表明，在贵族的头脑中，新理论究竟在何种程度上被接受。它占据了整个较高的层次，并在欢快声中编织出没完没了的谈话线索；它带来的嘈杂声贯穿了整个18世纪；人们从未在沙龙中看到过如此盛大的笼统话语和漂亮言辞的展示。有些东西也落

---

① 位于意大利南部大希腊地区的古代城邦。费内隆在《特雷马克》中把它描述成一个奉行和平主义理想的国度。——译者

到了低层，但那不过是些灰尘，我指的是对未来的希望和信念，对理性的信赖，对真理的热爱，年轻而慷慨的善意，以及来得快去得快的热情，但这热情有时可以升华为克己和献身。

IV

让我们追溯一下新哲学在上层阶级传播的过程。宗教受到的打击最早，也最大。在路易十四时代，怀疑主义者的小团体几乎难以发觉，但它在暗中招募成员；1698年，摄政的母亲巴拉丁夫人就写道："现在，几乎见不到一个不愿成为无神论者的年轻人。"[①]在摄政时期，"人们公然不信神"。1722年，巴拉丁夫人再次写道："在巴黎的教士和平信徒之中，我不知道是否有一百个人有真正的信仰或仍然相信我们的主的。这真让人不寒而栗……"在这个世界上，当个教士已经不容易了，他看起来像个提线木偶或取笑的对象[②]。他们中间的一个人说道："一旦我们出现，就有人来跟我们争吵；比如，有人想让我们向一个不信神的人证明祈祷的用处，向一个否认灵魂不朽的人说明斋戒的必要性；这样的工作很累人，别人的取笑让我们很难堪。"不久，告解证明引发的持久震荡、主教们抵制对教会财产课税的顽固立场，引起舆论对教士的反感，从而引起对宗教的反感。1751年，巴尔比埃（Barbier）说："让人担心的是，这种局面会造成严重后果；有一天我们将会看到，这个国家会发生一场皈依新教的革命。"[③]达尔让松在1753年写道："对教士的仇恨达到了极点。教士只要敢在街上露面就会被人嘲笑……我们的民族和我们的时代特别地开明"，甚至超越路德的时代，"人们会按着自己的想法走，会驱逐所有教士，所有祭司，所

---

① Aubertin, *L'Esprit public au dix-huitième siècle*, 7.
② Montesquieu, *Lettres persanes*.（Lettre 61.）—Cf. Voltaire（*Dîner du Comte de Boulainvilliers*）.
③ Aubertin, 281, 282, 285, 289.

有启示，所有神秘之物……" "在上流圈子中，人们不敢为教士说话，否则会觉得很丢脸，会被视为宗教裁判所的老熟人……教士们则指出，这一年领圣餐的人数下降了三分之一。耶稣会的中学遭人遗弃，120名寄宿生离开了这些腐败至极的僧侣……人们还注意到，在巴黎的嘉年华期间，舞会上从未见过这么多仿造教士装束的假面具，人们装扮成主教、修道院院长、修士和修女。"反感之情如此强烈，以致最蹩脚的著作一旦采取反基督教立场，或被谴责为反宗教时，都会显得激烈无比。1748年，图桑（Toussaint）发表宣扬自然宗教的《品行论》，该著一下子就声名远扬，巴尔比埃说："在有点品位的阶层，所有炫耀思想之人，无论男女，无人不想看这本书。散步时人们彼此这样攀谈：您看过《品行论》吗？"10年后，自然神论已经落伍了。这时巴尔比埃再次说道："唯物主义，真是一大灾祸……"达尔让松写道："几乎所有有文化和思想敏锐之人，全都奋起攻击我们的神圣宗教……它在四面八方都被动摇，虽然虔诚派付出各种努力让人相信宗教，这反而更加激发不信神者。虔诚派写的书人们很少去读；人们不再去讨论，而是嘲笑一切，人们执着于唯物主义。"霍拉斯·沃波尔[1]1765年来到法国，他凭自己良好的意识预见到了危险，但他还是对如此普遍的轻率现象感到震惊："今天，我与十来个学者一起吃饭，虽然所有仆人都在为我们服务，但言谈之放肆还是远甚于我在英国、在自家餐桌上所能见到的，即使话题涉及的是旧约，在他们看来，听者仿佛只有一个脚夫。"武断的说法随处可见。"开玩笑已经像提线木偶和不倒翁一样过时了。我们的高雅之士没有时间高兴了，他们有太多的事要做。首先，他们要把上帝和国王放在地上；每个男女，在意识上全都忙于这一拆卸工作。在他们眼中，我是个不忠实之人，因为我还保留着一点信仰。" "您知道什么是哲人、知道哲人一词的含

---

① Horace Walpole, *Lettres and correspondence*, 27 septembre 1765, 18 et 28 octobre, 19 novembre 1766.

义吗？首先，它包含几乎所有的上流人士；其次，它指那些公开反对教宗的人，但实际上，这类人大部分还以推翻所有宗教为目标。""这些学者（我请求他们的原谅）、这些哲人令人难以忍受，他们肤浅、高傲、狂热。他们总是在布道宣扬，那种任意放肆您无法想象，而他们公开的学说就是无神论……连伏尔泰对他们也不满意了，一个追随他们的贵妇在我面前这样评价伏尔泰：他笃信宗教，是个自然神论者。"

说到这里，情况已经很严重了，但我们还没有走到头：因为到此时，不信宗教更像是一种潮流，而不是一种信念。作为一名出色的观察者，沃波尔对此没有看错。他曾写道："我已经向您说过他们的宗教观点，毋宁说是非宗教的观点，但您不能据此认为，有身份的人，至少是男子，真的就是无神论者。这对他们还算幸运，这些可怜的人儿！他们还不能把推理推得那么远，但他们对很多奇谈怪论表示赞成，因为这是一种时髦，他们不知道如何抗拒。"既然"小师傅们都已过时"，既然所有人"都是哲人"，他们也就是哲人；应该像所有人一样。不过，他们在新鲜的唯物主义之中品尝到的，是悖论中的刺激和自由自在的愉悦感。这是些善良人家的学生，他们也给自己的教会教师制作了一个壁龛。他们借用学者的理论，为的是给这位老师戴上一顶驴耳纸帽，而当他们的荒淫能有反宗教为调味品时，那会更让他们满足。一位宫廷老爷在看过杜瓦扬（Doyen）的绘画《圣热娜维耶芙与瘟疫患者》之后，第二天让人把画家请到他情妇的小屋中①，并对画家说："我想请您将夫人画在主教晃荡的秋千上，而我的位置要能看见这漂亮妮子的小腿，如果您能让作品更加赏心悦目就更棒了。"关于马罗特（Marotte）的猥亵歌曲"在狂暴之中不胫而走"；科莱说，"在我创作这首歌十五天之后，我碰到的所有人没有一个不人手一本的；这首讽刺民

① *Journal et mémoires de Collé* publiés par H. Bonhomme, II, 24（octobre 1755）et III, 165（octobre 1767）.

歌之所以会走红，我觉得是教士大会的功劳"。淫秽书籍越是反宗教就越受欢迎；当人们搞不到印刷本时，就用手抄。科莱估计，"伏尔泰的《奥尔良姑娘》的手抄本，一个月内在巴黎流传的可能有两千种"。焚烧书籍的法官们自己也只是走走形式。"您不要相信，处理杰出作品的刽子手先生真的被允许将法院决定中列出的书籍扔到火中。如果自己的书房里少了一本他有权拥有的著作，先生大人们会大为光火的，书记员则找个借口，以某些不幸的角色来给这本书做替罪羊，而这样的借口从来就不缺少。"①

但是，随着这个世纪的时光日益流逝，不太张扬的不信教变得更加强固了。它从源头上再次得到锤炼，甚至妇女也醉心于科学。1782年②，冉里斯夫人笔下的一个人物说道："五年前，我想到的只是科学带来的装饰，以及如何在晚宴上炫耀，因此我疏忽了科学；如今，我发现科学真的很深奥，需要敏锐的头脑。"在一位时髦贵妇的书房中，除了一个供奉仁慈与友爱之神的祭坛，还可以发现一本自然史词典，以及有关物理学和化学的论著。一位女士不再让人将其描绘成云彩上的女神，而是一位坐在实验室的角尺和望远镜之间的女神③。当卢埃尔准备熔解和蒸发金刚石时，内斯尔（Nesle）侯爵夫人，布朗卡（Brancas）伯爵夫人，蓬斯（Pons）伯爵夫人，波林雅克侯爵夫人都在场。各个沙龙里形成了20人或25人的校社团，以修习物理学、应用化学、矿物学或植物学课程。在铭文科学院的公开课讲堂上，社交界妇女为有关阿庇斯圣牛、关于埃及语、腓尼基语和希腊语之关系的论文鼓掌祝贺。最后，她们于1786年让法兰西公学敞开了大门。她们对什么都感兴趣。好几个人亲手使用柳叶刀甚至解剖刀，瓦耶（Voyer）侯爵夫人观看过解剖，而年轻的科瓦尼（Coigny）伯爵夫人则亲自做解剖。这就是流

① *Correspondance littéraire* par Grimm（septembre, octobre 1770）.

② Mme de Genlis, *Adèle et Théodore*, I, 312.

③ E. et J. de Goncourt, *La Femme au dix-huitième siècle*, 371-373. —Bachaumont, I, 224（13 avril 1763）.

行的哲学的基础，在这个基础之上，上流社会的不信教找到了新的支点。到18世纪末①，"我们发现，六七年前进入社交界的年轻人公开标榜不信教，认为不虔诚就是有思想，无神论者就是哲人"。当然，自然神论者的确很多，尤其是卢梭之后；但是，我认为，在巴黎的100个社交名流中，找不出10个基督徒。梅尔西埃在1783年写道②："十年来，名流们不再做弥撒了；他们只在周日去一下，为的是不要给手下人造成坏印象，手下人也知道，此等人物是为他们去做弥撒的。"在位于亚眠附近的领地上，科瓦尼公爵拒绝别人为他祈祷③，并威胁他的教区神父说，如果后者胆敢这样做，就要把他扔到布道台下面；他儿子生病时，他不准别人给孩子做圣事；儿子死后，他禁止举行葬礼，并命人将孩子葬在自己的花园里；他自己生病时，虽然亚眠主教12次登门来看他，但他闭门不见，最后死的时候就像平常生活一样。当然，这个轰动性事件被记录下来了，也就是说，它很罕见；几乎所有男女都"将思想独立与仪态的得体结合了起来④"。当侍女问："公爵夫人，善良的上帝就在那儿，您能让人将他请进来吗？能为您做圣事，他会很感荣幸的"，主人还是不动声色。有人把这位讨人嫌引了进来，对他也算客气。如果有人想躲避他，那也得找个像样的借口；不过，如果有人讨好他，那只能是出于善意；"在苏拉特，人死时需要将一根母牛的尾巴抓在手中"。从来没有哪个社会如此疏离基督教。在人们看来，人为的宗教无非是一种大众迷信，对于孩子和头脑简单之人来说还不错，但对"体面人"和高级人物则不是。当宗教游行队伍经过时，你们应该脱帽致敬，但你们应该做的仅此而已。

最后一个也是最严重的一个征象。如果说辛勤工作、与人民风

① Mme de Genlis, *Adèle et Théodore*, II, 326.
② Mercier, *Tableau de Paris*, III, 44.
③ Métra, *Correspondance secrète*, XVII, 387（7 mars 1785）.
④ E. et J. de Goncourt, *ib.* 456. —Vicomtesse de Noailles, *Vie de la princesse de Poix*, née de Beauvau.

雨与共的教区神父仍深得人民的信任，那么在社交界高谈阔论的高级教士们则沾染了各种时髦观念。这里我指的不仅是沙龙里的修道院院长们、廷臣仆役、新闻贩卖者、小韵文作者、贵妇们的奉承者，这些人在交际圈中只是些附和者，或担任各个沙龙之间的传声筒；附和者、传声筒只是拾人牙慧，不管别人的话有没有怀疑精神[1]。应该强调的是那些有身份的人，在这一点上，所有证据都是一致的。1767年8月，巴西奈（Bassinet）修道院院长、卡奥尔的代理主教，在卢浮宫的小礼拜堂中宣讲一篇关于圣路易的颂词[2]，他"甚至连画十字都省略了，也没有援引任何圣经中的文字，没有一句涉及善良的上帝和诸位圣徒。他只是从政治、战争和道德上的德行来看待路易九世。他还抨击十字军，让人看到其中的荒诞、残暴，甚至还有不公。他直截了当、毫无顾忌地批评罗马教廷"。其他人"在布道台上不提耶稣基督的名字，只说他是基督徒的立法者"。在时髦的舆论和社交礼仪强加给教士的法典中，一位细心的观察者[3]准确地指出了地位等级上的分别和行为上的细微差异："一个普通教士，一位教区神父应该有点信仰，否则别人会认为他是个伪君子；但他不能对自己的行为太过认真，否则别人会觉得他不宽容。相反，一位代理主教可以对反宗教的言论微微一笑，主教大人则应哈哈大笑，枢机主教大笑之余还应略加评论。"编年记载说，"有一段时间，人们对巴黎最可敬的一位教区神父说：您认为那些总是援引宗教的主教们真的很信宗教吗？这位好心的牧者踌躇一番后答道：可能还有四五位主教相信。"对于那些了解主教们的出身、他们的交往、他们的习惯和他们的品味的人来说，这个说法

---

[1] 拉泰尼昂（Lattaignant）修士是兰斯大教堂的议事司铎，曾写过一些轻浮的诗歌和晚宴席间的歌曲，他"刚刚在尼可莱剧院表演了一番，戏中的情节由今天十分流行的淫秽俏皮话来构成。那些为这家剧院奠定格调的廷臣觉得这位兰斯的议事司铎饶有趣味"（Bachaumont, IV, 174, novembre 1768）。

[2] Bachaumont, III, 253. —Chateaubriand, *Mémoires*, I, 246.

[3] Chamfort, 279.

根本不意外。"梅特拉赫修道院的代表科里尼昂（Collignan）神父，一位享有高级司法权的领主和瓦尔蒙斯特的教区神父"，为人和善，长于言辞，是位和蔼的主人，他避免张扬的言行，只在私下里同两位情妇进餐；但是，他尽可能地表现得不那么虔诚，甚至比那位萨伏伊的代理神父还要不虔诚，他"只在爱德的不公与不足中看到不幸"，并认为宗教仅仅是一种政治设置，一种道德藩篱。我还可以指出很多别的人，如格里马尔蒂（Grimaldi）先生，这位年轻而风流的勒芒主教让他那些年轻而风流的同学担任副主教，并把自己在库朗斯的乡间别墅变成跟漂亮女子约会的场所[①]。您可以从风气推想信仰状况。在另一些例子中，我们甚至不需要去推想。在枢机主教罗昂那里，在桑斯大主教布里安（Brienne）大人家，在奥顿主教塔列朗大人那里，在教士等级的辩护师毛里修士那里，怀疑主义是明摆着的。在大革命即将来临之时，身为怀疑主义者的里瓦罗尔宣称[②]，"教士的开明与哲人不相上下"。梅尔西埃则说[③]，"肉体的偏见最少，谁相信这一点？教士。"1791年，纳尔榜大主教在解释高级教士的抵制时[④]，并不把抵制归因于信仰，而是归因于荣誉感。"那时我们的举止是遵照真正的绅士为标准的；对于我们中间的大部分人，不能说这是出于宗教的原因。"

V

祭坛到王座的距离很近，但舆论花了30年才走过这段距离。在18世纪前期，还谈不上有什么政治或社会批判。《波斯人信札》中

[①] Merlin de Thionville, *Vie et correspondence*, par Jean Reynaud. (*La chartreuse du Val-Saint-Pierre.* 整段皆可读。) *Souvenirs manuscrits* par le chancelier Pasquier.

[②] Rivarol, *Mémoires*, I, 344.

[③] Mercier, IV, 142.——蒙罗齐埃说，在奥弗涅，"我把有思想的教士组成了一个社团，其中几个人是自然神论者，其他人是公开的无神论者，我与他们一起同我兄弟做斗争"（*Mémoires*, I, 37）。

[④] M. de la Fayette, *Mémoires*, III, 58.

的讽刺很有分寸，也很谨慎；《论法的精神》是保守的。至于圣皮埃尔修士，人们对他的梦想只是微微一笑，当他胆敢责难路易十四时，科学院便将他除名了。到后来，经济学家和高等法院法官们从两个方面发出了信号。伏尔泰说[1]，"到1750年，这个民族已经对诗歌、悲剧、喜剧、小说、歌剧、浪漫传奇的历史、更为浪漫传奇的道德思考、关于恩典和惊厥的争论感到厌倦了，它开始对小麦问题进行推理。"为什么面包这么昂贵？为什么农民处境这么悲惨？税收的来源和限度在哪里？是不是所有土地都应纳税？一块土地是否能支付超出其净产量的捐税？这些问题进入了国王庇护下的各个沙龙，而具体的引入者是他的医生、他的"思考者"魁奈，魁奈还建立了一个理论体系，旨在扩大君主权威以减轻人民的负担、通过增加纳税人来减轻税负。与此同时，另一些同样新鲜的问题从相反的方向涌现出来。"法国[2]是一种温和的代议君主制，还是一种土耳其式的政府？我们生活在一个绝对主人的法律之下，还是被一个有限的、受监控的权威治理着？""被流放的高等法院法官们……开始从源头上研究公法，他们像在科学院里一样讨论这一问题。由于他们的研究，公众的思想中产生了这样一种认识：民族高于国王，正如普世教会高于教皇。"这一转变引人注目，几乎可以说很突然。达尔让松说，50年前，公众对国家的新闻完全不感兴趣。今天，每个人都在看《法兰西公报》，即使是在外省。人们胡乱地思考政治问题，但人们毕竟在关心政治。谈话一旦抓住这个食粮便不再放手，于是沙龙向政治哲学开放，接着向社会契约，百科全书，卢梭、马布利、霍尔巴赫、雷纳尔和狄德罗的布道词开放。1759年，激动的达尔让松觉得最后的时刻已经逼近了。"一股有关自由的反君主制政府的哲学在我们四周兴起；这种政府可能已经进入了

---

[1] *Dictionnaire philosophique*, article *Blé*. ——魁奈的主要著作《经济表》问世于1758年。

[2] Marquis d' Argenson, *Mémoires*, IV, 141; VI, 320, 465; VII, 23; VIII, 153 〔1752, 1753, 1754〕. ——卢梭《论人类不平等的起源》问世于1753年。关于舆论的这一关键发展，参阅奥博坦（Aubertin）的出色著作：*L'esprit public au dix-huitième siècle*.

人们的头脑，一有机会人们便会去实现它。革命如果到来，它引起的争论可能比想象的要少；因为革命将通过欢呼赞成来进行。"①

虽然革命还没有到来，但种子已经发芽。1762年，巴肖蒙（Bachaumont）注意到，各种小册子、简装书和政论文章如洪水般泛滥，"出现了一股关于财政和政府问题的推理狂潮"。1765年，沃波尔看到，当时掌握谈话之关键的无神论者，对国王的怒火就像对教士一样猛烈。由卢梭引入的那个可怕字眼"公民"，已经进入了日常谈话中，而且，具有决定意义的是，妇女也将它当作饰结来自我标榜。一个年轻姑娘写信给朋友说："您知道我是多么的公民吗？作为公民和朋友，得知我心爱的小人儿身体康健，得知有关和平的消息，还能有什么比这些消息更令我欣慰的呢？②"另一个词同样重要，这就是"能量"，这个词从前具有讽刺意味，现在成了时髦用语，所有谈话中都在使用③。随着语言的变化，情感也随之转变，最高层的贵妇们转向了反对派。1771年高等法院被流放后，喜欢嘲笑的贝桑瓦尔说："社交或游乐聚会已经变成了小型三级会议，会上的妇女成了立法者，她们确定公法的前提，并滔滔不绝、言之凿凿地述说着有关公法的箴言。"与瑞典国王有通信联系的埃格蒙（Egmont）伯爵夫人曾给国王寄送一篇有关法国基本法的论文，作者偏向于高等法院，视之为民族自由最后的捍卫者，并反对司法大臣莫普（Maupeou）的侵犯行径。她写道④："六个月来，司法大臣让人们学习了他们到死可能都不会了解的法国历史。"接着她补充说，"陛下，对此我并不怀疑；您可能不会滥用兴奋的人民托付给您的无限权力……您在位的时期也许是自由独立政府确立

---

① 这里似乎预言了1789年的8月4日之夜。

② *Correspondance de Laurette de Malboissière*, publiée par la marquise de la Grange（4 septembre 1762, 8 novembre 1762）.

③ Lettre de Mme de Deffand à Mme de Choiseul（citée par Geffroy, *Gustave III et la cour de France*, I, 279）.

④ Geffroy, *ib.*, I, 232, 241, 245.

的时代，但决不是绝对权威起源的时代。"很多其他地位最高的妇女，如拉马克（La Marck）夫人、布弗雷夫人、布里安夫人、麦斯梅（Mesmes）夫人、卢森堡夫人、克鲁瓦（Croy）夫人，其思考和写作方式都是这样的。她们中间的一个人写道："绝对权力是一种致命的病态，它不断腐蚀人的道德品质，最终摧毁国家……君主的行为服从于自己臣民的检审，正如服从宇宙的检审……如果现行的体制继续下去，法国将会毁灭[1]。"—在路易十六时期，当新的行政体制在发展而不再是借改革虚张声势时，她们的批判还是一样的激烈。另外一个人说[2]，新政策"幼稚、无力、毫无连贯性，我们在不断改变，但结果比原来的状况还遭。普罗旺斯伯爵和阿图瓦伯爵刚刚在我们各个省巡游过，但由于是这样的大人物到访，自然耗费惊人，沿途饱受蹂躏，不过对巡游者而言油水却是惊人：普罗旺斯伯爵肥得像只桶，至于阿图瓦伯爵，则根据自己的生活需要来吩咐别人"。人道恻隐之心与自由的气息同时渗入女性的心灵之中。当为卡拉斯辩护的版画面世时，"整个法国，甚至整个欧洲都争先恐后地订购，俄国的女沙皇为此花了5000利弗尔。"[3]沃波尔写道："农业、经济、改革、哲学，都是高雅格调，即使是在宫廷中。"杜帕迪庭长曾为三位被判处"车刑"的无辜者起草过一份报告，"上流社会中谈论的只有这件事"；古斯塔夫三世的一位女通信者说[4]："社交界的谈话不再是毫无意义的空谈，因为公共舆论正是通过这些谈话形成的。言谈转变成行动，所有敏感的灵魂都以激动之情夸耀着一份受人道主义激发的报告，这报告看起来才情十足，因为它包含良知。"当拉图德（Latude）离开比塞特监狱时，卢森堡夫人、布弗雷夫人、斯塔尔夫人想与勒戈罗（Legros）夫人一起进餐，后者是位女杂货店主，为了解救囚犯拉图德，她"三年

① Geffroy, *ib.*, I, 267, 281. Lettres de Mme de Boufflers（octobre 1772, juillet 1774）.
② *Ibid.*, I, 285. Lettres de Mme de la Marck（1776, 1777, 1779）.
③ Bachaumont, III, 14（28 mars 1766. —Walpole, 6 octobre 1775）.
④ Geffroy, *ib.* Lettre de Mme de Staël（1786）.

来到处奔走呼号"。而拉里（Lally）先生之所以能为父亲恢复名誉，得益于女性的柔情、热忱以及她们同心协力的同情恻隐之心。当她们充满情感时，她们会情不自禁：罗赞夫人虽然十分腼腆，但也敢于当众抨击一个说内克坏话的男子。您须记得，在这个时代，妇女是王者，她们缔造时尚，决定格调，主导着谈话，因而也引领着思想，进而引领着舆论[1]。当我们发现女性在政治领域内也很前卫时，我们可以肯定，男子肯定会追随，因为她们每个人都领导着一个沙龙。

VI

深谙人道主义的激进箴言的贵族，敌视宫廷的廷臣们，与别人一起攻击特权的特权者：我们在这些证据中看到的是一番奇特景象。当时有人说："原则上说，一切都应当改变和颠覆。"[2]从最高层到最低层的各类聚会和各种公共场合，我们在特权者当中看到的全都是反对派和改革者。1787年，几乎所有身份显赫的贵族全都在高等法院宣布支持抵制……"在他们聚集起的宴会上，我看到，不久之后便产生爆炸效应的几乎所有观念都已被他们提出来了。"[3]1774年，当沃布朗（Vaublanc）先生前往梅茨时，他发现一个教士和一个骑兵伯爵上校正专心致志、滔滔不绝地讨论政治经济学[4]。"那时流行这个；所有人都是经济学家；人们谈论的全都是哲学、政治经济学，特别是人道以及减轻善良人民之负担的方法；最后两个词（bon peuple：善良的人民）是人人都挂在嘴边的。"此外还有"平等"一词；托马斯在一篇献给萨克森元帅的颂

---

① Collé, *Journal*, III, 437（1770）："妇女在法国人之中占有的优势如此之大，她们将男子控制得服服帖帖，以致后者如不追随她们便无法思考和感受。"

② *Correspondance*, par Metra, III, 200; IV, 131.

③ *Souvenirs manuscrits* du chancelier Pasquier.

④ Comte de Vaublanc, *Souvenirs*. I, 117, 377.

词中说道："我不能掩饰,他出身王族";人们赞赏这个句子。只有几个古老的高等法院法官家族或领主世家保留着古老的贵族制和君主制气质;新一代人全都沉醉于新思潮。他们中间的一位说:"对于我们这些年轻的法国贵族而言①,过去无所悔恨,未来无所焦虑,我们正欢快地行走在一块掩盖在深渊之上的鲜花地毯之上。对昔日的风尚、对我们祖辈的封建式的傲慢以及笨拙的礼节,我们嬉笑嘲弄,在我们看来,这些东西碍手碍脚,滑稽荒诞。古老学说的庄重感让我喘不过气来。而伏尔泰那动人的哲学在娱乐我们的同时也吸引了我们。我们没有深入了解更为严肃的作者的哲学,我们只是把它当作反抗专制权威的勇气的标志而去赞赏它……自由,不管它以哪种言语说出来,我们都会因为其勇敢而感到愉快;平等则以其方便舒适让人开心。当人们觉得自己可以随时站到高处时,他为自己放下身段而高兴;由于目光短浅,我们在同时享受贵族制的好处和平民哲学的愉悦。因此,我们是在从地基上掏空我们古老权威的残留物,虽然这些东西正是我们的特权,但这种小战斗让我们开心。我们还没有体会到战斗造成的损失,我们只看到进攻的场面。因为这只是一场笔墨与言语上的战斗,我们觉得它不会对我们优越的生活状态造成损害,我们正享受着这种生活,几个世纪前就是如此,这让我们觉得它是无法撼动的。这座建筑的外形仍完好无损,因此我们看不到它的内部已经受到破坏。我们嘲笑那个古老法庭和教士的严厉警告,它们厉声谴责这种创新精神。我们在自己的剧院里为共和主义演戏剧、在自己的科学院为哲学演说、在自己的文学中为冒失的作品鼓掌欢呼②。"虽说职务和官位分配中仍然存

---

① Comte de Ségur, *Mémoires*, I, 17.

② Ségur, *ib*. I, 151. "在凡尔赛城堡的演出大厅,我听到整个宫廷都在为伏尔泰的悲剧《布鲁托斯》热烈鼓掌,人们尤其为如下诗句欢呼:

我是布鲁托斯的儿子,在我的心中,

镌刻着自由,对国王只有憎恨。"

译者按:布鲁托斯即刺杀恺撒的古罗马人。

在不平等，但"平等已开始盛行于各个社会。在很多场合，文学头衔已经优先于贵族头衔。为时髦潮流服务的廷臣们开始向马尔蒙泰尔、达朗贝尔和雷纳尔献殷勤。人们在社交界经常看到，二三流人物受到了外省贵族所不曾有过的礼遇……制度仍然是君主制，但风气已经是共和制的了。我们宁要达朗贝尔和狄德罗的一句赞词，也不要亲王最显赫的恩宠……参加达朗贝尔的夜宴，去拉罗什福柯公馆与杜尔哥的朋友聚会，与雷纳尔修士一起进餐，在马勒泽尔布先生的圈子和家族中受到招待，最后，接近最和蔼的王后、最高尚的国王：所有这些不能不让人意识到，我们已经进入了一个前人不敢设想的黄金时代……我们被新观念和新学说的棱镜弄花了眼睛，我们都满怀希望和憧憬，燃烧着对一切光荣的热忱和对所有才华的激情，怀抱一种能确保人类幸福的哲学的种种诱人梦想。我们远没有预见到不幸、暴虐、罪恶以及王权和原则的颠覆，对于未来，我们看到的只有理性统治所能带给人类的各种幸福。人们恣意发表各类有关改革的文字、各种革新方案、各类最无拘无束的思想、各种最大胆的体系。人人都觉得在走向完美，根本不操心也不惧怕任何障碍。我们为自己是法国人，特别是18世纪的法国人而骄傲……从来没有哪次梦醒如此可怖，从来没有哪次沉睡比这次梦醒之前的更甜蜜，没有哪种梦想比这次梦醒之前的更诱人"。

他们不止是做梦，不仅限于纯粹的愿景和消极的期待，他们还展开行动，他们真的很勇敢。只要一个事业是美好的，他们就会为之献身。拉法耶特侯爵听到美国人起义的消息后，撇下他怀有身孕的妻子，不顾宫廷的禁令，买了一艘战船横渡大西洋，与华盛顿并肩战斗。他说："当我得知这场冲突后，我便心向往之，我只想着与部队会合。"大批贵族追随他。当然，他们喜欢冒险；"被子弹击中的概率太小了，可以忽略不计"[1]。但重要的还有解放

---

① Duc de Lauzun, 80（关于他的科西嘉远征）。

被压迫者；有个人这样说："我们是作为游侠骑士而展现哲人风采的。"[1]骑士精神服务于自由事业。更具家居色彩的服务不够光彩，他们也不太有热情。在各个省议会[2]，该省最显赫的人物，如主教，大主教，修道院院长，公爵，伯爵，侯爵，再加上第三等级最有地位、最有钱、最有教养的人，总计上千人的社会精英、国王召集的整个上层阶级，他们一起确定预算，保卫纳税人免受税务机关的侵犯，确定地籍册，均摊军役税，取代劳役捐，提供道路养护费，增设济贫站，指导农民，提议、鼓励并指导各项改革。我看过20卷会议记录：不可能见到比他们更好的公民，更正直、更勤勉的官员，他们无偿地付出辛劳，唯一的目标就是公共福利。不可能有更完美的善意了。从来没有哪个在即将失去权力的时刻的贵族阶层如此配得上这一权力；特权者从无所事事的懒散中走了出来，重新成为公共人物，他们恢复了自己的职责，重拾自己的责任。1778年，在贝里省议会的首次会议上，报告人塞基朗（Séguiran）修士大胆放言[3]："税收的分摊应该成为兄弟之间分担的公共责任。"1780年，这个省的修道院院长和教务委员会的教士们捐出了6万利弗尔，几个贵族不到24小时便捐出了1.7万利弗尔。在1787年的阿朗松议会上，贵族和教士共缴纳3万利弗尔，以减轻各个教区的贫困军役税纳税人的负担[4]。1787年4月，国王在缙绅会议上说，"列位大主教和主教殷切地宣布放弃一切豁免权，以便为公共开支做出贡献"。1789年3月，在司法区一级的大会开幕时，全体教士、几乎全部的贵族，简言之，所有的特权者，都自动宣布放弃税收方面的特权。这个牺牲是以欢呼的方式表决通过的；特权者自动向第三

① Ségur, I, 87.
② 贝里和上基耶内的省议会分别设立于1778年和1779年，其他财政区的议会设立于1787年。它们的职责一直履行到1789年（Cf. Léonce de Lavergne, *Les assemblée provinciales*）。
③ Léonce de Lavergne, *ib.*, 26, 55, 183. 图尔省议会税务局同样声称反对税收方面的特权。
④ *Procès-verbaux de l'assemblée provincial de Normandie*, 阿朗松财政区, 252. —Cf. *Archives nationales*, II, 1149:1778年，在穆兰财政区，39个人（大部分是贵族）在国王分摊6万的道路和慈善捐之外还多交了18950利弗尔。

等级做出这一牺牲，我们应该到会议记录中看看他们慷慨热情的话语。卢西尼昂（Lusignan）侯爵说[1]："图尔司法区的贵族等级认为其成员首先是人和公民，然后才是贵族；过去他们曾在大臣的专断权威之下长期保持沉默，如今，他们决心以更加符合激励他们的公正与爱国主义精神的方式来自我补救：他们向自己的同胞宣布，贵族将不再享有根据惯例保留下来的任何金钱方面的特权，全体贵族一致庄严承诺，按各自的财产比例完全平等地承担将由民族认可的税收和普遍开支。"布桑塞（Buzançais）伯爵对贝里的第三等级说："我向你们重申，我们全都是兄弟，我们愿意分担你们的负担……对于各个等级，我们只有一个心愿，就是希望各等级实现团结与和谐。我已经打算建议你们跟我们一起联合起草一份陈情书。"巴尔邦松（Barbançon）以夏托鲁地区贵族的名义宣布："一位代表应有三项品质：廉洁、坚定、有知识；三个等级的代表都同样拥有前两种品质；但知识更为普遍地存在于第三等级中，因为他们的头脑对日常事务训练有素。"勒格朗（Legrand）以夏托鲁地区教士的名义说道："新的事物秩序正展现在我们眼前，偏见的帷幕已经被撕碎，理性取而代之。所有法国人的心中都充满理性，理性从根本上摧毁了所有仅以古老意见为根据的事物，它的力量来源于自身。"特权者不仅做出了牺牲，而且是毫无困难地做出了牺牲；他们与第三等级说着同样的话语，他们是同一些哲人的门徒，看来他们依据的也是同样的原则。在博瓦希[2]，克莱蒙的贵族责成它的代表"首先应要求就所有人共有的权利发表一个明确的宣言"。芒特和梅朗的贵族坚持认为，"政治原则像道德原则一样绝

---

① *Archives nationales*，三级会议的会议记录和陈情书，t. XLIX, 712, 714（第戎的贵族和教士）。T. XVI（欧塞尔的贵族）。T. XXIX, 352, 455, 458（贝里的教士和贵族）。T. CL. 266（图尔的教士和贵族）。T. XXIX, 查托鲁的教士和贵族（1789年1月29日），572～582。T. XIII, 765（奥顿的贵族）。总体状况，参阅*Résumé des cahiers*, par Prudhomme, 3 vol。

② Prudhomme, *ib.*, II, 39, 51, 59. - Léonce de Lavergne, 384. 1788年，多菲内的200位上流贵族与该省的教士和第三等级联合签署一份致国王的文件，其中有言："任何时代、任何关系都不能证明专制主义的合法性；人的权利来源于自然，与任何有关权利的约定无关。"

对圆满，因为二者都有着共同的理性基础"。兰斯的贵族请求说，
"应恳请国王下令拆除巴士底狱"。在这多次类似的誓愿和殷勤表
白之后，贵族和教士的代表们在掌声、"泪水"和激动之中被迎进
第三等级的大会。人们何曾见过这般的热情？人们怎能不相信和谐
统一？而人们又怎能预见到，当他们手挽手走到第一个转弯路口时
会大打出手呢？

他们没有这种悲哀的远见。他们在原则上以为，人，尤其是普
通百姓，本性是善良的；怎能设想这样的人会对愿意善待于他的人
不怀好意呢？他们以为，别人也像自己一样抱有善意和同情心。
他们不仅诉说着自己的认识，还要去检验之。当时有人说①，在这
一刻，"人们的灵魂充满了最强烈的慈悲心，最富有的人最害怕
的事情，乃是被视为铁石心肠"。后来受到石块袭击的巴黎大主
教，曾经为改善主宫医院捐献了10万埃居。后来被杀害的督办贝
尔蒂埃（Bertier），曾为军役税的平等化而编订法兰西岛的地籍
册，此举使得税率先下降了八分之一，接着下降四分之一②。财政
家博荣（Beaujon）建造了一家医院。内克曾拒绝领受薪水，并向
国库注入200万以重建信用。从1770年起③，夏罗斯特（Charost）
公爵废除了自己领地上的封建劳役，并在自己的迈扬领地建了一家
医院。博福尔蒙（Bauffremont）亲王、维泽（Vezet）庭长、夏默
尔（Chamolles）庭长、夏约（Chaillot）庭长、弗兰什 - 孔泰的
其他众多领主，都效仿国王的榜样，废除了农奴制④。圣 - 克劳德
（Saint-Claude）主教不顾自己教务评议会的反对，宣布自己的农
奴为自由人。米拉波侯爵在位于利穆赞的领地设立了一个免费的调
解庭，负责处理诉讼，而在弗勒里，他每天制作900斤便宜面包，

---

① Lacretelle, *Histoire de France au dix-huitième siècle*, V. 2.
② *Procès-verbaux de l'assemblée provincial de l'Ile-de-France*（1787），127.
③ Léonce de Lavergne, *ib.*, 52, 369
④ *Le cri de la raison*, par Clerget, curé d'Ornans（1789），258.

使用的人手是"可能会攻击面包所有者的穷人①"。卡斯特尔主教巴拉尔（Barral）先生要求他所有的教区神父都应宣讲和推广土豆种植。戈尔什（Guerchy）侯爵与阿瑟·扬一起登上干草堆，学习如何更好地堆砌干草。拉斯泰里（Lasteyrie）伯爵将石印法引进法国。很多大贵族和高级教士是农业学会的成员，他们撰写或翻译实用书籍，关注科学的应用，研究政治经济学，了解工业技艺，而且是各种公共改良事业的爱好者和推动者。拉克雷泰尔（Lacretelle）说，"法国人从未如此团结一致地同所有弊端做斗争，这些弊端让我们付出代价，而且通过千百种路径渗入社会制度中。"如此众多的善良意图结合在一起，最后竟毁灭了一切，但谁曾料到这一点？从政府到社会上层，所有人都深信，只要想法美好，他们便已经成就或愿意成就美好。国王回想起他曾恢复新教徒的民事身份，曾废除预审拷问，曾取缔实物劳役，曾规定谷物的自由流通，曾设立省议会，曾提振海军，曾支援美国人，曾解放自己的农奴，曾削减宫廷开支，曾起用马勒泽尔布、杜尔哥和内克，曾放松出版管制，曾听取公共意见②。没有哪个政府表现得比他更温和：1789年7月14日，巴士底狱只有七个囚徒，其中有一个是白痴，一个是应其家人要求而拘禁的，四个人被控造假③。没有哪位君主比他更加人道、更加仁慈、更加关心不幸者。1784年发生了洪水和瘟疫，国王下令发放300万利弗尔的救济。人们向国王申诉，甚至申诉个人案件；1785年6月8日，他给一个布列塔尼农夫的妻子寄去200利弗尔，这位妇女已经有了两个孩子，刚刚又生下了三胞胎④。在严冬季节，

① Lucas de Montigny, *Mémoires de Mirabeau*, I, 290, 368. —Théron de Montaugé, *L'agriculture et les classes rurales dans le pays Toulousain*, 14.

② "大部分外国人都很难想象今日法国的公共舆论所具有的权威，他们很难理解，这种无形的权力甚至支配着国王的宫殿。但实际上就是如此。"【Necker（1784），转引自托克维尔。】

③ Granier de Cassagnac, II, 236. ——路易十六即位之初，马勒泽尔布先生按惯例访问了关押国家囚犯的监狱。"他对我说，他只能释放两个人。"（Sénac de Meilhan, *Du gouvernement, des mœurs et des conditions en France.*）

④ *Archives nationales*, H, 1418, 1149, F, 14, 2073（对各省和不幸地区的救济）。

他每天都让穷人进入自己的厨房。在当时，他很可能是继杜尔哥之后最热爱人民的人。他手下的代理人也遵照他的理念行事；我看到过很多督办的信，这些人都试图成为小杜尔哥。"这位建造了一家医院，那位为农民设立了奖金，还有的邀请工匠一起进餐"[①]，别的人则试图排干沼泽。在普罗旺斯，拉图尔（La Tour）先生40年间有很多作为，第三等级甚至投票授予他一枚金质奖章[②]，虽然这出乎他的意料。政府还开设了经济型面包课程。这样的牧人跑进自己的羊群之中，能有什么危险呢？当国王召集三级会议时，没有人"心怀疑虑"，也没有人担心未来。"人们谈论[③]制定国家的一部新宪法就像谈论一件轻松的工作、一个自然事件一样。""最出色、最高尚的人在新宪法中看到一个幸福的新时代的开端，不仅对法国，对整个文明世界都是如此。最雄心勃勃的人为打开自己希望之门的远大前程而欢呼雀跃。但是，我们发现，没有一个人，即使是最阴郁、最腼腆、最热烈的，也预料不到三级会议即将导致的任何一个意外事件。"

---

① Aubertin, 484（d'après Bachaumont）.

② Léonce de Lavergne, 472.

③ Mathieu Dumas, *Mémoires*, I, 426. —Sir Samuel Romilly, *Mémoires*, I, 99. —— "安全状况将会恶化。"（Mme de Genlis, *Mémoires*.）—1789年6月29日，内克在马利的议政会上说："还有比担心三级会议的组织更无聊的事吗？没有国王的许可，任何事情都不能确定。"（M. de Barentin, *Mémoires*, 187.）—1789年10月2日，国民议会对它的委托人说："这场伟大的革命，其计划几个月前似乎还是空想，但如今已在我们中间完成了。"

第三章　中产阶级

I.中产阶级—第三等级的古老思想—公共事务只与国王有关—詹森主义和高等法院反对派的限度。II.资产者状况的变化—他们更有钱了—他们给借钱给国家—债权的风险—他们对公共事务感兴趣。III. 他们在社会阶梯上爬升—贵族与他们接近—他们接近贵族—他们提高自我修养—他们参与社交—他们自认为与贵族平等—他们对特权很恼怒。IV.哲学进入这种状态下的头脑—这时卢梭的哲学很流行—这种哲学与新需求相契合—第三等级接受这种哲学—哲学对第三等级的影响—革命激情的形成—追求均等化的本能—支配的欲望—第三等级认为自己是民族—空想、物质、狂热。VI. 小结。

I

在很长的时间里，新哲学局限于一个特选的圈子，它只是上流社会的奢侈品。商人、工场主、店主、律师、诉讼代理人、医生、喜剧演员、教师、教区神父、职员、雇员：所有这些中等阶级都忙于自己的事务。他们每个人的视野都非常有限，这就是他们所从事的职业或行业的视野，是他们所从属的行会、他们所出生的城市，至多是他们所居住的省的视野[1]。思想的贫乏和内心的卑微将市民

---

① 20年前，那些去世的老者的叙述让我见证了这种情感。—Cf. Les *Mémoires* manuscrits du libraire Hardy（analysés par Aubertin）et les *Voyages d'Arthur Young.*

阶层限制在世代相袭的围墙之内。他们的眼光很少投向围墙之外，投向国务的危险禁地，就算他们偶尔会偷偷瞥上一眼，但公共事务仍然是"国王的事"。那时根本没有反抗，除了司法界，后者都是高等法院的卫星，都在围着它的轨道转。1718年，在一次钦断（lit de justice）之后，巴黎的律师举行罢工，摄政在震惊之余愤怒地写道："什么！这些怪物也来掺和！"[①]不过，应该指出的是，大多数律师是沉默的。巴尔比埃律师后来写道："父亲和我都没有参与这些纷争，我们都不是尖刻躁动之人。"他还做了一番意味深长的信仰表白："我认为他应该诚实地履行自己的职责，而不应掺和国家事务，对于这种事务，我们既无权力也无责任。"在整个18世纪前半叶，第三等级之中我只看到一个反对派中心，这就是高等法院，以及为了在它周围煽风点火而援引的古老的高卢主义或詹森主义思想。巴尔比埃在1733年写道："正直的巴黎城，从头到脚都是詹森主义"，不仅法官、律师、教师和整个市民精英如此，"大部分的巴黎人也是这样，男人、女人、小孩全都拥护这个教派，虽然并不了解其内容，根本不懂得区别和解释，仅仅因为仇视罗马和耶稣会而拥护它。妻子、没有主见的女子，甚至侍女更是为之赴汤蹈火……这个派别还在王国体面人士之中壮大，这些人憎恶迫害与不公正"。因此，当所有法庭的法官与律师们一起辞职，走出司法宫，"与漫无边际的人群一起"游行时，公众说道："这就是真正的罗马人，是祖国之父；当毕塞尔（Pucelle）和蒙基（Menguy）两位推事经过时，人们鼓掌欢呼，并给他们戴上冠冕。"高等法院与宫廷争吵不断，这将成为诱发最后的大爆炸的一颗火星，当人们于1791年攻击宗教大厦时，灰烬之下埋藏着的詹森主义麦秸又会派上用场。不过，在这古老的炉床里，只能看到些尚有余温的炉渣、一些深埋的灰烬，有时还有点燃烧的麦草和火星；但是，单靠炉床

---

① Aubertin, *ib*, 180, 362.

里的这点东西，火灾根本不能产生。炉床的结构约束了火焰，它的燃料限制了其热度。詹森主义者是太过虔诚的基督徒，他们无法不尊重从上面确立的权威。由于自己的身份，高等法院的法官们是保守派，他们害怕颠覆现有秩序。这两类人都在为捍卫传统、为反对革新而战；正因为如此，他们曾为保卫过去而反对专断权威，但随后他们又为保卫这一权威而反对革命暴动，不久，一方失去了权威，另一方淡出了人们的记忆。

II

因此，中等阶层中出现火焰是比较晚的事，这种火焰若要传播，首先得有个渐变过程，之后耐热的金属才能变成燃烧物。第三等级的状况在18世纪有了很大改变。资产者工作、营造、经商、挣钱、存钱，财富一天天增长[1]。可以把劳当政的时代视为企业、大商业、投机和财富起飞的开端；这次起飞曾因战争而中断，但随后在每次和平间歇期都强势复苏：如1748年埃克斯－拉沙佩尔条约之后、1763年巴黎条约之后，特别是路易十六登基之后。1720年，法国的出口为10 600百万，1735年为12 400万，1748年为19 200万，1755年为25 700万，1776年为30 900万，1788年为35 400万。仅圣多明各就向宗主国输出了13 100万的产品，从那里进口了4 400万的商品[2]。在南特和波尔多，很多大型公司便以这种贸易为基础。阿瑟·扬说："我认为波尔多比任何英国城市都更富裕、更商业化，只有伦敦除外……最近一段时间，法国海外贸易的发展速度甚至比

---

① Voltaire, *Siècle de Louis XV*, ch. XXXI; *Siècle de Louis XIV*, ch. XXX. "工业每天都在发展；看看人们的奢侈，看看巴黎和外省建造的大量舒适房屋，看看众多的车马、商品以及人们称为奢侈的讲究，人们觉得财富是过去的20倍。这一切都是辛勤劳动、更是财富的结果……普通阶层因为产业而致富……经商的盈利增加了。过去的大人物之中，财富的增长没有普通阶层快，这就使得人与人之间的差距在缩小。过去，小民只有靠给大人物服务才能谋得生计，如今的产业为人们打开了百年之前一无所知的千百条新路。"

② Arthur Young, II, 360, 373.

英国还快。"按当时一位官员的说法，如果说消费税的收益与日俱增，那是因为1774年以来，各类产业每天都在发展①。而且这种发展是稳定的、持续的。内克在1781年说："据计算，各类消费税的收益每年增长200万。"在这个创造、劳作和工程的伟大年代，巴黎在不断扩大，它就是中央工场。它垄断了全部的智力和趣味产品（其程度比今天还甚），这些产品如书籍、绘画、版画、雕塑、珠宝、首饰、化妆品、车辆、装修品、时髦和趣味玩物、优雅的社交生活中的消遣装饰物；巴黎是欧洲的供应者。1774年，巴黎的书籍业估计总值为4500万，而伦敦只有它的四分之一②。在发达的工商业中，大财富的增长甚至比中等财富的增长更快，而资本形成之后便要设法使用。正在此时，王国最高贵的双手纷纷邀纳这些资本，如贵族，如亲王，如省三级会议，如教士大会，首当其冲的是国王：他们是所有人之中最缺钱的，借款利息为10%，而且总是在寻找新的借款人。在弗勒里（Fleury）当政时已经增加了1800万的公债，七年战争期间，又增加了3400万的新公债。路易十六时期，内克所借的本金为5.3亿，若里·德·弗勒里（Joly de Fleury）为3亿，卡隆（Calonne）为8亿，10年总共借了16.3亿。债务利息1755年仅为4500万，1776年上升到10 600万，1789年为20 600万③。区区几个数字意味着多少债权人啊！请注意，第三等级是唯一挣钱和存钱的阶层，几乎所有的债权人都来自第三等级。除此之外还有数以千计的其他人：首先是给政府提供资金预付的财政家，这些预付必不可少，因为很早开始政府就寅吃卯粮，每年都要预先支取来年的收入：1759年的预支为8000万，1783年为17 000万。其次，全国各地有众多大大小小的供应商，他们因为工程和供应而同国家有账目往来，这是一支名副其实的军队，而且每天都在扩大，因为政府

---

① Tocqueville, 255.

② Aubertin, 482.

③ Buchez et Roux, *Histoire parlementaire*. 选自财政总监的报告，I，175，205。—*Rapport* de Necker, I, 376. —20 600万之上还应加上15 800 000的预付利息开支。

受中央集权的推动，独自承担了所有事项，并应舆论的请求而大量兴办有益于民众的工程：在路易十五时代，国家修建了6000法里的道路，路易十六时代，截至1788年，国家为预防饥荒而购买了4000万的谷物。

由于政府活动的增长和借款的增加，它成为一个无处不在的债务人；从此，公共事务便不仅仅是国王的事务了。他的债权人关心他的花销，因为他挥霍的是他们的钱；如果国王管理马虎，他们也会破产。他们很想了解国王的预算，审查他的账本：借方始终有权监督他的抵押物。于是资产者抬起了头，开始详细打量那台庞大机器，这台机器的运行一直是国家秘密，是所有普通人不得窥视的。于是，资产者成了政治的人，他一下子不满起来。因为我们不能否认，他所关心的这些事务领导得并不好。如果某家的儿子以这样的方式来料理家务，那是应该禁止他继续这么做的。然而，国家管理中始终存在收不抵支的困境。根据官方的数字，1770年的赤字为7000万，1783年为8000万[1]：当人们试图削减赤字时，办法就是靠破产，其中一次发生在路易十四末年，削减债务20亿，劳时代的另一次破产数额大致相当，泰雷时期，所有公债削减三分之一或一半，这还不算历次的零星克扣、无限期的推迟支付，以及其他所有的强制性和欺骗性的手段：这些都是一个强大的债务人不受惩罚地对虚弱的债权人采取的做法。"从亨利四世到罗梅尼先生的内阁期间，共有56次对公共信用的侵害"[2]，而且，人们觉得近在眼前的最后一次破产将比任何一次都要可怕。有些人，如贝桑瓦尔和兰盖（Linguet），曾高调建议采取这一措施，并视之为一次必须的但有益于健康的截肢。这不仅有先例可循，政府只是在学习自己立下的榜样，而且这还是它日常的通例，因为它日复一日地采取权宜之计和拖延策略，拆东墙补西墙，只有靠强迫债权人保持耐心才能

---

① Buchez et Roux, I, 190. *Rapport* de M. de Calonne.

② Chamfort, 105.

免于破产。当时有人说，跟政府打交道，债权人什么都不敢确信，永远都要等待观望[1]。"他们把资金借给他，但永远不知道哪个可靠的日子能付利息。他们帮国王建造船只，给他维修道路，给他的士兵置办军装，但他们的贷款仍无保障，不知道还款日期，只能像计算一笔高风险借款的收益概率一样计算跟大臣们的合同的收益概率。"只有在可能的时候，人们才能领到钱，甚至宫廷人士、食品供应商和侍从也是如此。1753年，路易十五的用人们三年没有领到分文。人们看到国王的马夫夜里在凡尔赛的街道上乞讨，他的供应商"藏了起来"，路易十六时期，1778年他欠葡萄酒商792 620法郎，欠鱼肉供应商3 467 980法郎[2]。1788年，困难是如此严重，以致大臣罗梅尼要求为收容院拨付资金，但钱款由个人认捐来筹集；当他退职的时候，国库已经空空如也，仅存的40万法郎中有一半被他塞进自己的腰包。多么糟糕的管理！面对这个显然已经不具有偿付能力的债务人，所有人都不同程度地介入了他的事务，他们警惕地相互磋商，他们人数众多，如银行家、大商人、工场主、职员，他们是不同层次的放款人：首先是公债持有人，这些人把全部家当都换成了终身年金公债，如果领不到每年4400万的投资收入，他们就要成为救济对象，然后是工业家和商人，他们把自己的商业信誉托付给了这位债务人，他们很担心因连锁反应导致的违约；在他们身后还有他们自己的债权人、雇员、工人、亲戚，总而言之，和平与劳动阶级的大部分人，这些人此前只知道毫无怨言地服从，从来没有想过审视一下现有的体制。但此后，他们将细心地、带着疑虑和怒火去审视；那些被他们发现犯有过失的人将面临不幸，因为他们知道这些人在毁灭国家的同时也在毁灭他们！

---

[1] Tocqueville, 261.

[2] Marquis d'Argenson, 12 avril 1752, 11 février 1753, 24 juillet 1753, 7 décembre 1753.—*Archives nationales*, O1, 738.

III

与此同时，这个劳动阶层开始在社会阶梯上攀爬，它的精英已经进入了最高阶层的职位。过去，在多朗特（Dorante）和茹尔丹（Jourdain）先生之间，在唐·璜（Don Juan）和迪芒什（Dimanche）先生之间，在索滕维尔（Sotenville）先生和乔治·当丹（George Dandin）①之间，距离是非常大的：服饰、住所、生活习惯、性格、荣誉感、观念、言语，全都有差别。而现在，距离几乎感觉不到了。一方面，贵族与第三等级接近；另一方面，第三等级与贵族接近，事实上的平等已经走在了法律上的平等之前。时间日益临近1789年时，人们在街道上已很难分辨出贵族与第三等级。在城市中，贵族已经不再佩带佩剑；他们放弃了刺绣外衣、饰带，他们穿着无纹饰的燕尾服散步，或亲自驾驶轻便马车出行②。在贵族看来，"英国服饰的简朴"及第三等级的习俗更适合于私生活。他们的气派让他们觉得难受，他们厌倦了总是亮相摆谱的生活。他们开始与人亲密交往，体验不拘礼节的轻松，他们很愿意"不讲气派、无拘无束地与同胞打成一片"。当然，这些迹象是很严重的信号，古老的封建灵魂有理由去抱怨。当米拉波侯爵得知儿子想成为他自己的律师时，他大为不满，但当得知一些更高贵人比儿子还要过分时，他又宽下了心③。"过去，我们曾在大道上见到，当我们祖辈的孙子经过时，所有人，无论大小，都要远远地脱帽致敬，如今他们出现在前院的栅栏旁，跟一帮讼棍争论诉讼程序，这种变化已经让人难以接受；但我随即想到，如果路易十四看到如下情景会更加惊奇：他后人的妻子打扮得像农妇，腰里系

---

① 这几个人物均出自莫里哀的作品，反映的是17世纪的社会状况。——译者
② Ségur, I, 17.
③ Lucas de Montigny, *Lettre* du marquis de Mirabeau du 23 mars 1783.

着围裙，没有随从，没有侍卫，没有听差，在宫殿中和露台上跑来跑去，碰到一个穿燕尾服的下流坏就向他示好，而后者直到走下台阶才表态。"的确，风度和外表的平齐一致只能表明精神和灵魂的平齐一致。如果说古老的装饰开始褪去，那是因为这种装饰宣示的情感开始褪去。它宣示的是严肃，尊贵，自我约束和展现给公众的习惯，权威，以及指挥权。这是社会的军事指挥官们阔绰但僵硬的显摆。现在这种排场已经散了，因为指挥官们的参谋部已经解散了。如果说贵族穿得像市民，那是因为他们自己已经变成了市民，我指的是那些退出公共事务、转而热衷于交谈和娱乐之人。当然，他们是以有趣味之人来自我娱乐，以上流文雅之士来交谈的。但交谈者之间做到相互平等并非难事。随着第三等级日益富裕，很多平民也成了社交名流。萨缪尔·伯纳德（Samuel Bernard）的后继者不再是图卡莱（Turcaret），而是帕里斯－杜维尔奈（Pâris-Duverney），是圣－詹姆斯（Saint-James）、是拉博德（Laborde）①，他们的思想和灵魂高雅而有教养，分寸拿捏得很好，懂得文学、哲学，有慈悲心②，他们举办节庆，精于待人接物。除了一点不易觉察的差别，他们家庭的交际圈与大贵族是一样的，二者都有着同样的观念，同样的格调。他们的儿子，如维尔密尔（Villemur）、弗朗凯伊（Francueil）和埃皮奈诸位先生，跟与他们一起夜宵的诸位年轻公爵一样一掷千金。一个暴发户如果有了金钱和思想，很快就会变得活脱，他的儿子（如果父亲尚不能的话）也将进入上流社会：在科学院活动几年，请个舞蹈教师，在4000个能带来贵族身份的官职中弄到一个，所有这些都能赋予他尚不具备的外表。不过，就这个时候，只要他懂得遵守礼仪，招

---

① 伯纳德是17世纪末18世纪初的财政家，图卡莱是乐萨日喜剧中的丑角，后三人为18世纪著名的富豪。——译者

② Mme Vigée-Lebrun, I, 269, 231（两位总包税人的家庭：科隆贝的凡尔登（Verdun）先生，内伊的圣－詹姆斯先生）。资产者、商人的高级典型，已经被瑟丹奈（Sedaine）搬上了舞台（*Le Philosophe sans le savoir*）。

呼和交谈都得体，那他就获得了一张万能的通行证。一位英国人[1]注意到，在人们用以赞扬某人的首要词语当中，有一句是"他的表现无可挑剔"。傲慢至极的卢森堡元帅夫人总是选择拉哈尔普（Laharpe）为舞伴；因为"他伸手臂的动作太优雅了"！平民不仅进入了沙龙，如果他有礼仪的话；而且他还能成为沙龙的主宰者，如果他有才华的话。在谈话中，甚至在公众心目中，占据首要位置的是公证人的儿子伏尔泰，是剪刀匠的儿子狄德罗，是钟表匠的儿子卢梭，是被玻璃匠捡回的弃儿达朗贝尔；在这些伟人死后，留下的只有二流的作家，但显赫的公爵夫人们仍然热衷于邀请另一位弃儿尚福尔，另一位钟表匠的儿子博马舍，被济贫院收养的拉哈尔普，小城裁缝的儿子马尔蒙泰尔，以及其他小贵族：总之，一切因思想著称之人。

最后，贵族还将自己的笔借给这些文人，期待后者取得成功。埃南（Hénin）亲王曾说："人们摆脱了对待文化的哥特式的荒谬偏见[2]。至于我，如果有能力的话，明天我就创作一部喜剧，如果有人惹恼了我，我就会演这部喜剧。"事实上，"军事大臣的儿子塞居尔子爵，曾在季马尔（Guimard）小姐的剧场里，与喜剧演员们一起演出意大利喜剧《妮娜》，他在剧中扮演妮娜的情人"[3]。冉里斯夫人笔下的某位人物，在离开巴黎五年后返回巴黎时说道："走之前，手下人全都忙于娱乐、狩猎、留在自己的小房子里，而回来后发现他们全都成了作者。[4]"他们纷纷在各个沙龙贩卖自己的悲剧，喜剧，小说，田园诗，以及各类论文和思考。他们试图上演自己的作品，他们接受喜剧演员的预评，他们想方设法在《信使

① *A Comparative view*, by John Andrews, 58.
② Comte de Tilly, *Mémoire*，I, 31.
③ Geffroy, *Gustave III*. Lettre de Mme de Staël〔août 1786〕.
④ Mme de Genlis, *Adèle et Thédore*〔1782〕，I, 312.——早在1762年，巴肖蒙就曾提到，很多作品是大贵族们创作的：如劳拉盖（Lauraguais）伯爵写过*Clytemnestre*；费内隆（Fénelon）骑士写过*Alexandre*；西梅内斯（Ximénès）侯爵写过*Don Carlos*。

报》上博得一句夸奖，他们在科学院的会议上宣读寓言。他们卷入文坛的纠纷、虚荣和无聊琐事，而卷入剧坛则更糟糕，因为在上百个社交剧场中，他们跟真正的演员一起表演。如果您愿意，还可以加上其他才华贫乏的爱好者：他们创作水粉画，谱写歌曲，吹奏笛子。这样的阶级混合与角色错位之后，贵族的优越感何在？贵族以什么特别的功绩、什么公认的才能去赢得第三等级的尊重呢？除了教养之中绝佳的品位和某些考究之处，他们跟第三等级有何区别呢？他们能援引什么样的优越教育、料理事务的传统、治理经验、政治学识、地方影响力、道德权威来证明他们对社会首要地位的奢求呢？在实际中，已经是第三等级在操劳，是它在提供专门人才，如督办，大臣们的首席特派员，世俗和教会的管理人员，所有层次的各类实际工作人员。您还记得，我们刚刚提到的那位侯爵，原法兰西卫队的上尉，一位忠心耿耿的军人，在1789年选举时承认，一位代表所必需的知识"更普遍地存在于第三等级，他们的头脑习惯于处理事务"。在理论方面，平民懂得的与贵族一样多，而且他们认为自己懂得还更多；因为，第三等级看的是与贵族一样的书，受同样的原则影响，但他们与贵族不同，不会在思想发展斜坡的半道上停留下来，而是低头向前深入，一直扎入理论的底部，他们深信自己的逻辑是明智的，而且，由于他们的偏见较少，因而也具有更多的知识。您不妨考察一下1780年左右二十来岁、出生于劳动家庭的年轻人，他们习惯于努力奋斗，每天能工作12小时，如巴那夫、卡尔诺（Carnot）、罗德勒（Roederer）、默兰·德·蒂翁维尔（Merlin de Thionville）、罗伯斯庇尔，这些生气勃勃的人感觉到了自己的力量，他们在打量自己的对手，他们知道后者的弱点，并将自己的勤奋和知识与对手的轻浮和无能做比较，当这些年轻人的抱负在胸中隆隆作响时，他们发现自己早已被排斥在高级职位之外，永远被固定在下级职务上，然而，对于那些压制他们前程的身居高位者，他们很难发现与自己旗鼓相当之人。在炮兵考试中，家谱学家谢兰（Chérin）排斥平民，但数学家博苏（Bossut）拒绝无知者，结果人们发现，贵族学生能力不够，而有能力的学生身份不够[1]；贵族身份与有学识，它们看来是相互排斥的；在100个学生中，只有四五个学生同时具备这两个条件。然而，既然社会在融合，类似的情况很容易也很经常地出现。第三等级的律师、医生、文人可以与某位公爵亲密交谈，可以与骑兵上校伯爵共乘马车出行[2]，这些平民可能很欣赏他的谈话者或邻座，可能重视后者的看法，可能考察后者的功绩，可能敬重后者的才能，但我敢肯定的是，他们不会有过高的评价。既然贵族已经失去了专门才能，既然第三等级已经获得了各种才能，双方已经因为教育和才能而处于同一水平，将他们分离开的不平等在变得无益的同时也变得伤害人。这种靠习惯树立起的不平等，在意识中已经不能得到认可，第三等级有充分理由对特权感到恼怒，没有任何东西能证明特权的合理性，无论是贵族的能力，还是资产者的无能。

IV

怀疑和愤怒出现于政府危害所有人境遇的地方，怨恨和敌意针对的是阻挡了所有去路的贵族，中等阶级的这种情绪，只会随着其财富和文化的进步而增长。根据这方面的材料，我们能够猜想到新哲学的后果。新哲学最初局限于贵族的储水池，接着像滑润的水一样，通过所有细缝渗出，不知不觉地流遍整个底层。早在1727年，老派古板的市民巴尔比埃几乎只知道哲学和哲人的名字，但那时他就在日记中写道："数以百计的贫困家庭的终身年金公债被削减，他们得靠这点公债度日，作为债务人的国王，竟把本金都作废了；

---

[1] Chamfort, 119.

[2] Comte de Vaublanc, I, 117. —Beugnot, *Mémoires*（头两篇，关于布里安大人和彭铁弗尔公爵家的社交圈）。

人们把5600利弗尔的津贴授予那些已经身居高位之人，他们已经积聚起巨额财富，但总是花人民的钱，而且这一切都只是为了在无所事事中享乐。^①"改革的想法一个一个地进入了这位顾问律师的书房中，通过谈话就足以传播这些想法，而大部分有常识的人无须通过哲学就能接受它们。他在1750年写道："对财产的课税应该按比例均等地分摊到国王的所有臣民和国家成员头上，应该与王国每个人所占有的财富成比例。在英国，教士、贵族和第三等级的土地都同等纳税，没有分别；没有比这更公正的了。"在随后的10年中，思想的潮流不断壮大；人们在咖啡馆和人行道上议论政府的不是，警察无法制止批评声，"因为这意味着必须制止所有人"。直到路易十五末年，不满情绪不断增长。书商阿尔迪（Hardy）说："1744年，国王在梅茨患病期间，人们出钱在圣母院的圣器室里举办了6000场弥撒，以祈祷国王康复；1757年，在达米安行刺之时，应邀举行的弥撒不过600场；1774年，当他快要病死时，弥撒降为3场。"政府声誉扫地，卢梭取得了巨大的成功，这两个同时同步发生的事件可以作为第三等级皈依启蒙哲学的标志^②。路易十六登基之初，一位旅行者离开几年后重回巴黎，当有人问他，他发现这个国家有何变化时，答曰："没有别的，就是街道上的人们在重复着过去沙龙里的谈话。^③"而街道上重复的，还有卢梭的学说，是《论人类不平等的起源》及《社会契约论》的通俗版和扩充版，他所有的门徒都在以各种腔调和各种形式重复这些学说。对第三等级来说，还有比这更有吸引力的吗？这种理论不仅很流行，而且是第三等级在决定性时刻碰到的理论，它第一次把眼光投向那些普遍理

---

① Barbier, II, 16; III, 255（mai 1751）."国王被他周围的大贵族抢劫一空，尤其是在他前往各个城堡的旅途中，而这种旅行十分频繁。"—Et septembre 1750. —Cf. Aubertin, 291, 415（*Mémoires* manuscrits de Hardy）.

② 1763年的巴黎条约和胡波斯堡条约；1765年的拉沙罗泰（La Chalotais）案件；1770年泰雷的破产；1771年废除高等法院；1772年第一次瓜分波兰；1753年，卢梭《论人类不平等的起源》；1759年《新爱洛依丝》；1762年的《爱弥尔》和《社会契约论》。

③ Baron de Barante, *Tableau de la littérature française au dix-huitième siècle*, 312.

念；此外，这种理论还为第三等级提供了批判社会不平等和政治专制的武器，但这种武器之锋利超过了实际所需。对于那些想要监督权威、废除特权的人来说，还有比天才的作家、强大的逻辑家、热情的演说者更可心的导师吗？这些人确立了自然权利，否认了历史权利，他们宣扬人人平等，主张人民主权，他们在每一页文字中都在谴责贵族和国王的篡夺、邪恶、无益和弊政！我省略了让那些勤奋而严肃的资产阶级子弟、那些工作和努力的新人所欣赏的品质，如始终如一的认真态度，如生硬严厉的举止，如对简朴风尚的赞美，如家庭美德，如个人成就，如男子汉气概；这是一位向平民宣教的平民。所以，当这些平民把卢梭视为领路人，当他们狂热（这种狂热总是像第一位爱人一样伴随着他的首要思想）地接受他的学说时，那是丝毫不值得奇怪的。

出色的目击者和敏锐的评判者马莱·杜潘（Mallet du Pan）曾在1799年写道[1]："在中下层阶级中，卢梭的读者比伏尔泰多上百倍。给法国人灌输人民主权学说及其最极端之推论的只有他。我很难指出一个不为这些无政府主义理论而欣喜若狂、不热切地想实现它的革命者。这种瓦解社会的社会契约，是1789年装腔作势的吹牛皮者、1790年的雅各宾分子、1791年的共和派及最凶残的疯子共同的可兰经……1788年，我曾听到马拉（Marat）在公共散步场所朗读和点评《社会契约论》，围观的听众报以热烈的掌声。"同一年，在司法宫大厅的拥挤人群中，拉克雷泰尔听到人们在朗诵这本书，"书记团的职员、年轻的律师、不断繁殖出新政论家的整个有文化的小民阶层"，全都在援引书中的教理[2]。上百个细节让人注意到，这著作人手一本，就像教义问答一般。1784年[3]，当法官的儿子们去上第一堂法律课时，老师萨尔斯特（Sareste）先生给

---

① *Mercure britannique*, t. II, 360.

② Lacretelle, *Dix ans d'épreuves*, 21.

③ *Souvenirs manuscrits*, par le chancelier Pasquier.

他们指定的教材竟是《社会契约论》。即便是认为新的政治几何学过于狂热的人，至少也知道那些公理，虽说这些公理令人反感，但他们还是发现公理的推论清晰可见，那些方便的对应词就像时髦的小零钱一样，通行于文学、戏剧、历史和小说中①。通过托马斯的《颂词》，通过贝尔纳丹·德·圣皮埃尔的牧歌，通过雷纳尔的编纂，通过博马舍的喜剧，甚至通过《年轻的阿那卡西斯》和新的希腊罗马古风潮流，平等自由的信条渗透并植根于所有能读书的阶层②。梅特拉（Metra）说③："最近奥朗日（Orangis）神父家有一次乡间宴会，参加的有40名教士，宴会地点离巴黎5法里。饭后点心时，大家借着酒劲，全都承认去巴黎是为了看《费加罗的婚礼》……在这之前，喜剧作者似乎是想靠牺牲小民来博大人物一笑；今天的情况相反，小民想拿大人物开心。"由此可见这部剧作的成功。某个城堡的管家在图书室发现了雷纳尔，于是人们爆发出狂热的欢呼声，甚至30年后，雷纳尔还能准确无误地回忆起来。法兰西卫队的士兵在夜里绣坎肩，为的是挣钱买新书。贵妇客厅中的风流画卷之后是严肃的爱国主义画卷：大卫（David）的《贝利撒留》和《贺拉斯家的誓言》显示的是公众和工场里的新精神④。这是卢梭的精神，"共和精神⑤"；它已经赢得了整个中等阶级：工匠，职员，教区神父，医生，诉讼代理人，律师，文人，记者；它的食粮之中有最美好也最恶劣的激情：野心，嫉妒，对自由的渴求，对公共福利的热忱，以及权利意识。

---

① *Le Compère Mathieu*, par Dulaurens（1766）. "我们的不幸只能归咎于我们受教育的方式，也就是我们出生于其中的社会状态。由于这种状态是所有不幸的根源，它的解体只能是一切幸福的源泉。"

② *Le Tableau de Paris*, par Mercier（12 vol.），该著是一幅准确而丰富的画卷，它反映了1781—1788之间中等阶级的观念和理想。

③ *Correspondance*, par Metra, XVIII, 87（20 août 1784）.

④ 《贝利撒留》创作于1780年，《贺拉斯家的誓言》创作于1783年。

⑤ Geffroy, *Gustave III et la cour de France*, "巴黎总是以其共和精神为在枫丹白露跌落的东西欢呼"（*Lettre de Mme de Staël*, du 17 septembre 1786）.

V

所有这些激情都相互助长。没有什么比受亏待更能激发正义感的了，没有什么比正义感更能激发受亏待的痛苦感了。既然第三等级自认为被剥夺了属于自己的地位，它便不安于自己占有的位置，他们感受到成千上万的、过去未曾感觉到的小摩擦。当人们以公民自居时，人们就恼怒于被当作臣民对待，既然认为自己与人平等，人们就不能接受比他人低下。因此，在最后20年中，旧制度的缓和徒劳无功，它反而显得更加沉重，那些小缺点像伤口一样令人恼怒。我们可以从20个案例中选取一个。在格勒诺布尔剧院，一个叫巴那夫的孩子[1]和他母亲坐在一个包厢中，但该省督军托内尔（Tonnerre）公爵已经把这个包厢指定给一个拍自己马屁的人。剧院经理，接着还有卫队军官都前来恳请巴那夫夫人退出包厢；她拒绝之后，四个枪手奉督军之命强迫她离开。观众都纷纷表态，于是只有靠武力来强迫了，当巴那夫先生得知这一无礼举动之后，他把妻子领出了包厢，口中高呼："我是根据督军的命令而出来的！"公众和全体愤怒的市民都承诺，只有在赔礼道歉之后他们才回到剧场，确实，在随后的几个月里，剧院空无一人，直到巴那夫夫人答应再去观剧的那一天。那位未来的议员后来回忆起这件事，并发誓"让他所从属的这个种姓摆脱似乎注定了的屈辱地位"。同样，未来的国民公会议员拉克鲁瓦（Lacroix）[2]在剧院出口处被挽着一位漂亮姑娘的贵族推搡，拉克鲁瓦对此高声抱怨。"您哪位呀？"拉克鲁瓦那时还是个外省人，他好心好意地说出了自己的全名和身份。另一个主儿回答道："哎呀！太妙了，您生来就该如此；我嘛，我是查巴内（Chabannes）伯爵，我忙着呢。"说着，他"纵声大笑"，乘车而去。对自己的遭遇仍愤愤不平的拉克鲁瓦

---

① Sainte-Beuve, *Causeries du lundi*, II, 24. ﹝Etude sur Barnave.﹞
② Tilly, *Mémoires*, I, 243.

说道："啊，先生，傲慢和偏见使得人与人之间出现了多么可怕的鸿沟！"您可以想见，阿图瓦伯爵的马厩医生马拉，阿拉斯主教的被保护人罗伯斯庇尔，"负债累累"的小律师丹东，以及所有其他人，他们在一二十次遭遇中自尊心也受到了同样的伤害。罗兰（Roland）夫人的《回忆录》中渗透着的受压抑的苦涩之情，也不可能有别的原因。"她①无法原谅这个社会曾长期让她屈居次要地位②。"正是由于卢梭，人身上十分自然、对一个法国人而言特别明显的虚荣心就变得更加明显了。最细微的区分，最不易觉察的语调，都可能成为傲慢的标志。"有一天③，人们在军事大臣面前提到一位靠功绩擢升至将军的军官。此时大臣说道，啊，是的，多么幸运的将官！这话一再被复述，被评论，简直让人受不了。"大贵族们徒劳地降尊纡贵，"以同样的温和姿态接待所有引见给他们的人"；在彭铁弗尔公爵家，贵族与主人一起进餐，而平民在他的首席侍从处就餐，只有在上咖啡时他们才能进入沙龙。在沙龙里，这些平民发现，有幸与公爵殿下一起进餐之人"说话铿锵有力"，而且"总是带着一种恩主味道十足的殷勤跟新来的人打招呼④"。仅此一点就够了，公爵即使"把关照做到矫饰的地步"也是徒劳；就算是驯服至极的博尼奥（Beugnot）也根本没有兴致再光临公爵家了。人们对贵族心存怨恨，不仅是因为他们的招呼太短，还因为自

---

① 丰塔纳的话，此人认识罗兰夫人，并很崇拜她（Sainte-Beuve, *Nouveaux lundis*, VIII, 221）。

② *Mémoires de Mme Roland*, passim. 14岁时，她被引见给布瓦默莱尔（Boismorel）夫人时，因为听到别人叫她祖母"小姐"而深受伤害。她说，"不久之后，我无法掩饰，我比阿娜什（Hannaches）小姐更高明，虽然她已经60岁，有着显赫的家世，但这些都没有赋予她看懂一封内容普通、字迹清晰的信件的能力。"大约在这个时候，她在凡尔赛太子妃手下的一位妇人那里过了八天，然后她对母亲说："再有几天我都要恨透那帮人了，我的心中只会生出愤恨。""他们对你做了什么不好的？""他们的想法很不公正，任何时候都是头脑荒诞。"在丰特奈城堡，有人邀请她赴宴，结果她和母亲被安排到餐具间里，等等。

1818年，在北方的一个小城里，某某伯爵在一位市民身份的区长家里用餐，并被安排在女主人身边，在接过汤的时候，伯爵对她说："谢谢，我的心肝。"但大革命给了这个小女市民反击的武器，她片刻之后以最灿烂的微笑答道："您想要鸡肉吗，我的心肝？"

③ Vaublanc, I, 153.

④ Beugnot, *Mémoires*, I, 77.

己对贵族的敬畏心太大。尚福尔曾酸溜溜地回忆说，名望鼎盛时的达朗贝尔，有一次与埃诺庭长和彭德维尔（Pont-de-Veyle）一起在德芳夫人家做客，这时进来一位著名医生富尔尼埃（Fournier），此人对德芳夫人说道："夫人，我很荣幸向您表达我卑微的敬意"；对埃诺庭长说道："先生，我很荣幸向您致敬"；对彭德维尔先生说："先生，我是您卑微的仆人"；而对达朗贝尔他则说："您好，先生①"。当心中怒火焚烧时，任何东西都是愤恨的对象。第三等级以卢梭为榜样，对贵族所做的一切都不满，更有甚者，对他们表现出来的一切都感到愤恨：他们的奢侈、他们的优雅、他们的玩笑、他们细腻而卓越的风度。尚福尔曾对贵族们那种让他喘不过气来的礼节感到恼怒。西耶斯因为贵族未曾兑现给他个修道院院长职务的许诺而心生怨恨。除了普遍存在的不满，每个人都有个人的不满。无论是贵族的冷漠还是亲昵，是他们的关照还是冷落，都是一种冒犯，在自尊心被千百万次真实或想象的芒刺刺痛后，胆囊已经快要灌满怨气了。

1789年，怨气终于灌满并要胀破了。尚福尔写道："法国贵族最受人尊敬的头衔，就是作为三万名戴头盔、披胸甲、挂护臂护腿的武士们的直系后代，当初这批武士骑着披挂铁铠甲的高头大马，将现在这个民族的祖先、800万或1000万衣衫褴褛的穷人践踏在脚底下。这就是被确认的尊重权，这就是他们的后代应受爱戴的根据！而且，为了让自己的尊严更形完美，他们还招募一些能增加他们财富的人，以实现自我更新，然而此举是对陋室中的农民的剥夺，后者本已无力支付税款。"②西耶斯说："第三等级为什么不把所有妄称自己出身征服种族，并有权继承征服权利的家

① Chamfort, 16. —— "谁能相信呢？让民族感到最恼火的，不是税收，不是逮捕密札，不是当局的所有弊政，也不是督办们的刁难和司法的冗长与昂贵：民族表现得最让人仇视的是贵族的偏见。显而易见的证据是，激发城里的小民、乡间的农民奋起反抗贵族的，正是市民、文人、财政界职员，以及各类嫉妒贵族之人。"（Rivarol, *Mémoires.*）

② Chamfort, 335.

族送回法兰克尼亚的森林呢①？我认为，如果没有警察，卡尔图什（Cartouche）②会让大道更为安全，他会获得名副其实的通行费征收权吗？如果他有时间将过去这种十分普遍的垄断权卖给一个好心的继承人，他的权力不是比征服者手中的权力要可敬得多吗？……任何特权就本质而言都是不公正的，可憎的，违反社会契约的。18世纪末还有人论证可憎的封建制度的可憎后果的合法性，想到这一点人们就热血沸腾……贵族等级真正是一个单独的民族，但又是个虚假的民族，如果没有有益的器官，它自己无法生存，它只能附着在真正的民族身上，就像植物的赘瘤一样，只有靠被它拖累和榨干的植物的汁液才能维持生命。"贵族吸干一切，任何东西都是为他们服务的。"行政权的所有分支都已落入这个等级手中，而教会领导、穿袍贵族和佩剑贵族都是来自这个等级。一种兄弟情义或共谋使得贵族之间彼此欣赏，他们代表民族的其他成员……行使统治权的是宫廷而不是君主。是宫廷在创设和分配职位。如果宫廷不是庞大贵族阶层的头颅，它还能是什么呢？这个阶层遍及法国的所有角落，它因为其数量而染指一切，并在公共权力机构的所有要害部门执掌大权。"让我们终结"这一社会罪恶，终结一个阶级以每日侵害别人为荣的漫长暴行……不要再问特权者应在社会秩序中占据何种地位；因为这等于要求在病人的体内植入一块折磨他损害他的恶性肿瘤……引入一种吞噬他活生生的肌体的病症"。结论不言而喻：应该切除这块溃疡，至少应该清理一下寄生虫。第三等级就是"整个民族"，它是民族唯一的构成，民族也依靠它而存在；它不缺少任何器官，它的生存和行动不需要任何协助，当它抖掉嵌入皮肤中的寄生虫时，它就会恢复健康。

"第三等级是什么？是一切。迄今为止，第三等级在政治秩序

---

① Siéyès, *Qu'est-ce que le Tiers*? 17, 41, 139, 166.
② 卡尔图什是18世纪法国著名的强盗，民间传说中的侠义之士，于1721年在巴黎被处死。——译者

中的地位是什么①？什么也不是。第三等级要求什么？要求取得某
种地位。"不是某种地位，而是一切。它的政治抱负就像它的社会
抱负一样大，它既向往权威也向往平等。如果说特权是邪恶的，那
么君主的特权就更为邪恶，因为这种特权最庞大，人的尊严已然受
到贵族特权的伤害，在君主的专制之下则会死亡。君主即使很少使
用其特权，他的政府即便听从公共舆论、成为一个犹豫不决的宽和
人父，还是无济于事。第三等级已经摆脱了事实上的专制主义，它
对可能的专制主义亦是愤慨，它认为，如果同意仍当臣民便会成为
奴隶。受伤的骄傲已经恢复，已经变得强硬，为了更好地保障自己
的权益，应该追回所有权益。对一个自古以来受主子之苦的人而
言，把自己置于主子的位置，把主子置于自己原来的位置，认为主
子只是自己的受托者，相信自己是最高主宰的一员，也能分担法国
国王的角色，是所有权益和所有权威唯一合法的创作者，那该是多
么甜蜜、多么令人陶醉的事啊！根据卢梭的学说，第三等级的陈情
书一致宣告，法国应该有一部宪法；但它还没有，至少它现在的宪
法是无效的。在过去，"社会契约的条件尚不为人知②"；既然现
在已经发现了这些条件，就应该把它们撰写出来。真实的情况并非
像援引孟德斯鸠的贵族们所说的那样，宪法已经存在，它的主要轮
廓不应改变，关键只在于改革弊端，三级会议的权力是有限的，它
不能以另一种体制取代君主制。第三等级公开或暗地里拒绝对其委
任权的限制，它不接受为之设置的障碍。因此，它一致要求代表们
"不应根据等级，而应根据人头共同"投票。"如果教士和贵族
的代表拒绝共同按人头表决，代表2400万人民的第三等级代表可
以也应该始终自称为民族大会，即使这要冒与40万人的代表分裂
的风险；第三等级代表应与愿意采取共同行动的教士和贵族代表一

---

① "贵族说，贵族是国王和人民之间的中间人。——是的，就像猎狗是猎人和野兔之间
的中间人一样。"（Chamfort.）

② Prudhomme, III, 2（尼维尔内的第三等级, passim）。作为对照，可参阅布热和阿朗松
贵族的陈情书。

起，向国王提供协助以满足国家所需，因此税收应在国王的所有臣民之间无差别地分摊。"[1]其他的陈情书中说："作为民族的99%的第三等级不是一个等级。今后，无论有无特权，它都应统一称呼为人民或民族。"您也许会说，如此分割之后的人民会成为群氓，首领不能草率形成，人很难撇开天然的领导者，无论如何教士和贵族还是精英，他们占有五分之二的土地，一半的知识人来自这两个阶层，他们抱有很大的善意，那些古老的历史团体一直是自由宪政的最佳支柱。但这些反对意见归于无效。根据卢梭的原则，人是不能评价的，而是用来计算的；在政治中，数字是唯一受重视的；出身、财产、职责、能力，都不是考虑对象：无论地位高低，无论有无学识，将领、士兵和随军杂役，社会军队中的每个个体都仅仅是一个具有表决权的单位；多数在哪里，权利便在哪里。因此第三等级认为它的权益不容置疑，就像当初路易十四说"朕即国家"一样。

这个原则一旦被接受或被强制确立，便万事大吉了。当时的一位证人说[2]："即将到来的似乎是黄金时代的统治。自由、公正和明智的人民始终协调一致，在选择执行官时总是那么的睿智，在使用力量和权威时总是那么的温和，人民永远不会误入歧途，永远不会受其委任的权威机构的蒙蔽、支配和奴役。它的意志就是它的法律，而它的法律会铸就它的幸福。"民族将会"重生"：这个说法出现在所有文字中，挂在所有人的嘴边。在南日[3]，阿瑟·扬发现它是政治谈话的核心。部队的一位随军神父、附近的教区神父对此也是津津乐道，至于如何理解其中的含义，那是另一回事。他的解释之中理不清任何东西，"尽管这是一种完美的政府理论，但其出发点是可疑的，推导是不可靠的，结论是虚幻的"。当这位英国游客向他们提议以英国宪法为榜样时，"他们全都嗤之以鼻"，一

---

① *Ib.* 第戎、达克斯、巴约讷和圣塞维尔、雷恩第三等级的陈情书。
② Marmontel, *Mémoires*, II, 247.
③ Arthur Young, I, 222.

笑置之，认为英国宪法不够自由，尤其是不符合原则。请注意，我们可是在一个大领主家、在一伙开明人士的圈子中。在里约姆的选举大会上①，马鲁埃（Malouet）发现"对公共事务没有任何知识的小市民、粗工和律师一边引述着《社会契约论》，一边大声斥责专制，每个人都提出了一部宪法"。然而，大部分人都一无所知，或者只是些讼棍；政治方面最有学识之人，了解的也只是些小学生的观念。大学所设的各个中学根本不讲授历史②。拉瓦莱特（Lavalette）说："上学八年，亨利四世的名字我们只听到一次，十七岁那年，我连波旁家族在什么时代、如何建立王朝都不知道。"当卡米尔·德穆兰（Camille Desmoulins）等人走入社会时，全部的家当就是些支离破碎的拉丁文，他们的头脑塞满了"共和主义格言"，对罗马和斯巴达的记忆兴奋不已，而且"充满了对君主制政府的蔑视"。接着，他们在法学院学习一种抽象的法学，或者说什么都没学到。巴黎的课堂上根本没有听众，教师是在贩卖笔记的抄写员面前上课。前来听课并亲手做笔记的学生不受人待见，因为人们会指责他剥夺了抄写员的生计。于是文凭便一钱不值了；在布尔日，六个月就能弄到文凭；年轻人如果真的掌握了法律，那也是在随后的运用和实践之中。关于国外的法律和制度，这些学生一无所知，除了一点模糊或错误的观念。马鲁埃自己对英国议会的认识便很糟糕，其他几个人则根据标签、根据法国的高等法院来想象英国议会。至于自由宪政的机制或真实有效的自由的条件，对于他们来说太复杂了。20年来，除了在某些大的法官世家，孟德斯鸠已经被人遗忘了。研究古代法国有什么用呢？"如此众多、如此深奥的研究能得出什么结论？辛苦的猜测和怀疑的根据③。"从人的权利出发进而推演出各种结论要方便得多。小学生

---

① Malouet, *Mémoires*, I, 279.

② Lavalette, I, 7. —*Souvenirs manuscrits* par le chancelier Pasquier. —Cf. Brissot, *Mémoires*, I.

③ Prudhomme, *Résumé des cahiers*.（*Préface* par Jean Rousseau.）

的逻辑就足够了，而中学的修辞会提供长篇论辞。在这巨大的智识空洞中，自由、平等、人民主权等模糊字眼，卢梭及其后继者们那些炽热的语句，所有新公理就像燃烧的灼炭一样，散发出炽热的烟缕和令人兴奋的蒸气。大而无当的混沌话语介入思想和对象之间，所有轮廓全都模糊了，头脑开始眩晕。从未有人丧失对实际事物的感知到如此地步，从未有人既盲目又虚幻到这般境界。他们的糊涂观念让他们面对实在的危险前所未有地放心、对假想的威胁却前所未有地警觉。有些头脑冷静的外国人曾目睹这一景象：马莱·杜潘，日内瓦的杜蒙（Dumont），阿瑟·扬，杰弗逊，古维诺·莫里斯（Gouverneur Morris），他们全都写道，法国人已经精神错乱。在普遍的谵妄中，莫里斯只向华盛顿提到了一个头脑健康之人，此人是马尔蒙泰尔，而马尔蒙泰尔的说法与莫里斯并无二致。在早期的俱乐部和选民大会上，马尔蒙泰尔是唯一反对各种非理智提议的人。他周围的人全都热血喷张，兴奋到干什么都不合适的地步，最后成为滑稽的怪物[①]。在现有体制的所有做法中，在行政当局的所有措施中，"在各种治安规章中，在有关财政的各项法令中，在公共秩序和安定所依赖的各级权威中，没有哪一项是人们看不到专制特征的……巴黎的围墙和壁垒被谴责为关野兽的笼子，对人而言它太具侮辱性了"。有个演说者说道："我在圣维克托壁垒处看到一根雕刻的柱子，你们相信吗？我看到了一颗硕大的狮头，它张着大嘴，吐出用来威胁行人的锁链；还能设想出比这吓人的专制主义和奴役的象征吗？"这位演说者自己也模仿"狮子的咆哮；全体听众骚动起来，我常常经过圣维克托壁垒，很奇怪自己不曾留意这个可怕形象。那天我特别注意了一下，才发现柱头上有个装饰盾牌，挂在一根细铁链上，雕刻者在铁链上加了一个小小的狮鼻子，就像我们在门环和喷泉龙头上看到的那种"。多么倒胃口的做作，多么疯

[①] Marmontel, II, 245.

癫的观念，精神错乱症医生分析的绝妙病例；而这些还只是1789年头几个月的状态。在如此容易激动、如此亢奋过头的大脑中，词语无与伦比的魔力将幻化出各种幽灵，有些幽灵面目可憎，如贵族和暴君，另一些则可爱迷人，如人民之友和不可腐蚀的爱国者，这些都是梦境中想象出的夸张形象，但它们取代了真实的人物，幻觉症患者要么将它们捧上天，要么怒气冲冲地追究它们。

VI

18世纪的哲学就是这样走入社会并传播开的。在社会大厦的顶层，在镀金的漂亮房间里，哲学观念只是晚会上的灯饰，沙龙里的鞭炮，供人娱乐的孟加拉焰火；人们玩味哲学观念，人们笑着将观念扔到窗户外。这些观念落在了社会大厦的夹层和底楼，安顿在店铺、货栈和商务所中，它们在那里遇到了燃料，遇到了堆积已久的薪柴，于是燃起了熊熊大火。人们似乎还能看到一场火灾的开始，因为壁炉在隆隆作响，赤红的亮色已经穿透了窗玻璃。上层人士说："不，他们绝不会在房子里放火，他们跟我们一样住在那里。那只是麦草火，顶多是壁炉里的火：不过一桶冷水就能浇灭，而且借助这些小意外还能打扫一下壁炉，除去里面的陈年烟炱。"

请注意：在社会大厦的地窖里，在支撑大厦的辽阔而深邃的穹窿之下，还有一个火药库。

第 五 卷

人 民

第一章　农民和农村

Ⅰ.苦难—路易十四时代—路易十五时代—路易十六时代。Ⅱ.旧制度最后三十年间农民的状况—农民的生存状态何等脆弱—农业状况—未开垦的土地—恶劣的耕种状况—工资的不足—生活的困顿。Ⅲ.乡村和农民的面貌。Ⅳ.农民如何成为产业主—他不会因此更加舒适—农民负担的加重—在旧制度时代农民是"骡马"。

I

　　1789年之前刚好一个世纪，拉布吕耶尔曾写道[①]："人们看到田野里散布者一些粗糙的野兽，有雄性也有雌性，皮肤暗黑，毫无血色，都快要被太阳烤焦了，他们全都以无法遏止的执拗眷恋着自己来回爬梳翻耕的土地。他们有着清晰的嗓音，当他们直起身子时，也会露出一张人脸，他们的确就是人。夜里他们回到简陋的巢穴里，靠黑面包、水和根茎填肚子。他们让别人免于为生活而播种、翻耕和收割的辛劳，本不应该缺少他们自己播种的面包。"然而，在随后的25年里，他们食不果腹，成批饿死；我估计，1715年时有

---

① La Bruyère, édition Destailleurs, II, 97. Addition de la 4e édition〔1689〕.

三分之一的农民^①，总计约600万人，死于困苦和饥饿。因此，对于大革命之前一个世纪的最初25年，历史画卷远非太光彩，而是太暗淡了，我们也将看到，在半个多世纪的时间内，直至路易十五死去时，情况仍然如此；这样的画卷我们甚至不能去修正它，而应该去强化之。

1725年，圣西蒙说：“在斯特拉斯堡和尚蒂伊的奢侈和挥霍之中，人们看到了诺曼底荒草蔓生的原野。欧洲的首席国王若要成为伟大的君主，就必须不计条件到处乞讨，他的王国必须变成一个庞大的奄奄一息者的收容院，对于这些不幸的人，就算是和平时期也受到无情的剥夺。”^②在弗勒里当政的最佳时刻，即使是在法国最富裕的地区，农民也会“藏起葡萄酒以躲避商品税，藏起面包以躲避军役税”，农民深信“如果有人觉得自己不会被饿死，他便要倒霉了”^③。1739年，达尔让松在日记中写道^④：“穷困刚刚在各省激起了三场起义：在吕菲克、卡昂、希农。人们在路上谋害手提面包的妇女……奥尔良公爵有一天将一块面包带到议政会上，将它放在国王面前，说道：陛下，这就是您的臣民今天所吃的面包……”“在我所在的图兰区，居民靠野草为生已经一年多了。”各地的悲惨状态大同小异；“在凡尔赛，人们从来没有这样谈论人民的困苦。国王向沙特尔主教询问百姓的处境，主教回答说，饥荒和死亡十分严重，百姓只能像绵羊一样啃食野草，像苍蝇一样倒

---

① 压迫和灾难开始于1672年左右。17世纪末（1698年），督办们向勃艮第公爵提交的报告说，很多省区失去了1/6、1/5、1/4、1/3甚至一半的人口。（详见：*Correspondance des contrôleurs généraux de 1683 à 1698*, publiée par M. de Boislisle.）不过，根据督办们的报告（Vauban, *Dîme royale*, chap. vii, 2），1698年法国的人口仍有19 094 146人。从1698到1715年，人口在不断下降。根据福尔博奈（Forbonnais）的说法，在摄政时期，法国的人口只有1600万~1700万。一从这个时候起，人口不再下降，但40年间增长缓慢。1753年左右（Voltaire, *Dictionnaire philosophique*, article *Population*），总户数为3 550 499，巴黎另有70万人，如果每户为4.5人，则总人口为1600万~1700万，若每户为5人，则总人口为1800万~1900万。

② Floquet, *Histoire du parlement de Normandie*, VII, 402.

③ Rousseau, *Confessions*, Ierpartie , chap. IV（1732）.

④ Marquis d' Argenson, 19 et 24 mai, 4 juillet et 1er août 1739.

毙"。1740年[1]，克莱蒙费朗的主教马西永（Massillon）写信给弗勒里说："我们乡村的人民生计极度困顿，没有床，没有家具；大部分人半年之中连大麦和燕麦面包都吃不上，而这些东西是他们唯一的食物，他们不得不克扣自己和孩子的口粮以支付捐税。每年巡访期间，面对这样凄惨的景象，我心痛万分。就此而言，我们海外诸岛上的黑奴都要比他们不知道幸福多少；因为，黑奴劳作之余还有吃的，有穿的，妻子和孩子也有吃穿；而我们的农民虽然是王国之中最辛苦的人，虽然从事的是最艰苦最有韧劲的工作，但他们还是不能为自己和家人挣得面包，不能完纳税收。"1740年[2]，在里尔，当输出粮食的消息走漏时，叛乱发生了。"有位督办写信告诉我，人民的困境每时每刻都在恶化，三年以来，最细微的收成波动都会带来灾难……弗兰德尔的情况尤其困难；人们还不能指望新的收成，因为庄稼要两个月后才成熟。最富裕的省都不能为其他省供应粮食。在各个城市，当局要求每个市民必须供养一个或两个穷人，每周必须给后者提供14斤面包。仅在小城夏特莱罗（有居民4000人），今冬就有1800个穷人处于这种被救济状态……穷人的数量超过了无须乞讨的居民的数量……征税工作之严厉前所未有；人们剥夺了穷人的衣衫，他们最后的几块奶酪，甚至还有门闩，等等。昨天，茹雅尔（Jouarre）修女院院长告诉我说，在她所在的布里地区，农民甚至无法播种大部分的土地。"如果饥荒蔓延到巴黎，那是丝毫不奇怪的。"人们很是为下周三担心……巴黎已经没有面包，只有运来的一些腐坏面粉在炉里烤。在贝尔维尔，人们在磨坊里日夜忙碌，把陈旧的坏面粉再磨一遍。人民全都准备造反；面包每天涨一个苏；没有哪个商人愿意和敢于把小麦运到这里。中央市场周三差点发生骚乱，因为早上7点之后面包就没了……比塞特收容院里穷人的口粮被削减，只剩下七两半劣质面包，人们一度

---

[1] *Résumé de l'histoire d'Auvergne par un Auvergnat* (M. Taillandier), 313.

[2] Marquis d'Argenson, 1740, 28 mai, 7 et 21 août, 19 et 24 septembre, 7 novembre.

只想给他们半斤。所有穷人都怒不可遏，逼迫收容所的看守，很多收容者逃脱，城里到处都是。人们要求全力警戒，还从附近调来了骑警，他们跟这些可怜的穷人发生了冲突，火枪、刺刀和砍刀全都用上了。总计有四五十人倒毙在地；暴动昨天上午还没有结束。"

　　10年之后，困境进一步加剧[①]。"在离巴黎10法里的乡间，我发现悲惨景象和连绵不绝的呻吟抱怨增加了一倍，王国深处那些悲惨地方的境况又该如何呢？……我的教区神父告诉我，我离开之前能靠劳动供养自己的八百个家庭，如今只能靠乞讨为生了。根本没有活儿可干。富人也像穷人一样削减开支。面临如此困难，军役税征收之严厉残酷甚至超过军队中的纪律。征税员跟执达吏一起，后面跟着锁匠，打开别人的大门，拿走家具，按原价四分之一的价格卖掉，结果费用比军役税还高……""那时我正好在我的图兰领地上。我看到的全是可怕的惨象；这不是面对苦难时的悲伤之情，而是穷苦居民挥之不去的绝望情绪：他们期望的唯有死去，不再去生养孩子……对短工来说，每年有四分之一的工作日要去服道路劳役，而这种劳役是自带粮食的，但粮食从哪里来？……我看到穷人在服劳役期间困顿而死。他们车子的工钱本来值1埃居，但人们只付15苏。我们看到的全都是颓败萧索的村庄，新盖的房子一所也没有……根据邻居们的介绍，居民减少了三分之一以上……短工想尽办法逃到小城里。很多村子空无一人，完全被废弃。我的几个教区中有几个村子欠了三年的军役税，但始终不变的是税款征收中的连带强制……军役税征收人和税务机关每年带来的费用，使得税款增加了一半……有位税区税务官曾到访我的乡间住所所在的村子，他告诉我，这个教区今年的军役税要大大增加，因为他发现这里的农民比别的地方更有油水：他看到农民的门口插着家禽的羽毛，所以农民应该吃得不错，生活也不赖，等等。这就是让农民泄气的地

---

　　① Marquis d' Argenson, 4 octobre 1749, 20 mai, 12 septembre, 28 octobre, 28 décembre 1750, 16 juin, 22 décembre 1751, etc.

方，这就是王国不幸的根源。""在我所住的乡下，我听说各地的婚姻和聚居现象都已彻底消失了。我的教区户口很少，但超过结婚年龄的小伙儿和姑娘有30多个；根本没有婚姻，而且这不只是他们之间的问题。如果人们问起他们的婚事，他们的回答都是一样的：这不是如他们一样悲惨之人承受得起的事。我自己曾试图帮助几个姑娘结婚，但我发现她们的想法跟刚才的说法是一样的。"①"我的一个教区神父告诉我，作为图兰省最年长的人，他见多识广，经历过多次小麦价格猛涨，但他想不起哪次灾荒（就算是1709年的）有今年这么严重……图兰的贵族告诉我，他们想让居民从事若干天的乡间工程劳动，但这些人都太虚弱，而且人数稀少，最后他们只能亲自干了。"

　　能逃的都已经逃了。"朗格多克有个人告诉我，很多农民逃离这个省份，跑到皮埃蒙特、萨伏伊、西班牙，他们都被十分之一税弄得焦头烂额，不堪其苦……税吏出卖农民的一切东西，任意拘禁，作风就像战争中的轻骑兵，但税吏为了牟利，其贪婪和邪恶比轻骑兵犹有过之。""我见过王国最富裕的一个省的督办，他说那里已经没有了农夫，父亲更愿意把孩子送到城里谋生，乡下居民的日子一天比一天可怕……一个了解财政事务的人对我说，由于害怕在自己的村子里当收税员，今年有200个家庭离开了诺曼底。""在巴黎，乞丐多得像蝗虫；每到一个城门口，都能听到十来个行乞者的呼喊声。有人说，所有无法忍受农村中的种种困苦的乡下人，全都跑到城里来躲避……他们宁愿要饭也不愿再受苦。"然而，城里人也不见得比乡下人更幸运。"一位率部驻守梅齐埃的军官对我说，城里的居民困顿至极，当军官们在旅馆里用餐时，穷人会冲上来抢夺饭菜。""鲁昂行乞的工人超过1.2万，图尔的数目也差不多，等等。三个月来，离开王国前往西班牙和德国等其他

---

① Marquis d' Argenson, 21 juin 1749, 22 mai 1750, 14 février, 19 mars, 15 avril 1751, etc.

国家的工人超过2万。在里昂，两万多丝织工人被封闭在城门里，有人监视他们，生怕他们逃亡国外。"在鲁昂①和诺曼底，"最宽裕的人家也很难弄到糊口的面包，普通百姓完全弄不到，为了不致饿死，他们只能制作各种让人感到恐怖的食品"。——达尔让松写道②："即使在巴黎，我也得知，在太子和太子妃前往巴黎圣母院、途经图尔奈尔桥的时候，有2000多名妇女聚集在那里向他们高喊：给我们面包！我们快饿死了！""圣-玛格丽特教区的一位助理神父确认，从1月20日到2月20日，圣安托万区共有800多人在困苦中死去，穷人躲在自己的阁楼里，饥寒交迫，姗姗来迟的教士只能看着他们死去而无能为力。"如果要清点一下饥民的聚众闹事、骚乱、抢劫商店的次数，那肯定是数不完的：这是过度劳累的生灵的痉挛，他此前尽可能长久地斋戒，但最后本能开始反抗了。1747年③，"图卢兹因为面包发生了好几场大骚乱；在基耶内，每个市场都有骚乱"。1750年，贝阿尔内有六七千人聚集在河岸边抵抗税吏；阿图瓦团的两个连对叛乱者开火，枪杀了十来个人。1752年，鲁昂城及附近地区的一场暴乱持续了三天；在多菲内和奥弗涅，村民聚众冲击谷仓，以他们希望的价格取走小麦；同年，在阿尔勒，2000名武装的农民来到市政厅要求面包，后被士兵驱散。仅在诺曼底一地，发生骚乱的就有1725年、1737年、1739年、1752年、1764年、1765年、1766年、1767年和1768年④，而骚乱总是因为面包。高等法院说："整个小村子缺少必需的生活品，为了生存只能吃牲畜饲料……鲁昂已经两天没有供应了，没有粮食，没有面包。"因此最后一次骚乱十分可怕，也是在这次骚乱中，民众控制了这个城市三天，抢劫了所有的公共粮仓，所有的社区货栈。这次骚乱结束之后，在1770年的兰斯，1775年的第戎、凡尔赛、圣日耳

---

① Floquet, *ib.*, VII, 410（avril 1752, Adresse du Parlement de Normandie）.
② Marquis d'Argenson, 26 novembre 1751, 15 mars 1753.
③ Marquis d'Argenson, IV, 124; VI, 165; VII, 194, etc.
④ Floquet, *ib.*, VI, 400 à 430.

曼、蓬图瓦兹和巴黎，1782年的普瓦提埃，1785年的普罗旺斯的埃克斯，1788年和1789年的巴黎和整个法国，您将会见到类似的骚乱①。当然，在路易十六时代，政府变得温和了，督办很讲人道，行政管理在改进，军役税的不平等有所改观，道路劳役通过改革而有所减轻，总之困苦状况已不那么严重，然而，这困苦还是超出了人的本性所能承受的极限。

请浏览一下大革命之前30年的行政通信，您会发现上百种迹象提示您，法国存在一种难以忍受的苦难，即便是在它不能转变成怒火之时。很显然，对普通人而言，对靠双手劳动养活自己的农民、工匠和工人来说，生活是很不稳定的；他们所拥有的刚好够他们不致饿死，但他们不止一次地连这点东西都没有②。而在这里的四个税区，"居民几乎只以荞麦为生"，五年来，由于苹果歉收，他们的饮品只有水。而在葡萄产区③，每年"大部分葡萄农在农闲时节只能去乞讨面包"。在别的地方，工人、短工和粗工不得不出卖自己的日常用品和家具，有几个人被活活冻死，食物的不足和低劣导致疾病蔓延，在两个税区，需要救济的人共有3.5万④。在一个偏远地区，农民在麦子还未成熟时就收割并放到炉子里烤干，因为饥饿让他们无法等待下去。普瓦提埃督办写道："当济贫工场开张时，蜂拥而至的穷人不可胜数，尽管人们设法削减工钱，并且只接受最穷困之人"。布尔日督办说，大量分成农出卖自己的家具，"很多家庭全家两天粒米未进"，在好几个教区，饥民一天大部分时间躺在床上以减轻痛苦。奥尔良督办则宣称，"索罗涅的穷苦寡妇烧自

① *Correspondance* par Metra, I, 338, 341. —Hippeau, *Le Gouvernement de Normandie*, IV, 62, 199, 358.
② *Procès-verbaux de l'assemblée provincial de Basse-Normandie*（1787），151.
③ *Achivesnationales*, G, 319, Etat de la direction d'Issoudun, et H 1149, H 612, H 1418.
④ *Archives nationales*, Lettres de M. de Crosne, intendant de Romeu（17 février 1784）; de M. de Blossac, intendant de Poitiers（9 mai 1784）; de M. de Villeneuve, intendant de Bourges（28 mars 1784）; de M. de Cypierre, intendant d'Orléans（28 mai 1784）; de M. de Mazirot, intendant de Moulins（28 juin 1786）; de M. de Pont, intendant de Moulins（16 novembre 1779）, etc.

己的床，其他人则烧自己的果树"，以便熬过严冬；他补充道：
"如此场景绝非夸张，凄苦情状无以言表，若要有所了解须对农村
的苦难做切近的考察。"里约姆、拉罗谢尔、里摩日、里昂、蒙托
榜、卡昂、阿朗松、佛兰德尔、穆兰等地的督办提供的都是类似的
消息。丧钟声此起彼伏，就算年成不算太坏，不幸的消息仍然从四
面八方传来。在勃艮第，在塞纳河上的夏蒂永附近，"税收，领主
捐税和什一税，耕种的费用，三者分别占去土地收成的三分之一，
不幸的农民两手空空，如果不是两位瑞士的企业主（印花布制造
商）每年在该地开付4万银法郎的工钱的话，农民早就逃离了"[1]。
在奥弗涅，乡村的人口每天都在减少：本世纪初以来，好几个村子
的人口已经减少了三分之一[2]。1787年的省议会说："百姓早已不
堪重负，如果不能减轻他们的负担，奥弗涅的人口和农业将遭受不
可挽回的损失。"在大革命到来之际的科曼日地方，如果人们不能
减免负担，各个社区就会抛荒自己的产业[3]。1784年，上基耶内议
会指出，"没有人知道课税最重的乡村的命运有多艰辛，我们已经
有好几次看到，地产主抛弃了自己的土地[4]。圣塞尔南的居民曾抛
荒土地达10次之多，并在向当局申诉时威胁说，他们会再次采用
这一痛苦的做法，这事谁还记得呢？几年前，布瓦斯社区的居民、
领主和什一税征收人一起合谋遗弃了这个村子"；如果不是法律禁
止任何军役税纳税人放弃负担过重的地产（除非是同时放弃在该社
区的所有产业），抛荒现象会更严重。苏瓦松省议会的一份报告
说[5]，该地"贫困状况极其严重"。在加斯科尼，"惨象让人撕心
裂肺"。在图勒附近，农民在缴纳捐税、什一税和贡赋过后就一无

---

[1] *Archives nationales*, H. 200（Mémoire de M. Amelot, intendant de Dijon, - 1786）.

[2] Gaultier de Biauzat, *Doléances sur les surcharges que portent les gens du Tiers-état*, etc.（1789），188. —*Procès-verbaux de l'assemblée provinciale d'Auvergne*（1787），175.

[3] Théron de Montaugé, *L'Agriculture et les classes ruralesdans le Toulousain*, 112.

[4] *Procès-verbaux de l'assembléeprovinciale de la Haute-Guyenne*, I, 47, 49.

[5] *Procès-verbaux de l'assembléeprovinciale du Soissonnais*（1787），457; *de l'assembléeprovincialed'Auch*, 24.

所有了。"农业状况令人焦虑，成千上万的人因为处境不断恶化而生计日蹙①。在诺曼底的某个村子，几乎所有居民，包括佃农和地主在内，全都只能靠大麦面包和水充饥，日子过得如此悲惨，为的是能支付将他们压得喘不过气来的捐税。"在同一个省的佛尔日，"很多不幸之人靠燕麦面包填肚子，另一些人还要在这种面包里掺水，此举已经造成好几个孩子死亡②"。很显然，老百姓是过一天算一天，一旦收成不好，他们马上就没有或缺少面包。若是有冰冻、雹子、洪水等灾害，全省都不知道来年的日子怎么过；很多地方过冬很难，即便是气候正常的冬天也会生计艰难。所有地方都能看到饥民向国王伸手，因为后者是普世施济者。人民就像行走在池塘里，水齐嘴深，只要脚底稍有下陷，或水面有个小浪头，他就会失足下陷，溺水窒息。旧的慈善机构和新的人道措施想尽办法来帮助他们，但徒劳无功：水太深了。办法只有降低水位，让池塘里的水通过某个大缺口外流。而在此之前，不幸的人民只能间或喘息一下，他们每时每刻都有可能溺水身亡。

II

享受夜宵的有闲阶级开始以同情和警惕的目光打量缺衣少食的劳动者，是从1750—1760年开始的③。为什么劳动者如此贫困？在法国如此肥沃的土地上，这些生产粮食的人竟然缺少面包，其中的因由何在？首先，很多土地无人耕种，更糟糕的是还有抛荒地。根据一些最敏锐的观察家的说法，"四分之一的土地完全荒芜，荒地上欧石楠丛生，面积常有成百上千的阿尔旁，聚集成一大片荒

① Résumé des cahiers, par Prudhomme, III, 271.
② Hippeau, ib., VI, 74, 243（Doléancesrédigées par le chevalier de Bertin）.
③ Article*Fermiers et Grains*dansl' *Encyclopédie*, par Quesnay, 1756.

原^①"。"如果到安茹、曼恩、布列塔尼、普瓦图、利穆赞、拉马尔什、贝里、尼韦尔内、波旁、奥弗涅等地转一转，我们会看到，这些地方有一半的土地是荒原，但这些辽阔的原野都是可以耕种的。"在图兰、普瓦图和贝里，荒地达3万阿尔旁。仅在普雷伊附近的一个地区，欧石楠就覆盖了4万阿尔旁的沃土。雷恩农业协会声称，布列塔尼三分之二的地方是荒地。这不是因为贫瘠，而是因为衰败。路易十四的体制产生了后果：一个世纪以来，土地又变成荒野。"满眼所见都是废弃坍塌的城堡；从前有富裕贵族的领地首府，今天全都被穷苦的分成牧民占据，牧民们效率低下的劳作难以养活自己，由于地主的破产和佃农的抛荒，那点捐税也就不了了之。"在孔佛朗税区，1665年土地租金为2956利弗尔，1747年租金仅为900利弗尔。在拉马尔什和贝里的边缘地带，一个庄园1660年能养活两个领主家庭，如今只是一块产量很低的稀薄分成田；"在附近的所有荒地上，过去犁铧留下的痕迹依然可辨"。昔日繁盛一时的索罗涅，今天已经变成沼泽和森林；100年前这里的粮食产量是今天的3倍；三分之二的磨坊消失了；葡萄园只剩下一点残留；"欧石楠取代了葡萄树"。告别了十字镐和犁铧，大部分的土地也就不能再养活人，剩下的那点土地耕种状况恶劣，提供人的生活必需也是很困难^②。

首先，如果收成不佳，这些剩下的土地还是无人耕种，因为佃农太穷了，买不起种子，督办不得不数次向他们分发种子；如果不这样做，当年的灾荒之后又是来年的歉收^③。因此在当时，灾害对当下的影响有多严重，对未来的影响就有多严重；1784年和1785年

① *Procès-verbaux de l'assemblée provinciale de l'Orléanais* （1787），mémoire de M. d'Autroche.

② "很奇怪这么多人是如何养活的，因为一半或四分之一的可耕地成了荒地。"（Arthur Young, II, 137.）

③ *Archives nationales*, H, 1149. 圣乔治（Saint-Georges）伯爵夫人关于严寒造成的后果的通信（1772）："年底了，有些土地还没有耕种，这样的土地很多，我们教区特别多。"——Théron de Montaugé, *ib*, 45, 80.

两年间，在图卢兹，干旱造成役畜死亡，许多农民被迫听任田地荒芜。其次，就算是耕种土地，那也是中世纪的耕作方式。1789年，阿瑟·扬说，法国的"农业仍然是10世纪的[①]"。除了佛兰德尔和阿尔萨斯平原，耕地仍然三年一休耕，而且经常是两年一休耕。农具低劣，没有铁制犁具，很多地方还用着维吉尔（Virgile）时代的犁。犁轴和轮箍是木制的，甚至钉齿耙和犁盘也经常是木头的。役畜稀缺，厩肥很少；农业投资比今天少3倍。产量很低：一位出色的观察家指出，"我们一般的土地产出，大概是种子的6倍左右[②]"。1778年，在图卢兹附近的富饶地区，小麦产出仅为种子的5倍；如今这个数字为8倍或更多。根据阿瑟·扬的计算，在他那个时代，英国一英亩耕地可产28斗谷物，而法国为18斗；同样的时间内，英国一英亩总产值为36英镑，法国只有25英镑。由于乡村道路状况糟糕至极，经常无法进行运输，很显然，在偏远地区，产量仅为种子3倍的土地肯定无法提供必需的粮食。如何捱到下一个收割季节？这是大革命之前和大革命期间始终让村民焦虑的一大难题。在手稿通信中，我看到乡村执事和村长如何估算当地的粮食产量，粮仓里有多少斗粮食，谷仓里有多少捆谷物，有多少口人，离8月收割麦子还有多少天，粮食供应需要维持两个、三个还是四个月。这样的交通状况和农业状态注定会导致周期性的灾荒，我敢说，除了造成八分之一的死亡病例的天花，人们还能发现一个同样经常肆虐、同样具有杀伤性的病症：这就是饥饿。

很容易想见，受害者是人民，特别是农民。一旦面包价格上涨，他们便没有什么可指望的，即使不涨价，他们也只能在痛苦中等待。小麦面包的价格与今天接近，一斤大约3～4个苏[③]，但一个人每日的平均工资仅为19个苏，而不是40个苏，因此这样的劳

① Arthur Young, II, 112, 115. —Théron de Montaugé, 52, 61.
② Le marquis de Mirabeau, *Traité de la population*, 29.
③ Cf. Galiani, *Dialogues sur le commerce des blés*（1770）. 小麦面包当时每斤4个苏。

动者每天只能买半个面包，而不是一个[1]。若把全部工资换算为粮价，则一个农村工人每年的劳动所得可购买959升面粉，今天可买1851升，因此，他的收入增长了93%。仆人的收入增长70%，葡萄农增长125%。这些数字足以说明当时的艰难处境。这种困境是法国特有的。根据观察和类似的计算，阿瑟·扬得出这样的结论：在法国，"靠田间劳动为生的人，也是数量最多的人，其收入比英国少76%，其饮食、衣着、医疗和健康状况要恶劣76%"。因此，这个王国八分之七的人口中，没有农场主而只有分成农。农民太贫困了，无法成为耕作业主，他们根本没有农业资金[2]。"有些地产主想经营自己的土地，但发现能耕种的全是些除了双手外什么都没有的赤贫之人；地产主只能自己先预付各种费用，提供役畜、工具和种子，甚至还要向分成农预付首次收割之前的口粮。""很少有每年欠地产主的债务低于100利弗尔的分成农。"有几次，地产主希望把全部的收成都留给农民，只要他们这一年不要再向他要求任何东西；"这些悲惨之人"拒绝了，因为如果无人照应，他们真不知道如何生存下去。在利穆赞和昂古莱姆，农民的贫苦到了如此程度[3]，以致"他们在扣除自己负担的开支过后，每年每人只剩下25～30利弗尔，我说的不是货币，而是包括他们收获的所有实物形式的消费品。而且他们经常还没有这么多收入，当他们的日子真的过不下去时，地产主不得不去填补。分成农总是处于不致被饿死的最低处境"。至于地产主，至于亲手耕种自己土地的村民，生存状态也不见得更好。"我们的农民操持的农业[4]，真的是名副其实的苦役；农民在孩童和青少年时期就成千上万地死去，只要有可能，他们就千方百计另谋职业。"1783年，在整个图卢兹平原，农民仅以玉米及其混合物、杂粮为食，小麦非常少；山区居民一年有半年

---

① Arthur Young, II, 200, 201, 260 à 265.—Théron de Montaugé, 59, 68, 75, 79, 81, 84.

② *Ephémérides du citoyen*, VI, 81 à 94（1767），et IX, 99（1767）.

③ Turgot（collection des Economistes），I, 544, 549.

④ Marquis de Mirabeau, *Traité de la population*, 83.

时间靠橡栗果腹；土豆鲜为人知，据阿瑟·扬的说法，一百个农民中会有九十九个拒绝食用土豆。根据督办们的报告，诺曼底的主食是燕麦，特鲁瓦税区是荞麦，拉马尔什和利穆赞是荞麦、橡栗和芜菁，奥弗涅是荞麦、橡栗、咸味羊奶干酪；在博斯是大麦和黑麦的混合物；在贝里是大麦和燕麦的混合物。根本没有小麦面包：农民消费的只有劣质面粉，因为他们只买得起每斤2个苏的面包。没有肉食：顶多每年杀一头猪。他们的房子是黏土筑的，上面盖的是茅草，没有窗户，把泥地夯平就是地板。就算当地能提供优质建材，如石料、石板和房瓦，但窗户仍然没有玻璃。1789年，在诺曼底的某个教区[①]，"大部分房子建在四根树权上"，"通常只有牲畜棚或谷仓才会有烟囱，而且是由四根棍棒加泥浆筑成"。衣衫自然是褴褛不堪，冬天通常也是些粗布破衣。在凯尔西等地，农民没有长袜，没有鞋子，没有木屐。扬说："对于英国人来说，很难想象苏亚克的红帽旅馆服侍我们的那些野蛮人的样子；那些被当地人殷勤地称为妇女的东西，实际上是一堆流动的厩肥。在法国，要想找到一个得体的旅馆女服务员纯属徒劳。"看几段描绘现场的文字，您就能发现，在法国，农村和农民的面貌跟爱尔兰是一样的，至少大体如此。

III

在最肥沃的地区，如在利马涅，茅屋和农民的面孔同样在诉说着[②]"贫困和痛苦"。"大部分农民体质虚弱，神色疲倦，身材矮小。"几乎所有人都将小麦和葡萄视为家业，但都被迫出售这点家业以支付租金和捐税；他们吃的都是用黑麦和大麦制成的面包，喝的全是用葡萄渣和水勾兑的饮料。"一个从未离开过家乡的英国

① Hippeau, VI, 91.
② Dulaure, *Description de l'Auvergne*（1789）.

人^①，很难想象大部分法国农妇的模样。"阿瑟·扬在与香槟的一位农妇交谈后说，"尽管靠得已经非常近，人们还是会以为她有六七十岁，因为她佝偻得厉害，辛劳让她满脸沧桑，皱纹堆垒，但她告诉我只有28岁"。这位妇女、她的丈夫和她的家庭是小农生存状况的典型范例。他们只有一小块土地，一头母牛和一匹羸弱的小马；他们的七个孩子吃的全是这头奶牛的奶。他们欠某位领主42斤小麦和三只鸡，欠另一位领主120多斤燕麦、一只鸡和一个苏，这笔钱是为了凑齐军役税和其他捐税。这位妇女说道："上帝帮帮我们吧！军役税和其他捐税都把我们榨干了！"土地不好的地方情况会怎么样？某位夫人写道^②："从（夏特莱罗附近的）奥尔姆一直到普瓦提埃，很多土地毫无收成，从普瓦提埃直到我家（在利穆赞），25000阿尔旁的土地上只有油松树和灯芯草。这里的农民靠黑麦为生，黑麦不去麸皮，又黑又硬，就像铅块。在普瓦图和本地，农民的耕种肤皮潦草，因为用的是没有导轮的小破犁……从普瓦图一直到蒙莫里永，我敢对您说，9里地（相当于巴黎的16法里）的路途上我只碰到四个人，其中三个是从蒙莫里永到我家的路上碰到的，这段路有4里；而且我们还是隔得很远才看到他们，因为在路上一个人都碰不到。在这样一个国家，您对此不应感到奇怪……人们尽量早早地结婚，就像大领主一样，"无疑是害怕服民兵兵役。"但该地并不因此人丁兴旺，因为几乎所有孩子都会夭折。妇女几乎没有奶水，一岁的孩子就得吃我曾向您提到的那种面包；因此4岁的小女孩肚子大得像个孕妇……今年黑麦受冻害，就在复活节那天；小麦很少，我母亲的12户分成农中，可能只有4户有点小麦。复活节以来没下过雨，于是没有干草，草场干枯，没有蔬菜，没有水果：这就是穷苦农民的处境，随之而来的是没有粪肥和役畜……我母亲以前总有好几个满满的粮仓，如今已没有一

---

① Arthur Young, I, 235.

② *Ephémérides du citoyen*, XX, 146（Lettre de la marquise de… 17 août 1767）.

粒小麦，因为两年来她得供养所有分成农和穷人。"同一省的某位领主说①，"人们救助农民，人们保护他们，人们很少对农民行为乖张，但人们看不起农民。如果农民驯良谦恭，人们就奴役他，如果农民心地邪恶，人们就刺激他，惹恼他……农民被置于贫困和卑劣之中，而造作者虽然一点都不是不人道，但他们的偏见，尤其是贵族的偏见，使得农民不能成为我们的同类……地产主收取他所能收取的一切，而且，在所有情形下都把农民和他的牛看作自己的家畜，给他们套上车子，随时随刻用来旅行和送货。分成农则只想着以尽可能少的劳动来养活自己，将尽可能多的土地用来放牧，因为牲畜增肥带来的收益不需要任何劳作。他们付出的那点劳动是为了播种价格低廉的粮食，这正是他们的食物，如黑麦和芜菁，等等。农民唯一的享受就是懒散和缓慢，唯一的希望就是当年橡栗能丰产，唯一喜欢的事情就是制造人类。"因为无力雇用工人，他们只好生孩子。其他人，如粗工，也有一点小家底，他们特别"靠自己的本能和几头什么都吃的山羊过日子"。而更经常的是，山羊根据高等法院的命令被守林人猎杀。有个妇女带着两个褓褓中的婴孩，"没有奶水，没有一寸土地"，但有人竟猎杀了她的两只山羊，那是她唯一的产业；另一个妇女唯一的羊也被杀死，而她和儿子都要受人救济；两位妇女都在城堡门口哭泣，其中一个领到了12利弗尔，另一个被接纳为侍女，从此"这个村子对此人大行脱帽礼，人人对她都笑容可掬"。实际上，农民并不经常受人恩惠，受苦是这个穷苦世界的宿命。"他们认为自己必须受最强者、最富有的人、最有声望之人的压迫，这就像风雨、冰雹一样不可避免，他们身上深深地烙上了受虐待者的印记，如果我们可以这样说的话。"

在封建色彩浓厚的奥弗涅，到处都是教会和领主的大领地，那里的悲惨状况并无二致。在克莱蒙费朗②，"街道肮脏不堪，臭

---

① Lucas de Montigny, *Mémoire de Mirabeau*, I, 394.
② Arthur Young, I, 280, 289, 294.

气熏人，与粪堆中的条条沟槽无异"。大镇子里的旅馆"狭小、凄凉、肮脏、阴暗"。普拉戴勒的旅馆是"法国最恶劣的旅馆之一"。阿瑟·扬说，奥伯纳的旅馆"简直是我的一头公猪的炼狱"。实际上，人们的感官是迟钝的：原始人只要有吃的、能睡觉就心满意足了。他们确实有吃的，但那是怎样的食物啊！若要忍受这种难以消化的饲料，农民必须有个比利穆赞人还要坚韧的胃；在一个村子里，10年之后每年能杀25头猪，但当时每年只能吃上两三头①。如果考虑到，自维森热托克里（Vercingétorix）②以来的粗野风俗未曾改变，甚至因苦难而更加凶暴，那我们便不禁胆战心惊。米拉波侯爵曾描写道："蒙多尔的许愿节上，这些野蛮人如汹涌洪流从山上冲下③，而披挂羊毛披肩和白色法衣的教区神色、戴着假发的司法人员、手执马刀的骑警，全都已经在风笛舞会开始之前坐定；舞会一刻钟之后就被战斗中断；狗在打斗时，小孩、傻子和其他看客的叫声和口哨声四起，就像一群流氓那样让人难受；男人个个长相凶恶，毋宁说是些野兽，他们身披粗羊毛外套，腰扎带有镶铜扣眼的宽大皮带，脚蹬高木鞋，身形魁梧，踮起脚尖看斗狗更让他们显得高大，往前走时一步步夯在地面上，胳膊肘在腰间磨蹭；他们脸色苍白，油腻的长发垂到面庞，脸的上部毫无血色，下部因粗野的笑声和凶猛焦躁而扭曲撕扯。但就是这些人在支付军役税！还有人想剥夺他们的盐！人们不知道搜刮到什么地步，不知道所谓的统治意味着什么，不知道漫不经心的大笔一挥竟会酿成灾难、让别人忍饥挨饿而丝毫不受惩罚！但我不禁在想，可怜的让-雅克，如果你和你的思想体系中能记录这些人的叫喊，那肯定是对你的言论的无情回应。④这是来自先知的警告，是令人赞叹的先见之明：

① La Fayette, *Mémoires*, V, 533.
② 公元前1世纪时高卢反抗罗马入侵的首领。——译者
③ Lucas de Montigny, *ibid.*（Lettre du 18 août 1777.）
④ 老米拉波这里所提的让-雅克是指卢梭。这句话的意思是，如果卢梭见识了乡村百姓的粗野狂暴，就不会认为人天性善良了。——译者

极度的不幸丝毫没有让他忽视药方的不幸。这位年迈的贵族因为自己的封建和农村本能意识而心明眼亮，他的言论既是对政府也是对哲人、既是对旧制度也是对大革命的裁决。

IV

当人处境悲惨时，他就会乖戾暴躁；但是，当他既是地产主又很悲惨时，他的乖戾暴躁便会变本加厉。他能安于贫困，但对劫掠他不能逆来顺受。这就是1789年法国农民的状态；因为在整个18世纪，他已经获得了土地。但那是以怎样的方式、在怎样的困苦之中获得的呢？情况简直令人难以置信，但又千真万确，这种情况只有从法国农民的性格中才能得到解释：他的节制、他的坚韧、他对自己的苛刻、他的藏匿、他对产权和土地世代相袭的狂热。他们生活节俭，一个苏一个苏地积蓄。每一年，每个省下来的钱都会放到埋在地窖最隐秘之处的小钱罐里；卢梭想象中的农民除了将葡萄酒和面包藏在地窖里，还有一个更为神秘的藏匿处；藏在羊毛袜或者小罐里的一点小钱，会比其他财物更容易躲避税吏的巡查。虽然他衣衫褴褛，光着双脚，吃的只有黑面包，但他的心中深藏着一个小金库，他所有的希望都寄托在这个金库上，他小心等候着机会的来临，而机会总会有的。一位贵族在1755年写道[1]："虽然贵族有各种特权，但他们还是不断走向破产，而第三等级占有了各种财富。"于是，大量领地通过被迫或自愿出售的方式转入财政家、文官、大商人和大资产者之手。不过可以肯定的是，在全面丧失财产到来之前，债台高筑的领主只能让渡部分财产。农民在打点过领主的管家之后还有自己的储蓄。"老爷，地太差了，您的投入比您的收入还要大。"他谈到的可能是个偏僻的小地块，是田野或草场的

---

[1] Tocqueville, 117.

尽头，有时是佃农不再付租金的出租地，更经常的是一块分成地，那上面虽然在劳作但很懒惰的分成农每年都要主人花钱。主人可以认为，让渡出去的小块土地对他不算损失，因为有一天他还可以根据赎回权拿回这块地，而且此间他还可以收取年贡、捐税以及遗产转让金（lods et ventes）。此外，主人自家和周边还有大片空地：耕种的荒废和人口减少导致这些土地抛荒。要利用这些土地就必须让渡其所有权；舍此没有办法能把农民附着在土地上。政府也在支持这种做法：它暂时缩回了那只攫取的手，对抛荒的土地不收分文。根据1766年的法令，垦荒地15年内免征经营军役税，此后三年内，28个省共垦荒40万阿尔旁[1]。

就这样，领主领地逐步缩小和碎化。在很多地方，除了城堡和每年产值也就两三千法郎的毗连庄园[2]，领主只剩下封建捐税了；剩下的土地都是农民的。早在1750年前后，福尔博奈就注意到，很多贵族和新封贵族"尽管头上顶着庞大领地的头衔，但已经沦落到极端贫困的境地"，他们向小农出卖土地，总价经常低得跟当年的军役税不相上下。到1760年，据说四分之一的土地都已经转入农民之手。1772年，卡昂督办在编订对不动产净收入征收的二十分之一税税册时估计，在15万纳税人中，"大约有5万人的税额不超过5个苏，更多的人税额不超过20个苏"[3]。当时的观察家都见证了农民

---

[1] *Procès-verbaux de l'assemblée provincial de BasseNormandie*（1787），205.

[2] Léonce de Lavergne，26（根据1825年对流亡者发放的赔偿金表格）。在布莱地方（见注释2 p. 300），1760年转让了22小块土地。—Arthur Young, I, 308（普罗旺斯的拉图尔－戴戈领地）et II, 198, 214.—Doniol, *Histoire des classes rurales*, 450. —Tocqueville, 36.

[3] *Archives nationales*, H, 1463（Lettre de M. de Fontette du 16 novembre 1771）. —Cf. Cochut, *Revue des DeuxMondes*, septembre 1848. 出售国有财产看来没有明显增加小地产主的数量，也没有明显减少大地产主的数量；大革命推动的是中等地产的发展。1848年，大地产共有183 000处（23 000个家庭纳税超过500法郎，平均占有土地260公顷，160 000个家庭纳税在250～500法郎之间，平均占地85公顷）。这183 000个家庭共占地1800万公顷。此外，700 000个中等产业（纳税在50～250法郎之间）占地1500万公顷。最后是390万个小产业，占地1500万公顷（90万纳税在25～50法郎之间，平均占地5.5公顷，300万纳税少于25法郎，平均占地3.11公顷）。—根据托克维尔先生的部分统计，地产主的数量平均增加了十二分之五，而同期人口增长了十三分之五（从2600万增加到3600万）。

对地产权的狂热。"在法国，下层阶级全部的积蓄都被用来购买土地，而别的地方则投向个人或公共基金。""因此农村小业主的数量不断增长。内克说其数量极其庞大。"1789年，阿瑟·扬曾为农村小产业数量之巨而震惊，他"倾向于认为这种产业占全国面积的三分之一"。这已经是我们今天的数字了；另外，产业主数量与居民数量之比与今天也没有多大出入。

然而，小农在获得土地的同时，他也为此背上了负担。一个仅有双手的普通短工，税收对他的影响要减半："一旦他一无所有，国王也就不能征税"。如今，就算他说自己很穷或更穷都无济于事了，因为税务机关会按他的全部新地产的面积来课税。军役税征收员是像他一样嫉妒邻人的农民，自然知道阳光底下的地产能给他带来多少收入；这就是为什么别人想拿走他多少就能拿走他多少的原因。更加辛苦地劳动也是徒劳，他依然两手空空，年底时他发现自己的土地没有给他生产任何东西。他获得越多、生产得越多，负担也会越重。1715年，完全或几乎完全由他支付的军役税和人头税为6 600万，1759年为9 300万，1789年为110 000万[①]。1757年，总税额为283 156 000利弗尔，1789年为476 294 000利弗尔。当然，从理论上说，有人出于人道和善意而愿意减轻税负，对农民还是有恻隐之心的。但在实践中，由于情况之必须和惯性作用，人们仍遵照枢机主教黎塞留的格言，人们仍然把农民当骡马，给他喂燕麦时抠抠搜搜，生怕骡马长得太强壮而尥蹶子，"对于一头习惯于重压的骡子，长期的休养比劳动更能败坏它"。

---

① *Compte général des revenus et dépenses fixes au 1er mai 1789*（Imprimerie royale，1789）.—Duc de Luynes, XVI, 49.—Buchez et Roux, I, 206, 374.（这里的数字涉及的仅仅是税区地区；而在三级会议地区，增长同样明显。）—*Archives nationales*, H2, 1610（paroisse du Bourget, en Anjou）.吕伊埃（Ruillé）先生三处分成产业的军役税税册摘录如下：1762年税款为334利弗尔3个苏，1783年为372利弗尔15苏。

第二章　苦难的主要原因：税

Ⅰ.直接税—路易十五末期各地的状况—什一税和国税的征收—留给地产主的。Ⅱ.革命到来时几个省的状态—军役税及其附加，人头税，二十分之一税，道路劳役捐—每种税都对收入征收—总征收额庞大。Ⅲ.四种对仅有双手的军役税缴纳者征收的直接税Ⅳ.征收和扣押。Ⅳ.间接税—盐税和商品税Ⅵ.为何税收如此沉重—豁免和特权。Ⅶ.入市税—负担落到最贫困者的肩上。Ⅷ.陈情书中的申诉。

Ⅰ

让我们进一步考察农民遭受的搜刮；这种搜刮严厉至极，远超我们的想象。很长时间以来，经济学家们就复原了一块土地的预算表，并以数字证明农民承受的负担过于沉重。如果要让农民继续耕种，就应该将部分收入留给他，这个不能侵犯的部分大约占总产量的一半，稍有克扣就会对他造成灾难。实际上，这点收入刚刚好，一分钱也不多：首先是农民经营中注入的原始资本的利息，这些资本包括牲畜、家具、工具和耕作器械；其次是每年维护这些资本的费用，因为时间和使用会导致耗损；第三是农民当年的预支，如种子，工人的工资，牲畜和人员的食物；最后是他应支付的风险和损失赔偿。因此有一笔必须预先偿付的特别债务，它优先于所有其他债务，无论是领主的、什一税征收人的还是国王的：这就是付给土地的债①。只有支付完这笔债务之后，才能动其余的部分，这是真正的利润，即净产量。然而，在当时的农业条件下，如果土地面积足够大，什一税征收人和国王要拿走一半的净产量，如果面积局促，则全部被他们拿走②。皮卡迪有一产值为3600利弗尔的大地产，所有主向国王缴纳1800利弗尔，向什一税征收人缴纳1311利弗尔；苏瓦松有一租金为4500利弗尔的地产，地产主须纳税2200利弗尔，什一税则超过1000埃居。内维尔附近的分成制地产，每年平均向国库缴纳138利弗尔，向教会缴纳121利弗尔，向地产主缴纳114利弗尔。普瓦图的一处分成制地产中，税务机关拿走348利弗尔，地产主的收入仅为238利弗尔。总的来说，在大地产地区，如果耕种情况良好的话，地产主每阿尔旁可获得10利弗尔的收入，如果耕种状况一般则为3利弗尔。在小地产和分成制地产地区，地产主每阿尔旁收入为15、8或者6苏。这意味着几乎所有净收入都交给了教会和国库。

不过，地产主手下的农民几乎不会给他带来任何开支。上述普瓦图的那份分成制地产每阿尔旁产值为8个苏，那里的36位农民每人每年消费26法郎的黑麦，2法郎的蔬菜、油和奶制品，2法郎10个苏的猪肉，合计每人每年16利弗尔的肉类，每人的全部开支为36法郎。实际上，农民的饮料只有水，他们用芜菁油来照明和制作肥皂，他们根本尝不到黄油，身上的衣服是自己的羊毛和种植的大麻织成的；他们不购置任何东西，除了支付工具费用和购买由自己提供材料的哔叽布料。在拉马尔什和贝里边境地带的另一处分成制地产上，46个农民的开支更小，因为每人每年只消费25法郎。请看看国家和教会的攫取是多么贪婪，因为，地产主的耕种费用虽然已经少到了极点，但到年底他口袋里的收益仅为每阿尔旁6个苏或8个

① *Collection des Economistes*, II, 832（Tableau économique par Beaudau）.

② *Ephémérides du citoyen*, IX, 15（article de M. de Butret, 1767）.

苏，如果他是平民，这点收入中还需缴纳领主捐税，支付公共民兵
基金，购买规定分量的盐，缴纳道路劳役捐，等等。根据杜尔哥的
说法，在路易十五末期的利穆赞，国王一人"拿走的收益几乎跟地
产主一样多[1]"。在杜尔这样的税区，国王征收了56.5%的产量，留
给其他人的只剩下43.5%；因此"大量田地被抛荒"。不要认为负
担会随着时间的推移而减轻，也不要认为其他地方的农民处境会更
好。在这个问题上，有很多可靠的、几乎近在眼前的文献。只要翻
阅1787年各省议会的会议记录，就能根据官方数字去判断税务机构
对劳动者的虐待到了何等地步，它从劳动者嘴边夺走了他们挥汗如
雨挣来的面包。

II

这里提到的只是直接税，如军役税及其附加，军役税缴纳者
的人头税，二十分之一税，以及取代道路劳役的货币捐税[2]。在香
槟地区，每100利弗尔的收入中，纳税人通常要缴纳54利弗尔15个
苏，有几个教区需要缴纳71利弗尔13个苏[3]。在法兰西岛，"假设
一个乡村军役税缴纳者拥有20阿尔旁土地并亲自耕种，若每阿尔旁
产值为10利弗尔，人们也会推想他是他所居住的房子的所有者，
并按当地价格把房子估价为40利弗尔[4]"。于是这位军役税缴纳者
需要支付属物、属人和产业军役税，共计36利弗尔14个苏，军役
税附加17利弗尔17个苏，人头税21利弗尔8个苏，二十分之一税24
利弗尔4个苏：共计99利弗尔3个苏；此外还需加上大约5利弗尔的

[1] Collection des Economistes, I, 551, 562.

[2] Procès-verbaux de l'assemblée provinciale de Champagne（1787），24.

[3] Cf. Notice historiquesur la Révolutiondans le département de l'Eure, par Boivin-Champeaux, 37.埃普尔维尔的陈情书说，100法郎的租金中，国库要拿走25利弗尔的军役税，16利弗尔的军役税附加，15利弗尔的人头税，11利弗尔的二十分之一税，总计67利弗尔。

[4] Procès-verbaux de l'assemblée provincial de l'Ile-de-France（1786），131.

道路劳役捐；因此一份以240利弗尔的价格出租的产业，负担的税额为104利弗尔，约占收入的十二分之五。如果考虑到那些贫困的财政区，情况会更加糟糕。在上基耶内[①]，"所有地产都要课征军役税、军役税附加和二十分之一税，扣除耕种费用后，税款占收入的四分之一以上；扣除维护和修缮费用，留给家庭的收入只有三分之一；此外还要支付人头税，其数额约占收入的十分之一，另外还有什一税要拿走七分之一，领主捐税再拿走七分之一，其他开支还有：强制性追缴、扣押、强行征调等地方性的普通或特殊费用。扣除这些之后我们可以看到，在税负水平中等的社区，地产主也只能享用三分之一的收入，而在税负沉重的地方，地产主与勉强能收回耕种成本的普通佃农无异"。在奥弗涅[②]，军役税在每利弗尔净产量中占4个苏；军役税附加税和人头税另占4个苏3德尼埃；二十分之一税占2个苏3德尼埃；王家道路捐、义务捐赠、地方开支和征税费用占1个苏1德尼埃：总计每利弗尔中占11个苏7德尼埃，这还不包括领主捐税和什一税。"另外，税务机构痛心地得知，几种捐税占去17个苏、16个苏，最轻微的也有14个苏（每利弗尔）。证据就摆在办公桌上，也保存在税务法院和税区办事处的登记簿上，但教区税册上体现得更明显，那里我们可以发现数不清的抛荒地的分摊税款，这些土地须由征收员承包，但其产量不足以支付税款。"这类数字具有可怕的说服力，我认为可将它们归结为一点。如果我们总览诺曼底、奥尔良、苏瓦松、香槟、法兰西岛、贝里、普瓦图、奥弗涅、里昂、加斯科尼和上基耶内，即主要的税区地区，我们会发现，军役税缴纳者[③]的100法郎的净收入中，直接税要占去53法郎，即一半以上。这几乎是今天的5倍。

---

① *Procès-verbaux de l'assemblée provincial de la Haute Guyenne*（1784），tome II, 17, 40, 47.

② *Procès-verbaux de l'assemblée provincial d'Auvergne*（1787），253.—Doléances, par Gaultier de Biauzat（1788年被奥弗涅省议会任命为常任委员），3.

③ 见书末注释5。

III

税务机构在扑向有地产的军役税缴纳者的同时，并没有放过那些没有地产的军役税缴纳者。没有土地，可以抓人。没有收入，可以对工资课税。除了二十分之一税，此前的所有税收不仅涉及有产者，同样也涉及无产者。在图卢兹[①]的圣-皮埃尔·德·巴茹维尔，每天只挣10个苏、除了双手之外一无所有的贫困短工，人头税的定额为8、9或10利弗尔。"在勃艮第[②]，一个没有任何财产的不幸的粗工被课征18或20利弗尔的军役税和人头税，是件很平常的事。"在利穆赞[③]，泥瓦工在冬天挣的钱全都用来"支付一家的捐税"。对于农村短工和农民，雇用他们的、享有特权的地产主，甚至要为他们支付部分税款，否则他们食不果腹，就不能干活了[④]；为了东家主人的利益也应该让人有一定配额的面包，就像牛必须有一定量的草料一样。"在布列塔尼[⑤]，一个人所共知的事实是，尽管手艺人节衣缩食，但他们十之八九年根底没有一个埃居的钱可供自己自由支配。"人头税和其他捐税把他们最后唯一的埃居也拿走了。在巴黎[⑥]，"掏灰工、碎瓶商、河道清理工、贩卖废铁和旧帽子的"，只要有住所，就需缴纳人头税，每人3利弗尔10个苏。向他们转租房屋的二房东负有责任提醒他们交税。另外，如果纳税有拖延，他们家里便会迎来一位"蓝衣人"，即催缴员，他们还要向此人付工钱，给他安排住处。梅尔西埃曾提到一个绰号四只手的工人，带着四个小孩住在七楼，他将屋里的烟囱改造成一个凹室，自己和家人就睡在里面。"有一天，我打开他那只有一个插销的门，

---

① Théron de Montaugé, 109（1763）. 当时夏季每日的工资为7~12个苏。
② *Archives nationales*. 三级会议的会议记录和陈情书，t. 59, 6. 1788年10月25日勃艮第高等法院荣誉推事M. d' Orgeux给内克先生的报告。
③ *Ibid.*, H, 1418. 里摩日督办1784年2月26日的信件。
④ Turgot, II, 259.
⑤ *Archives nationales*, H, 426.（布列塔尼高等法院1783年2月的诤谏书。）
⑥ Mercier, XI, 59; X, 262.

房间里除了墙壁就剩下一个老虎钳；这个男人从烟囱下出来，神色就像半个病人，对我说道：'我想你是来催缴人头税的吧。'"因此，不管军役税缴纳者的处境如何，就算他们家徒四壁、衣食不周，税务机构那贪婪的手也始终悬在他们背后。这一点千真万确：这只手毫不掩饰，它会在指定的日子里不留情面地直接搭在肩膀上。阁楼和茅屋，分成制农舍，田庄和房屋，征税员、执达吏、催缴员的身影无处不在；没有哪间陋室能逃脱这类可憎之人的视野。人们播种、收割、劳作、节俭，都是为了这帮人；如果说每周辛辛苦苦攒下一个里亚①，年底时能换来一枚硬币，那这个钱也会落入这些人的口袋。

IV

应该看看税务机构的工作制度。这是一台专事搜刮的机器，但粗糙不堪，配置混乱，对它自身的运作和它的对象造成的麻烦一样大。更恶劣的是，在它嘎吱嘎吱的轮系中，军役税缴纳者被用作最末端的工具，这些人必须相互搜刮、彼此敲诈。每个教区都有2个、3个、5个或7个名为征收员（collecteur）的人，他们在税区专员（élu）的指导下负责分摊和征收税款。"没有比这更繁重的职责了②"；每个人都竭力寻找保护或援引特权来规避这一职责。各个社区一直在抱怨那些抗拒者，为避免任何人以不知情为借口来逃避职责，各社区甚至预先就拟定好了未来10年、15年的征收员名单。在此等规模的教区，所有"小地产主几乎每6年就要担任一回征收员"。在很多村子，担任征收员的是工匠、短工和分成农，但他们本来要把全部时间花在谋生计上。在奥弗涅，能胜任该职责的

---

① 里亚（liard），法国古代的一种小钱，相当于四分之一个苏。——译者
② *Archives nationales*, H, 1423. 里摩日督办埃奈（Aine）先生的信件（1782年2月17日），穆兰督办的信件（1779年4月）。默隆社区（波尔多）的案件及征收员名单。

男子冬天外出找工作，只好抓妇女来当差[1]：在圣弗鲁尔税区，有个村子中四个征收员是妇女。对于委托给他们的各种征收责任，他们需要以自己的地产、家具和人身为担保，直到杜尔哥担任财政总监之时，每个征收员都对别人有连带责任；可以想见征收员的苦衷和风险。1785年[2]，仅在香槟的一个税区就有95人被投入监狱；每年有20万征收员在路上奔波。贝里省议会说[3]："征收员两年内通常要花一半的时间在各拖欠税款的人家之间往来奔波。"杜尔哥写道[4]："这一工作让人绝望，几乎总让承担者不堪重负；因此一个村子里的宽裕人家不断陷入困境。"实际上，没有哪个征收员不依靠强制，他们每年[5]都收到"8次或10次催缴令"。有时人们还把征收员投入监狱，有关费用由社区承担。有时还对征收员和纳税户采取"驻军催缴、扣留、支付扣押、动产扣押、出售家具"等措施。上基耶内省议会说，"仅在维尔弗兰什税区，一直在路上奔波的强制令传达员和执达吏助理就有106人。"

这种事情司空见惯，教区只能自认倒霉，如果不这样它会更加遭殃。米拉波侯爵说[6]，"奥里亚克附近有一些工业，人们也很勤劳、很节俭，否则这里便一派贫困悲惨景象。这里的人民一半没有支付能力，一半是装穷的可耻富人，因为他们担心背上过重的负担。军役税一旦核定，所有人都在呻吟，在申诉，没有人付钱。期限过了，催缴每时每刻都在进行，但征收员即使很富裕，也不会付款来打发催缴者，尽管驻户催缴是很昂贵的。这种费用太常见了，征收员已经把它们计算在内，如果他们按时缴纳的话，便会担心来年的负担会更重。"实际上，军役税监管员（receveur）每天给催

---

① *Procès-verbaux de l'assemblée provincial d'Auvergne*, 266.

② Albert Babeau, *Histoire de Troyes*, I, 72.

③ *Procès-verbaux de l'assemblée provincial de Berry*（1778），t. I, 72, 80.

④ Tocqueville, 187.

⑤ *Traité de la population*, 2e partie, 26.

⑥ *Archives nationales*, H, 1417. 奥尔良督办西皮埃尔（Cypierre）先生的信件，1765年4月17日。

缴员一个法郎，而让征收员付两个法郎，从中赚取差额。因此，"如果有些教区竟敢严格办事，不等到催缴员到来就完纳税款，监管员就会认为受到了最严重的蒙蔽并大发雷霆，下次核定税册时，他和诸位税区专员、督办助理及其他税吏就会把这个教区的负担翻倍，以给它一个活生生的教训"。因此，管理部门有一帮蚂蝗是靠搜刮农民为生的。一位督办说道[1]，"最近在罗摩伦坦税区，征收员虽然出售了价值600利弗尔的家具，但他们还是什么都没有收上来，因为这笔钱只够支付税收费用。在夏托顿税区，一次总价为九百利弗尔的扣押物出售也是这样，这类事不是全部都为人了解，尽管它们触目惊心。"——此外，税务机构自身也是冷酷无情。上述那位督办在1784饥荒之年写道[2]："在乡间可以看到令人发指的景象：征收员与户主为扣押物品的价格而争吵，但这些物品本来是用来供养嗷嗷待哺的孩子的。"因为，如果征收员不扣押财物，他们自己就会被拘押。我们在文件中可以看到，监管员催促下的征收员在恳求、在追求、在迫害纳税人。每个星期天、每个节庆日，征收员都会守候在教堂门口警告拖欠者；在接下来的日子里，他们在各个茅屋之间来回奔走，征收欠款。"一般来说，他们根本不通文墨，只好带个文书。"在圣弗鲁尔税区奔波的606名征收员中，只有10个人看得懂官方文件、会签署契据；因此错误和舞弊不计其数。除了文书，他们还需要带上驻户催缴员，后者来自社会底层，如没有活儿干的恶劣工人，他们知道自己受人憎恨，并采取相应的行动。"虽然颁布了一些禁令，禁止他们拿任何东西，禁止他们靠居民养活，禁止与征收员一起上酒馆"，但风气已经形成，"弊端一如既往[3]"。不过，虽然驻户催缴很是困扰人，但人们可以小心避免。对此一位督办写道，"冷酷无情很罕见"。有位监管员报告

---

[1] *Id., ibid.*
[2] *Ibid.*, H, 1418.（1784年5月28日的信件。）
[3] *Archives nationales*, H, 1417.（1765年6月15日图尔督办的信件。）

说[1]，"除非看到家中来了催缴员，否则没有人付钱给征收员"。农民就像自己的驴子，要想让它走就要鞭打它，虽然这很愚蠢，但策略不错。由于承担责任，征收员"倾向于提高忠实的纳税人的税额，偏袒那些不老实的纳税人。这就是为什么老实人到头来也变得不老实，甚至箱子里有钱也要让人大费周折"[2]。算来算去，他还是觉得，打官司虽然费用昂贵，也比过度课税破费小，两相权衡取其轻。对付征收员和监管员只有一个办法，就是假装贫困或成为真正的穷人，无论有意还是无意。贝里省议会说："所有军役税缴纳者都害怕显露自己的财产；他们尽量不把钱用在家具、服饰、食物等能被别人看见的物件上。"舒瓦瑟尔-古菲叶（Choiseul-Gouffier）先生[3]曾想自己花钱给农民那些易受火灾的房子盖上瓦，"但农民请求他让房子保持原样，因为如果房顶上不是茅草而是瓦片，督办助理会提高他们的军役税额度"。"人们的确在劳动，但那是为了满足生活之必需……多付一埃居的恐惧使得普通人放过了能增值四倍的利益。"[4]"……因此牲畜羸弱，工具寒酸，厩肥打理得一团糟，即便能够做得更好的人家也是如此。"[5]有个农民说："如果我挣得多，那也是为征收员准备的。"每年一度的无节制的劫掠"让他们连改善生活的欲望也没有了"。大部分人"胆小怕事，性格多疑，麻木迟钝，受人鄙视"，"跟过去的农奴差不了多少[6]"，就像埃及和印度斯坦的卑微农民。的确，税务机构以其手段之沉重和冷酷让所有产业都变得脆弱不堪，让所有劳动所得都归于徒劳，让一切节俭储蓄都付诸东流；实际上，留给农民的只是税务机构没法拿走的东西。

---

① *Ibid.* 拉昂税区军役税监管员朗东（Randon）的报告（1764年1月）。
② *Procès-verbaux de l'assemblée provinciale de Berry*，（1778），I, 72.
③ Chamfort, 93.
④ *Procès-verbaux de l'assemblée provinciale de Berry*, I, 77.
⑤ Arthur Young, II, 205.
⑥ *Procès-verbaux de l'assemblée provinciale de la généralité de Rouen*（1787），271.

V

在所有地方，税务机构都有两只手，一只是显性的，它径直在纳税人的箱子里翻找，另一只手是隐性的，它借用某位中间者之手，为的是让新的勒索措施不致受人憎恨。这第二只手没有任何顾忌，但它像第一只手那样一目了然；就它的结构和它带来的抱怨而言，我几乎可以认为它更具伤害性。首先，盐税、商品税和关税采取的是包税制，按年度出卖给投标者，后者出于职业习惯而梦想在这笔买卖中赚取更多的钱。在纳税人面前，这些人不是政府职员，而是剥削者，这是他们买来的身份。纳税人在他们的合同期限内是属于他们的；他们不仅让纳税人为他们的预付款及其利息，而且要让他为自己的一切利益而劳碌。这就足以说明间接税何以采取那样的征收方式。其次，由于盐税和商品税的影响，税务调查进入每家每户。在大盐税（grande gabelle）地区，如法兰西岛，曼恩，安茹，都兰，奥尔良，贝里，波旁，勃艮第，香槟，佩尔什，诺曼底，皮卡迪，盐每斤13利弗尔，是今天的4倍，如果考虑到货币的价值，则为8倍①。更有甚者，根据1680年的法规，每个7岁以上的法国人必须每年购买7斤盐；对一个四口之家来说，这意味着每年需要开支18法郎以上，或19个劳动日的价值：这是一种类似于军役税的新的直接税，税务机构把手伸进了纳税人的口袋，并强迫后者像军役税那样相互折磨。有些纳税人的确被委托以摊派盐税的责任，像军役税征收员一样，这些人也"对盐税负有连带责任"。在他们下面，人们总是参照军役税，让其他纳税人也负担责任。"在对教区主要人员的构成和财产讨论一番过后，包税人被授权要求这

---

① Letrosne（1779）. *De l'administration provincial et de la réforme de l'impôt*, pp. 39-262, et138. —*Archives nationales*, H, 138（1782）. Cahier du Bugey. "乡村居民通过刚才描述过的手段在零卖者手中买到的盐，价格每斤15～17利弗尔。"

些主要居民负担连带责任。"有人随即描述出这一机制的后果。鲁昂高等法院指出[1]，"在诺曼底，每天都能见到扣押和出售行为，那些连面包都没有的不幸之人甚至因为买不了盐而被处决"。

如果说盐税征收的苛刻与军役税不相上下，但它引起的麻烦却是军役税的10倍；因为这些麻烦涉及家庭生活，琐碎至极，并且每天都会出现。7斤义务购买的盐中，每一盎司都不能有"盐罐和盐瓶"之外的用途。如果村民省下煮汤的盐用以腌猪肉并在冬天里吃一点肉食，那可要当心税吏了！猪肉会被没收并罚款300利弗尔。此人必须前往盐仓购买超额的盐，应提交申请，带上一个布告牌，并沿途出示这个牌子。如果他没有办法支付这点超额的盐，情况就更糟了，他只好出卖牲畜，或在圣诞节里不吃肉；这种情况很常见，我敢说，对每年消费25法郎的分成农来说，这是一种常态。盐罐和盐瓶只能贮存规定的7斤盐。勒托罗内（Letrosne）说："我能举两个姐妹为例。两人住在离城市一法里的地方，城里的盐仓只在周六开。当时她们的盐用完了。离周六还有三四天，为了度过这几天，她们煮干了一点卤水，提取了几盎司盐。于是税吏来巡视并做了记录。靠着朋友的帮忙和保护，她们只被罚款48利弗尔。"禁止汲取海水和含盐的泉水，违者罚款20或40利弗尔。禁止将牲畜带到沼泽或其他有盐的区域，或者让牲畜饮海水，违者没收并罚款300利弗尔。禁止在打鱼所得的巴鱼肚子里放盐，也不得放在鱼篓中。根据规定，每桶只能使用一斤半的盐。根据规定，普罗旺斯某些地方形成的天然盐都要被毁掉。禁止法官减免有关盐的罚款，违者须做出解答并禁止这样的判决。我省略了很多其他规定和禁令：它们数以百计。对于纳税人来说，这种立法就像带有数以千计的网眼的圈套，布置圈套的税吏总想从纳税人的疏忽中渔利。在这一点上，您可以看到渔夫必须打开自己的篓子，家庭主妇必须出示有关火腿

---

[1] Floquet, VI, 367（10 mai 1760）.

的证明，盐税官可以搜查橱柜，检验卤水，品尝盐盅，如果盐的质地太好，他可以宣布盐是走私的，因为包税所的盐，即唯一合法买卖的盐，通常是变质的，而且掺杂有灰渣。

其他的税吏还下到地窖中，这就是商品税税吏。没有比他们更可怕的了[1]，也没有人比他们更无情地利用一切借口来作恶。"如果某位公民大发善心，送给一位气息奄奄的可怜人一瓶喝的，那他有可能吃官司并被课以极高的罚款……一位生病的穷人若是希望神父施舍给他一瓶葡萄酒，就有可能蒙受一场让自己和施恩者都可能破产的官司。这不是子虚乌有的故事。"根据大出缺权（gros-manquant），税吏可随时盘查葡萄酒，甚至可以到葡萄园主家中去调查，向后者指出哪些是他可以饮用的，哪些是课税的和超过定量的：因为包税所是葡萄农的合伙人，并占有后者的部分收成。在埃培尔奈的一个葡萄园[2]，每阿尔旁平均收获4桶葡萄酒，价值600法郎，包税所先征收30法郎，当这4桶葡萄酒售完时，再征收75法郎。显然，"居民想尽各种高超巧妙的诡计以规避"这种沉重的捐税。但税吏警惕多疑，闻风而动，随时搜查任何可疑的人家；根据指令，他们必须频繁巡查，其登记册应该足够准确，"以便一眼就能看清每户居民地窖中的状况[3]"。葡萄农纳税之后，轮到商人掏腰包了。商人若要将这4桶葡萄酒卖给消费者，还要给包税所缴纳75法郎。酒上路之后，包税所给它划定了路程；如果偏离这一路程，酒就会被没收；而且每行一步都要交钱。"一船来自朗格多克[4]、多菲内或鲁西永的葡萄酒，如果溯罗讷河而上或沿卢瓦尔河而下、途经布里亚尔运河运往巴黎，沿途要缴纳35到40种费用，这还不包括罗讷河的费用及巴黎的入城税。"付费的"地点有十五六个，名目繁多的费用耽误运货者的行程：如果所有捐税都归并到一

① Boivin-Champeaux, 44. (*Cahiers* de Bray et de Gamaches.)
② Arthur Young, II, 175 ~ 178.
③ *Archives nationales*, G, 300, G, 319. (各地商品税监管员给后继者的报告和指令。)
④ Letrosne, *ibid.*, 523.

个办事处缴纳，可节省12～15天的时间"。水路费用尤其昂贵。
"从彭塔里埃到里昂有25到30种过路费；从里昂到埃格莫特的路
上更多，以致在勃艮第只值10个苏的货物，运到里昂就得15～18
个苏，运到埃格莫特则超过25个苏。"——最后，葡萄酒还被拦
截在即将消费它的城市的壁垒前：这里需要缴纳入市税，巴黎是
每桶47法郎。葡萄酒进入酒馆和旅店老板的地窖，但他们还需缴
纳30～40法郎的零售税；在雷特尔，每兰斯桶的零售税为50～60
法郎。总计起来，这些税太高了。在雷恩[1]，"一大桶波尔多葡萄
酒，核定的税款之上还有五分之一的附加，8个苏每利弗尔[2]的装桶
费（billot），入市税，所有这些加起来超过72利弗尔，这还不包括
购买价；还应加上雷恩商人预付的、最后由购买者返还的经费和税
款：如波尔多的出城费，运费，保险，船闸费，入城税，入医院的
费用，测量员、经纪人和巡视员的佣金。对酒店老板来说，要想卖掉
这一桶葡萄酒，需要缴纳的费用合起来至少有200利弗尔"。可以猜
想一下，雷恩人是否喝得起这个价位的葡萄酒；但到头来，所有负担
都会落到葡萄农身上，因为如果消费者不购买，他什么也卖不出去。

在小农之中，葡萄农毕竟是最值得同情的；据阿瑟·扬说，葡
萄农和不幸者是两个等义词。葡萄农的收成经常不佳，而"收成的
不稳定能导致没有资本的农民破产"。在勃艮第、贝里、苏瓦松、
三主教区和香槟[3]，我发现所有报告都提到葡萄农缺少面包，靠救
济过日子。在香槟，奥布河上的巴尔镇的管事写道[4]，为了逃避税
收，拉菲尔泰的居民不止一次地将葡萄酒倒入河中，省议会宣布，
"在本省的大部分地区，税收最轻微的上涨都会使得所有农民抛荒

---

① *Archives nationales*, H, 426.（Remontrances du Parlement de Bretagne, février 1783.）

② 旧制度税率的一种表达方式。一利弗尔为20个苏，8个苏每利弗尔即税率为40%。

③ *Procès-verbaux de l'assemblée provincial de Soissonnais*（1787），45.—*Archives nationales*, H, 1515.（Remontrances du Parlement de Metz, 1768.）"赤贫阶层占乡村劳动者总数的12/13，所有葡萄农全都是。" *Ibidem*, G, 319.（夏托鲁和伊苏顿的经营表。）

④ Albert Babeau, I, 21, 89.

耕地"。这就是旧制度时代葡萄酒的故事。从作为生产者的葡萄农到作为销售者的酒店老板，人们遭受的是怎样的困扰和搜刮啊！至于盐税，据某位总监的证词①，它每年造成4000起针对居民住所的查封，3400起监禁，500起流放、鞭刑和苦役的判决。如果说有哪两种税设计得如此巧妙，不仅掠夺，而且惹恼农民和穷苦百姓，那肯定就是这两种税了。

VI

因此显而易见的是，税收的重负是人民苦难的主要原因；针对税务机构及其人员，如军役税监管员、盐仓官员、商品税职员、入市税职员、海关税吏等，人民内心深藏的仇恨之情由来已久。但为什么税收会如此沉重？答案是明确的，每年有众多社区在抗议某某先生、要求让这些人负担军役税，它们已经在自己长长的申诉中写出了答案。税负之所以不堪忍受，是因为最有实力、最有能力纳税之人都已经规避了这一义务，苦难的首要原因就在于广泛的豁免权。

让我们对税收进行逐个考察。首先，贵族和教士不仅豁免属人军役税，正如我们已经看到的，他们还豁免自己或管家耕种的自有领地上的经营军役税。在奥弗涅②，仅在克莱蒙税区的50个教区中，由于上述制度安排，特权者的所有土地都获得了豁免，以致军役税全都落在了军役税缴纳者（taillables）的头上。更有甚者，只要特权者声称他们的佃农是管家，便能豁免出租地的军役税，普瓦图的好几个教区就是如此；督办代理和税区专员不敢过问得太仔细。这样一来，特权者就让他自己和他的产业，包括出租地，全都豁免了军役税。然而，乡镇机构正是靠不断增长的军役税为众多的

---

① *Mémoires* présentés à l'assemblée des Notables par M. de Calonne（1787），67.
② Gaultier de Biauzat, *Doléances*, 193, 225.—*Procès-verbaux de l'assemblée provincial du Poitou*（1787），99.

新服务提供资金的。只要回顾一下军役税周期性的上涨就能向第三等级证明，唯有他们或几乎唯有他们曾支付并继续支付[1]各种开支：桥梁、道路、运河、法庭的修建，官职的回购，设立和维护避难收容所、精神病院、苗圃、驿马站、剑术和骑术学校，整治巴黎的淤泥和路面，拨付军事长官、督军和外省司令的薪水，支付司法区法官及其副手的薪金，支付财政处、税区办公室以及派驻各省的职员的工资，还有骑警、骑兵、守备的工资，以及我所不知道的其他开支。在三级会议地区，军役税的摊派似乎应该更好，但不平等的状况同样严重。在勃艮第[2]，骑警、种马场和公共节日的所有开支，拨给化学、植物学、解剖学、助产学课堂的所有资金，奖掖艺术、一次性支付印章税、赎买信件邮资的所有开支，军事长官及其下属的奖金、地方议会职员的薪水、大臣秘书处的开支、征税乃至施舍所需的费用等，所有这些公共花销总计1 800 000利弗尔，全部由第三等级负担，头两个等级分文不掏。

第二点，人头税最初是按22个等级分摊，根据各等级的财力来核定，但我们知道，教士从一开始就通过赎买豁免了该税；至于贵族，他们的手腕是如此高超，以致他们税额的下降与第三等级负担的上升同步进行。某位伯爵或侯爵、督办或检审官，若其固定收入为4万利弗尔，按1695年的税率表[3]，须纳税1700～2500利弗尔，但实际纳税仅为400利弗尔；某市民收入为6000利弗尔，根据同一税率表，他只应缴纳70利弗尔，但实际上他交了720利弗尔。因此，特权者的人头税减少了四分之三或六分之五，而军役税缴纳者的人头税是核定额的10倍。在法兰西岛[4]，240利弗尔的收入

① Gaultier de Biauzat, *Ibid.*

② *Archives nationales*，三级会议的记录和陈情书，t. 59, 6。奥尔热（Orgeux）先生给内克的信件。T. 27, 560～574（埃尔奈－勒－杜克第三等级的陈情书）。

③ 这些数字中考虑到了货币成色的改进，1695年每马克白银价值29法郎，18世纪后期价值49法郎。

④ *Procès-verbaux de l'assemblée provinciale de l'Ile-de-France*, 132, 158; *de l'Orléanais*, 96, 387.

中，军役税缴纳者的人头税为21利弗尔8个苏，贵族的税额为3利弗尔，督办自己坦白说，他对贵族课征的人头税只占其收入的八十分之一；奥尔良督办则说只有百分之一；而军役税缴纳者的人头税税率为十一分之一。除了贵族，如果我们还加上其他特权者，如司法官员，包税所职员，一次性付款城市，则这个特权集团几乎囊括了所有富裕或宽裕之人，他们的收入肯定大大超过所有普通的军役税缴纳者。根据各省议会的预算，我们得知每个省中两大群体的人头税数额：在里昂，军役税缴纳者的人头税为898 000利弗尔，特权者为190 000利弗尔；在法兰西岛，军役税缴纳者为2 689 000利弗尔，特权者为232 000利弗尔；在阿朗松财政区，这两个数字分别为1 067 000利弗尔和122 000利弗尔；香槟地区分别为1 377 000利弗尔和199 000利弗尔；上基耶内为1 268 000利弗尔和61 000利弗尔；奥什财政区为797 000利弗尔和21 000利弗尔；奥弗涅为1 753 000利弗尔和86 000利弗尔；简言之，如果对这10个省做一统计，那个贫困的集团总税额为11 636 000利弗尔，而富裕的集团为1 450 000利弗尔：后者的纳税额仅为应纳数额的八分之一。

　　对二十分之一税来说，不平衡的情况稍好些，但这方面我们没有确切的数字；不过可以认为，特权者的税额大约是其应纳数额的一半。卡隆先生说[1]："1772年人们就意识到，二十分之一税没有达到应有的数额。虚假申报、隐匿的租约、几乎所有富有地产主都已获得的过分优厚的待遇，都造成了不平等和没完没了的错误……对4902个教区的核查表明，实纳数额为4500万的两个二十分之一税的收益应该上升到8100万。"按收入调查，某领主地产应纳2400利弗尔，但实纳数额仅为1216利弗尔。在血亲亲王们那里，情况更加不妙；他们的领地采取一次性付款方式应付人头税，总共只支付了188 000利弗尔，而应纳数额为2 400 000利弗尔。在这种压迫弱

---

[1] *Mémoire* présenté à l'Assemblée des Notables（1787），1. 参阅书末关于Blet领地附注2。

者以减轻强者负担的体制下，越是有能力纳税的人交的钱就越少。这也是第四项即最后一项直接税的故事，这里我指的是取代道路劳役的捐税。这项捐税最初是作为二十分之一税的附加，最后分摊到所有地产主头上，然而，根据后来议政会的法令，道路劳役捐跟军役税绑定在了一起，也就是落在了负担最重的法国人身上[1]。这项税收相当于军役税基准额的四分之一，举例来说，在香槟地区，军役税缴纳者100利弗尔的收入，需要负担6利弗尔5个苏的道路劳役捐。该省议会指出："这样一来，活跃的商业货运、富人们往来穿梭的旅行导致道路状况恶化，但修缮工作完全依靠穷人的贡赋。"当这些数字在我们眼前闪过时，我们不自觉地得出了童话中的两个形象，即结伴上路的马和驴子：马应该自由自在地踩脚；这就是为什么人们给一方减负而给另一方加担子，到后来，这头驮畜在重压之下垮掉了。

在纳税人团体中，特权者向军役税缴纳者转嫁负担，不仅如此，即使在军役税缴纳者团体中，富有者相对穷困者而言负担也较轻，所以大部分负担最后落到了最穷困、最辛苦的阶层身上，他们是些耕种自己土地的小业主，除了工具和双手之外什么都没有的工匠，即概而言之的乡村居民。首先，在税收方面，很多城市采取一次性付款的纳税方式，或者有豁免权。贡比涅有1671户，军役税及附加税总额仅为8000法郎，附近的康利村虽然仅有148户，但缴纳了4475法郎[2]。在人头税方面，凡尔赛、圣日耳曼、博韦、埃唐普、蓬图瓦兹、圣丹尼、贡比涅、枫丹白露总共课征了169 000利弗尔，豁免了三分之二的税款，每个居民仅缴纳了1法郎，而应纳数额为3法郎10个苏；凡尔赛交得更少，因为它的7万居民的人头税

---

[1] *Procès-verbaux de l'assemblée provinciale d'Alsace*（1787），116; de Champagne, 192.（根据1787年6月2日的宣言，取代道路劳役的捐税相当于军役税、附加税和人头税总值的1/6。）—Ib. *de la généralité d'Alençon*, 179; *du Berry*, I, 218.

[2] *Archives nationales*, G. 322（Mémoiresur les droitsd' aides à Compiègne et aux environs, 1786）.

只有51 600法郎①。另外，"在所有情形下，在涉及税收摊派时，城市市民总会向卑微的乡村近邻转嫁负担。因此，依附于城市并被编入城市税册的乡村居民，其待遇之苛严是难以想象的……城市利用其影响力不断将其设法减轻的负担转移给乡村居民，因此城里最有钱的市民缴纳的军役税比最不幸的农民都要低"②。这就是为什么"对军役税的恐惧导致乡村人口减少，所有才能、所有资本都集中到城市"③的原因。即使城墙之外也存在不平等。每一年，掌握专断权力的税区专员和他手下的征收员，都要核定教区和每个居民的军役税额度。这些无知偏颇之人手中自然不会有公平正义，只有私人利益，地方仇恨，报复的欲望，以及偏袒朋友、亲戚、邻人、保护人、庇护者、有势力之人、威胁分子的需要。穆兰督办来到他的财政区后发现，"有势力的人一毛不拔，不幸者负担太重"。第戎督办写道，"税收摊派的基础极不公正，我们不应该继续听任本省人民呻吟下去④"。在鲁昂财政区，"有几个教区的税收负担每利弗尔超过4个苏，而有的几乎不到1个苏⑤"。该地一位贵妇写道："三年来我一直住在乡下，我发现，大部分富有的地产主负担最轻；被召来分摊税收的正是这些人，而百姓总是受欺压。"⑥达尔让松说道："我住在离巴黎10法里的地方，这里的人们想让军役税更公平，但现实完全是不公正的，领主势力很大，能够祖护自己的佃户。"⑦减轻军役税负担的不仅是那些受祖护之人，还有

① *Procès-verbaux de l'assembléeprovinciale de l'Ile-de-France*, 104.

② *Procès-verbaux de l'assembléeprovinciale du Berry*, I, 85; II, 81.—*de l'Orléanais*, 225. — "每次更换征收员，军役税的专断、不公、不平等始终是摆脱不了的特征。"

③ *Archives nationales*, H, 615. 布列塔尼贵族朗古尔达（Langourda）先生给内克的信件，1780年12月4日："您总是将税收的担子放在有益且必须的阶层肩上，但这些人的数量每天都在减少，我指的这类人就是农民。农村已经荒芜，无人愿意扶犁。大人，我向上帝和您做证，上次收割季节，我们损失了1/3以上的矮小麦，因为我们没有人手干活。"

④ Ib, 1149（lettre de M. de Reverseaux, 16 mars 1781）; H, 200（lettre de M. Amelot, 2 novembre 1784）.

⑤ *Procès-verbaux de l'assemblée provinciale de la généralité de Rouen*, 91.

⑥ Hippeau, VI, 22（1788）.

⑦ Marquis d'Argenson, VI, 37.

一些人靠金钱完全摆脱了这一负担。一位造访塞纳河上的巴尔辖区的督办注意到，"富有的农民能够在国王那里搞到一个小官职，并享有该职位附带的特权，这就把税负转嫁给了其他人"[①]。奥弗涅省议会指出："我们负担过重的主要原因之一，是因为有不可胜数的特权者，其人数还因为官职的交易和租赁而与日俱增；不到20年的时间，就有6个家庭受封为贵族。"如果这种弊政继续下去，"一个世纪之后所有最能承担税负的纳税人都将成为贵族[②]"。另外请注意，大量官位和职务虽然不能带来贵族身份，但能豁免其所有者的属人军役税，并将人头税数额降至其收入的四十分之一：首先是所有公共官职，无论是行政的还是司法的，接下来是盐税、关税、专营税、邮政、商品税和专卖局（régie）中的职位[③]。有位督办写道："很少有哪个教区不存在这类受雇职员的，有些教区有两三个。"[④]一个邮政官员的所有地产和动产都可豁免军役税，甚至他100阿尔旁之内的出租地也能豁免。昂古莱姆的公证人能豁免道路劳役捐、征收军役税、为军人提供住宿等义务，他的儿子和手下的文书也不必服民兵义务。如果我们在行政通信中对庞大的税收之网做一番检视，我们每时每刻都能发现一些网眼，所有大个头或中等个头的鱼，只要稍微费点力气和周折，都能从这些网眼中逃脱；结果留在网底的全是些小鱼。有个经商的外科医生（但不是药剂师），虽然已经45岁，但仍然住在父亲家，根据当地的成文法，他可以不负担征收军役税的义务。感恩会和谨遵会的宗教募捐人员享有同样的豁免权。在整个东部和南部，富有的个人可以花1个路易或10个埃居就能购得募捐人的职务，然后就拿着个钵在某个教区巡

① *Archives nationales*, H, 200（Mémoire de M. Amelot, 1785）.

② *Procès-verbaux de l'assembléeprovincialed'Auvergne*, 253.

③ Boivin-Champeaux, *Doléances de la paroisse de Tilleul-Lambert*（Eure）. "这类特权者数量很大：税区官员、邮政官员、盐仓管理员及其下属，这些人都拥有大量地产，但实纳的税额只有应纳数额的三分之一或一半。"

④ Tocqueville, 385. —*Procès-verbaux de l'assembléeprovinciale du Lyonnais*, 56.

游，钵中放上3利弗尔①：在某个山区小城有10个这样的人，仅特
立尼亚克村就有5个，他们都靠这种方式弄到了上述职务。于是，
"征收军役税的职责落到了穷人头上，他们总是无权无势，经常还
没有偿付能力"，而特权者不仅让纳税人陷入破产境地，也造成了
国库的亏空。

VII

要使这幅有关税制的画卷更加完整，还需说两句。人们逃到城
里躲避税收。跟农村比起来，城市的确算是避难所，但苦难也随着
穷人来到了城市。因为，一方面，城市负担过重，另一方面，管理
城市的寡头小集团也向穷人摊派捐税。城市本身受税务机器的压
迫，但它反过来也压迫人民，把国王强加给它的税负转嫁给后者。
80年的时间内，国王7次②收回和重新出售任命市政官员的权力，
为了支付"这笔庞大开支"，各个城市的入市税翻了一番。城市虽
已自由，但它仍需交钱；年度负担变成了永久负担，税务机器从未
放松那只攫取的手；吸血一次之后，它要永远吸下去。一位督办指
出③："在布列塔尼，这就是为什么没有一个城市的开支不超过收
入的原因所在。"城市无力修补街道，不能改善道路，"几乎所有
通道都不可使用"。在交完这么多钱之后，城市怎能筹集自我维
持所必需的开支呢？1748年入市税提高之后，计划在11年内提供
606 000利弗尔，但11年过去之后，税务机器仍不放松对城市的苛
求，到1774年，各城市已经缴纳了2 071 052利弗尔，而临时入市
税也一直延续下去。然而，无论在哪里，苛重的入市税总是对生活

---

① *Archives nationales*, H, 1422（督办埃奈先生、图勒税区军役税监管员的信件，1783年
2月23日）。

② Tocqueville, 64, 363.

③ Archives nationales, H, 612, 614. 卡兹德拉波夫（Caze de la Bove）先生的信件，
1774年9月11日、12月2日，1777年6月28日。

必需品征收的，这样一来，工匠们的负担比市民更重。在巴黎，正如我们已经看到的，葡萄酒的入市税是每桶47利弗尔，若按今天的币值，这个数字还需翻倍。"一条产自昂弗勒海岸的大菱鲆经转运到达市场之后，价格是原来的11倍；因此首都人民注定吃不起海鱼。"①在巴黎城门口一个叫奥贝维利埃的小教区，我发现"对干草、麦草、谷物、油脂、蜡烛、鸡蛋、糖、鱼、薪柴的课税特别高"②。贡比涅支付的全部军役税税款，全靠对饮料和牲畜的课税来筹集③。"在图勒和凡尔登，税负十分沉重，以致几乎只有因为官职和古老习惯而羁留在当地的人愿意继续留在那里。"④在库罗米埃，"商人和平民不堪重负，都厌恶开展实业活动了"。无论在哪里，民众都对入市税、税卡和税吏抱有深刻的仇视心理。各地的市民寡头首先想到的都是他们自己，然后才是其治下的人民。在内维尔和穆兰⑤，"所有富人都通过各种官职，或借助对税区专员的影响力而逃避收税的责任，去年和今年，内维尔只得让名副其实的乞丐来当征收员；没有哪个小乡村的征收员比这些人更缺乏偿付能力，因为这些征收员都是分成农"。在昂热，"除了每年花在筹码和蜡烛上的2 127利弗尔的公共基金，其他的公款都被市镇官员私下里任意挥霍掉"。在普罗旺斯，各社区可以自由课税，看起来似乎照顾了穷人，但"大部分城市，尤其是埃克斯、马赛和土伦⑥"，人们"只是根据面粉捐（droitde piquet）"缴纳"地方性和普遍性捐税"。这是一种对"所有就地生产和消费的面粉征收"的税；比如，在土伦城254 897利弗尔的开支中，面粉捐提供了233 405利

---

① Mercier, II, 62.

② *Doléances* de la paroisse d' Aubervilliers.

③ *Archives nationales*, G, 300, G, 322（关于商品税的报告）。

④ *Procès-verbaux de l'assemblée provinciale des Tois-Evêchés*, 442.

⑤ *Archives nationales*, H, 1422（穆兰督办的信件，1779年4月）。

⑥ *Archives nationales*, H, 1312 埃克斯审计法院大律师安特曼（Antheman）的信件，1783年5月19日；埃克斯大主教的信件，1783年6月15日。——普罗旺斯当地生产的小麦只够其消费七个半月。

弗尔。因此，所有捐税都由人民负担，主教、侯爵、庭长、大商人吃着精美的鱼类和飞禽，但他们交的钱比每天两斤大蒜拌面包的捻缝工和搬运夫还要少！何况在这片贫瘠地区面包已经够贵的了！面包质地低劣，以致海军总管马鲁埃（Malouet）拒绝给他的部下食用！ 1789年5月4日，南锡主教拉法尔（La Fare）在讲坛上说道："陛下，陛下，您所统治的人民已经明确无误地证实了他们的忍耐力……这是殉道的人民，生活留给他们的看来只是继续忍受痛苦。"

VIII

"我处境悲惨，因为人们拿走我的东西太多。人们拿走我的东西太多，因为人们在特权者那里拿的不够多。特权者不仅使我代他们付钱，而且还向我收取教会和封建捐税。我100法郎的收入中，53法郎以上要给军役税征收员，14法郎以上要给领主，14法郎以上要交什一税[1]，留给我的18或19法郎中，我还要应付搜查我地窖的税吏和盐税。只有我这个可怜的穷人在供养两个政府：一个政府是古老的地方政府，如今它已空有其名，一无用处，惹人厌烦，丢人现眼，其行动只意味着麻烦、优待和捐税；另一个政府是新近出现的中央政府，它无所不在，独自承担所有工作，因而需求巨大，但它无比沉重的担子全都压在我瘦弱的肩膀上。"这些明确的话语之中包含的模糊思想，已经在民众头脑中沸腾，我们在三级会议陈情书的每一页都能看到这些思想。

诺曼底的一个村子说道[2]："苍天啊，愿君主以他的双手保卫

---

[1] 可以估计一下，封建捐税相当于净收入的七分之一，什一税也是七分之一。这是上基耶内省议会提供的数字（*Procès-verbaux*, 47）。其他省一些孤立的例子所揭示的数字也大致相同。一什一税在总产量的十分之一到三十分之一之间浮动，通常接近于十分之一，而不是三十分之一。我认为平均数字在十四分之一左右，如果扣除总产量的一半作为耕作费用，则占净产值的七分之一。勒托罗内甚至认为这个数字为五分之一或四分之一。

[2] Boivin-Champeaux, 72.

他受税吏、领主、法官和教士残暴对待的公民吧。"香槟的一个村庄说[①]："陛下，您派到我们身边的，永远都是收钱的人。这些人总让我们燃起这样的希望：这种情况会结束的，但这些年来，情况越来越严重。我们并非是责怪您，因为我们热爱您，但我们要谴责您派来的人，他们主要是为自己的利益而不是您的利益而工作。我们认为这些人欺骗了您，我们在悲伤中申诉：愿我们的好国王了解这些！……我们被各种捐税压垮；我们至今都要交出自己的部分口粮，如果这样继续下去，我们很快就没有吃的……如果您看到我们居住的可怜的茅草屋，看到我们糟糕的食物，您肯定会深受触动；事实会比我们的言语更能表明，我们难以为继，我们的负担应该减轻……我们之所以这样痛苦，是因为那些最富有之人付出的最少。我们支付军役税和各种粮草给养，而有着最好产业的教士和贵族却什么都不出。为什么有钱人出得少而穷人出得多？难道每个人不应该按照自己的能力来作贡献吗？陛下，我们向您恳请实现这个目标，因为它是公正的……虽说我们斗胆在山坡上种了几棵葡萄，但商品税税吏折磨得我们好苦，以致我们都想拔掉那几棵葡萄；我们酿的葡萄酒都是给这些人的，留给我们自己的只有疲惫辛劳。这些苛捐杂税真是巨大的灾祸，为了躲避这灾祸，人们宁愿让土地荒芜……首先请您为我们清除这些税吏和盐务官吧；我们受够了他们的种种骚扰；该是撤换他们的时候了；只要这些人继续存在，我们就永无安宁。陛下，我们请求您，与其他像我们一样疲惫的臣民一起请求您……我们还有很多事情求您，但您无法同时进行这么多工作。"税收和特权：这是真正的民众陈情书抱怨不休的两大敌人[②]。"我们已经被捐税的重负压碎……我们的捐税超出了我们的能力……人们要我们作做出的牺牲奉献使得我们难以为生……劳动

---

① *Doléances* de la communauté de Culmon（Election de Langres）.

② Boivin-Champeaux, 34, 36, 41, 48. —Paris（*Doléances des paroissesrurales de l'Artois*）, 301, 308. —*Archives nationales*, 三级会议的记录和陈情书, t. XVII, 12（德拉西 - 勒 - 魏特吕居民的信件）。

者承受高税率，游手好闲的却免税……所有弊端中为祸最烈的是封建制，它所造成的损害远甚于风暴和冰雹……如果领主继续征收实物和捐税，拿走四分之三的收成，我们就生存不下去了。地产主占有四分之一的收成，什一税征收者占有十二分之一，国税占十分之一，还不包括数不清的猎物在庄稼未成熟时造成的损失；如此一来，留给不幸的种田人的只有辛劳和痛苦。"大道上通行的是贵族和教士的马车，但为什么只有第三等级为大道掏钱？为什么只有穷人被迫负担民兵义务？为什么"督办助理只征调没有靠山的人"？为什么一个特权者的家仆就可以逃避这项义务？请摧毁鸽子笼吧，以前它们只是些小鸟笼，现在有时却能豢养5000对鸽子。请废除"挖壕沟、幼子继承、领地随时收回"等野蛮的法权吧，"下布列塔尼的50万人民仍在这些法权之下呻吟"。"陛下，您的臣民之中还有30万弗兰什－孔泰的农奴"；如果其中一人有幸晋升为军官，带着一笔年金退伍，他必须回到他所出生的草房中生活；否则，他死时领主就可以拿走他的所有积蓄。越来越见不到高级教士的人影儿，领有教产的修道院院长同样如此。"根本不应该由我们来偿付当前的赤字，应该由主教和教产领有者来支付；请您将教会大贵族的收入削减三分之二。""封建制应该废除。人民，尤其是农民，被残暴地奴役在土地上，在劳累中枯萎干涸……土地受奴役的地方根本就没有自由、繁荣和幸福……请您废除遗产转移捐税，非封建性的其他杂税，它带给特权者上千倍的回报。封建制有个铁权杖就够了，不要再把包税人的匕首给它。"[①]此刻，或有段时间以来，说话的已不再是村民；说话的是诉讼代理人、律师，他们把比喻和理论借给了村民。然而，律师只是将村民的情感以文学语言表达了出来。

---

① Prudhomme, *Résumé des Cahiers*, III, *passim*, et notamment de 317 à 340.

第三章　不安定的下层

Ⅰ.民众的思想状态—缺乏头脑—思想如何变成传说。Ⅱ.政治上的无能无力—政治消息和政府行为是如何被解读的。Ⅲ.毁灭性冲动—盲目的怒会针对的是谁—对天然领袖的不信任—从猜疑到仇恨—1789年时人民的情绪。Ⅳ.一骚乱中的新兵和首领—偷猎者—走私者和私盐贩子—盗匪—乞丐和流浪汉—强盗团伙的出现—巴黎人民。

Ⅰ

现在，要想理解民众的行为，就应该看看他们的思想状态，他们的思想倾向，以及他们的思考方式。但实际上，我们需要描述他们的形象，我们刚刚关于他们的生存状态的细节描写难道还不够吗？稍后我们将通过他们自己的行动认识他们：在都兰，他们用木鞋打晕他们选择的市长和助手，因为，为了服从国民议会的命令，这两个可怜的人编订了捐税表；在特鲁瓦，他们将一位法官拖到街道上撕碎他，而这位可敬的法官到此刻还在为他们提供饮食，并刚刚立了一份关照他们的遗嘱。先请考察一下今天我国农民仍很粗糙的头脑，扣除80年来通过各种渠道渗入其中的众多观念，这些渠道如每个村庄设立的小学，如七年兵役后返乡，如书籍、报纸、道路、铁路、旅行及各类通信的迅猛发展[①]。您可以努力想象一下当时农民的形象：祖祖辈辈固守在自己的茅屋里，没有乡间道路，没有新闻消息，除了主日布道外没有别的教育，所有的专注力都集中于每天的面包和税收之上，"面色凄惨消瘦[②]"，不敢修缮自己的房子，总是痛苦焦虑，性格多疑，思想狭隘，可以说，生活的艰辛让他们的头脑变得迟钝。他们的生存状态几乎跟他们的牛或驴子没有差别，不过他们意识到了自己的状态。很长的时间里，他们一直是麻木迟钝的，甚至连本能也没有[③]；他们不自觉地抬起双眼，收起祖传的犁铧。1751年，达尔让松在他的日记中写道："在今天，宫廷的消息根本不能刺激他们；他们对政治统治一无所知……首都和外省之间的距离每天都在拉大……我们在巴黎印象最深的事件，这里的人并不知道……乡间百姓只是些可怜的奴隶，是被套上枷锁的役畜，他们在别人的鞭打之下往前走，只要到时候有得吃、有得睡，他们就不会有任何事情可以操心忧虑的。"[④]他们不去抱怨，"因为甚至想不到去抱怨[⑤]"；在他们看来，自己的不幸是很自然的事，就像有严冬和冰雹一样。他们的思想就像他们的耕种一样，仍然停留在中世纪。在都兰[⑥]，若要找到盗窃犯、治疗病人或病畜，人们还会求助于巫师，后者用筛子来占卜。乡民真心相信鬼魂，诸圣瞻礼节的夜晚，他们要为死人摆上餐具。在奥弗涅，大革命开始之时，当地爆发了一种传染性很强的热病，人们认定巫师蒙罗齐埃就是病因所在，于是200名男子一起行动，去拆毁他家的房

---

① Théron de Montaugé, 102, 113. 在图卢兹，50个教区中10个有学校。一奥什省议会说（24），在加斯科尼，"大部分乡村没有教师，也没有教区神父"。—1778年，巴黎来的信使每周到图卢兹三次；图卢兹前往阿尔比、罗德兹等地的信使，每周去两次，前往博蒙、圣日隆等地一次。特隆·德·蒙托热（Théron de Montaugé）说："在农村，可以说人们生活在孤独和流放中。"1789年，巴黎的信使每周去贝藏松三次（Arthur Young, I, 257）。

② 米拉波侯爵的话。

③ *Archives nationales*, G, 300, 库罗米埃商品税监管员的信件（1781年8月13日）。

④ Marquis d'Argenson, VI, 425（16 juin 1751）.

⑤ Comte de Montlosier, I, 102, 146.

⑥ Théron de Montaugé, 102.

屋。他们的宗教处于同一水平："他们的教士与他们一起喝酒，他们收钱为人赎罪。每个主日布道时，（圣徒们的）代理人竞相奔走：而此刻来的是圣彼得的副手！如果农民的献金迟了一点，圣彼得的颂歌便进行得很快，于是农民就争先恐后地加价。"①对这些十分原始、缺少思想但充满意象的头脑来说，地上的偶像像天上的偶像一样必要。雷迪夫·德·拉·布雷东说②："我丝毫不怀疑，国王可以合法地迫使任何人将妻子和女儿交给他，我全村（勃艮第的萨希）的人都有我一样的想法。"对这样的头脑来说，不可能有抽象概念、社会秩序观念的位置；他们只是忍受着，仅此而已。古维诺·莫里斯在1789年写道③："对大部分民众来说，宗教就是他的教士，法律就是他的上级，道德就是他的利益；这些受醉醺醺的教区神父领导的创造物，如今要踏上自由的大道；而他们对自由的首次运用，就是在四面八方掀起叛乱，因为穷困无处不在。"

还能有别的情形吗？任何观念在他们的头脑中扎根之前，必须变成一个传说，这个传说既荒诞又幼稚，但跟他们的经验、他们的才智、他们的恐惧和希望很契合。传说一旦种植在这片肥沃的未开化土地上，就会在这里扎根、繁衍、变形，生发出粗野的赘瘤，阴森的叶簇，含有毒液的果子。传奇越是畸形荒诞，生命力也就越强；人越是执着于那些最不可靠的传言，就越能抗拒最有力的证明。在路易十五时期，在逮捕流浪汉的行动中，几个孩子因为打击面过大而被错抓了起来，于是便出现了一个传言：国王要在血中沐浴以修复他衰老的器官；事情听起来就像真的一样，妇女们受母性本能的驱使，加入了骚乱的队伍：一个低级警官被抓住，被打晕，当这个警官要人给他请一位忏悔神父时，一位妇女抓起一块地砖，高声喊道，不能让此人进天堂，然后砸碎了他的头颅，并且深信

---

① *Tableaux de la Révolution*, par Schmidt, II, 7 居住在奥弗涅的代理人佩里耶尔（Perrière）的报告。

② Monsieur Nicolas, I, 448.

③ Gouverneur Morris, II, 69（1789年4月29日）。

自己做了一件正义的事①。在路易十六时期，民众深信饥荒是人为的：1789年②，一位聆听士兵们谈话的军官听到他们反复说，"千真万确的是，亲王和廷臣们想饿死巴黎人，命人把面粉投入塞纳河"。听到这番话之后，他回到军需官处，问他为何相信这样的蠢话。军需官答道："我的长官，的确是这样，证据就是面粉袋上绑着的蓝色骑士绶带。"在这些人看来，凭这个证据就可以确信了，不管怎样都不能让他们改变想法。因此，在社会的底层形成了各种传言，如关于饥饿阴谋、巴士底、宫廷的奢华和享乐的流言，如一种淫秽可怕的传说：路易十六、王后玛丽-安托瓦内特、阿图瓦伯爵、朗巴尔夫人、波林雅克家族、包税官、大领主、贵妇人全都是吸血鬼和啮尸女鬼。在当时的小册子、秘密的雕刻、版画和民间小彩画中，我看到了这些传言是如何编造出来的，而民间小彩画是所有形式中最有效的，因为它通过直观形象来诉说。这已经超越了曼德兰或卡尔图什的故事，对那些在文学中表达卡尔图什和曼德兰之怨气的人特别适合。

II

据此您可判断一下他们的政治理解力。他们对所有事物的见解都是晦暗的；小孩每到一个路口转弯处，就有人告诉他说，大树和灌木之中会看到可怕的鬼魂。阿瑟·扬在造访克莱蒙附近的泉水时被人拦住③，人们要把一个给他指路的妇女投入监狱；有几个人觉得，阿瑟·扬"受王后委托来敷设炸药以炸毁城市，然后把所有没有被炸死的居民送去服苦役"。六天之后，阿瑟·扬穿过勒皮，虽然他带着通行证，城市卫兵还是于晚上11点将他从床上抓了起

---

① Mercier, *Tableau de Paris*, XII, 83.
② Vaublanc, 209.
③ Arthur Young, I, 283（1789年8月13日），I, 289（1789年8月19日）。

来；有人向他宣布，"他肯定与王后、阿图瓦伯爵和当地大地主昂特拉格（Entragues）伯爵策划的阴谋有关；这些人派他来当土地丈量员，为的是将税收翻倍"。这里我们可以理解民众想象力的不自觉的可怕作用：仅凭一个迹象、一句言语，这种想象力就会凭幻觉构建起城堡和地牢，幻觉对于他们既可靠又现实。他们没有进行区分和辨识的内在工具；他们是笼统地思考；事实和梦想在他们眼中浑然一体，融入单一的实体中。在人们选举三级会议代表之时，普罗旺斯盛行着一个谣言[①]："最好的国王要让一切都平等，不再有主教、领主、什一税、领主捐，也不再有身份头衔的差异和区分，不再有狩猎和钓鱼权……人民将被免除所有税收，只有头两个等级负担国家开支。"于是，几乎就在当天，共发生了四五十起骚乱。"好几个社区拒绝向税务官缴纳王家税收之外的任何捐税。"别的社区更进一步："当人们洗劫布里尼奥尔的皮革税管理员的钱柜时，爆发出国王万岁的呼声。""农民不断声明，他们的抢劫和破坏符合国王的意志。"稍后，奥弗涅的农民焚烧了城堡，他们表示，"非常不愿意"虐待"心地良善的领主"，但又说"命令不可违"，因为"陛下意欲如此[②]"。在里昂，当城里的小酒店老板和城郊的农民踏过税卡职员的尸体时，他们同样深信，国王三天前就已废止了入市税[③]。然而，他们的想象力有多丰富，他们的眼光就有多短浅。"面包，不再有租金，不再有税收！"这是唯一的呼声，源自穷困的呼喊，恼怒的穷困者像惊恐的野兽一样往前冲。打倒投机倒把！商店被撞开，运粮车队被拦截，市场遭到抢劫，面包店老板被吊死，面包价格被定死，以致面包不敢上市或干脆藏了起

---

① *Archives nationales*, H, 274. 卡拉曼（Caraman）、艾马尔·德·蒙迈朗（Eymar de Montmeyran）和德·拉·图尔（De la Tour）的信件（1789年3月18日和4月12日，4月2日，3月30日）。"无知的民众以最荒诞的方式来理解君主最大的善行。"

② Doniol, *Histoire des classes rurales*, 495（1789年8月3日致克莱蒙-托内尔的信件）。

③ *Archives nationales*, H, 1453. 1789年7月5日安贝尔-科罗麦（Imbert-Colomès）市长的信件。

来。打倒入市税！于是税卡被冲破，税吏被痛殴，城市没钱应付最紧迫的开支。税务登记册、账本、市政档案、领主的文件、修道院的羊皮卷统统被烧毁，所有这类受诅咒的文献到处都在制造负债者、都在压迫人！连村庄也不知道如何向村民要钱了。面对手写的文书、面对公共职员、面对远近各处伸手要小麦的人，无声而盲目的凶猛神情随处可见。失控的野蛮人在毁灭一切的同时也伤害自己，他咆哮着撞向最终会让他回头的障碍物。

III

但他没有领导者，由于没有组织，人再多也不过是一群人而已。对于所有的天然首领，大人物、富人、有地位有权威之人，他都抱有根深蒂固的、无法克服的不信任。就算这些人想对他示好、给他做好事，也是枉然，他不相信这些人的人道和公正无私。他被践踏得太厉害，对所有来自这些人的举措都有成见，即使是最有益、最慷慨的举措。一个外省委员会在1787年指出[1]："一说出新议会的名字，我们就不止听到一个穷苦农民高喊：什么！又有新的诉讼费！"所有上层人都让他心怀疑虑，而从疑虑到敌视，距离并不遥远。梅尔西埃在1788年宣称[2]："数年以来，人民之中的不服从显而易见，尤其是在手艺人中间……从前，当我走进印刷厂时，小伙子都会脱帽致敬。今天，他们只是看着你傻笑。你刚迈出门槛，就能听到他们在谈论你，那方式比他们谈论同事还要随意。"在巴黎附近，农民的态度也是如此，维热－勒布伦夫人[3]在前往罗曼维尔的塞居尔元帅家时注意到了这一点："他们不仅不再向我们脱帽致敬，而且还以放肆的目光看着我们；有几个人甚至用大棒威

---

[1] *Procès-verbaux de l'Assemblée provinciale de l'Orléanais*, 296. "乡村中始终弥漫着一种惶恐不安的猜疑……在几个已经苏醒过来的地方，你们省议会中头两个等级全都是可疑之人。"

[2] *Tableau de Paris*, XII, 186.

[3] Mme de Vigée-Lebrun, I, 158（1788）, I, 183（1789）.

胁我们。"次年三四月间，在她举办的一次音乐会上，几个客人到来的时候惊恐万状。"早上，在隆尚人行大道上，一伙人聚集在星广场栏杆后面，以最过分的方式侮辱乘车经过的人；一些可怜人还爬上台阶高声呼喊：来年跟在马车后面的是你们，坐在这里的是我们。"1788年底，溪水变成了洪流，接着洪流又变成了瀑布。一位督办写道①，在他的省，政府必须做出选择，必须按民众的意思做出抉择，即必须疏离特权者，抛弃古老的议事程序，授予第三等级双倍的投票权。教士和贵族备受憎恨，他们的优越地位看来是个枷锁。他说："去年7月，人们好像兴高采烈地接受了（旧的）三级会议，它的组成似乎不会有多少障碍。但五个月来，人们的思想开化了，各方的利益已经进行了讨论，各种联盟形成了。但人们会让你忽视这一点：在第三等级的所有阶层中，骚乱达到了顶点，一点小火星就能引发大火灾……如果国王的决策有利于头两个等级，本省各地肯定会爆发一场全面的叛乱，60万人将拿起武器，扎克雷②的所有暴行都会出现。"话已经放出，事态随后就能看到。当奋起的群众驱逐他们的天然领导者时，他们必须推举并接受别的领导者。正如一支开赴战场的军队，在废掉所有的军官之后，那些最大胆、最凶暴、受压迫最深的人将成为新的军官，这些旧体制之下受苦最深的人高喊"前进"，带头冲锋并组成最初的队伍。1789年时，这些队伍已经准备好了；因为，在经受痛苦的人民下面，还有另一个受苦更深的人民，他们的叛乱从未停息，这些受镇压、被追捕的无名之辈只等着一个走出藏身处、在光天化日之下大爆发的机会。

IV

沉默无语的人们，抗拒一切的倔强者，法官和警察的猎物，叫

---

① *Archives nationales*, H, 723 . 贝藏松督办科马丹（Caumartin）的信件，1788年12月5日。
② 扎克雷原指14世纪的农民起义。

花子，手执棍棒的，皮肤脱落，头生发癣，消瘦苍白，凶猛粗野，在旧制度的弊政中孕育而生，在每个社会创口像寄生虫一样繁衍。方圆400法里的禁猎区，无数野味在地产主眼皮底下啃食庄稼，后者却无可奈何，惹得数以千计的人冒险偷猎，这种行为由于冒犯可怕的法律、由于他们手执武器而更形危险。早在1752年[1]，在巴黎周围，人们就已看到"五六十人的啸聚，所有人都手执战斗武器，架势就像是一支秩序井然的部队，炮兵在中间，骑兵分居两翼……他们在居住的森林里建起了一条以壕沟拱卫的防线，为此付出的代价就是一切的营生"。1777年[2]，在勃艮第的桑斯，检察长泰雷带着两个军官在领地上打猎，碰到了七个偷猎者，这些人当着他们的面猎杀猎物，接着又朝他们开枪，泰雷受伤，一个军官的衣服被射穿。不久骑警来了，偷猎者寸步不让，击退了骑警。于是有人搬来了普罗万的龙骑兵，偷猎者杀死了一个龙骑兵，三匹马被砍死，但他们也被砍倒；其中的四个人仍留在原地，七个人被抓。在三级会议的陈情书中可以看到，每一年、每一片大森林中都会发生谋杀，有时是偷猎者开枪，但更经常的是森林守卫开的枪。这是一场家门口的战争；因此辽阔的领地中隐藏着反叛者，这些人有火药、有子弹，也知道如何使用。

别的骚乱新兵还有走私者和贩私盐的[3]。既然税收难以承受，它自然会招致走私，引发违法的人民与官吏的人民之间的斗争。请根据监督者的数目来衡量一下走私者的数量：5万人守卫着总长1200法里的国内关税线，其中23000人是不穿军装的士兵[4]。"在大盐税区和处于五大包税所的省份，在税卡沿线两边4法里的范围内"，

① Marquis d'Argenson, 13 mars 1752.

② *Correspondance*, par Métra, V, 179（1777年11月22）。

③ Beugnot, I, 142. "舒瓦瑟尔男爵的领地的居民，没有一个不参与武装团伙的，这些团伙由蒙蒂尼的爱国者、走私者和附近的坏臣民组成。"—关于当时的偷猎者，参阅*Les deux amis de Bourbonne*, par Diderot。

④ Colonne, *Mémoires présentés à l'Assemblée des Notables*, n. 8.—Necker, *De l'Administration des Finances*, I, 195.

庄稼被荒废，所有人要么是关卡中的税吏，要么是走私者[1]。税收越是沉重，违法者可能的收益就会越高，特别是在布列塔尼与诺曼底、曼恩和安茹的整个接壤地带，盐税20%的附加导致本已众多的私盐贩子的数量令人难以置信地急剧增加。"很多团伙[2]以铁箍或包着铁皮的长棍为武器，有时还有手枪或长枪，企图以武力打开通道。众多妇女和年幼的小孩也穿过警戒线，而在线的另一边，成群的狗被领到自由地带，由于被禁食关闭了一段时间，这些驮着盐的狗在饥饿的驱使下向主人家飞奔而去。"既然这个行当这么有油水，流浪汉、走投无路者、饥民像犬猎队一样，纷纷从远方赶来。"布列塔尼的整个边缘地带住的都是外来人，大部分都是从自己的家乡被放逐的，他们在这里居住一年之后，就可以享有布列塔尼人的所有特权：他们唯一的营生就是将囤积的盐转卖给私盐贩子。"我们仿佛在雷电之中看见这一长串流民，他们焦虑不安，昼伏夜出，到处受追捕；所有男男女女都是粗野的流浪者，惯于和人拳脚相加，不惧风霜雨雪，衣衫褴褛，"几乎所有人都患有慢性皮肤病"，我在摩尔莱、洛里昂和其他港口、在其他省的边界和王国的边境上也看到过类似的人。1783—1787年，凯尔西的两个走私团伙，总计60~80名走私者，走私烟草价值总计4万利弗尔，杀死税吏一人，并以手中的火枪捍卫他们在山区的货栈；要想镇压他们，需要的是军事长官们无法提供的士兵。直到1789年[3]，大批走私者仍在曼恩和安茹边界忙碌着；军事长官写道，"他们的头目是个聪明可怕的盗匪，手下已经有54个人，由于人们的情绪和悲惨处境的影响，用不了多久，他的队伍会给他带来麻烦"；这位军官提到的可能是收买盗匪的几个手下，让后者把此人交出来，因为捕拿他是很难的事。在盗匪猖獗的地方，人们往往采取这种办法。的确，这

① Letrosne, *De l'Administration des Finances*, 59.
② *Archives nationales*, H, 426（包税人的报告，1781年1月13日，1782年9月15日。）H. 614（科埃罗斯盖Coëtlosquet的信件，1777年4月25日）。H. 1431，包税人的报告，1787年3月9日。
③ *Archives nationales*, H, 1453（贝桑瓦尔男爵的信件，1789年6月19日）。

些地方就像意大利的卡拉布里亚一样，人民拥护盗匪，反对警察。人们在回忆1754年曼德兰的功绩[①]，他手下有150人，大包小包地贩卖走私货物，但他只对税吏敲诈勒索，他发起了4次远征行动，7个月内纵横弗兰什－孔泰、里昂、波旁、奥弗涅和勃艮第，未遇抵抗就进入27个城市，释放囚犯，出售货物；为了战胜曼德兰，官府在瓦朗斯城前扎营，派兵2000，但最后只是靠策反手腕才抓获他，时至今日，当地的很多家庭仍以与曼德兰沾亲带故为荣，说他是解放者。没有比这更严重的征兆了：人民倾向的是法律的敌人而不是法律的捍卫者，社会正在解体，它的躯体中已经生出蛆虫。除了这些人，还有真正的强盗，杀人犯和小偷。"1782年，蒙塔日的重罪法庭审讯于兰（Hulin）一案，此案还涉及他的200多个同谋，10年来，他们精心策划犯罪行动，严重破坏了王国的部分地区。"[②]根据梅尔西埃的估计，法国有"一支超过1万人的强盗和流浪汉大军"，而镇压这些人的骑警只有3 756人，而且总是马不停蹄。上基耶内省议会说："人们每天都在抱怨，乡村之中根本没有警察。"离乡的领主也不会照管农村的治安；他的法官和执法人员尽量不去无偿地打击某个根本没有经济能力的罪犯，于是"他的领地就变成了当地各种恶徒的避难所[③]"。因此每种弊端都会酝酿出危险：无论是不合时宜的疏忽还是过分的严格，无论是松弛的封建制还是过分紧张的君主制。所有制度看来都在协同一致地繁衍或容忍混乱的煽动者，都在社会围墙之外培养攻击这个围墙的凶手。

但这些制度的总体效应甚至更具破坏性；因为，它们致使众多劳动者破产，将这些人变成不想劳动的乞丐，或者变成危险的懒

---

① *Mandrin*, par Paul Simian, passim. – *Histoire de Beaune*, par Rossignol, 453. — *Mandrin*, par Ch. Jarrin（1875）. 带兵进攻和驱散该团伙的军官费舍尔（Fischer）写道，事态极为紧迫，因为，"如果他们从富雷高原一侧上行，就可能与两三百个期待加入他们队伍的无赖会合在一起"（47）。

② Mercier, XI, 116.

③ 见第一卷。

汉，这些人会去农民家里寻找或敲诈面包，而农民的面包本来就不多。勒托罗内说[1]："流浪汉是乡村中最可怕的祸害；这是些成群结队的敌人，他们散布在各地，任意就地为生，骚扰真正的纳税人……他们老是在乡间游荡，观察通往各家各户的道路，打听住户的消息和户主的财力。那些顶着有钱人名声的人可倒了霉！……有多少路上抢劫和入室盗窃呢！有多少屠杀教区神父、农民和寡妇的凶手！他们为了打听钱的下落而折磨这些人、然后将其杀害！"在大革命之前的20年，要是碰到十几二十来个人"突然来到农庄过夜，威胁主人，拿走所有他们想要的东西"，这并没有什么大惊小怪的。1764年政府针对这种人采取的措施就能反映局势有多严重[2]："过去的10个月中，没有从事任何劳动之人，或没有任何职业和财产为生，亦不能由正道之人证明其生活和道德之端正的人，都被认为是流浪汉和不轨之人，或做如是判决……陛下的意图不只是要逮捕在乡间游荡的流浪汉，还要逮捕所有乞丐，这些人没有职业，只能被视为流浪嫌疑犯。"身体康健者判处三年苦役；第一次重犯，判9年；第二次重犯，终身服苦役。失去劳动能力者，监禁3年；第一次重犯监禁9年；第二次重犯，终身监禁。16岁以下的孩子送往济贫院。一份通告说："一个被骑警逮捕的乞丐，只有以最坚定的方式确保以后不再乞讨才会被释放；而要确认他不会再乞讨，必须有可信且有偿付能力的担保人保证给他工作或供养他，担保人还须指明防止他乞讨的办法。"

即使上述条件都满足了，还需要督办的特别授权。根据这项法律，据说一下子就逮捕了5万乞丐，由于普通的监狱和济贫院容纳不下，只好建造新的监狱。直到旧制度告终之时，这项行动仍在不间断地进行着：1768年，在朗格多克，六个月内逮捕乞丐433人，

---

[1]　Letrosne, *ib.*（1779），539.

[2]　*Archives nationales*, F16, 965, et H, 892（1764年8月4日的法令，1767年7月20日的通告指令。图卢兹骑警指挥官1787年9月21日的信件）。

1787年四个月内抓了205个^①。同一时期，贝藏松关了300个乞丐，雷恩关了500个，圣丹尼关了650个。为养活这些被关押的乞丐，国王每年要花上100万利弗尔，天知道他们怎么样养活呢！水，麦草，面包，两盎司咸油脂，每天费用5个苏；由于20年来食品价格上涨了三分之一，负责给他们供应食物的看守不得不让他们节食或自生自灭。至于收容院里盛行的风气，警察就是这个下层人世界中的暴君，他成群地殴打他们，扫帚柄被打断就像这些可怜人扫地一样频繁。一位督办写道^②，根据1778年的法令，"骑警中的骑兵不仅要抓捕他们碰到的乞丐和流浪汉，还要逮捕别人向他们揭发的此类嫌疑者。因此，品行最无可挑剔、最不可能成为流浪者的公民，也不敢保证自己不会被关进收容所，因为他的自由受某位骑警的支配，后者始终有可能被虚假揭发所蒙蔽，或受金钱收买。我在雷恩收容院发现，好几个丈夫仅仅因为自己妻子的揭发而被逮捕，而有些妻子也因为自己丈夫的揭发而被拘禁；几个头婚的孩子因他们继母的揭发而被抓；很多被主人搞大肚子的女仆被主人揭发而被送进来，一些怀孕的姑娘则是被勾引者陷害；父亲揭发儿子，儿子揭发父亲：所有这些都没有丝毫的流浪和乞讨的证据……没有哪一次庭审宣布释放拘押者，虽然他们中间的很多人是被不公正地抓起来的"。我们可以想见，一位像他这样仁慈的督办自然会对囚犯宽大处理：地板上躺着的是因为法律的错误而成为乞丐的人，这项法律本来是为了追查乞讨行为，但它在它所追查的不幸者之外又加上它所创造的不幸者，这些人更是气恼，身体和灵魂都被败坏。他继续说道："囚犯几乎总是从离收容所25～30法里的地方抓来的，一般只关押三四个月，有时稍微长点。在此期间，囚犯被成群地来回

---

① *Archives nationales*, H, 724, H, 554, F4, 2398, F16, 965.卡尔卡松那、贝奇埃、尼姆的监狱看守以及督办埃奈的信件（1789年6月22日，1786年7月19日，1786年7月1日，1786年3月19日）。

② *Archives nationales*, H, 554 . 雷恩督办贝尔特朗（Bertrand）先生的信件，1785年8月17日。

地转移，因为监狱就设在路上，他们在那里要一直待到凑够了足够装车的人数。男人和女人被关在同一个监狱中，结果那些进来的时候没有怀孕的女人总是大着肚子出去。监狱的卫生条件通常十分糟糕，大部分人出去的时候已经染病"，有些人因为跟恶棍接触也成了恶棍。——精神和肉体的双重感染：溃疡因为药剂而扩大，惩戒的中心变成了腐化的温床。

然而，法律虽然极尽严酷，却没有达到目标。布列塔尼的高等法院说道[①]："我们的各个城市充斥着乞丐，好像所有禁止乞讨的计划都只是导致乞丐的增加。"那里的督办则写道："各条大道饱受危险的流浪汉、无赖和名副其实的乞丐的困扰，骑警无法逮捕他们，或是因为疏忽，或是他们的工作根本顾不上这类事情。"即使把这些人抓起来又能如何呢？他们人数太多，不知道该关到哪里去。另外，如何能阻止这些受救济之人要求救济呢？当然，这样做的后果令人悲叹，但无法避免。某种程度上，艰难困苦是一种慢性溃疡，染病的部分将吞噬健康的部分，勉强维持生计的人将很快被无以为生之人啮食掉。"农民已经完了，无数穷人在城里避难却蹂躏乡间，结果农民成为牺牲品衰竭而死。于是流民啸聚，危害公共安全；于是走私者和流浪汉成群结队；于是大批男子成为小偷和杀人犯，原因仅仅是他们缺面包。不过我看到的只是一些轻微的动乱想法。"[②]"农村的惨象本已十分严重，然在它引起的混乱之中，惨象更是无以复加；根本不必到别处寻找乞讨及其各种劣行的可怕根源。"[③]对一种浸透于血液之中、根源于社会肌体本身的病症而言，镇痛剂或猛烈的手术又有何用处呢？如果一个教区四分之一或三分之一的居民只有挨家挨户要饭才能弄到点吃的，警察又有何

---

① *Archives nationales*, H, 426.（1783年2月4日的诤谏书。）—H, 554.贝尔特朗先生的信件，1785年8月17日。

② *Archives nationales*, H, 614.高等法院律师勒内·德·奥特维尔（René de Hauteville）的报告，圣布里厄，1776年12月25日。

③ *Procès-verbaux de l'Assemblée provinciale du Soissonais*（1787），457.

用呢？在布列塔尼的阿让特雷①，"2300名居民没有职业，没有工作，一半以上的人生计艰难，500多人被迫乞讨"。在阿图瓦的丹维尔，"130户人家中，60户被列入贫困人口表②"。在诺曼底，根据教区神父们的报告，"圣马洛的900个教区中，四分之三尚能为生，其余的是境况悲惨"。"圣帕特里斯的1500名居民中，400人要依靠救济；圣劳伦的500人口，四分之三靠救济。"马尔伯夫的陈情书说："本教区的500名居民中，100人被迫乞讨，另外，邻近教区每天都有三四十人来我们这里"③。在朗格多克的布尔博纳④，修道院门口每天都要"举行大型赈济活动以帮助三四百个穷人，此外还有老人和病人需要救济，而这些人本已够多了"。在1787年的里昂，"3万工人等着公共慈善机构的救助"；在1788年的雷恩，洪水过后"三分之二的居民惨不堪言⑤"；根据1791年的调查，巴黎的65万人口中共有赤贫者118 784人⑥。1788年的那场冰冻和冰雹过后，庄稼歉收，面包每斤4个苏，而慈善工场的工人每天才挣12个苏⑦；但您怎敢相信这些人会心甘情愿地饿死呢？在鲁昂周围，1788年冬天，森林在大白天公然被人毁坏，巴涅尔森林全部被砍伐，不法分子公开售卖砍倒的树木⑧。饥民和盗窃犯总是结伴而行，饥饿贫困总是犯罪的同谋者。我们可以从一个省到另一个省追踪他们的足迹：四个月后，在埃唐普附近，15个强盗在白天进攻了三个农家，威胁放火，农民只得给他们钱，一个给了300

---

① *Archives nationales*, H. 616.（雷恩督办卡兹德拉波夫的信件，1774年4月23日。）

② Périn, *La Jeunesse de Robespierre*, 301. 1789年农村教区的陈情书。

③ Hippeau, *Le Gouvernement de Normandie*, VII, 147-177（1789）. —Boivin-Champeaux, *Notice historiquesur la Révolutiondans le department d l'Eure*, 83（1789）.

④ Théron de Montaugé, 87.（修道院院长的信，1789年3月。）

⑤ *Procès-verbaux de l'Assemblée provinciale du Lyonnais*, 57 —*Archives nationales*, F4, 2073. 1788年1月24日的报告。"慈善救济十分有限，本省三级会议没有为此类变故拨付任何资金。"

⑥ Levasseur, *La France industrielle*, 119. —1862年，巴黎的人口几乎增长了两倍（1 696 000），但赤贫者人口仅为9万人。

⑦ Albert Babeau, *Histoire de Troyes*, I, 91. 于埃（Huez）市长的信件，1788年7月30日。

⑧ Floquet, VII, 506.

法郎，另一个给了150法郎，很可能是他们箱子里所有的积蓄①。
"盗窃犯、苦役犯、各类邪恶臣民"，这些人将在即将到来的暴乱
中充当先锋，"最后将农民逼得只好采取暴力②"。巴黎发生洗劫
雷维永（Réveillon）家的事件过后，人们注意到，"在被捕的40
多名骚乱者中，几乎没有一个不是先前受过法律追究、鞭笞和记录
在案的"③。在所有革命中，社会的沉渣都会泛到水面。人们此前
从来没有见过这些渣滓，就像森林里的獾子和阴沟里的老鼠老是藏
身于洞穴和破屋中。突然之间，他们在巴黎成群地出动，那是怎样
一番面目啊④！"大家不记得在大白天曾碰到过类似的东西……但
他们是从哪里来的？谁将他们从藏身之所引出来的？……这些人在
任何国家都是另类，他们手执大木棒，破衣烂衫……一些人几乎赤
身裸体，另一些人打扮怪异"，身上披挂着参差的破布，"不堪入
目"，这就是骚乱的头目和帮手，百姓则跟在他们身后，每人还能
得到6法郎。

梅尔西埃说⑤："在巴黎，百姓虚弱、苍白、矮小、发育不良、
备受虐待，仿佛是一个与国家其他阶层分离的群体。有钱有势的车
马成群，而且享有在街道上轧死或损毁小民的野蛮权利……没有任
何为这些行人考虑的措施，街道上根本不设人行道。每年在车轮下
丧生的人数以百计。"阿瑟·扬说："一个可怜的小孩就在我们眼
皮底下被轧死，好几次我从头到脚被溅起的污水浇了个透。如果我
们年轻的贵族也像他们的法国兄弟那样，在伦敦没有人行道的大街
上横冲直撞，那他们很快就会被人揪出来痛殴，然后被拖到路边的

---

① *Archives nationales*, H, 1453. 圣苏珊娜（Sainte-Suzanne）的信件，1789年4月29日。
② Arthur Young, I, 256.
③ *Correspondance secrète inédite de 1777 à 1792*, publiée par M. de Lescure, II, 351（1789年5月8日）. Cf. C. Desmoulins, *La Lanterne*: 在里昂被捕的100名骚乱者中，96人曾被记录在案。
④ Besenval, II, 344, 350. —Dusaulx, *La Prise de la Bastille*, 352. —Marmontel, II, ch. XIV, 249. —MmeVigée-Lebrun, I, 177, 188.
⑤ Mercier, I, 32, VI, 15, X, 179, XI, 59, XII, 83. —Arthur Young, I, 122.

阴沟里。"梅尔西埃在无边无际的民众面前颇感忧虑。"在巴黎，有20万人的绝对财产不足5埃居，而这个城市居然能生存下去！"秩序的维持只能靠武力和恐惧，靠被民众称作走卒（triste-à-patte）的警卫兵。"这个绰号让此类民兵怒不可遏，于是他们的枪托更重了，而且不管碰到谁都要去伤害。小民百姓与他们的冲突一直处于一触即发的状态，因为他们对百姓从来都是毫不留情的。"说真的，"一小队警卫兵经常就能毫不费力地驱散五六百人的聚会队伍，这些人最初群情激昂，但只要士兵用枪托击打几下，铐走几个骚乱分子，人群一眨眼的工夫就会散去"。然而，"如果人们任由巴黎人受其本能激情的支配，如果他们感觉不到背后还有步兵和骑兵、警员和兵弁，那他们的骚乱不会有任何节制。民众一旦扔掉习惯于戴着的枷锁，就会陷入狂暴之中，由于他们并不知道应该在哪里停顿下来，这种狂暴就更形残酷……只要戈内斯[1]不缺面包，震动就不会很大；市场[2]上的气氛应该与之有利害关系，要不然妇女们就会保持平静……但是，如果接下来的两次集市上戈内斯的面包供应不足，就会发生全面的骚动，不可胜数的民众走投无路，他们想把自己和孩子从饥饿中解救出来，很难料想他们的行动会发展到何种地步。"1789年，戈内斯和整个法国都缺面包。

----

　① 巴黎东北郊区的一个地方。——译者

　② *Dialogues sur le commerce des blés*, par Galiani（1770）."如果市场上有势力的人心满意足，政府不会有任何麻烦。贵族在阴谋反叛，市民只能抱怨，生活在独善其身中；农民和手艺人绝望地逃走，脚夫们则聚众起事。"

第四章 军 队

Ⅰ.军队在解体—军队如何招募—士兵的待遇如何。Ⅱ.社会组织已瓦解—凝聚力全无—外省的停滞—巴黎的支配性影响力。Ⅲ.思想潮流—百姓受律师指引—唯一残存的权威是理论和梭镖—旧制度的自杀。

Ⅰ

面对普遍的骚乱，武力在哪里？在维持秩序的15万人之中，情绪与2600万忍受这种秩序的人并无二致；导致国家解体的各种弊端、疏远等因素，同样也在瓦解着军队。每年国库拨付的军饷为9000万[①]，其中4600万给了军官，留给士兵的仅为4400万，而且我们知道，一项新法令规定，所有军官职位全部留给被确认有贵族身份之人。没有哪种不平等比这更加露骨的了，公共舆论对此激烈反对：这条法令一方面庇护少数人，庇护权势、荣誉、金钱、闲散、美味佳肴、上流圈子的娱乐、社交喜剧；而另一方面，对大多数而言，这项法令意味着奴役、卑微、辛劳、强制性服役、毫无晋升希

① Necker, *De l'Administration des Finances*, II, 422, 435.

望、每天6个苏^①，一张狭窄的双人床，一点喂狗的面包，还有近些年来像对待狗那样的殴打^②；一方是最上层的贵族，另一方是最卑贱的小民。这个特别的事例似乎是要汇聚各种反差、加剧人们的不满。一位经济学家说："士兵军饷的低微，衣着、住宿和饮食状况，他们完全的依附状态，会让每一个不是来自社会底层的人觉得太恶劣。"^③实际上，也只有在社会底层才能找到当兵的。免除抽签服役的不仅是全部的贵族和市民，还有总包税所和路桥工程局的全部职员，"全部的猎场看守，护林员，教会、宗教社团和修会机构、贵族老爷们的家仆和佣人^④"，甚至还有像贵族一样生活的市民、家境优越的农民之子，以及所有有影响力和保护人的臣民。因此服兵役的只有最穷苦的人，而且他们参军不会有好心情。实际上，他们的待遇恶劣到了极点，以致经常有人逃到森林里，对这样的逃兵只好以武力追捕：三年后一天之内提供50～100名志愿兵的地方，此刻的小伙子是以割断大拇指来逃避抽签服兵役的^⑤。在社会的淤泥之上，人们又加上了成堆的垃圾和监狱。在充斥其间的流浪汉之中，在清除那些能够找到家人或担保者的人之后，一位督办写道，"剩下的全是些无人认领或十分危险的人；在这些人当中，可以遴选一些看来危害不太大的人，然后把他们编入军队^⑥"。最后一个支流、一种半强制半自愿的招募办法，通常只将大城市的渣

---

① 1789年，向士兵支付的军饷为7个苏4德尼埃，其中扣留2个苏6德尼埃作为面包费。（*Mercure de France*, 7 mai 1791.）

② Aubertin, 345. 圣日耳曼（Saint-Germain）伯爵的信件（七年战争期间）。"士兵的处境十分悲惨，他们的心在滴血；他们每天都在屈辱和蔑视中度过，他们活着好像就是一条时刻准备搏斗但被套上了枷锁的狗。"

③ Tocqueville, 190, 191.

④ *Archives nationales*, H, 1591.

⑤ Maréchal Rochambeau, *Mémoires*, I, 427. Marquis d'Argenson, 24 décembre 1752. "自1748年和约以来，因为开小差而受刑的士兵超过3万；有人认为，大量的开小差是新的操练法导致的，它让士兵疲惫不堪，心生绝望，尤其是那些上了年纪的士兵。"—Voltaire, *Dictionnaire philosophique*, article Supplices. "有一天，当我看到8年来的逃兵名单时，我十分惊恐：逃兵居然高达6万。"

⑥ *Archives nationales*, H, 554.（雷恩督办贝尔特朗的信件，1785年8月17日。）

溽输入行伍，如冒险者、被辞退的学徒、被驱逐出家庭的子弟、居无定所的危险之人。募兵者"在小酒馆里开庭，大吃大喝"，大吹大擂："我的朋友，汤、正菜、烤肉、沙拉，这就是一般的入伍程序；绝不要多，我不骗你，肉酱和阿布瓦葡萄酒是例外"[1]；此行换来的要么是他招募的新兵，要么是身材超过五法尺之人的大拇指。让人喝酒，自己付钱，必要时还献出自己的情妇："几天的放纵之后，这个年轻的放荡鬼没有钱了，只能出卖自己，而已经成为士兵的工人，则在棍棒之下开始操练"。这些保卫社会的新兵，全都是在受社会排斥的阶层中挑选出来的，如被压迫的农民，被监禁的流浪汉，失去原有身份之人，负债者，走投无路之人，会轻易上当、头脑发热的赤贫者。所有这些人都会依据环境的不同，时而变成叛乱者，时而充当士兵。

两者之中谁的命运更好？士兵的面包不比囚犯的面包更多，而且更差；因为人们为监狱中的流浪者制作面包时会去掉糠麸，但人们将糠麸留下来，为看守流浪者的士兵制作面包。在这种状态下，士兵肯定不应该思考，但正是在此刻，军官们在敦促他思考。军官们自己也关心政治，也成了批评者。在大革命前几年[2]，军队"已经在讨论，在推理，在抱怨，新思想在人们头脑中发酵，两支部队之间建立了通信联系。人们收到了从巴黎来的手稿消息，这类消息是军事大臣许可的，我认为其价格为每年12个路易。不久这类消息就具有了哲学色彩，它议论和评价大臣、政府、期望中的变革，而且这种消息只会传播得更广"。像奥什（Hoche）这样的士兵、像奥热罗（Augereau）这样的军官，肯定不止一次地看过遗忘在餐桌上的通信，肯定当天夜里还要在寝室里评价一番。不满情绪由来已久，但直到路易十六末年，严厉的话语才爆发出来。在某位血亲亲

---

[1] Mercier, XI, 121.

[2] Vaublanc, 149.

王举办的一次宴会上①，一项巨大的帐篷下面摆上了一张百人就座的餐桌，担任服务生的是掷弹兵，他们身上散发的气味让品味细腻高雅的亲王感到窒息。他以稍带高傲的口吻说道："这些老实的小伙儿啊，便鞋的味道太难闻了。"一个掷弹兵立刻回应说："那是因为我们没有便鞋！""此话过后是一阵深邃的沉默"。在随后的20年里，这种愤怒之情在酝酿、在发展：罗尚波（Rochambeau）麾下的士兵曾与美国的自由民兵并肩战斗，他们都记得这一切。1788年②，面对多菲内起义的沃（Vaux）元帅给大臣写信说，"已经不可能指望部队了"，三级会议开幕四个月之后，1.6万逃兵在巴黎周围游荡，他们将发动叛乱而不是镇压叛乱③。

II

堤坝一旦被掘开就不复存在了，一场洪水席卷整个法国，就像涌入一片平坦的原野。别的民族碰到这种情形尚有障碍物为屏障：有高地，有避难中心，有古老的围墙，在普遍的惊恐之中，部分人还能找到庇护所。而在法国，第一波冲击就攻陷了最后的残留物，在2600万分散的人群中，每个人都只剩下他自己。很长时间以来，黎塞留和路易十四的行政机构悄无声息地摧毁了自然组织，这种组织在陡然的崩塌之后本来能够重组起来。除了在旺代，在任何地方、任何阶层，我都看不到群众对个别人物的信任，在危险时刻，群众根本不能团结在这些人物身边构成一个组织。地方和城市爱国主义已经不存在。底层教士敌视高级教士，外省贵族敌视宫廷贵族，附庸敌视领主，农民敌视市民，城市百姓敌视市政寡头，行会敌视行会，教区敌视教区，邻居敌视邻居。所有人都彼此分离，

---

① Ségur,I, 20（1767）.

② Augeraud, *Mémoires*, 165.

③ Horace Walpole（1789年9月5日）。

因为他们的特权，因为他们的嫉妒，因为自己为了别人的利益承受负担而遭受挫折的意识。成衣工人怨恨阻止他白天去市民家干活的成衣师傅，假发学徒工怨恨不许他在城里开业的假发师傅，糕点师怨恨阻止他烤制家用面饼的面包师，乡村纺纱工怨恨试图断其职业的城市纱厂主，乡村葡萄农怨恨要在直径半法里的范围内拔除他们的葡萄的市民[①]，乡村怨恨获得税款减免的邻村，税负高的农民怨恨税负低的农民，一半的教区居民怨恨税款征收员，因为后者为了照顾另一半人的利益而损害了他们。杜尔哥曾悲伤地说道[②]："这个民族是个由一些很不团结的不同阶层构成的社会，人民之中的各个成员之间联系极少，因此，人人都只关心自己的个别利益，根本看不到公共利益的影子。城市与乡村之间没有联系，除了它们所归属的行政区；它们之间甚至无法就如何展开必须的公共工程达成共识。"150年来，中央权威为了达到统治而将它们分割开。中央权威让人们处于彼此隔离的状态，防止他们协调一致，它做得如此出色，以致人们彼此都不认识，各个阶层都不了解别的阶层，它们都在虚幻中想象着对方，都在想象中为对方涂上了色彩，有的想象成田园牧歌，有的想象成一幕情节剧，有的觉得农民是富有同情心的牧人，有的则深信贵族是可怕的暴君。由于彼此间的误解，由于长期的孤立状态，法国人失去了共同行动的习惯、技艺和能力。他们不再能达成自发的谅解、采取集体行动。在危险到来时，没有人敢依靠邻居和同类，没有人知道到哪里去寻找向导。"最小的社区也找不到一个人来担负责任；人们甚至看不到谁能成为另一个人的依靠。"[③]社会的溃散十分彻底，无可救药。理论家的乌托邦完成时，野蛮状态也就重新开始了。现在剩下的只有并列的个人；每个

---

① Laboulaye, *De l'Administrationfranaise sous Louis XVI* (*Revue des Courslittérataires*), IV, 743. —Albert Babeau, I, 111 (*Doléances et vœux des corporations de Troyes*).

② Tocqueville, 158.

③ Tocqueville, 304. （柏克的话。）

人都重新落入其原初的虚弱之中，他的财产、他的身家性命，全
都交给即将形成的第一批团伙组织的支配。在他身上，唯一能作
为他的行为向导的就是他盲从的习惯：受人指引，等待别人的推
动，目光从日常生活的中心转向巴黎，因为命令总是来自那里。阿
瑟·扬[1]对这种机械反应感到十分惊讶。到处都是彻头彻尾的无知
和政治驯服。给勃艮第带来阿尔萨斯的新消息的竟然是他这个外国
人：阿尔萨斯发生了可怕的骚乱，民众洗劫了斯特拉斯堡市政厅，
但在第戎，没有人说起这些事。他写道："事情发生已经9天了，
但即使是19天之后，我仍怀疑人们对此是否有更多的了解。"咖啡
馆里根本没有报纸，当地没有信息、决策和行动中心。这个省在得
知首都发生的事件后，"人们不敢行动，在巴黎发声之前，人们甚
至不敢形成自己的看法"。这就是君主制中央集权导致的结局。它
摧毁了群体的团结，剥夺了个人的能动性。剩下一堆由人组成的碎
屑，这堆碎屑形成旋涡，并在一阵狂风的盲目作用下、以一种不可
抗拒的力量推动整堆碎屑一起转动。

III

我们已经知道这阵风来自何方，为了确认这一点，只要看看第
三等级的陈情书是如何起草的就足够了。引导农民的是法律从业
者，如乡间小诉讼代理人，充满嫉妒心、满脑子各色理论的律师。
农民要求在陈情书中记录地方和个人的全部怨言，他关于捐税和
贡赋的请求，他将自己的狗从木棒下解救出来的要求，还有用枪来
驱赶狼的愿望[2]。而提供建议、指引方向的法律人士则将一切包裹
在人权和西耶斯的通告中。南方的一位驻军司令写道[3]："两个月

---

① *Voyages en France*, I, 240, 263.

② Beugnot, I, 115, 116.

③ *Archives nationales*，三级会议的记录和陈情书，t. XIII, 405。阿尔马尼亚克司令福多
阿（Faudoas）侯爵致内克的信件，1789年5月29日。

来，下层法官、城市乡村到处麇集的律师为了当选为三级会议的代表，纷纷跑去接近第三等级，还以支持他们、开化他们的无知为借口……他们竭力让第三等级相信，三级会议之中，唯有他们能处置王国的所有事务，第三等级若选举这类文士为代表，他们就有权利和力量占据上风，废除贵族，废除贵族的所有权利和特权，贵族将不会是世袭的，所有公民，只要配得上贵族头衔，都有权要求成为贵族；如果人民选他们为代表，他们就会给予人民要求的一切，因为来自第三等级的教区神父，已经同意脱离高级教士而与他们联合，而贵族和教士凑在一起也只是一票对第三等级的两票……如果第三等级选择资产阶级和商人中的贤者，后者很容易与另外两个等级联合。但司法区选举大会是这些律师文人们的笑剧，他们吸收了各种意见，并试图控制所有人，而他们彼此之间也钩心斗角以图让自己当选。"一位督办写道[1]："在都兰，大部分投票者的意见都是被指定或被劝谏来的。在投票的时刻，亲信将写好的票据放在投票者手里，等后者来到小旅店，他们会让选民发现所有文字和看法都很能激发自己的头脑，并下决心选举司法界人士。""在勒克图尔司法区，很多教区和社区根本没有被指定或被告知如何向司法区大会派送陈情书和代表。对于那些得到通知的教区和社区，律师、诉讼代理人、临近小村的公证人代为起草陈情书要点，而不召集社区大会……这些人根据一本草稿、按照每个乡村教区的意见制作各种类似的抄本并高价出卖。"这个令人不安的征象已经标示着大革命即将遵循的轨迹：普通百姓被律师灌输教条，手执长矛地受摇唇鼓舌之人的驱使。

从第一年开始，我们就能看到这些联系的后果。在弗兰什－孔泰[2]，根据一个叫卢热（Rouget）的人的建议，夏伊拉（Chaila）

---

[1] *Archives nationales*, tome CL, 174.（都尔督办1789年3月25日的信件。）

[2] *Archives nationales*, H, 784. 贝藏松军事长官朗朗热隆（Langeron）先生的信件，1789年10月16日和18日。——意见书附于信中。

侯爵的农民"决定不付给侯爵一文钱，并分享砍伐的树木而不招呼管事人员"。这位律师在他的文字中"建议本省所有社区下定决心也这样做……他的意见在农村流传甚广，以致很多社区深信，他们根本不用再感激国王和他们的领主。国民议会的代表马尔内兹亚（Marnezia）先生曾到他家住过几天，以作休养；他在那里受到了最严厉、最令人发指的对待，如果不是有人护送他去巴黎，甚至会发生骚乱。他离开之后，他的城堡受到攻击，大门被粉碎，花园的围墙被夷平。（然而）没有哪位贵族像马尔内兹亚侯爵那样，为自己领地上的居民做过这么多事情……各类暴行都在增长；我总是听到指责国民卫队滥用武器的抱怨，但对此我无能为力"。根据国民议会的一个说法，骑警部队认为它应该被解散，它不想继续树敌了。"各司法区也像骑警部队一样胆小；我不断把案件交给它们，但没有一个罪犯受到惩处……""没有哪个民族享受过如此不着边际、如此有损于体面人的自由；那些成天将自由和放纵混为一谈的恶棍在大肆敲诈，老是处于这种状态是根本违反人权的。"换句话说，狂热为了给自己正名而求助于理论，理论为了付诸实施而求助于狂热。例如，拉罗什福柯公爵在利昂库尔附近有块荒地，"大革命开始后[1]，城里的穷人宣称，由于他们是民族的一部分，作为民族产业的荒地便属于他们"，然后，"在没有其他手续的情形下"，他们进占此地，瓜分了土地和树篱，并垦荒耕种。阿瑟·扬说："这一点是普遍精神状态的反映……但如果稍微再向前走一点，其结果对于整个王国的财产权来说就不会是小事。"头一年，鲁昂附近的违法分子就已经在砍伐和出售林木，并说"人民有权占有一切生活必需品"。有人向他们宣讲说，他们是主权者，于是他们便以主权者的身份行事。考虑到他们的思想状态，这种行为再自然不过了。就这样，数以百万计的野蛮人受数千演讲者的怂恿，咖

---

① Arthur Young, I, 344.

啡馆政治成为街头民众的代言人和执行者。一方面是野蛮的暴力服务于激进的教条，另一方面是激进的教条服务于野蛮的暴力。于是，在已经解体的法国，唯有这两个力量依然伫立在废墟瓦砾之上。

第五章 小结

I

　　这两个力量是旧制度的继承者和遗嘱执行人，当我们考察旧制度如何孵化、酝酿、滋养、树立和激发这两种力量时，我们不能不认为，旧制度的历史就是一场慢性自杀：就像一个人攀上一把庞大的梯子的顶端，突然之间脚下的梯子断了。在这种情形下，仅有善意是不够的；慷慨大方，甚至勇敢无畏地进行一些不够彻底但也颇有深度的改革，全都无济于事。相反，特权者以其优点和缺点、美德和邪恶为自己的覆灭铺平了道路，他们的成绩像他们的错误一样，都是自身毁灭的原因。作为社会的奠基者，过去他们以服务来证明自己配得上所享受的优待，随后他们不再履行职责，但依然保有高贵身份；无论是在地方政府还是在中央政府，他们的位置都是徒有虚名，他们的特权成了弊政。作为他们的头领的国王，曾像对待自家财物一样全身心地经营和打造法兰西，但最后，法兰西也像他的财物一样被耗尽了；公共收入是他的私房钱；个人情绪、虚荣、个人弱点、奢侈风习、家族事务、情妇的阴谋、妻子的反复无常支配着这个2600万人口的国家，随之而行的就是专断随意、粗枝大叶、挥霍浪费、缓慢笨拙，还有即使在私人领域行为中都难以原谅的混乱。国王和特权者只在一件事上表现卓越，这就是教养，品味，礼仪，待人接物和自我表现的才能，优雅的谈话技艺，细腻与欢快，把生活转变成精妙光彩的节日的技巧，仿佛世界就是一个挑剔的有闲者们的沙龙，在这个沙龙里，只要机智风趣、和蔼可人就够了，然而，这里本来应该是一个为了战斗而体格强健的竞技场，是个为了成为有益之人而努力工作的实验室。通过这种优雅谈话的习惯、完美和影响力，他们给法国人的思想烙上了经典形态，这种形态与新的科学成就结合在一起，产生了18世纪的哲学，还有对传统的蔑视、仅凭理性来重塑所有人类制度的雄心、将数学方法运用于政治和道德、人权的教义问答，以及从社会契约论派生出的所有既是无政府主义的又是专制主义的教理。梦幻一经诞生，就被他们当作消遣物请入了沙龙；他们把这头怪物想象成田园诗中一只娇小无邪、身披饰带的绵羊，从未想到怪物有朝一日会成为凶猛狂暴的野兽；他们饲养它、奉承它，然后让它从自己的公馆下到街道上。街道上的市民因为政府损害其财产而感到恼怒，因为特权约束了他们的抱负而愤懑，因为不平等伤害了他们的自尊心而怨恨，于是革命理论在他们中间迅速传播，陡然之间汹涌爆发，几年之后便成为不容置辩的舆论主宰。此刻，在这个理论的召唤下，另一个巨人崛起，这是一头有着百万颗头颅的怪物，一头惊恐盲目的野兽，它就是全体受压迫的、愤怒的人民，如今他们突然挣脱枷锁，冲向曾敲诈剥夺他们的政府，冲向致使他们忍饥挨饿的特权，在这片被他们的天然保护者遗弃的乡间，他们碰不到尚有活力的权威，在屈从于机械的中央集权的外省，已经没有一个独立的集团，在这个被专制主义解体的社会，无法形成具有主动性和抵抗力的中心，在被自己的人道主义解除了武装的社会上层，已经找不到一个具有行动力的、不带幻想的政治人物，如此众多的善意和出色的智慧，全都不能抵御所有自由、所有秩序的两大敌人：能让最出色的头脑陷入混乱的民主迷梦的感染症，以及能败坏最优良法律的民众暴力的泛滥。在三级会议开幕的时刻，思想和事件的进程不仅已经决定，而且清晰可辨。每一代人自身都不知不觉地预先决定了自己的未来和历史；对于历史，人们能在它到达终点之前预言它的方向，而且，如果历史细节也像历史整体一样符合我们的预测，我们可以通过整理思想转变后的拉哈尔普的回忆录而相信他在督政府末期创作的小说。

II

他说，"我觉得一切仿佛就在昨天，但实际上开始于1788年。我们在一位科学院同事的家中聚会，他是位大贵族，一位有思想的人。聚会的人很多，身份各异，有宫廷人士，有穿袍法官，有文人，有科学院院士；人们像往常一样大吃大喝。餐后甜点时，马尔瓦希和康斯坦斯葡萄酒在这群社交名流的欢快之外平添了某种并不总能保持其原色的自由。在当时的社交界，只要能带来笑声，什么都能被许可。尚福尔为我们朗读了他亵渎宗教的放肆小说，贵妇们听得全神贯注，连扇子都忘了用。从这里产生了对宗教的嘲笑洪流；有人朗诵《奥尔良姑娘》中的大段台词，另一个人陈述狄德罗的几段哲学诗句……然后是掌声……谈话变得严肃起来；人们交口称赞伏尔泰完成的革命，人们觉得这是他得享荣耀的首要原因。'他为自己的时代确定了格调，人们纷纷在候见厅和沙龙里读他的书。'一位客人一边笑一边向我们讲述说，有位理发师边给他扑粉边对他说，'您瞧，先生，虽然我只是个可悲的医学生，但我也像别人一样抛弃了宗教'。大家总结说，革命将很快就能完成，迷信和盲从必须让位于哲学；大家在计算这个时代实现该目标的可能性，计算这个社会谁能看到理性统治的来临。年纪最大的人哀叹自己不能以此为傲；年轻人庆幸自己的希望很可能会实现，而且人们特别祝贺科学院为这一伟大事业所作的贡献，祝贺它充当了自由思想的首府、中心和发动机。'只有一个客人完全没有分享这种谈话的愉悦……此人是加左特（Cazotte），一个和蔼而特别的人，但不幸的是，他沉迷于光照派的梦想。他开始发言，以最严肃的口吻说道：'先生们，你们知足吧，请看看你们急切企盼的那种大革命吧。你们知道，我有点先知的味道，我要向你们重复这一点，你们会看到的……你们知道这场革命会带来什么吗？对你们所有在场的人来说意味着什么吗？''啊！你们瞧！'孔多塞以他特有的神情和狡黠又愚蠢的笑容说，'一位哲人碰到一个先知并不生气。''孔多塞先生，您将会躺在地牢的地板砖上死去，夺走您性命的毒药就是您为了躲避刽子手而服下的，今日的幸福使得您时时刻刻都要服用这种毒药来寻求刺激'。起先是一阵愕然，接着是漂亮话带来的笑声。这些说法跟哲学、跟理性统治有何共性呢？'这恰恰就是我跟你们说的：正是以哲学、人道和自由的名义，正是在理性的统治下，你们将会看到这种统治的终结；理性的统治可能很不错，因为它也会有神庙，到那时整个法国甚至只有理性的神庙……您，尚福尔先生，您将以剃刀割自己的血管22次，但您要几个月后才死去。您，维克－达齐尔（Vicq-d'Azyr）先生，您不会自己打开自己的血管，但在痛风发作期间，您一天之内将会让人6次打开血管，进一步说，您将在夜间死去。您，尼可莱先生，您将死在斩首台上；巴伊先生，您也将死在斩首台上；马勒泽尔布先生，斩首台……您，卢谢尔先生，还是斩首台。一但我们将因此而被土耳其人和鞑靼人征服吗？根本不会，我已经跟你们说过，你们那时仅仅为一种哲学、一种理性统治着。如此对待你们的人全都是哲人，他们嘴中全是一小时前你们自己说过的话，他们重复着你们的箴言，像你们一样引述狄德罗和《奥尔良姑娘》中的诗句。'如果这些不全都发生又该如何？一我对你们说的一切，都将在六年之内发生。一拉哈尔普说道，这真是奇迹，您让我难以置信。一到时您会拥护一个出人意料的奇迹，而且您会成为基督徒。一啊！尚福尔接着说，我放心了；如果我们要到拉哈尔普成为基督徒的时候才能死去，那我们都会永生的。一此时格拉蒙公爵夫人说道，我们妇女不赞成革命中的任何事物，为此我们的确很高兴。人们普遍认为，没人责怪我们妇女。……夫人们，你们妇女这一次也无法抵挡……你们受到的待遇也会像男子一样，没有任何分别……您，公爵夫人，您和很多其他夫人将被双手绑在背后，塞进手推囚车，送上斩首台。一啊！我希望那一天我起码有一辆披上黑呢绒的马车。一没有，夫人，比您更高贵的夫人也像您一样双手捆绑坐上囚车。一比我更高贵的夫人？！什么？！血亲亲王夫人吗？一还有更高贵的夫人……一这时人们觉得玩笑开大了。为了驱散阴云，格拉蒙夫人不再询问最后一个问题，只是以至为轻柔的声音说：您看到时会给我一个忏悔神父吗？一不，夫人，您没有，所有人都不会有忏悔神父；最后一位受刑者会有这样的恩典，他将……"片刻的沉默过后，加左特继续说道："唉，谁是得到这一特权的幸运之人呢？——就是法国国王，这是留给他的唯一特权。"

注释1

（第一卷，第二章，I）

关于教士和贵族的数量问题：

1. 关于贵族的数字，1789年时人们并不知道。在《敕令编年概要》（1789）等文献中，谱系学家谢兰宣称他不知道这个数字。拉瓦锡曾在1791年的报告中援引过莫奥（Moheau）的，但后者对这个问题的了解也不多（《法国人口研究》，1778，105）；拉瓦锡说贵族共有8.3万人，布叶侯爵认为有8万个贵族家庭（《报告集》），但两人提供的数字并无证据。在拉罗克（Laroque）和巴特雷米（Barthélémy）的《1789年贵族名录》中，我找到了1789年选举时投票的贵族的数字，他们或是直接投票，或是通过代理人投票，涉及的地区有普罗旺斯、朗格多克、里昂、弗雷兹、博若莱、都兰、诺曼底、法兰西岛；这个数字为9167人。根据阿瑟·扬于1790年在《法国游记》中提供的人口数字，这几个省的居民总计7 757 00人，若按此比例，法国2.6万人口中，投票的贵族略微超过3万。通过对法律的研究及对名单的梳理，可以认为每个贵族代表的家庭数略小于一，因为封建领地所有者的儿子在25岁时也可投票；因此我认为，贵族家庭的数字在2.6万到2.8万之间，不会有太大的出入；若以每家5口计，则总计为13万或14万人。1789年法国面积为2.7万平方里，人口为2600万，大约每平方法里一个贵族家庭，每1 000居民中有一个贵族人家。

2. 关于教士，我在国家档案馆的教士委员会文件中发现28个修会的修士名单：大奥古斯丁会修士694人，奥古斯丁隐修会（Petits-Pères）250人，巴尔纳伯修会90人，英国本笃会52人，克吕尼本笃会298人，圣瓦纳本笃会612人，圣摩尔本笃会1672人，西多会1806

人，奥古斯丁及方济各会改革派修士（Récollets）2238人，普赖蒙特莱修会399人，普赖蒙特莱改革修会394人，嘉布遣修会3720人，赤脚伽尔默罗会修士555人，大伽尔默罗修士853人，圣约翰医院修士218人，查尔特勒会修士1144人，方济各会修士（Cordeliers）2018人，多明我会修士1172人，斐扬派修士148人，热内维耶芙圣会修士570人，圣三会修士310人，最小兄弟会684人，奴隶救济修道会（Notre-Dame de la Merci）31人，救主修会203人，圣方济各第三修会365人，苏瓦松葡萄园圣约翰修会31人，德亚底安修会25人，圣维克托修道院21人，服从在俗教士的团体修士305人。2489个修道院共有20745名修士。此外还需加上奥拉托里会、传道会、基督教理会等其他修会的修士；僧侣总数应在2.3万人左右徘徊。

　　关于修女，我在国家档案馆中发现12个主教区的修女名录，根据1788年的《法国教会》资料，共计5 576个教区；这12个主教区是：佩皮尼昂、图勒、马赛、罗德兹、圣-弗鲁尔、图卢兹、勒芒、里摩日、里兹约、鲁昂、兰斯、努瓦永。198个机构中共有修女5394人。按此比例，法国3.8万个教区计有1500个修女机构，总人数约为3.7万人。因此修士共计6万人。

　　关于在俗教士，估计为7万左右：教区神父及助理神父为6万【葛泰（Guethée）修士，《法国教会史》，XII，142】；高级教士、主教助理、主教座堂司铎2800人，教务会议事司铎5600人；无圣俸教士3000人（西耶斯）。

　　头脑敏锐而谨慎的统计学者莫奥在1778年写道（《研究》，100）："今天整个王国的教士也许不到13万。"根据1866年的统计（《法国人口统计》），法国共有在俗教士5.11万人，男修士1.8 5万人，修女8.63万人，3800万人口中有教士15.59万人。

注释2

（第一卷，第二章，Ⅳ）

关于封建权益，1783年某封建产业的状况。

以下材料是从1783年9月6日订立的一份估价和分割文书中截取的，承蒙布瓦里尔（Boislile）的好意，我得到了这份文件。

文件涉及的是布莱和布罗斯的几块土地。布莱男爵领地坐落在波旁地区，离邓勒华2法里。关于布莱，一份商品税报告说，"这是个无可挑剔的教区；土地优良，大部分为林木、干草地和牧场，其余的土地可以种植小麦、黑麦和燕麦……道路状况很糟糕，冬天无路可走。有利的贸易活动是有角牲畜贸易，谷物贸易也很发达；由于离城市很远、开发很难，木材烂在了地上"[1]。

估价文件说："这块土地在国王的领主权管辖之内，因为国王有阿奈伊城堡和堡垒，名为布莱城。"这座城市从前设防过，其防御城堡依然存在。以前这个城市人口众多，"但16世纪的内战，特别是新教徒的迁出致使其荒芜，3000名居民如今只剩下三百来人[2]；当地所有城市都是这样的命运"。几个世纪中，布莱的土地都归苏里（Sully）家族所有，1363年，随女继承人的婚姻而转归圣康坦（Saint-Quentin）家族，布莱在该家族中按直系继承，一直到1748年圣康坦家的亚历山大二世死去之时，该人为布莱伯爵，伯格奥普祖姆督军，育有三个女儿，如今的继承人便是出自这三个女儿。如今的继承人包括斯米昂（Simiane）伯爵，斯米昂骑士，贝尔西（Bercy）的方济各修士，三方各得三分之一，其中布莱土地

---

[1] *Archives nationales*, G, 319（*Etatactuel de la Direction de Bourges au point de vue des aides*, 1774）.

[2] 今天的布莱有1629名居民。

上的价值为97667利弗尔，布罗斯土地上的价值为20408利弗尔。长子斯米昂伯爵还得到（根据波旁地区的习惯法）一笔价值约为先取遗产，其中包括带有附属庄园、荣誉性及用益性领主权益的城堡。

　　包括两块领地的整个产业总估价为369 227利弗尔。布莱的土地有1437阿尔旁，由7个佃户经营，主人向他们提供价值为13781利弗尔的牲畜。佃户总共向地主上缴12060利弗尔（除了一些以鸡和劳役为形式的捐税）。其中只有一人是个大佃户，每年缴纳7800利弗尔，其他人每年支付1300、740、640、240利弗尔。布罗斯的土地有515阿尔旁，由2个佃户经营，地主给他们提供的牲畜价值3750利弗尔，他们总共向地主缴纳2 240利弗尔①。所有分成农都非常贫困，只有一户人家有两间带壁炉的房间。两三户人家有一间带壁炉的房间；所有其他人家只有一间厨房，加上一个户外烤炉，以及牲畜栏和谷仓。除了三个田庄，所有田庄都急需修缮，"因为30年来维护工作完全被忽视"。应该"从磨坊和河流中清除杂物，因为河流的决口会毁坏大牧场，应该维修两个池塘的堤坝，修补由领主承担开支的教堂，教堂的顶棚破烂不堪，雨水渗过了穹顶"，还要维修由领主承担开支的道路，这些道路冬天里状况恶劣至极。"似乎从没有人关心修补和重建道路。"布莱的土地很优良，但还需要修建排水沟渠，没有沟渠，这块地产上仍将只能生产稗草。马虎和懒散到处都留下了烙印。1748年之后，布莱城堡无人居住；所以几乎所有家具都已朽败，不堪使用；1748年这些家具价值7612利弗尔，现在估计也就值1000利弗尔。"水磨坊所需的费用几乎和它带来的收入一样多。""人们根本不知道用石灰来给耕地施肥"，虽然"当地石灰的价格低得惊人"。土地虽然肥沃潮湿，但到处生长茂盛的只有绿篱；虽然有人用干篱笆将田地围起来以防范牲畜，"但根据佃户的说法，这笔费用占到地产产出的三分之一"。我们刚刚

---

①　实际上，布莱和布罗斯的田庄几乎没有给地产主带来任何收益，因为什一税和领主实物捐（第22条和第23条）已经包含在租约价格中了。

描绘的这份产业估价如下：

1. 根据当地有关贵族领地的习惯法，布莱的土地利率为25德尼埃①，即价值373 060利弗尔，这个数字须扣除每年的开支65056利弗尔（教区神父固定薪俸，维修费，等等），而且这笔开支中不包括个人开支，如二十分之一税。每年这块地的净产值为1.23万利弗尔，总净价308 003利弗尔。

2. 根据当地习惯法，布罗斯的土地利率为22德尼埃，因为这块土地若把领地和司法权益转给布莱领地就不再是贵族领地。故这块土地价值73583利弗尔，其中需要扣除12359利弗尔的实际开支，领地每年净收入为3140利弗尔，净价值为61224利弗尔。

这些收入包括以下来源：

首先，出租情况上面已经说过了。下面介绍的是各种封建权益。

1. 对布莱的整个土地和其他村庄、布罗斯及雅莱的高级、低级和中级司法权。根据1702年4月29日夏特莱公证处发出的文件，高级审判者"处理各种属人和属物的案件，无论是民事的还是刑事的，甚至包括贵族和教士的案件，查封和清点家具用品，托管和监护等事宜，未成年人财产的管理，其他仲裁权，领主的用益性权益和收入，等等。"

2. 以1707年法令为依据的森林裁判权。领主的林务官裁决所有涉及河泊森林的案件，如使用、违规、渔猎等。

3. 道路权，即街道、大路和（除大道之外的）建筑的监管权。领主任命一名林务官和路政官【萨戈奈地方是特罗（Theurault）先生】，一名税收代理人【布莱地方是博雅尔（Baujard）先生】；但"只要这些人不能支付分文"，他就可以罢免他们。"书记权是从前出租的一项权益，它的受益者是领主；但如今在当地很难找到有能力履行这一职责的才智之士，领主于是把他的权益交给了他委托

① 旧制度时代一种利息表达法，25德尼埃即利息为4%，加上原价即为后面的总价。——译者

的人。"（领主每年向司法区法官支付48利弗尔，以维持每月一次的庭审，并且每年为税收代理人提供24利弗尔的资助。）

领主收取罚款和他的官员宣布没收的牲畜。这笔钱平均每年8利弗尔。

领主应该维持一座监狱和一名狱卒。（但据说他并没有监狱。）他在领地中不再有任何执法者的外在标记。

领主可以任命12名公证人；事实上他只在布莱任命过一个；"他还无事可做"，此人便是税收代理人博雅尔。这项工作是免费给他的，为的是维护领主的权益。"此外他在当地也碰不到一个能履行该职责的聪明人"。

他还任命了一名执达吏；但很久以来这位执达吏就不再付任何租金和房租。

4. 属人和属物军役税。在波旁地区，从前军役税是奴役性的，农奴是没有财产继承转让权的。"在领地和司法辖区之内尚有根基牢固的财产转让权的领主，他们今天还有权在任何情形下继承其附庸的财产，即使后者有孩子——如果孩子不跟这些附庸住在一起、不在一个屋檐下。"但在1255年，奥德·德·苏里颁布一个宪章，宣布因一项至今仍在收取的市民捐税而放弃属人和属物军役税（见后）。

5. 无主财物权，涉及丢失的牲畜、家具、日常用品、蜜蜂，以及无主财宝（这项权利20年来没有任何收益）。

6. 对于死后无继承者之人、私生子和死在当地的外地人的财产的权利，以及对被判处死刑、终身苦役和被驱逐者的财产的权利（但毫无收益）。

7. 狩猎和捕鱼的权利，第二项权利每年估价15利弗尔。

8. 根据1255年宪章开征的市民捐税（见第4条），1484年的地籍捐。最富有的人每年每人应缴纳12斗燕麦（40斤）和9个巴黎铸德尼埃的钱币；中等富裕者每年9斗燕麦9个德尼埃；其他人6斗6个德尼埃。"市民捐税由来已久，所有地籍册和致国王的誓言都已确认，并通过没完没了的认可而永久化：人们无法质疑这块土地上的老管家和租户所相信的道理，因而无法停止征收。波旁地区的很多领主享有此项权利，他们要求自己的附庸支付类似的捐税，虽然其理由比布莱领主的理由更可疑。"

9. 布莱城堡守备捐。1497年国王的敕令确定了这项捐税，布莱的居民和所有居住在该司法管区范围内的人，即夏里和布瓦马维尔等地的居民，每人每户5个苏；该敕令得以推行。"只是最近以来才停止征收该捐税，最近人们还确认，所有居民都认为应负担城堡的守备开支。"

10. 对所有穿越布莱市的商品和粮食征收的过路费，但小麦、面粉和蔬菜除外。（1727—1745年间，案件在议政会悬而未决，"此间该税的征收中断"。）

11. 对在布莱零售的葡萄酒征收的捐税，每桶葡萄酒须向领主支付9品脱，1782年该税以每年60利弗尔的价格被出租6年。

12. 屠宰税，或对在城里屠宰的所有牲畜收取其舌头，外加所有牛犊的头和脚。布莱没有屠户；但"在收割和上市季节，该地会屠宰大约12头牛"。该捐税是由管家征收的，每年估价3利弗尔。

13. 对市场、集市和度量衡器具征收的捐税。集市每年5次，市场每周1次，但来人不多；没有交易大厅。该捐税每年估价24利弗尔。

14. 以大车运输或手工劳动为形式的劳役，在布莱，97人对高级裁判者负有该义务（22人是大车劳役，75人是手工劳役），布罗斯为26人（5人是大车劳役，21人是手工劳役）。领主向手工劳役者提供6苏的伙食费，给赶着四头牛拉大车的劳役者提供12苏。"在劳役者当中，大部分几乎陷于乞讨境地，其家庭人口众多，这就使得领主通常不能对他们要求太过苛严。"如此一来，劳役的价值便降低了，只值49利弗尔15苏。

15. 磨坊专营费（1736年有项判决：农夫卢瓦须在布莱的磨坊研磨谷物，由于三年未在这里研磨，他须支付罚款）。磨坊主收取研磨出的面粉的十六分之一。专营磨坊及其风磨和附带的6阿尔旁土地，每年以600利弗尔的价格出租。

16. 烤炉的专营费。1537年领主及其附庸之间订立协定：领主同意附庸在家里设一个三方砖小烤炉（每块方砖高半法尺），用以烤制面团、荞麦或玉米面饼和油渣饼；但附庸也承认领主的烤炉专营权。领主可以征收烤饼的十六分之一；这笔捐税每年能有150利弗尔的收入，但最近几年烤房坍塌了。

17. 鸽笼权。城堡后院里有一个鸽子笼。

18. 财产转让权（如果死者在去世时孩子不与他住在一起，领主将成为死者的继承人）。布莱的领主对48阿尔旁的土地享有此项权利。但20年来，由于疏忽或其他问题，他未从这项权利中获得分文。

19. 对未开垦土地、抛荒地和冲击形成的土地的权利。

20. 纯粹荣誉性的权利，如教堂祭坛区的座席权和墓地权，如奉香和具名祈祷的权利，如葬礼时在教堂内外悬挂黑色帷布和腰带的权利。

21. 对其年贡缴纳者征收的土地转让税，从领主处获得不动产的应在40天之内支付该税。"在波旁地区，土地转让税从三分之一、四分之一、六分之一到八分之一、十二分之一不等。"布莱和布罗斯的领主征收六分之一。据估计，土地转让买卖每80年才有一次；领主对11356阿尔旁的土地享有此项权利，上等土地每阿尔旁价值192利弗尔，中等的110利弗尔，劣等的75利弗尔。以这一价格计，1356阿尔旁的土地总价162 750利弗尔。（土地转让税的四分之一可返还给购地者。）该税每年的收益为254利弗尔。

22. 什一税和charnage权。领主收取所有什一税，除了某些交给邓乐华的议事司铎和肖蒙的修道院院长的什一税。什一税的征税率为十三分之一；该税已包括在租约中。

23. 领主实物捐（terrage或champart）：此税是在什一税征收过后领主收取土地产品的一部分。"在波旁地区，领主实物捐的征收方式各有不同，或三分之一，或五分之一，或六分之一、七分之一，但一般是四分之一；在布莱是十二分之一。"布莱的领主只对他领地内的部分土地征收实物捐；"与布罗斯相比，似乎这里所有年贡缴纳者占有的土地都负担该捐税"。领主实物捐已经包含在布莱和布罗斯的地租契约中。

24. 对各种不动产征收的年贡、年贡附加和税金，这些不动产如坐落在领地中的房屋、田地、草场，等等。

布莱的领主领地有810阿尔旁，分成511块，由120个年贡缴纳者掌握，这些人的年贡总计每年有137法郎的货币，67斗小麦，3斗大麦，159斗燕麦，16只不下蛋的母鸡，130只下蛋的母鸡，6只公鸡和阉鸡，总计575法郎。

布罗斯领地有85阿尔旁，分成112块，由20个年贡缴纳者掌握，他们的年贡合计每年14法郎的银钱，17斗小麦，32斗大麦，26只不下蛋的母鸡，3只下蛋的母鸡和1只阉鸡，总价合126法郎。

25. 公地权（公地在布莱有124阿尔旁，布罗斯为164阿尔旁）。

附庸只有对公地的使用权。"从产权上说，他们能行使公共放牧权的几乎所有土地都属于领主，这种习惯法让附庸深受其苦；而且公共放牧权只授予某些人。"

26. 对布莱男爵领的从属采邑的权利。

其中一些采邑坐落在波旁地区，共有19处。在波旁，即使是平民占有的采邑，每次转手时也只对领主负有bouche et les mains。从前，布莱的领主在这种情形下只征收回购捐，但这种捐税也已废弃了。

其他的采邑坐落在贝里地区，那里还实行回购捐。但贝里只有一处采邑，即科尔摩斯采邑，它属于布尔日大主教，共有85阿尔旁，外加一部分什一税，每年收益2100利弗尔，若以每20年转手一次计，则每年能为布莱的领主带来105利弗尔的收入。

除了上文指出的开支，领主还有如下开支：

1. 布莱教区神父的开支，即后者的固定薪俸。根据国王1686年的宣言，这笔薪俸为每年300利弗尔。根据1692年的规定，想确保这笔薪俸的教区神父将所有什一税和新垦地等利益让渡给领主。1768年的敕令把教士的固定薪俸确定为500利弗尔，教区神父以自己的工作成绩来要求这笔钱。邓乐华的议事司铎和肖蒙的修道院院长占有布莱的什一税，他们也应支付部分薪俸。但实际上，这笔钱全是布莱的领主支付的。

2. 看守的开支，如他的房屋、取暖设施和3阿尔旁的荒地，每年200利弗尔。

3. 管家的开支，让他看守档案室，维修事务，收取地产转让捐，征收罚款等，每年432利弗尔，另加享有10阿尔旁的荒地。

4. 付给国王的二十分之一税。起初，布莱和布罗斯的土地支付的两个二十分之一税即10%的附加税总计为810利弗尔。第三个二十分之一税设立后，总税额为1 216利弗尔。

注释3

（第一卷，第三章，III）
教会圣俸，教士的实际收入和名义收入之间的差距。

根据罗多（Raudot）的说法（《大革命前的法国》，84），官方的数字应提高一半；根据布瓦托（Boiteau）的看法（《法国1789年的状况》，195），官方的数字应乘以三，甚至乘以四。我认为，对主教而言应该提高一半，对修道院院长应该乘以二、乘以三或四。以下事实能够说明官方数字与实际数字之间的差距。

1. 在《王家年历》中，特鲁瓦主教职位估价为14000利弗尔；1788年的《法国教会》估算为5万利弗尔。而按阿尔贝·巴伯

（Albert Babeau）的说法（《奥布省大革命史》），收入为7万利弗尔。

在《法国教会》中，斯特拉斯堡主教职位价值40万利弗尔。按列维（Lévis）公爵的看法（《回忆录》，156），主教的固定收入至少有60万利弗尔。

2.在《法国教会》中，于蔑日修道院院长收入为2.3万利弗尔。我在教士委员会的文件中发现，僧侣们认为院长至少有5万利弗尔的收入。

在《法国教会》中，贝兹修道院收入为8000利弗尔。但我认为仅僧侣们的收入就有3万利弗尔，而院长的收入至少与此相当【博奈福瓦（Bonnefoi）和贝尔纳（Bernard）修士：《论修士等级》，1784】。故该院院长的收入为3万利弗尔。

厄尔省贝尔奈修道院的收入，官方数字为1.6万利弗尔，而陈情书则认为收入为5.7万利弗尔。

约克（York）枢机主教从圣埃芒得到的收入，记为6000利弗尔，但实际为10万利弗尔（吕伊内公爵，XIII，215）。

在《法国教会》中，克莱沃修道院的收入为9 000利弗尔，瓦罗切的收入为6万利弗尔（《1789年法国概览》）。根据贝尼奥（他是当地的商人）的数据，修道院院长的固定收入为30万到40万利弗尔。

布瓦托说，圣法隆修道院的纸面收入为1.8万利弗尔，实际数字为12万。

圣日耳曼－德普雷修道院的收入记为10万利弗尔。克莱蒙伯爵以前是修道院的主人，他以16万利弗尔的价格出租，"不算预留的草地，以及佃户为马匹提供的全部麦草和燕麦"。【儒勒·库赞（Jules Cousin），《克莱蒙伯爵和他的宫廷》。】

按《法国教会》的数字，阿拉斯的圣瓦斯特修道院收入为4万利弗尔。枢机主教罗昂曾拒绝僧侣们给他每个月1000路易的报价。（列维公爵，《回忆录》，156。）因此该修道院收入约为30万利弗尔。

雷米尔蒙的女院长总是由一位王室公主担任，这是法国最有势力、最有钱、获赠最多的修道院之一，但官方对这家修道院收入的估计低得可笑：1.5万利弗尔。

注释4

（第二卷，第一章，VI）

关于亲王和公主们的教育

这个问题应该辟专章来讨论，我只能引述几段文字。

（巴尔比埃，《日记》，1750年10月。）太子夫人刚生了个女儿。

"年幼的公主有了第四个奶妈……我听说，此刻宫中一切都按医生的规定照例进行，以致抚养王子或公主就像是一幕神迹剧。奶妈唯一的工作是当有人把孩子送来时给孩子喂奶，但她不能碰孩子。有专门摇孩子的，但这些人根本不听命于奶妈。每天要摇孩子三四次，共计数小时。如果孩子睡着了，也要叫醒他继续摇。内衣更换过后，孩子就在襁褓中便溺，所以孩子每天有三四次身染污秽。如果有根针刺痛了孩子，奶妈不能将针取出，而应该去寻找或等待另一位妇人。这些情形下孩子会哭，会备受折磨，会发热，真的像所有仪式一样，是名副其实的悲惨景象。"

（冉里斯夫人，《费里西亚回忆录》，74。与路易十五的女儿、后来成为伽尔默罗会修女的路易丝夫人的谈话。）

"我想知道，在新的状态下，她最难适应的事情究竟是什么。——她笑着回答说：您绝想不到，最难的事是下一小级台阶。刚开始时，对我来说那就是最可怕的悬崖，我必须坐在台阶上爬行，以这种姿势方能走下来。——实际上，一位只有挽着她的司礼骑士的胳膊、在侍从的簇拥下才能走下凡尔赛的大旋梯的公主，当她一个人独自站在笔直楼梯的一级台阶上时，肯定是会发抖的。（此等）可笑的教育，很多时候也是有地位之人普遍接受的教育；从幼年时候起，他们就要有人随从、帮助和陪护，时时被人警示，以致自然赋予他们的大部分能力都已失去了。"

（康本夫人，《回忆录》，I，18，28。）

"路易丝夫人经常对我重复说，12岁的时候她还不能背诵字母表……

重要的是要做出一个无法更改的决定：一只水鸟是肥是瘦。维多利亚（Victoire）夫人咨询了一位主教……主教回答说，当看起来难以判断时，将鸟儿烹制了，然后放在一个冰冷的银质盘子上，如果鸟儿的汤汁在一刻钟内凝固，则是只肥鸟。——维多利亚夫人立刻进行试验，汤汁没有凝固。这对喜爱野味的公主来说可是件乐事。——但让她忙乎的那只瘦鸟也让她很苦恼，她只能焦急地等着圣周瞻礼七午夜的钟声敲响。然后人们给她送来了美味的野味拌饭和几道别的佳肴。"

【杜蒙·迪尔维尔（Dumont d'Urville的《日记》，此人是1830年查理十世离开法国时所乘船只的司令。转引自沃拉贝尔（Vaulabelle），《复辟王朝史》，VIII，465。】

"国王和昂古莱姆公爵问我各连的情况，尤其关心我在'星盘'号上的环球航行。我的叙述看来让他们很感兴趣，如果说他们问我只是为了向我提出一些显然很幼稚的问题，这些问题没有任何意义，即使是表面上的意义也没有，只能表明他们对科学和航海的无知；那么，他们对马莱区的老公债持有人同样一无所知。"

注释5

（第五卷，第二章，II）

关于直接税的数字

下面的数字来自各省议会的报告（1778—1787年）

	军役税	军役税附加	军役税缴纳者人头税	道路捐	军役税基额的倍数
法兰西岛	4296040	2207826	2689287	519989	2.23
里昂	1356954	903653	898089	315869	2.61
鲁昂财政区	2671939	1595051	1715592	598258[①]	2.46
卡昂财政区	1939665	1212429	1187823	659034	2.56
贝里	821921	448431	464955	236900	2.50
普瓦图	2309681	1113766	1403402	520000	2.30
苏瓦松	1062392	911883	734899	462883	2.94
奥尔良	2353892	1256125	1485720	586385	2.34
香槟	1783850	1459780	1377371	807280	3
阿朗松财政区	1742655	1120041	1067849	435637	2.47
奥弗涅	1999040	1399678	1753026	310468	2.70
奥什财政区	1440533	931261	797268	316909[②]	2.35
上基耶内	1231314	1267619	1268855	308993[③]	2.47

---

① 同上。

② 省议会将这一数字确定为军役税及其附加之总额的十一分之一。

③ 这个数字不是省议会提供的。为了填补空缺，我取军役税、军役税附加和军役税缴纳者人头税总额的十分之一；这是按照里昂省议会的方法。根据1787年6月2日的宣言，道路捐约等于前述三项税收的六分之一；一般的比例是十分之一，若与军役税基额比较，相当于四分之一。

　　以军役税基额为1，最后一栏的数字是每个省的四项税收总额与军役税基额之比。所有这些比例的平均数字为2.53。但是，每个军役税缴纳者的军役税附加、人头税和道路捐都是根据其军役税基额来确定的。因此，只要将军役税在纯收入的比例数字乘以2.53，就能知道四项税收在纯收入中所占的总体比例。

　　这个总体比例在各省、各教区，甚至各人之间都有所不同。但人们可以认为，军役税平均占到纯收入的六分之一（尤其是对没有人保护、没有影响力的农民小业主而言），即每100法郎征收16法郎66生丁。例如，根据各省议会的公报，香槟每利弗尔收取3苏并2/3德尼埃，相当于100法郎征收15法郎28生丁；在法兰西岛，240利弗尔征收35利弗尔14苏，相当于100法郎征收14法郎87生丁；在奥弗涅，每利弗尔收取4苏，即每100法郎征收20法郎。最后，在奥什财政区，省议会估计，军役税及其附加占到净产量的30%，从该省预算数字来看，每100法郎收入中征收军役税18法郎10生丁。

　　以此为基础，若每100法郎纯收入中征收军役税基额16法郎66生丁，则上述四项税收总征收额为：16法郎66生丁×2.53＝42法郎15生丁。此外还须加上两个二十分之一税和第一个二十分之一税的20%的附加，合计11利弗尔；故在军役税缴纳者100法郎的纯收入中，直接税占到53法郎15生丁。

　　什一税约占纯收入的七分之一，每100法郎征收14法郎28生丁。封建捐税约占相同的比例，每100法郎征收14法郎28生丁。两项总计征收28法郎56生丁。

　　在100法郎的纯收入中，王家直接税、教会什一税和封建领主捐税总计征收81法郎71生丁。留给军役税缴纳者业主的净收入为18法郎29生丁。